住田正樹

地域社会と教育

子どもの発達と地域社会

九州大学出版会

4．調査結果の分析 …………………………………………… 310
　　5．要約と結論 ………………………………………………… 341

第10章　学区と地域社会 ……………………………………………… 351
　　　　── 通学区再編成の決定過程 ──
　　1．問　　題 …………………………………………………… 351
　　2．分析の枠組 ………………………………………………… 353
　　3．地域社会の構造変動と学校分離＝学校新設 …………… 354
　　4．学校分離＝新設計画の策定過程 ………………………… 357
　　5．学校分離＝新設計画に対する同意獲得過程と合意形成過程 … 360
　　6．結　　び …………………………………………………… 368

補　論　子どもの発達と地域社会 …………………………………… 371
　　　　── 結びにかえて ──
　　は じ め に …………………………………………………… 371
　　1．児童期の位置と発達 ── H. S. サリヴァンの発達理論 ── ……… 372
　　2．児童期の発達と地域社会 ………………………………… 379

あ と が き …………………………………………………………… 389

第6章　都市近隣における子どもの人間関係 …………… 213
　　　　── 仲間関係と隣人関係 ──
　　1．問題の設定 ……………………………………………… 213
　　2．調 査 対 象 ……………………………………………… 217
　　3．仲間関係と子ども‐隣人関係 ………………………… 219
　　4．仲間関係と隣人‐子ども関係 ………………………… 228
　　5．隣人関係と親子関係 …………………………………… 233
　　6．要約と結論 ……………………………………………… 240

第7章　母親の育児不安と夫婦関係 ……………………… 243
　　1．問題の所在 ……………………………………………… 243
　　2．調査研究の枠組 ………………………………………… 247
　　3．調 査 方 法 ……………………………………………… 250
　　4．調査結果の分析 ………………………………………… 251
　　5．要約と結論 ……………………………………………… 265

　　　　　　第Ⅲ部　地域社会と教育的住民組織

第8章　近郊地域における子供会育成会 ………………… 275
　　1．研究の意図と分析枠組 ………………………………… 275
　　2．調査結果── 4 育成会の事例 ── …………………… 276
　　3．ま　と　め ……………………………………………… 287

第9章　ＰＴＡの組織と活動 ……………………………… 289
　　　　── 会長調査の結果から ──
　　1．問題の所在 ……………………………………………… 289
　　2．分析の枠組 ……………………………………………… 300
　　3．調査の概略と対象者の属性 …………………………… 305

第3章　子どもの仲間集団と個性の形成 ……………… 113
　　はじめに ……………………………………………………… 113
　　1．人間形成と個性の形成 ── 子どもの社会化と個性化 ── ……… 114
　　2．子どもの仲間集団の特質 ………………………………… 118
　　3．子どもの仲間集団と個性化 ……………………………… 122
　　4．現代の子どもの問題状況と仲間集団 …………………… 129

付　論　子どもの遊び調査について ………………… 135
　　はじめに ……………………………………………………… 135
　　1．子どもの遊び調査の問題点 ……………………………… 135
　　2．子どもの遊びと遊び方 …………………………………… 138

第Ⅱ部　子どもの家族生活と地域社会

第4章　母親の就業と幼児の近隣生活 ……………… 145
　　── 地方都市の事例調査から ──
　　1．問題の所在 ── 母親の就業と幼児の近隣生活 ── ……… 145
　　2．調査対象 …………………………………………………… 149
　　3．調査結果の分析 …………………………………………… 153
　　4．要約と結論 ………………………………………………… 165

第5章　幼児の近所遊びと母親の生活 ……………… 169
　　1．幼児の生活構造と近所遊び ── 問題とアプローチ ── ……… 169
　　2．幼児の近所遊び活動の様相 ……………………………… 176
　　3．母親の意識・態度・生活と幼児の近所遊び …………… 188
　　4．要約と結論 ………………………………………………… 208

目　次

序　章　子どもの発達への社会学的アプローチ …………… 3
　　　はじめに …………………………………………………… 3
　　　1．子どもの発達への社会学的アプローチ ……………… 4
　　　2．子どもの社会化と日常生活 …………………………… 14
　　　3．社会化の理論 …………………………………………… 22

第Ⅰ部　子どもの集団生活と地域社会

第1章　子どもの社会化と地域社会 ………………………… 35
　　　はじめに …………………………………………………… 35
　　　1．子どもの社会化と地域社会 …………………………… 36
　　　2．子どもの地域生活と住民生活 ………………………… 48
　　　3．子ども集団の形成と地域活動 ── 地域社会の復権に向けて ── … 58
　　　4．子どもの健全育成のために ── 実施主体にかかわる問題 ── …… 66

第2章　現代社会の変容と子どもの仲間集団 ……………… 71
　　　はじめに …………………………………………………… 71
　　　1．現代社会の変容と子どもの生活 ……………………… 73
　　　2．子どもの仲間集団の変容 ── 子ども社会の喪失化 ── ……… 80
　　　3．子どもの仲間集団と社会化をめぐる諸問題 ………… 106

地域社会と教育

―― 子どもの発達と地域社会 ――

序　章

子どもの発達への社会学的アプローチ

はじめに

　子どもは，長い間社会を形成する正規の構成メンバーとは見なされてこなかったし，また子どもの発達についても，これまでは個人的側面の問題として扱われてきたために，子どもの問題は社会学者の直接的な関心を引くことはなく，子どもの社会学的研究はあまり発達してこなかった。しかし近年になって，社会の変化の結果としての子ども期（児童期）独自の存在性を示すような研究が現れ[1]，子ども期（児童期）が他の発達段階と明確に区別されるようになってきたこと，文化間の類似と差異を論ずる比較文化論的研究が見られるようになって人間の発達の社会的側面にも視点が向けられるようになってきたこと，そして現実の問題として社会の変化とともに子どもの問題行動が多様化し，多発化し，しかもそうした子どもの問題行動が大人の理解をはるかに超えたものであること等のために，子どもの問題は社会的関心を集めるようになり，子どもの発達の社会的側面が強調されるようになって，子どもの発達を社会的・文化的文脈のなかで捉えようとする子どもの発達の社会学的研究が漸次なされるようになってきた。
　いうまでもなく子どもの発達は日々の社会生活のなかで漸進的に進行していく。だから子どもにとっては日々の生活過程そのものが発達過程なのである。だが子どもの日々の生活過程といっても，その生活領域は広範囲にわたり，かつ多面的であり，したがって子どもの社会学的研究といっても，その対象とする問題は多様性に富み，複雑な現象を呈している。そこで，まず，子どもの発達に社会学的視点からアプローチしていくことの意義を論じ，問

題とすべき子どもの発達に関わる日常生活領域を概観して，今後の研究のために若干の整理をし検討を加えておきたい。ことに子どもの日常生活領域のうちでも，地域生活について考察しておく。子どもにとって地域生活こそが「子どもの世界」を構成するのである。

1. 子どもの発達への社会学的アプローチ

(1) 子どもの発達への社会学的関心

　発達が生理学的・生物学的現象や心理学的現象であるだけではなく，社会学的現象でもあることはいうまでもない。発達は，その社会の歴史的文脈や社会的・文化的文脈に規定されつつ進行する。こうした歴史的・社会的・文化的文脈に規定された事実として発達にアプローチしようとする研究が「発達社会学 (sociology of development)」である。既に相当の研究成果が蓄積されている青年社会学 (sociology of adolescence) は，こうした視点から青年期問題にアプローチしようとする社会学的研究であって，発達社会学の下位領域をなす。

　子どもの発達や問題に，近年，社会学的立場からの関心が高まってきたが[2]，その背景には経験的立場からの関心と理論的立場からの関心がある。

1) 経験的立場からの関心

　経験的立場から，子どもの発達への社会学的研究に関心が向けられるようになってきたのは，第1に発達の社会的・文化的側面への視点が必要になってきたからである。人間の発達に関わる問題は，これまではその個人的側面に焦点が当てられてきたために心理学，殊に発達心理学が研究の対象としてきた。しかし複数の文化間の類似性と差異性を明らかにする比較文化論的研究が見られるようになって，社会や文化が異なれば人間のタイプも異なることが明らかになってきた。人間の発達は，社会や文化によって規定され，社会的な働きかけによって方向づけられ枠づけられるものであることが解明されてきたのである。生得的と考えられていた性別による差異でさえ社会的な

機会の差異であることは，ジェンダー論に見るように明らかな事実である。そこで発達の社会的側面あるいは文化的側面に視点を当てた研究が必要になってきたのである。

第2に，生涯発達における子ども期の位置の問題がある。ライフコース研究の登場によって発達は特定の時期に限定される現象ではなく，人間の生涯にわたって生じる継続的過程の現象であると考えられるようになってきた。しかし人間の発達が生涯にわたる現象だからといって，発達の初期，つまり子ども期における社会的経験や役割が消失し，そこに新たな社会的経験や役割が入り込んでくるというわけではない。子ども期の社会的経験や役割の上に，その社会的経験や役割に方向づけられ枠づけられつつ，新たな社会的経験や役割が漸次蓄積されていくことによって，人間は発達していくのである。だから子ども期において形成された社会的経験や役割の諸特性が，その後の発達段階である青年期や成人期においていかなる機能を果たしているか，あるいは以後の発達過程にどのような影響を及ぼしているか，が問われることになってきたのである。

第3に，社会の急激な変化による発達への影響がある。この影響には，以下の3つの側面がある。1つは，人間の発達過程の多様化ということである。社会の急激な変化によって個々人の社会的経験はそれぞれに異なり，かつての年齢を基準とした規範的な発達のコースは崩れてしまった。歴史的・社会的経験を共有することによって意識形態や行動様式を同じくした一様な発達のコースは崩れ，現代人の発達のコースは個々それぞれに異なり，多様化してきたのである。そのために現代人の多様化した発達のコースを解明することが必要になってきた。子どもについても例外ではない。今日においては子どもであっても，社会的経験は個々に異なっている。だから子どもの発達過程も個々に異なり，多様化してきているのだ。今日の子どもたちには，どのような発達のコースが見られるのか。

2つは，子どもの生活の変化と子どもの問題行動の多様化・多発化ということである。社会の急激な変化は子どもの生活をも大きく変化させたが，それに伴って子どもの問題行動も多様化し，多発化してきた。かつての子どもの単純な問題行動とは異なり，今日の子どもの問題行動は，その内容や形態

においても，また動機や意味においても，大人の理解をはるかに超えている。不登校，いじめ，家庭内暴力，閉じこもり，アパシー，非行など。したがって子どもの問題行動の内容や形態，動機や意味，特性，発生原因や過程を歴史的・社会的文脈の視点から解明することが必要になってきたのである。

　しかし，今や子どもの問題行動のみが問題なのではない。今日においては，子どもの問題行動のみならず，既に一般の子どもの思考や態度，行動でさえ，大人の理解をはるかに超えている。それは，社会の急激な変化によって世代を越えた共有的な社会的経験は少なくなり，世代間の文化的差異，社会的経験の差異が顕著になって，世代間ギャップが大きくなってきたからである。そのために世代間の相互理解は全く困難になってきた。新人類，超新人類，オタク，異界といった子ども世代・青年世代を指す言葉は，子ども世代や青年世代を理解しようにも理解し難い大人世代の苛立ちと諦めにも似た気持ちを端的に示していよう。3つは，この子ども世代の問題である。

　そして第4に，結論的にいえば，子ども独自の世界の解明の必要性からである。元々大人と子どもとでは言葉の使用も解釈の仕方も異なる。子どもは言葉の慣用的意味や言葉の内包している情緒を未だ内面化していないから大人と同じような仕方で世界を知覚することができないし，解釈することができない。解釈するにしても，絶対的にしか解釈できない[3]。だが逆にいえば，だからこそ，そこには子どもの世界独自の論理が存在しているといえる。いわば子どもの世界はそれ自体が充足的な，完結した独自の世界を構成しているのだ。したがってそうした独立した，独自の論理をもつ子どもの世界を分析して，その独自性と論理を解明する必要がある。だが，われわれが子どもの世界を理解するためには，子どもについての既成の固定的観念から脱却して[4]，子どもの解釈の仕方を理解しなければならない。しかし子どもの解釈の仕方を理解するとはいえ，子どもは未だ十分に自己を表現できるほどの言語を身につけているわけではない。たとえ言語能力を身につけていたとしても，子ども自身が自分の心の内を言語化した形で理解しているとは限らないし，言語化した形で表現できるとも限らない。だから，子どもの世界を言語化して大人が理解できるように分析しなければならないのである。

2) 理論的立場からの関心

理論的立場から見れば，子どもの発達への社会学的研究は，社会学理論にとって最も基本的な関心事である。

社会学は，いうまでもなく，社会，すなわち人間の共同生活の存在様態およびその変動を問題とする。だが，その共同生活は，具体的には複数の個人の相互行為から成り立っている。したがって現実の共同生活の諸様態を分析していくためには，まず個人の行為の認識から出発しなければならない。個人の行為を構成している社会学的要因を探り出し，それら諸要因間の関係を解明することが分析課題となる。

だが，人々が共同生活を営むためには，人々の行動が多少とも標準化されていなければならない。そうでなければ混乱と無秩序が生じ，共同生活は成立しない。だから人々の行動を一定の仕方で制約し，統制しなければならない。これが規範および価値である。この規範と価値，すなわち文化を共有していることが個人の行為，そして諸個人の相互行為に一定の規則性とパターンを与え，共同生活を可能にしているのである。かくして共同生活は一定の仕組みと秩序をもった社会を構成し，それを維持存続させるために，人々に同調を求める圧力をつくり出す。

しかしながら，人間は，誕生と同時に独立の行為者（社会的人間）として共同生活に参与するわけではない。人間は，社会の規範や価値あるいは相互行為の規則性を先天的に有してはいない。それは後天的学習によって漸次獲得されていくものである。人間は，有機体として生まれ，その後の学習を通じてパーソナリティ（社会的人間）になる[5]。人間は，未完成なものとして生まれてくるが故に，殆どすべての行動や相互行為を学ばなければならない。こうして人間は，終生学ぶことを避けえない存在なのであり，最も長く児童であることを要求されている存在なのである[6]。したがって子ども期の学習過程，すなわちパーソナリティの形成過程が解明されねばならない。有機体としての人間が共同生活に参与する資質と能力をどのように獲得し，どのような社会的人間になっていくのか，その過程とメカニズムが解明されなければならない。それがつまるところ「いかにして社会秩序は可能か」という社会学の根本問題にも関わってくるのである。機能主義とシンボリック相互作

用論の場合を見よう。

　周知のように機能主義は，全体を1つのシステムと捉え，その構成要素を分析し，全体はそうした諸要素の相互依存による均衡関係によって成り立っているとする。パーソンズ（Parsons, T.）は，社会を形成する人間の社会的行為から出発し，複数の行為者の社会的行為，すなわち相互行為のシステムを社会体系とした。自我と他我とはそれぞれの欲求充足のために（「欲求充足の最適化」傾向に動機づけられて）相互に依存的な行為をするが，そうした相互行為は役割を通してであり，したがって相互行為がスムーズに行われるためには相互に相手の役割行為を予測できなければならない。そのためには共通の判断枠組み（行為の準拠枠）が必要である。これが規範・価値である。この規範・価値に自他それぞれがしたがうならば，役割期待の相補性は十分なものになり，相互に行為の予測が可能となって，それぞれが自らの行為を決定することができるようになる。規範は，役割に対して決定的に重要であって，自我と他我の，それぞれの役割を組織化し，相互行為を支配するのである。かくして相互行為は相互依存関係からシステムとして統合され，社会体系を形成する。パーソンズは，この体系を自らの境界内で均衡状態を維持しようとする自己均衡化の境界維持的体系として捉えた。したがって社会体系の安定的な均衡の維持は，その体系のなかに役割を組織化していく規範・価値規準の制度化と，そして行為者が共通の規範・価値規準を内面化して，制度化された規範的役割を型どおりに実現するように動機づけられていく，その内面化にかかっているのである。だからパーソンズにとってこの共通の規範・価値規準の内面化と社会体系への制度化こそが社会の秩序の存立・維持のための最も重要な要件となるのである。この共通の規範・価値規準の内面化が社会化（socialization）である。したがって社会体系が人間の寿命を越えて長期にわたって持続し維持されるためには新しい構成員たる次世代に共通の規範・価値規準（一定の行動の型）を習得させ，役割期待を内面化させなければならない。社会体系にとって「生殖による成員の補充と来たるべき世代の社会化」[7]は正に欠くことのできない重要な側面なのだ。社会体系が機能するためには，その成員が社会体系のなかでの役割期待を内面化し，制度化された役割の担い手とならなければならない。社会化は社会体

系の機能的要件なのだとパーソンズはいう。彼はとくに幼児期の社会化の重要性を強調し，制度的役割を実現するように動機づけられていく側面を子どもの社会化理論として考察したのである。

　機能主義は，このように，基本的には社会優位の視点から社会化を捉えようとする。社会化された行為者は規範・価値規準にしたがった役割行為を遂行すること（役割期待実現行為）は当然のこと（義務）であり，望ましいこと（他我の側からは正当な権利）であり，かつそうすること自体が欲求充足的となるのである。しかし社会優位の機能主義的視点からは人間の主体的側面は看過されてしまうことになる。社会化される行為者にとっては，役割期待の内面化過程は，役割期待をそのままに受容していく過程ではなく，それを解釈し，定義し，修正しつつ選択的に受容していく過程だからである。こうした，いわば社会の側からの，機能主義的アプローチに対して，個人の側から，つまり行為者自身の社会化経験の視点からアプローチしようというシンボリック相互作用論や現象学的社会学などの解釈的アプローチがある。

　シンボリック相互作用論（symbolic interactionism）は，人間の行動の動機や人格形成を相互作用の結果生じるものとして命題化しているから，その意味ではシンボリック相互作用論はそれ自体が発達への社会学的アプローチだといってもよい。実際，ブルーマー（Blumer, H.）は，シンボリック相互作用論は個人の社会的発達に関心があり，子どもが集団生活に参加することによってどのように発達していくかを研究の中心にしていると述べている[8]。シンボリック相互作用論は，言葉を中心としたシンボルを媒介にする相互作用こそが人間固有の相互作用であり，そのシンボリックな相互作用を通して人間は自我を形成し，社会的存在になっていくとする[9]。

　ミード（Mead, G. H.）は，自我の形成過程をシンボル（言葉と身振り）を媒介とする相互作用を通して他者の態度（役割）を取得していく，いわゆる役割取得（role-taking）の過程として，そのメカニズムを分析している。役割取得による自我形成である。しかし，人間は，自分に対する他者の態度（役割）をそのままに受容するという受動的存在ではない。人間には主体的な自我の側面がある。ミードは，他者の期待（役割）をそのままに受け入れる自我の側面を"me"と呼び，人間自身が想定する他者の態度の組織化され

たセットと規定した[10]。これに対し，この"me"に働きかける自我の側面を"I"として，他者の態度に対する有機体の反応であると規定した[11]。他者の態度が組織化された"me"を構成し，人間はその"me"に対して"I"として感応する[12]。この"I"と"me"の相互作用によって人間は自我を形成し，自らの行動を形づくり方向づけていくのである。つまり"I"は，他者の態度から生じた"me"に反応するという，いわば行為の原理なのであって，この"I"が人間の主体的側面を表しているのである。そしてミードは，この自我の発達を子どもの遊戯活動から説明している。前遊戯段階では精神の発達が幼いため未だ他者の態度を演ずる能力はないが，ごっこ遊びをするようになると特定の他者の態度を取得し，それを演じることによって遊ぶ。だが精神の発達が成熟してゲーム遊びをするような段階になると，特定の他者ではなくゲーム参加者全員の態度を取得しなければならない。つまりこの段階で"me"は特定の他者ではなく「一般化された他者」(generalized other) になるのである。こうした社会過程を経て"me"は最終的に共同体全員の組織化された態度を意味する「一般化された他者」になり，そして"I"はこの共同体の態度に対して反応するのだとミードはいう。

　ミードは，人間が自我をもつ存在であることを明らかにしたが，ブルーマーは，自我をもつということは人間が自分自身にとっての対象になることを意味するのだという[13]。つまり自己相互作用 (self-interaction) が可能になるわけである。そしてブルーマーは，この自己相互作用は表示 (indication) と解釈 (interpretation) という二つの過程から成るとする。人間は，対象（他者の態度）を自分の前に表示するが，そのことによって人間は対象をその背景から切り離し，それを解釈する。そしてその解釈によって，対象の意味を選択し，その対象を修正し，変更するというのである。ミードのいう役割取得の場合は，人間が他者の態度をそのままの形で受容することを意味していた。しかし人間は主体的であるから，他者の態度をそのままの形で内面化するわけではない。他者の態度を解釈し，意味を付与し，それにしたがって自己の行為の方向を修正し，変更し，再構成するのである（役割形成 role-making）。ブルーマーは，こうして人間の解釈の過程を重視し，解釈による人間の主体性を強調した。"I"と"me"との関係でいえば，もっぱら

"Ｉ"を強調したのである。

シンボリック相互作用論はシンボル（言葉と身振り）を媒介とする人間の相互作用に関心をもつが，子どもは言語を獲得することによって他者とのコミュニケーション（相互作用）を可能にし，その相互作用を通して自我意識を形成する。したがって子どもの自我意識はどのようにして出現し，どのようにして発達していくのか，そして子どもは自我を発達させることによってどのように相互作用能力を発達させるのか，という問題はシンボリック相互作用論の中心課題とするところである[14]。その意味でシンボリックな相互作用を通しての主体的な自我形成を問題にしてきたシンボリック相互作用論は，それ自体が子どもの発達の社会学的分析なのである[15]。ニスベット（Nisbet, R. A.）がいうように「われわれは，シンボリック・インタラクションを，まさに人間のパーソナリティ，性格，自我，およびアイデンティティの内実を形成するものと考えなければならない。われわれ各自は，共有シンボルによるコミュニケーションをとおしてのみ，自我，性格，およびアイデンティティの意識を獲得することが可能となるのである」[16]。そして相互作用過程が人間の生涯を通じて持続するとはいえ，「シンボリック・インタラクション的行動にとって非常に重要な過程は，幼児期および児童期に生じる。幼児や児童は，その過程を経験することにより，自我を形成するのである」[17]。

こういうわけで，子どもの発達への社会学的研究は，社会学理論にとっても基本的な問題なのである。

（２） 子どもの発達への社会学的アプローチ

子ども研究における社会学的アプローチとは，子どもを社会関係ネットワークへの参加者として，言い換えれば社会システムへの参加者として捉えることである。

人間の社会は，抽象的な次元で捉えれば，多数の人々の社会関係のネットワークの総体として捉えることができる。人々はそうした社会関係のネットワークのなかで自分に対する役割期待を知覚し，その役割を取得し，遂行していくことによって自己の生活を営んでいる。だから人々が社会関係ネットワークに参加し，独立した構成メンバーとして自立した生活を営んでいくた

めには自分に期待されている役割を認知して，その役割行動の仕方を学習していかなければならない。社会関係ネットワークのなかで自分に期待されている役割は何か，そしてそれをどのように実現していくべきなのか，を他者から学び，その役割を遂行していくことによって，その社会の構成メンバーになっていく。人々の，この役割の学習過程が「社会化」(socialization)であることはいうまでもない。そしてこの社会化という視点こそが子どもの発達の社会学的アプローチに他ならない。

したがって社会関係ネットワークのなかで，その社会の構成メンバーとして自己の役割を遂行し独立して生活を営んでいる人々を大人（社会的人間）とすれば，子どもとは社会関係ネットワークのなかで自分に期待されている役割あるいは分担すべき役割を認知し，その役割ないし役割行動の仕方を他者から学びつつ，その役割遂行のための訓練を受けている，いわば役割遂行の準備過程の時期にある人間のことであるといえるだろう。一口にいって役割学習（role learning）期の人間のことである。

だが，人々が生涯において参加し関係する社会関係ネットワークの体系はさまざまであり，したがってそれぞれの社会関係ネットワークの体系に参加し関係する都度に人々は新しい役割を学習し取得しなければならない。ある社会関係ネットワークの体系への参加と関係がそれまでの社会関係ネットワークの体系からの離脱を伴うならば，古い役割を放棄して新しい役割を学習し身につけていかなければならない。だから社会化は生涯にわたる過程なのであって，人間の生涯は，役割の取得，変容，放棄という役割移行の過程として捉えることができる。その意味で社会化は子ども期あるいは青年期など成人期に達する以前の段階だけではなく成人期以降においても社会化されていく（成人社会化 adult socialization）。いわゆる再社会化（resocialization）である。

しかし子どもの社会化（childhood socialization）は大人の社会化（adult socialization）と2つの点で大きく異なる。1つは，子どもの社会化はあらゆる役割の学習に関わる全人格的なものであるのに対して，大人の社会化は，ある特定の役割に関するものに限定されており，他の役割には関係しないということである。大人は既に自己の役割を遂行し独立して生活を営んでいる

のであって，そうした役割遂行のために必要な諸条件を獲得している。つまり自立した生活を営むに十分な役割を実現していくための諸能力を大人は，それまでの社会化経験において既に獲得している。だから，ある特定の役割を新たに習得し遂行していく場合であっても，その諸能力を活用し，あるいはその諸能力を基盤にして，その特定の役割を習得し遂行していくことができる。その特定の役割の遂行に関わるすべての諸条件を初期の段階から改めて獲得していく必要はない。例えば，新たな職場における再社会化は，生産活動という仕事面に限定された領域での新たな役割の学習であって，他の生活領域における役割とは関係しない。そして大人は，役割についての一般的な学習能力を，それまでの社会化過程のなかで経験的に獲得しているから，新たな役割であってもスムーズに習得していくことができるのである。だが，例えば家族集団や学校集団における子どもの社会化は，子どもをその社会の独立した構成メンバーに形成していこうとする，あるいはそうした社会的形成に関わる全人格的なものであり，自立した生活を営むのに必要なあらゆる役割とその遂行のための諸条件を初めから獲得していかなければならない。しかも子ども期の社会化は生涯過程のなかでも早期から始まる。社会化過程における初期経験の重要性は，後期経験に比すべくもない。

　2つは，大人は既に独立した主体であるから，どのような他者から社会化の圧力を受けようとも，あるいはどのような他者から社会化を方向づけられようとも，それが自身の意にかなわなければ，自らの意思によって，それに抵抗し自らの意図する方向に修正することができるということである。しかし子どもは他者，ことに大人からの社会化圧力あるいは社会化の方向づけに対して何ら抵抗する力をもっておらず，抵抗する手段をもたない。だから同じ社会化であっても，子ども期の社会化の方が大人の社会化に比べてはるかに強力であり，ドラスティックである。従来の社会化研究が乳幼児期や児童期，あるいは青年期という成人期に達する以前の時期に集中していた所以である。

　したがって子どもの発達社会学は，こうした強力でドラスティックな社会化過程にあって，独立して生活を営む社会の構成メンバー（社会的人間）になるために役割を認知しつつ役割学習をしている時期に位置する子どもを対

象に，その生活の諸様態およびその変化を研究する社会学だといえる。このように子ども期を社会学的視点から役割学習過程の時期と規定するならば，子どもの発達社会学はその役割学習（すなわち社会化）の視点から子どもの日常生活を解明していかねばならない。子どもにとっては日々の生活過程そのものが役割学習の過程であり，社会化の過程だからである。

2. 子どもの社会化と日常生活

(1) 子どもの社会化と日常生活

このように子どもの発達社会学は，社会化過程にあって役割学習期に位置する子どもの生活を研究する科学であるとすれば，つまり［役割学習＝社会化］の視点から子どもの生活を研究していくのが子どもの発達社会学であるとすれば，子どもの生活はどのように捉えられるだろうか。

子どもの社会化は，他者との相互作用を通して行われる。他者との相互作用の過程において，子どもは他者からの役割期待を認知し，期待された役割の内容・性質を規定し，その役割を内面化することによって自我を形成していく。そしてこの他者には実在の具体的他者に限らず，子どもが想定した象徴的意味での他者も含まれる。だからその相互作用の様式には対面的な直接的接触に限らず，象徴を媒体とした間接的接触による相互作用も含まれる。だが，社会化の視点からいえば，実在の具体的他者との直接的接触による相互作用の方が強力であることはいうまでもない。

しかしながら，先に述べたように，子どもは未だ役割学習期にあって自立した生活能力をもたないから自己の日常的な欲求を充足するためには実在の他者に依存せざるを得ない。自分を養護し庇護することができる能力をもった他者，つまり異世代の大人——親——に依存しなければ子どもは生存していくことができない。そうした実在の，自分を養護し庇護してくれる他者との相互作用を不断に継続していく過程が子どもの日常生活なのである。子どもにとって，こうした養護し庇護してくれる他者は重要な他者（significant others）である。だからこうした実在の重要な他者との不断の相互作用の積

み重ねのなかで子どもは強力に社会化されていくのである。

　こうして子どもと重要な他者との直接的な相互作用は持続的に行われ，その相互作用は定型化あるいは様式化されて社会関係となる。だが，人間の生活は多面的であり，したがって生活の全関心を充足させるためには，子どもであっても多数の人々と多種多様な社会関係をもたねばならない。ここに社会関係のネットワークが形成されることになる。そしてそうした社会関係のなかでも，ある共通関心に基づいた諸関係が規則性と持続性を示し，その社会関係に関わる人々の間に統一的なまとまりが示されるような，体系化された状態が形成される。社会集団である。かくして集団は，その共通関心に向かって相互に関係する人々から構成され，その関係は複雑な構造を示すのであるが，そのなかで人々は相互に一定の行動の仕方（役割）を期待され，全体的に関連づけられた行動をするのである。だからそこにはそうした人々の関係や行動を規制すべき暗黙的または明示的な規範が存在しているのであって，ここに集団所属の成員と他との境界が画されることになる。したがって集団は，それ自体客観的存在として，成員自身にも，また外部からも直接的に観察される。こうして集団は，社会の，具体的な単位をなす。

　かくして抽象的ではあるが論理的に社会を捉えてみると，相互作用→社会関係→社会集団という発生的順序を考えることができる。但し論理的にいえば，すべての相互作用が社会関係に凝集し，すべての社会関係が社会集団に結晶するとは限らない。

　しかし現実の具体的な生活からいえば，この順序はむしろ逆に考えねばならない。人々の生活の単位は，それぞれが所属している具体的集団であり，人々の日々の生活上の欲求充足や価値・目的の実現を可能にするのは，集団のなかで営まれる行動を通してである。相互作用にしろ社会関係にしろ，ただそれだけが存在しているのではない。相互作用は社会関係に凝集され，社会関係は社会集団のなかに具象化されている。社会集団に結晶し得ない無定形な社会関係は，現実には存在しない。われわれの日々の生活のなかに見られるさまざまな人々との社会関係は，実際には社会集団を離れては存在しない。どのような社会関係であろうと，社会集団と何らかの形で関わっている。つまり現実には社会関係は社会集団を前提としており，したがって社会集団

の成員としての関係でしかないのである。

　こういうわけで人々の現実の日常生活とは社会集団のなかで営まれているさまざまな関係なのであって，集団成員として営んでいる持続的な不断の関係こそが日常生活なのである。人々の日常生活とは集団生活なのである。そしてそうした集団生活のなかでの関係（コミュニケーション）を通して社会化は漸進的に進行していく。だが人々の日常生活は多面的であるから，それは単一の集団のみには包括されない。人々は多くの集団に同時に所属して，それぞれの集団のなかで，それぞれに対応する自己の日々の生活欲求を充足させている。だから人々は多くの集団に分属し，時間的・空間的にさまざまな集団を移動しながら生活しているのである。子どもも例外ではない。

　したがって子どもの日常生活とは，具体的には子どもの所属するさまざまな集団のなかでの生活であり，集団成員としての関係（コミュニケーション）であって，そうした集団生活における相互作用過程こそが実は子どもにとっては漸進的な社会化過程なのである。だから子どもの発達社会学は子どもの集団生活を対象として研究されなければならない。子どもの所属する諸々の集団の分析である。そしてこの子どもが所属する諸々の集団とは，先に述べたように対面的な直接的接触による相互作用から構成されているから，いわゆる小集団（small group）の形をとる。

　こうした子どもの集団生活の様態は，子どもが所属する当の集団の形態や構造に左右されるばかりでなく，子どもが所属している集団相互の影響もあり，さらにその所属集団を包括するより大きな集団や社会，つまり全体社会の制度や規範にも規制される。

（2） 子どもの日常生活の諸領域

　子どもの日常生活とは，以上のように，具体的には子ども自身が所属している諸々の集団のなかでの生活であり，子どもは，こうした集団生活を通して社会化されていく。しかし具体的には，そうした集団において子どもと直接的な対面的関係にある成員との相互作用を通して子どもは社会化されていくのである。この社会化される客体，すなわち子どもをソーシャライジー（socializee）（社会化客体）といい，社会化する主体（集団成員）をソー

シャライザー（socializer）（社会化主体）という。そしてこの直接的な接触による対面的関係を第一次接触（primary contact）という。したがってソーシャライジーである子どもにとって、ソーシャライザーはどのような成員なのか、またそのソーシャライザーとの関係はどのような性質の接触なのかということが極めて重要であり、そのことによって、社会化のされ方は大きく異なってくるのである。

　前述のように、子どもは未だ独立した自立的存在ではないから、自己の日常的な欲求を充足させるためには、自分を保護し養護してくれる自立的他者（親）に全面的に依存しなければならない。しかし、子どもはそうした保護し養護してくれる自立的他者（親）を選ぶことはできない。子どもは親を選べない。しかし一方で、子どもは自発的に行動できるような生活領域であれば、交渉相手（他者）を選択することができる。遊び仲間などである。便宜的に、前者の選択不可能で、関係交渉を余儀なくされるような他者を拘束的他者、後者の選択可能な他者を選択的他者といっておこう。こうした2つのタイプの他者が子どもにとってはソーシャライザーとなるのである。そしてまた子どもと、そうした他者との関係様式は、その他者との関係において自然的に発生する性質のものなのか、それとも他者との関係が規範なり期待によって一定の方針や方向づけがなされている、いわば人為的な性質のものなのかという2つのタイプに分類することができる。前者をインフォーマルな関係とし、後者をフォーマルな関係としよう。社会化を現象化する他者と相互作用という2要因は、このようにそれぞれ2つのタイプに分類することができる。したがって子どもの社会化形態は、この2つの軸を組み合わせることによって4タイプにパターン化することができる（図0-1）。
　（Ⅰ）　拘束的他者とのインフォーマルな関係による社会化
　（Ⅱ）　選択的他者とのインフォーマルな関係による社会化
　（Ⅲ）　選択的他者とのフォーマルな関係による社会化
　（Ⅳ）　拘束的他者とのフォーマルな関係による社会化
である。そしてこうした他者との関係は現実には集団内関係として形象化し、集団に具象化されているから子どもの社会化は、集団内の、こうした関係のなかで進行していくわけである。いま、それぞれの社会化形態に即応する集

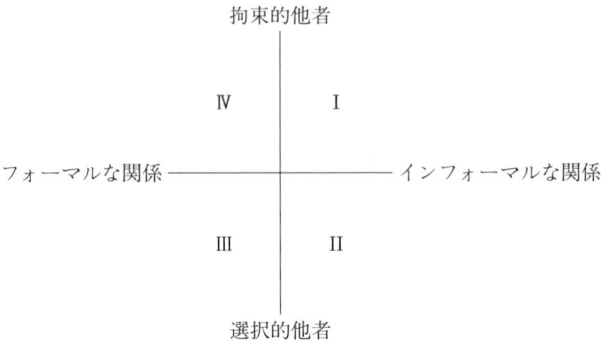

図 0-1 子どもの社会化形態

団を示すと，（Ⅰ）家族集団，（Ⅱ）遊戯集団（仲間集団）および隣人集団，（Ⅲ）地域集団，（Ⅳ）学校集団となる。いま，それぞれのタイプの集団的特徴を仮説的に示すと，以下のようである。

（Ⅰ）子どもは家族集団の内に生まれ，親の養護と庇護によって日々の生活の欲求を充足させていくが，それは子どもにとっては運命的に決められる。子どもは，選ぶことのできない親との自然的な対面的接触を通して社会化されていく。親は子どもを養護し庇護すると同時に子どもに役割を認知させ，学習させようとするが（しつけ），しかしそれは計画的でもなく技術的でもなく，断続的であり，中絶的である。むしろ家族員（親）との自然的な状態での不断の相互作用を通して子どもは自己に対する役割期待を認知し漸進的に学習していく。

（Ⅱ）近隣という一定の居住範囲のなかで子どもは同世代の遊び仲間を自由に選択し，遊戯集団（仲間集団）を形成するが，そうした集団の遊び仲間との自由な関係を通して子どもは社会化されていく。また子どもは遊び仲間の親やその他の近隣の成人との，つまり異世代である大人と隣人集団を形成し，そうした隣人との自然的な直接的接触によって社会化されていく。

（Ⅲ）子どもは，子供会や少年団など居住地域に存在する教育的活動を目的とした地域集団や地域組織に自由に加入し，協同的な地域活動を通して社会化されていく。成員間の関係は集団の制度や方針によって決まっている。

このタイプは，子どもたちの役割学習を意図的に進めるために人為的に形成された集団であるが，集団参加は選択的であるという，いわば随意集団の型をとる。この集団においては，子どもたちの役割学習は多少とも意識的かつ計画的に行われ，ために集団関係はフォーマル化する。このタイプには，同世代の子どもたちだけをメンバーとする集団とそれを育成・指導・援助する異世代の大人をメンバーとする集団とがある。前者は，各種の子供組織や子供団体（例えば子供会）であり，後者は，親や地域住民をメンバーとする大人の育成組織・援助組織（例えば子供会育成会）である。

（Ⅳ）　教育機関として学校は計画的に体系的知識を伝達することによって子どもを社会化していく。学校は，国家の力を背景にした厳格な秩序と規律をもった集団であり，したがって大人の成員（教師）が一定の目的にしたがって，子どもたちに役割を認知させ学習させ，社会の構成メンバーとして自立した生活を営むことができるように，子どもたちを意図的・計画的に形成していこうとする人為的集団である。子どもたちの意思や関心に関わりなく強制的に学校集団に参加させ，子どもたちの役割認知と役割学習を意識的かつ計画的に行う。そのために成員間の関係は一定の秩序の下で厳格に維持され，また成員の行動は規律的であって，ために集団はフォーマル化する。

こうした日常生活における「他者との相互作用」のパターンにしたがって子どもは社会化されていく。集団との関連でいえば，子どもはおおよそ，（Ⅰ）-（Ⅱ）-（Ⅲ）-（Ⅳ）の順序で所属していく。だから子どもの社会化過程においては基本的に，家族集団，遊戯集団（仲間集団），隣人集団，地域集団，学校集団の5つの集団が考えられる。但し（Ⅱ）遊戯集団（仲間集団）および隣人集団と（Ⅲ）地域集団は，居住の地理的近接性という地縁を原理とした集団であるから，子どもはこれらの集団に並行的に所属する。

（3）　子どもの地域生活の特徴

さて，子どもが日常的に所属する，こうした具体的な集団のうち，タイプⅡおよびタイプⅢの集団，すなわち遊戯集団（仲間集団）と隣人集団，および子供組織・子供団体と育成組織・援助組織は居住の近接性という地縁を契

機として結合する,いわゆる地域の集団である。交通機関がいかに発達した現代社会であっても,子どもの日常生活が一定の地域的範囲を越えて営まれることはない。たとえ一定の地域的範囲を越えることがあったとしても,その越えたところで生活が継続的に営まれるわけではない。したがって,日常生活が営まれる一定の地域的範囲のなかで子どもは自己の関心にしたがって遊戯集団(仲間集団)を選択し,子供組織や子供団体を選択するのである。そしてその一方で子どもは,そうした同世代の子どもの親をも含んだ近隣の大人とともに隣人集団を形成し,また他方においては子供組織や子供団体のメンバーとして,その育成組織や援助組織の活動に参加するのである。こうした地域の集団における生活が,実は子どもの地域生活なのである。

　ここから子どもの地域生活の諸特徴が浮かび上がってくる。第1に,子どもの地域生活は何よりも「子どもの世界」だということである。これらの領域(タイプⅡおよびタイプⅢ)においてこそ,子どもは同世代者だけで集団を形成することができる。水平的集団の形成である。遊戯集団(仲間集団)および子供組織・子供団体は同世代者だけを成員とする,いわば水平的集団なのだ。しかし他方の,異世代の大人を含んだ隣人集団や育成組織・援助組織であっても,子どもから見れば垂直的集団であるが,大人の集団成員の多くが子どもの親か子どもに関心のある篤志的な近隣人であること,また育成組織・援助組織の本来の目的が子どもの組織や団体の育成・援助であることを考えれば,あくまでも子ども中心の活動をする集団だといってよい。しかも遊戯集団(仲間集団)や子供組織・子供団体は,元々隣人集団や育成組織・援助組織とは別に形成され,独自に活動している。だから,これらの領域は正に子どもの世界なのだといってよい。取り分けタイプⅡの遊戯集団(仲間集団)は子どもが同世代者だけで自由に形成し,自由に活動することのできる集団であって,大人の介入を一切受けない「子ども独自の世界」を形成する。

　第2に,これらの領域は子どもの自由に任された「自発的領域」だということである。タイプⅡにしろタイプⅢにしろ,そこに共通しているのは,子どもが自らの意思や関心に基づいて参加を決定することができる自発的参加方式の集団であり,そこにおいて結ばれる集団関係も子ども自身の自発的意

思による。この点，タイプⅠ（家族集団）およびタイプⅣ（学校集団）の集団とは対照的である。これらⅠ，Ⅳの集団内の関係は，いずれも大人をも含み，家族集団ではいかなる場合であれ大人（親）は子どもに対して保護者としての立場をとるし，学校集団では大人（教師）は厳格な秩序の下での指導者としての立場をとる。だが，このタイプⅡおよびタイプⅢでは子どもの集団活動に大人が直接的に介入してくることはない。取り分けタイプⅡの遊戯集団（仲間集団）には，こうした特徴が典型的に見られる。だがタイプⅢの子供組織・子供団体であっても大人の直接的な介入は少ない。育成組織・援助組織の育成・援助活動は常にその子供組織の活動や団体活動の背後にあるのが本来である。いずれにしろ，これらタイプⅡおよびタイプⅢの領域においては，子どもたちは自分たち独自の集団規範にしたがって行動する。

　第3に，「地域生活の多様性」ということがあげられる。子どもの地域生活という「子ども独自の世界」のなかに，フォーマル関係とインフォーマル関係，同世代者と異世代者というような多様な成員と多様な関係性を含んでいるということである。しかもそうした地域の集団の成員は相互に他人である。集団成員が相互に他人であるということから，さらに個々の成員間の多様性も生まれてくる。成員それぞれが独自の個性と経歴とを有しているからである。だから同一集団の成員であっても，それぞれが自己の意思と関心に基づいて行動しているのであって，そこから葛藤・対立が生まれる場合もある。というよりむしろ地域の集団の成員は相互に他人であるから元々シビアな関係にあるのであって葛藤・対立が生じ易いのである。だから集団内の関係であっても相互に肯定的な関係ばかりとは限らない。否定的な関係も含まれる。しかし，こうした，それぞれに独自の個性と経歴を有する他人との相互作用という多様な集団関係を通して，子どもは自立していくための多様な役割期待を認知し，多様な役割を学習し，多様な役割遂行のあり方を経験していくのである。

　こうして子どもの地域生活は，子ども独自の世界，子どもの自発的領域，地域生活の多様性という特徴をもつ。この意味で子どもにとって，地域生活は正に「社会の縮図」なのであり，そうした地域生活の経験が実はより大きな社会に参加していくための準備段階となるのである。実際の社会は正に多

様な他人との交渉の世界に他ならないからである。われわれが子どもの日々の生活諸領域のうちでも，ことに地域生活に焦点を当てる所以である。「子ども独自の世界」を解明するためには子どもの地域生活が分析されねばならない。

3. 社会化の理論

先に述べたように，子どもの発達の社会学的研究は，社会化の視点からアプローチしていくことである。そこで社会化研究の現状を概観しておこう。

(i) 社会化の概念

社会化とは，個人が，他者との相互作用を通して，当該社会ないし集団の価値態度・技能・知識・動機などの集団的価値を習得し，当該社会ないし集団の成員として，その社会ないし集団における一定の許容範囲内の思考・行動様式を形成していく過程をいう。つまり個人が社会ないし集団の成員性を獲得し，成員として受け入れられるようになっていく過程である。したがって社会化は，個人と社会を相互に結びつける過程であり，個人と社会の双方の側から規定されているといえる。個人の側からいえば，社会化は個人が集団的価値を獲得してパーソナリティを発達させていく過程であるが，社会の側からいえば，社会化は新しく生まれてきた個人に集団的価値（文化）を伝達して，個人をその社会ないし集団の一定の生活様式に適合させていく過程である。このように社会化は，個人的学習（individual learning）と文化的伝達（cultural transmission）という2つの機能を同時に遂行させていく過程なのである。したがって社会化は，成熟した社会人への成長・発達過程の途上にある乳幼児期や青少年期に典型的に見られる適応過程としての現象であるといえるが，しかし社会化は，単に乳幼児期や青少年期だけではなく，人間の一生を通じて行われる生涯の過程なのであり，成人期や老人期においても見られる現象である。ただ，乳幼児期や青少年期における社会化がそれぞれ生物学的動因の規制やアイデンティティ（identity）の確立といったドラスティックな現象であるのと比すると，成人期以降の社会化は，職業的役割と

いう特定の行動パターンに関わって行われたり（職業的社会化），その変化も漸次的・部分的に留まる場合が多いために（継続的社会化），規模の大きさや激しさは見られない。

（ⅱ）　社会化研究の概観

社会化の科学的な研究が始められたのは20世紀に入ってからであるが，その萌芽となったのは，1920年代に急速に発達した実験心理学による児童心理の研究であった。しかしこの時期の研究にあっては，まだ社会的観点は十分に考慮されてはいなかった。社会化の科学的研究が本格化してきたのは第二次大戦後である。社会化研究は主要には心理学・社会学・人類学の領域で研究されてきたが，その研究対象とするところはそれぞれに幾分異なっている。心理学はパーソナリティ要因や心理的機能・認知的機能の発達，また個人の学習過程の基底的メカニズムの解明を課題とし，模倣（imitation），同一化（同一視）（identification），内面化（内在化）（internalization），モデリング（modeling）などの社会化の内的メカニズムに焦点をおいているが，社会学は社会化を背後の歴史的・社会的な生活事実と結合した形で捉えること，また個人が獲得する社会化内容の分析を課題としており，社会的に期待される行動様式（役割）を習得していく役割学習（role learning）の過程に焦点をおいている。人類学においては，社会化の過程を文化伝承のメカニズムと捉え，文化とパーソナリティとの相互依存関係の分析に焦点をおいているが，特に文化に規定された育児様式が民族的性格やモーダル・パーソナリティ（modal personality）を形成するという幼児期決定論の人類学的理論は，現在では認められていないとはいえ，社会化研究に大きな貢献をなした。

社会化の実験的研究で有名なのは心理学者ハーロー（Harlow, H. F.）のアカゲザルの新生児を使った実験である。この観察実験によってハーローは乳幼児期の社会化における母親とのスキンシップ的接触（相互作用）の重要性を例証した。社会学者のクーリー（Cooley, C. H.）は，自己（self）（即ちパーソナリティ）は周囲の人々との相互作用によって形成される社会的所産であるとし，本質的には社会的自己であるとした。人間は自分を鏡に映すことによって初めてその容姿を知るように，人間の自己は，他の人々との相互

作用という社会的鏡を通して初めて理解され，形成されるとした。この社会的鏡を通して知り得た自己を，クーリーは「鏡に映った自己」（looking-glass self）と呼んでいる。こうしたクーリーの考え方は今日の社会学的社会化理論の出発点をなしているといってよい。ミード（Mead, G. H.）は，こうしたクーリーの視点を取り入れて，子どもの相互作用の原初段階から自己の形成過程を追跡的に分析した。自己は自他の作用と反作用との相互作用の過程において発生し，形成されるものであるが，人間は他者に対して行動すると同時に，自分自身に対しても行動しているのであって，その自分と自分自身との自己相互作用の過程（内的対話）において自己は他者の役割を取得する，つまり他者の目を通して自分自身を知覚し，認識することができるようになり，自分自身に関する一定の客観性を獲得することができるとした。

　精神分析学者であるフロイト（Freud, S.）は人間のパーソナリティの構成要素としてイド（id）・自我（ego）・超自我（super-ego）の三層を考えたが，このうち自我が本能的衝動的なイドと道徳的な社会規範を内容とする超自我との圧力を調整する役割を担う中核的な存在であり，この自我の働きによって個人は現実への適応が可能になるとした。社会学者のパーソンズ（Parsons, T.）はフロイトのパーソナリティ論を修正しつつ社会システム論を取り入れて，社会化をその個人が属する社会ないしは集団の観点から捉えた。社会化とは社会体系がその存続・維持のために成員に一定の行動の型（役割期待）を内面化させるメカニズムであるとして，社会体系の機能的要件とし，核家族における子どもの社会化過程を分析した。フロイトの理論を受け継いだエリクソン（Erikson, E. H.）は精神分析学に立脚しながらも同時に社会学的なクーリーの理論，社会心理学的なミードの理論をも視野にいれ，人間の社会化過程を総合的に把握しようとした。エリクソンは人間の発達を自我の発達に焦点をおいて考え，人間の生涯を八段階（口唇感覚期，筋肉肛門期，移動性器期，潜在期，思春期と青年期，若い成年期，成年期，円熟期）よりなるライフ・サイクル（life cycle）論を構想した。人間の発達はこの一連の継起的な段階を経て進行していくという。人間の一生を社会化の生涯学習過程とみたのである。

(iii) 社会化の過程

　人間の社会化は，誕生の，その瞬間から始まる一生涯の過程であるが，その過程は一様ではない。人間のそれぞれの成長・発達段階によって，その個体には心理的構造や機能の質的変化が見られ，また社会の期待する行動様式（役割）も異なるから，社会化の方向と内容は各成長・発達段階によってそれぞれに異なり，したがって，社会化の過程は，例えば，乳幼児期の社会化，児童期の社会化，青少年期の社会化，成年の社会化，老人の社会化などのように各段階における社会化を移行していく過程だともいえる。さらに乳幼児期の社会化過程は，パーソンズが社会化の位相として区分したように，口唇依存期，肛門位相，愛依存期，エディプス位相，潜在期などのように分けることも可能である。いずれにせよ，個人は，その成長・発達に伴って，また他者との相互作用のパターンの変化を伴いながら，その潜在性を成就していくのである。こうした社会化の過程は，具体的には，人間が所属するさまざまな集団のなかに見られる。家族，遊戯集団（仲間集団），近隣社会，学校，職場集団などである。こうした集団は人間の生涯において誰もが所属し，あるいは通過する対面的な集団（face-to-face group）であって（第一次集団（primary group）という），それぞれに特定の集団的価値（文化）や集団規範をもっており，成員がそれらを内面化して集団に適応することを要求する。集団は，個人を社会化する主体としてのソーシャライザー（socializer）であり，個人は，社会化される客体としてのソーシャライジー（socializee）なのである。しかしソーシャライザーは，直接的には，そうした集団や機関において個人と対面的関係にある成員であり，そうした直接的対面的関係にある成員との相互作用を通して，個人の社会化は進行していく。ソーシャライザー（社会化主体）とソーシャライジー（社会化客体）との相互作用としての人間関係は，このように顔と顔とを見合わせるような対面的な関係（face-to-face relation）あるいは身振りでコミュニケーションができるような関係（act by act relation）であって，こうした関係のパターンを第一次接触（primary contact）というが，こうした第一次的接触による人間関係的な相互作用を通して社会化は進行していくのである。但し，ソーシャライザーとソーシャライジーとの関係は，一方向的ばかりでなく二方向的である。ソーシャライ

ザーはソーシャライジーを社会化するが，同時にその過程で，例えば親が子どもを社会化すると同時にその過程で親としての役割を習得していくように，ソーシャライジーによって社会化されることもある。しかし，社会化は，こうした直接的対面的な人間関係の相互作用を媒介とするばかりではない。間接的な第二次接触であるマス・メディアとの関係を通しても社会化は進行していく。テレビ，ラジオ，雑誌などを通して，メディアの世界は人々の，特に子どもや青少年の世界に日常的に入り込み，子どもや青少年が接触する架空の，あるいは現実の他者を構成する。こうしたメディア他者との接触は，今日では，子どもや青少年の場合，親との相互作用の経験を越えるほどである。

　個人を社会化するさまざまな集団や機関が同質的な価値や規範を有しているような同質的社会においては，社会化は途切れることなく継続的に進行していくライフ・サイクルの過程として示される。ある発達段階での経験は次の発達段階への導入となり，それぞれの発達段階での経験と学習課題は予測可能である。しかし異なった価値や規範を有する集団が相互に競い合っているような異質的社会にあっては，個人の社会化過程は断続的であり，個人は集団所属を変更するごとに，その集団の価値や規範を新たに内面化しなければならず，前の集団の影響力は減退して，いわば脱社会化（desocialization）が生じる。つまり個人は過去の社会化経験を否定することを要求されるわけである。こうした社会にあっては，個人のライフ・サイクルの過程は絶えず変化と危機のなかにあり，個人は不断に再社会化（resocialization）されていかなければならなくなる。

（ⅳ）　社会化のメカニズムと内容

　社会化は，ソーシャライザーとソーシャライジーとの間の相互作用として展開するが，その相互作用としての関係は，相互に意図的・意識的な場合もあるし，無意図的・無意識的な場合もある。あるいは一方が意図的・意識的な場合もあるし，他方が無意図的・無意識的な場合もある。子どもは親が意識的に伝達しようとする価値や規範を内面化していくであろうが，そればかりではなく，親の無意図的・無意識的な態度や行動あるいは何気ない感情表

現や会話などに内在されている価値や規範や動機などを無意識のうちに内面化して，社会化されていくこともある。子どもや青少年の社会化は，むしろ，こうした相互に無意図的・無意識的な関係のうちに進行している場合の方が多い。

　社会化は，ソーシャライジーの模倣，同一化，内面化，分化（differentiation），モデリング，役割学習（role learning）といったメカニズムを通して行われる。このうち模倣，同一化，役割学習が基本的に重要である。模倣は，ソーシャライザーの行動や特性をソーシャライジーが観察することによって，それと類似的なあるいは同一の行動パターンや特性を意識的・無意識的に習得していくことであり，同一化は，ソーシャライジーがソーシャライザーの態度・感情の一部あるいは全体を無意識のうちに取り入れて，それと情緒的に結合した存在になっていくことである。役割（role）とは集団内で一定の地位を占めている人々に対して期待される行動様式であり，その実際の具体的な行動が役割行動（role behavior）であるが，そうした役割行動を学んでいくことが役割学習である。ソーシャライジーは，ソーシャライザーを役割モデル（role model）として，その役割行動パターンを学習していくのであるが，その過程でソーシャライジーは，行動パターンばかりでなく，それに伴う感情や見方をも学習していく。そうした役割学習はソーシャライジーの意識や態度のなかに内面化されてパーソナリティの一部を構成するようになる。

　社会化は個人が集団成員性を習得していく過程であるから，その社会化の内容は当該集団の価値や規範である。したがって集団（社会）によって成員として必要とする価値や規範の具体的内容は異なるから，社会化の具体的内容も集団によって異なってくる。だが，社会化の内容として共通するところは，基本的生活習慣や基本的言語能力，対人的行動に対する態度，社会的役割とその遂行のための態度・技能，集団の文化的価値と規範である。社会生活ないし集団生活を営む上での，こうした基礎的行動パターンを個人が発達していく段階において習得していかなければならないものとすれば，それは当該集団において獲得されるべき発達課題（developmental tasks）なのであり，したがって，社会化は当該集団の発達課題の達成過程であるともいえる。

また社会化の過程を通して個人は個性化されていく。社会化されていくことは単に社会的な型式にはめ込まれていくことを意味するわけではない。個人はそれぞれに遺伝的・生物学的な個人的資質をもって生まれてくるが，そうした個人的資質の差異によって他者の対応の仕方，つまり相互作用の質と量は異なってくるから，そうした個々に異なる社会化の過程を通して個人は個性化されていくのである。こうした社会化過程を通して，個人はアイデンティティを獲得していくのである。

(ⅴ) 現代の社会化の特徴

現代社会は価値の多様化した異質的社会であり，したがって伝統的な同質的社会におけるように，社会化は自然的かつ漸次的に進行していくものではなくなってきた。伝統的な同質的社会においては社会化の完態（complete state）としての成人のモデル，つまり「一人前」の基準は明確であり，子どもはその方向に向かって社会化されていけばよかったし，社会も，特に地域社会にあっては，そうした方向への社会化の内容を準備していた。しかし，現代社会にあっては価値の多様化ゆえの世代間の価値葛藤・集団間の価値葛藤があり，そうしたなかにあって社会化の完態としての成人のモデルはもはや通用しなくなった。現代は社会化のモデルを喪失した混迷の時代にある。そして子どもの社会化も親自身の責任の元におかれるようになった。しかし親の世代の価値観は混迷し，親世代は自信と権威を喪失して不安に陥り，それゆえに逆に他と同調的な方向に向かうことによって親はその不安と自信喪失を隠蔽しようとする。高学歴獲得のために子どもを駆り立てるのは不安と自信喪失からくる親の他との同調的行為に他ならない。学歴社会はそうした親子の他への同調的行為の結果である。社会変動の激しい現代社会にあっては，こうした社会化の完態としての成人のモデルの喪失は，他方において，成人世代の再社会化を要求するようになる。社会化を達成し，社会への適応能力を身につけた存在という成人のイメージは，価値・技術・知識の急速な変化と多元化によって崩壊した。個人はその生涯にわたって社会化されていかなければならなくなったのである。他方，マスメディアは子どもや青少年の日常生活領域に侵入して，彼らの日常的な娯楽と空想の世界を構成し，

ソーシャライザーとして子どもや青少年と日常的に接触している。こうしてマスメディアは子どもや青少年の社会化を促進したり，脱社会化（親や教師の価値規範に対抗）させたりする。しかしマスメディアが商業主義的であるだけに脱社会化に対する危惧は大きい。さらにマスメディアは成人の思考様式を次第に標準的，画一的，受動的な方向へと向け，潜在的に社会化していく。

（vi）　社会化研究の課題

　社会化研究の課題として2つのことがあげられる。第1は，社会化の理論のなかに個人の主体性・能動性・創造性をどのように組み込んでいくかという問題である。これまでの社会化研究は，個人が社会ないし集団によって形成される側面に焦点をおいていたため，個人の主体的側面を看過してきた。役割期待の内面化過程についていえば，ソーシャライザーの役割定義がそのままソーシャライジーに受け入れられるわけではない。ソーシャライジーは，ソーシャライザーの期待する役割を自己の経験と能力に基づいて解釈し，判断し，修正しながら選択的に取り入れていく。したがってソーシャライザーの期待する役割とソーシャライジーの解釈した役割期待との間には齟齬が生じるのが普通である。しかし従来の構造機能的アプローチによっては，こうした社会化経験の主体的側面を捉えることは困難である。そこでこうした欠陥を補うために1960年代後半から現象学的社会学，象徴的相互作用論などの解釈的アプローチが注目されるようになってきた。解釈的アプローチは行為者個人の経験と観点を重視する点に特徴があり，行為者の立場に立ち，行為者の内的側面を解明しようとする。第2は，これまでの社会化研究は幼児期や青少年期を対象とした子どもの社会化が主要な研究テーマであったが，社会変動が激しくかつ異質的な現代社会にあっては，社会化は人間の生涯にわたるライフ・サイクルの過程として捉えられねばならないということである。そうなれば，これまで看過されてきた成人期以降の社会化も研究対象とされねばならない。また社会の変動性や異質性と関連して，社会化の不連続性・再社会化・脱社会化の問題も大きな課題となってこよう。

[注]
1) Aries, P., L'enfant et la vie familiale sous l'Ancien Regime, 1960. 杉山光信・杉山恵美子訳『〈子供〉の誕生』(みすず書房, 1980), Pollock, L. A., Forgotten Children ; Parent-Child relations from 1500 to 1900, Cambridge University Press, 1983. 中地克子訳『忘れられた子どもたち』(勁草書房, 1988) などの研究。
2) 例えば, アメリカでは, Adler, P. A. and Adler, P. を中心として, 1986年から"Sociological Studies of Child Development"が刊行されている (第1巻 (1986) ～第7巻 (1995))。
3) Clausen, J. A., The Life Course : A Sociological Perspective, Prentice-Hall Inc., 1986. 佐藤慶幸・小島茂訳『ライフコースの社会学』(早稲田大学出版部, 1987) 104頁。
4) 津守真『子どもの世界をどうみるか』(日本放送出版協会, 1987)。
5) 清水幾太郎『社会的人間論』(角川文庫, 1954〔初版1940〕) 11頁。
6) 清水幾太郎, 前掲, 9頁。
7) Parsons, T., Social System, The Free Press, 1951. 佐藤勉訳『社会体系論』(青木書店, 1974) 24頁。
8) Blumer, H., "Social Psychology," Schmidt, E. P. (ed.), Man and Society : A Substantive Introduction to the Social Sciences, Prentice-Hall, 1937. pp. 151-152.
9) 船津衛『シンボリック相互作用論』(恒星社厚生閣, 1976) 1頁。
10) Mead, G. H., Mind, Self and Society : from the Standpoint of a Social Behaviorist, The University of Chicago Press, 1934. 稲葉三千男・滝沢正樹・中野収訳『精神・自我・社会』(青木書店, 1973) 187頁。
11) Mead, G. H., 前掲訳, 187頁。
12) Mead, G. H., 前掲訳, 187頁。
13) Blumer, H., Symbolic Interactionism, Prentice-Hall, Inc., 1969. 後藤将之訳『シンボリック相互作用論』(青木書店, 1991) 79頁。
14) Lindesmith, A. R. Strauss, A. L. Denzin, N. K., Social Psychology (5th edition), Holt, Rinehart and Winston, 1978. 船津衛訳『社会心理学』(恒星社厚生閣, 1981) 273-307頁。
15) マーチンデール (Martindale, D.) は, シンボリック相互作用論はパーソナリティの理論を発展させ, 人格形成と社会構造との分析に貢献してきたとして, シンボリック相互作用論は個人の社会的発達を中心課題としていると述べている。Martindale, D., The Nature and Types of Sociological Theory, Houghton Mifflin Company, 1960. 新睦人他訳『現代社会学の系譜 (下)』(未来社, 1971) 406頁。
16) Nisbet, R. A., The Social Bond : An Introduction to the Study of Society, 1970. 南博訳『現代社会学入門 (一)』(講談社学術文庫, 1977) 147頁。
17) Nisbet, R. A., 前掲訳, 154頁。

[参考文献]

Borman, K. M. (ed), The Social Life of Children in a Changing Society, Lawrence Erlbaum Associates, Inc., 1982.

Bossard, J. H. S. and Boll, E. S., The Sociology of Child Development, Harper & Brothers, 1966, p. 4. 末吉悌次監訳『発達社会学』（黎明書房，1971）

Clausen, J. A., Socialization and Society, Little, Brown and Company, 1968.

Clausen, J. A., The Life Course, Prentice-Hall, Inc., 1986. 佐藤慶幸他訳『ライフコースの社会学』（早稲田大学出版部，1987）

Cooley, C. H., Human Nature and Social Order, Schoken Books, 1902. 納武律次訳『社会と我』（日本評論社，1921）

Cooley, C. H., Social Organization, 1909 (Charles Scribner's Sons, 1929). 大橋幸・菊池美代志訳『社会組織論』（青木書店，1970）

Dreitzel, H. P. (ed), Childhood Socialization, Macmillan Publishing Co., Inc., 1973.

Elkind, D., The Child and Society, Oxford University Press, Inc., 1979.

Erikson, E. H., Childhood and Society, W. W. Norton & Company, Inc., 1950. 仁科弥生訳『幼児期と社会（1）（2）』（みすず書房，（1）1977,（2）1980）

藤永保「発達理論」（藤永保編『現代の発達心理学』有斐閣，1992）

Gerth, H. H. and Mills, C. W., Character and Social Structure, Harcourt, Brace & World, Inc., 1953. 古城利明・杉森創吉訳『性格と社会構造』（青木書店，1970）p. 110.

Goslin, David A. (ed), Handbook of Socialization Theory and Research, Rand McNally College Publishing Company, 1969.

Handel, G. (ed), Childhood Socialization, Aldine De Gruyter, 1988.

Jenks, C. (ed), The Sociology of Childhood, Batsford Academic and Educational Ltd., 1982.

菊池章夫・斉藤耕二編『社会化の心理学』（川島書店，1974）

菊池章夫・斉藤耕二編『社会化の理論』（有斐閣，1979）

小嶋秀夫編『新・児童心理学講座　第14巻　発達と社会・文化・歴史』（金子書房，1991）

Koller, M. R. and Ritchie, O. W., Sociolgy of Childhood, Prentice-Hall, Inc., 1964.

Newcomb, T. M., Social Psychology, The Dryden Press, Inc., 1950. 森東吾・萬成博訳『社会心理学』（培風館，1956）

Parsons, T. and Bales, R. F., Family, Routledge & Kegan Paul Ltd., 1956. 橋爪貞雄他訳『核家族と子どもの社会化（上）（下）』（黎明書房，（上）1970,（下）1971）

佐藤忠男・山村賢明編『現代社会と子ども』（東洋館出版社，1970）

住田正樹『子どもの仲間集団と地域社会』（九州大学出版会，1985）

滝沢武久・山村賢明編『人間の発達と学習』（第一法規，1975）

第 I 部

子どもの集団生活と地域社会

第1章

子どもの社会化と地域社会

はじめに

　子どもの日常の生活行動は、一般に大人の場合ほど広範囲ではない。交通機関がどれほど発達したとしても、子どもの日常の生活行動がある一定の地域的範囲を越えた地帯にまで及ぶことは稀である。都市・農村を問わず、どこに居住していようと子どもの日常生活行動は一定の地域的範囲に限定されているのであり、通常は普段の通学区域を越えることはないだろう。だから、子どもの日常生活の基本的な場を考えてみれば、家庭、学校、地域の3つとなろう。つまり、子どもの日常生活とは、この3つの場を軸にして営まれている、いろいろな人々との錯綜した交渉過程なのである。このうち、地域において、そこに居住する人々の間でさまざまな社会的相互作用が営まれている場合が「地域社会」である。
　ここでの主題は、子どもの日常生活の基本的な場面の一つである地域社会を取り上げ、この地域社会が子どもの発達過程において本来どのような意義をもっているのか、そして、地域社会が崩壊したといわれて久しい今日的状況のなかでの子どもの日常生活はどうなっているのかを明らかにすることにあるが、合わせて、その崩壊したとされる地域社会での生活を回復するための方途をも探っていくこととしたい。

1. 子どもの社会化と地域社会

(1) 社会化・生活・地域社会

1) 子どもの社会化と生活

社会的役割の取得

　今日，子どもの発達過程を問題にする場合の有効な概念の一つは「社会化」である。社会化は，論者によってさまざまに定義されるが，およそ共通に理解されているところでは，個人が社会生活において要請される価値および行動様式を他者との相互作用を通して継続的に習得していき，自己を社会生活に適応せしめていく過程ということである。言い換えれば，個人の，社会の成員性——社会生活における普遍的な社会的役割——の取得過程だといってもよい。そして，この他者との相互作用の交渉過程，つまり人々の社会的行為の交換過程が社会生活に他ならないから，つまるところ，社会化は現実の社会生活に参加し，そこで生活を営む過程で，社会生活に普遍的な社会的役割を取得し，それに適応していく過程であるということになる。そして，生活を営むために，個人の社会的相互作用は日常的状況の中で繰り返し遂行されているから，ルーティーン化しており，それ故，社会化とは日常の生活過程そのものにおいて獲得されるものであるといえる。

微視的世界と巨視的世界

　ところで社会生活は微視的にみていくと，個人による，個人独自の特性に基づいた日常的行為が対面的交渉をもつという形で構成されるものであり，これが社会生活に現実性を付与しているのであるが，巨視的にみれば，そうした個人による独自の日常的行為を社会的な行動様式として是認し，あるいは規定する社会的秩序ないし社会的諸制度があり，これが個人の個々の日常的行為に規則的な共通のパターンの側面を与えているのである。

　前者の，他者との対面的関係における日常的な直接的経験の世界を微視的世界と呼び，後者の，それを包括し，それに意味を与えている，より大きな，

社会的現実の世界を巨視的世界と呼ぶとすれば、現実の社会生活は、これら微視的世界と巨視的世界が相互に継続的に浸透しあうことによって構成されているといえる[1]。微視的世界の日常的行為は、それを包括し、それに意味を付与している巨視的世界を背景にしてこそ理解可能なのであり、巨視的世界は微視的世界の日常的行為のなかにこそ、その現実性が付与され、その存在が確保されるのである[2]。

　個人は、日常の生活過程における他者との対面的な相互作用を通して、直接経験する身近な現実の世界（＝微視的世界）の背後に、実はそれを越えて、その身近な直接経験を包括し、組織している社会的秩序・社会的諸制度（＝巨視的世界）が存在していることを次第に認識していくようになる。こうして個人は自己と限られた自己の直接的経験を、より大きな社会的現実の意味や価値の脈絡に関連づけて理解するようになる。個人の社会化とは、こうした微視的世界から巨視的世界への認識の広がりの過程なのである。現実の社会生活において要請される普遍主義的・客観的価値の取得は、かくして可能となるのである。

子どもにとっての地域社会とは

　ところで、地域社会とは、前述のように、ある一定の地域的範囲のなかで、居住を機縁として営まれている諸個人の社会的相互作用である。だから、子どもの社会化という観点からすれば、子どもの他者との相互作用が日常生活過程としてルーティーン化し得ることが可能な範囲が地域社会の領域となる。つまり、日常的な対面的接触の可能な範囲である。そしてその領域内での社会的相互作用が地域社会の社会化作用として機能するわけである。

　しかし、だからといって、その領域内のすべての社会的相互作用が地域社会の社会化作用として機能するわけではない。そのなかで、同一地域に居住することを機縁として生み出された諸個人間の社会的相互作用のみが、地域社会としての社会化作用なのである[3]。

　他者との対面的接触が、日常的行為として、日常生活のうちに組み込まれることが可能な領域を地域社会の範囲とし、そのなかで営まれている社会的相互作用のうち、居住という地域的拘束性を帯びたものだけを、地域社会と

しての社会的相互作用と考えるわけである。だから，家族集団や学校集団での社会化は，そこで営まれている社会的相互作用が地域的拘束性を帯びていない限り，地域社会とは見なされない。

2) 地域社会の社会化

他人との交渉

こういうわけで，地域社会を地域的拘束性を帯びた諸個人の社会的相互作用と考えるのであるが，それが子どもの社会化に対してもつ本来的な意義は，地域社会それ自体が子どもの日常の生活過程であるということ，したがって社会化過程でもあるということ，そして，そこで営まれている地域的拘束性を帯びた社会的相互作用の交渉相手である他者が，同一地域に居住する性と年齢を異にし，また同じくする見慣れた他人であるということにある。

およそ，地域には，性と年齢のみならず，あらゆる階層に属する諸個人が居住しており，そうしたさまざまな諸個人の個々の日常生活が複雑に交錯しながら重なりあっているのが地域社会である。そのなかでも，とりわけ，性差と世代は，個々人の日常生活の諸活動を秩序づける枠組みであり，意識と行動の軸となっている。したがって，地域社会は性や世代を異にし，また同じくする諸個人のさまざまな生活経験や生活様式，そして，それ故に，さまざまな性質の社会的相互作用を包含しているのである。

子どもは，地域において，こうした社会的位置や経歴を異にし，また同じくする諸個人と具体的，現実的かつ日常的な相互接触を行うことによって，日常生活を営んでいる。しかも，そうした諸個人は，同一地域に居住する見慣れた他人である。ここに，地域社会の社会化の本来的な意義があるといわねばならない。そして，ここから，「地域社会の社会化」の諸特質が導き出されてくる。

他人のなかの自己発見

それは，第1に，当然ではあるが，子どもは地域社会において，他人性の存在を経験するということ，したがって，他人との関連で，ないしは他人のなかに自己を発見するということである。社会化はまず，個人の，他者との

関連づけからはじまる。

　第2に，他人との対面的交渉において，子どもは，その他人がたとえ世代を異にする大人であっても，大人の庇護の下に立つものではないから，独立の主体として交渉せねばならず，したがって，具体的な個々の対面的状況において，子どもは行動の自己決定を絶えず要求されることになるということである。

　第3に，他者が他人であるが故に，その関係は余裕のあるものではなく，かえってシリアスであり，またその他人が社会的位置と経験を異にし，さまざまな生活経験や価値をもっているとすれば，相互の対応関係は，承認，確認，敬意といった肯定的関係ばかりでなく，対立，無視，非難，拒絶といった否定的関係をも含むことになるということである。地域社会には，人間生活のもつあらゆる性質の関係が具象化されている。だから，地域社会における諸個人の関係は，必ずしもそのすべてが集団に凝固し，集団に形象化されているとは限らない。集団構成には至らないさまざまな関係が地域社会には存在する。

他人との不断の交渉過程

　第4に，他人との交渉を通して，解釈の能力およびその技術的理解の社会化が行われることをあげねばならない。現実の社会生活は，他者との不断の交渉過程であるが，その他者が他人であってみれば，その他人に対する行動や対処の仕方を自分で決定するために，その他人との対面的状況において，他人の表情や言動から，彼のパーソナリティ・イメージを構成し，それに基づいて他人の動機を理解しなければならない[4]。そうした他人の動機の解釈過程を繰り返すことによって，子どもは彼に対する反応の多様性を狭めていく。だから，子どもは，他人に対して確信ある対処の仕方を学ぶまでは，失望，拒絶，軽蔑などをたびたび経験する。しかし，そうした経験が他人に対する理解力や共感性を培い，他人への配慮能力を形成していくのである。

　だが，前述のように，他者との対面的状況という直接的経験の微視的世界は，そこに浸透し，あるいはそれを組織している巨視的世界の理解なくしては，意味をなさない。したがって，他人との交渉において，彼の行動の意味

を理解して適切に対応するためには，彼の行動の意味，ないしは動機を他人あるいは自己の巨視的世界の脈絡に関連づけて理解しなければならない。しかし，この他人は，子どもにとって，同一地域に居住する見慣れた他者であるから，子どもはその他人の生活経験や生活様式を多少なりとも感覚的に経験しており，したがって，比較的容易に彼の動機を巨視的世界の脈絡のなかで理解することができる。

そして，それと重複するけれども，子どもは同一地域に居住するが，社会的位置や経験を異にすることから生ずる諸個人のさまざまな生活経験や生活様式あるいは価値を，その他人との接触によって感覚的に取得していく。生活感覚の取得といってもよい。これが第5の特質である。

現実の社会生活とは，それぞれ独自の個性をもった他人との不断の交渉過程に他ならないが，地域社会において，子どもは見慣れた他人との交渉という，いわば「練習の機会」を与えられているのである。

こういうわけで，地域社会の社会化は，子どもにとって，現実の社会生活への準備段階，あるいは基礎的訓練の場としての意義をもつのである。

近隣社会における仲間関係と隣人関係

ところで，地域社会を，ここでは，子どもの日常的な対面的接触の可能な範囲での，地域的拘束性を帯びた社会的相互作用と考えたのであるが，その具体的形象は，近隣社会に見いだすことができるだろう。近隣社会の成立基盤である近隣地域は，子どもの日常生活を考えてみた場合，子どもの生活を軸として，さまざまの世代の生活が錯綜し重なりあって，対面的接触を可能にし，相互作用を集積させているところの，同一地域への居住を機縁とした特定の領域である。子どもの日常生活過程のうちで，地域的拘束性を帯びた社会的相互作用を地域社会と規定するならば，その範囲は必然的にこうした領域に限定されることになる。近隣地域に居住する性と世代を異にし，また同じくする他人との不断の交渉過程が子どもの地域社会での日常生活，つまり地域生活なのである。

年齢あるいは世代は，一般に，社会秩序を最も端的に規制するものであり，しかもここでの主題が，性差を越えた子どもの社会化であるから，性差を措

第1章　子どもの社会化と地域社会

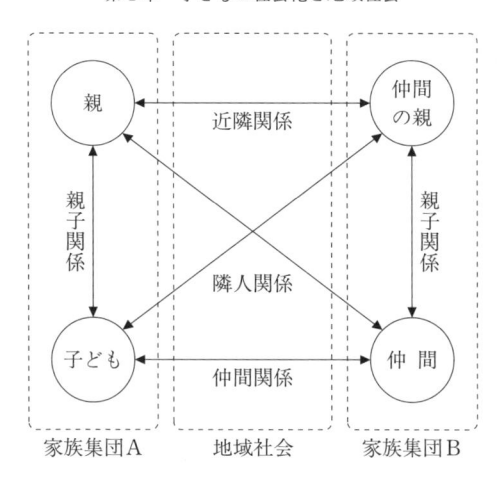

図1-1　子どもの居住生活関係

くとすれば、子どもの近隣社会での対人関係は、これを同世代のそれと異世代のそれとに大別できよう。同世代の、つまり子ども同士の関係を仲間関係とし、異世代の、つまり子どもからすれば、大人との関係であるが、これを大人同士の近隣関係と区別する意味で、隣人関係とする[5]。

隣人は、大体において、子どもの仲間の両親その他の大人であろうから――もちろん他の大人も隣人であるが――今、家族関係（親子関係）を含めた地域社会での子どもの対人関係をみると図1-1のようになろう。この全体を便宜的に子どもの居住生活関係と呼んでおく。このうち仲間関係は、その間に社会的勢力の差がないから水平的関係であり、隣人関係、親子関係は大人の側に圧倒的な勢力があるから、垂直的関係となる。子どもの地域社会での対人関係とは、この近隣社会での仲間関係と隣人関係である。

次に、これら両関係と子どもの社会化とについて検討しよう。

（2）　仲間関係と子どもの社会化

遊戯の世界と自我形成

子どもの仲間関係が同世代の他人との関係であり、この関係において子どもは独立の主体として交渉しなければならないことは、前述の通りである。子どもの生活は元来が現実の社会生活を離れた遊戯の世界であり、したがっ

て，仲間との関係は遊戯を介した自然発生的な結合である。だから，子どもの仲間とは通常，遊戯仲間である。この遊戯仲間との関係を，子どもの社会化，つまり自我の発達の観点から考察していったのは，ミード（Mead, G. H.）であった。

周知のように，ミードは，自我をIとmeの部分に分けて，meとは他者の態度の組織化されたセットであり，Iとは主体の反応であるとして，この両者の相互作用過程において完全な自我が形成されるとした。自我は本質的に，このIとmeの2側面を伴いながら進行していく社会過程としたのである。そして，遊戯過程における自我の発達段階は「ごっこ遊戯」の段階と「ゲーム」の段階との2段階があるとし，前者の段階における子どもの自我は，遊戯仲間と共に参加している社会的動作の相互の間で，実在もしくは架空の特定の他者の個人的態度を組織化することだけで形成されているが，後者の段階における子どもの自我は，「一般化された他者」という形をとって，遊戯仲間全体の社会的態度を組織化することで形成されているという。

「一般化された他者」のなかに，多数の特定の他者の個人的態度が一つの様式として組織化されるようになるわけである。そして，この「一般化された他者」という形をとって，その社会過程は子どもの行動に影響を及ぼすとした[6]。

重要で権威ある他者

このようにして，子どもは遊戯仲間との関係のなかで自我を形成していくわけであるが，しかし，遊戯仲間といっても，その全員が，子どもの自我形成にとって同等に重要な位置を占めているわけではない。そのうちの何人かが中心的位置にあり，他は周辺的位置にある。

中心的位置にある仲間は，子どもにとって，特に重要な意味をもつ他者であり，その仲間の期待と評価が子ども自身の期待と評価に反映し，また子どもの行動に対してはサンクションを行う。こうした他者をミルズ（Mills, C. W.）は「重要で権威ある他者」と呼ぶ[7]。だから，「一般化された他者」は，この重要で権威ある他者の評価と価値の結合から構成されているのである[8]。遊戯仲間のうち，子どもにとって重要で権威ある他者はリーダー格の仲間で

ある。リーダー格の仲間が構成する「一般化された他者」の是認と評価によって，子どもは自我を形成し，またそれを維持していくことになる。そして，「一般化された他者」を経験することによって，子どもは遊戯仲間の評価と自己評価とが肯定的に一致していることを知り，自我の安定感を経験する。この経験ほど完全な自我形成の準拠枠を構成するものはない。

この遊戯仲間との関係は，子どもにとって，自己を再確認してくれる他者を選択するという累進的確認の原則から構成されている[9]。したがって，こうした場合は，子どもは仲間集団を構成しているわけである。

仲間との否定的関係

だが，子どもの仲間との関係は，こうした肯定的関係ばかりではない。否定的関係ないし緊張関係，闘争関係に至る場合もある。それは，その時点での自己を確認してくれる仲間がいない場合，子どもの自己のイメージを毀損あるいは無視するような仲間の言動があった場合，仲間が他人であることから彼の行動の意味を理解できず，相互の期待に齟齬が生じた場合，それまでの生活経験や生活様式の懸隔の故に思考・行動様式に差異が生じた場合などに出現する。闘争関係はその極度の場合である。

こうした否定的関係が継起し，否定的評価を継続的に受けた場合，子どもはそれを内面化し，否定的自己評価を助長して劣等感をもつに至る場合もあり，ひいては自我形成の永続的基盤として統合されることにもなる。

しかし，こうした否定的関係が継続することは稀である。それは子どもの自我がいまだ十分に一貫性，統一性をもって発達しておらず，行動も状況の変化に応じて変わるからである。しかも，遊戯仲間の評価は子どもの遊戯の役割の演じ方に対する評価であって，当の子ども自身のパーソナリティに向けられたものではないから，遊戯内容あるいはその状況が異なれば，その評価も異なってくる。

仲間との否定的関係が子どもの社会化にとってもつ意義は，それによって子どもの日常生活過程の自明性が遮断され，その自明性に懐疑と反省を抱かざるを得なくなることにある。その自明性は，子どもにとって，仲間との関係の下では通用しない，解決されるべき課題となる。つまり，従来にはな

かった仲間の新しい評価がその自明性に加わったわけであり，ここに子どもは「一般化された他者」の変容を迫られることになる。

仲間からの再評価

このようにして，それまでの古い評価に新しい評価が加わり，古い方が意識から脱落したり除外されるにつれ，「一般化された他者」は変容していく[10]。その結果として，子どもは仲間から再評価され，また自己についても再評価して，仲間関係に再加入するという形をとる。そして，それが可能なのは仲間関係が水平的関係だからである。仲間との闘争——ケンカ——の経験はこのような意味をもつ。

こういうわけで，子どもは近隣社会のなかで同世代の他人である仲間と，互いに独立の主体として交渉し，多面的な関係をもつ。そして，何ものにも拘束されることのない他人の自由な評価，とりわけリーダー格の仲間の評価を自己の評価に反映させつつ，子どもは自我を形成していく。そして，仲間関係は自己の行動がいまだ社会的秩序や社会的諸制度に規定されていることを自覚しない子ども同士の関係であるから，子どもはその直接的交渉場面での，仲間の行動の意味を理解して対処すればよく，後述の隣人関係におけるように，仲間の行動を背後の巨視的世界の脈絡に関連づけて理解する必要はない。

子どもは，その時々の他者の評価に自我を依存しているプラスティックな時期であるから，同世代の他人である仲間のシリアスな評価は，子どもの自我形成にとって重要な意味をもつ。

（3） 隣人関係と子どもの社会化

一方向過程としての隣人関係

周知のように，クーリー（Cooley, C. H.）は，家族集団，遊戯集団（仲間集団），近隣集団を第一次集団と規定し，その個人の自我形成の源泉を形作る上での，重要性を指摘した。彼は，現代生活を都市化過程としてとらえ，都市における第二次関係の優位性および都市化の必然的結果としての第一次関係の消滅を説くのであるが，それにもかかわらず，なおも，子どもの自我

形成における第一次集団の重要性を指摘する[11]。ここで問題にしている隣人関係が，クーリーのいう近隣集団に当たることはいうまでもない。

　子どもは近隣社会のなかで，異世代の他人，つまり子どもからいえば，他人の大人と接触するのであるが，その関係は，子どもが家族集団を離脱するまで継続することになる。

　隣人関係は，いうまでもなく，隣人の地位的優越の下での，垂直的関係である。しかも隣人は子どもから自由な立場にいる他人であるから，子どもに対する関係も一方向的となる。子どもの社会化過程における垂直的関係ないし垂直的構造は，隣人関係のみならず，家族集団や学校集団においてもみられる。だが，これらの集団の場合，大人である親や教師は子どもを庇護ないし指導する立場にあって，子どもから自由な立場に立つことを許されない。しかも，彼らは子どもを社会化すると同時に，自らも親として，あるいは教師としての役割や価値を習得して社会化されるという，二方向過程にある。

　隣人関係は，それに対して，隣人が地位的優越者である他人であるが故に，一方向的という特質をもつ。したがって，子どもの行動に対する隣人の評価が，たとえ眉をひそめたり，微笑んだりするような単純な非言語的ジェスチュアによるものであっても，子どもはその意味を理解し，その評価を内面化して，自我を屈折させたり，助長させたりする。

家族集団員としての子どもに対する評価

　ところで，大人同士の近隣関係は，近隣地域における地域的拘束性を帯びた日常的な社会関係であるが，それは個人単位というよりも世帯単位の結合を主軸としている。この結合形態は隣人関係における隣人の側の子どもに対する接触の仕方にも現れる。隣人は子ども個人と接触するというのではなく世帯の一人員としての子どもに接触するのである。したがって，隣人の子どもに対する評価は，子ども個人に対する評価もさりながら，多分にその子どもの所属する家族集団に対する評価が働いている。つまり，子どもは，個人の行動として評価されるのではなく，自己の所属する家族集団の構成員として，そして家族集団行動の1つとして隣人から評価されるのである。

　しかしながら，隣人を，前述のように，大体において，遊戯仲間の両親そ

の他の大人とすれば、子どもはその隣人をその属する家族集団と関連づけて認識するのではなく、せいぜい遊戯仲間の親あるいは大人として認識するに過ぎない。だが隣人関係は一方向的であるから、子どもは独立の主体として交渉するといっても、隣人の評価に一方的に規定されてしまうことになる。子どもの評価あるいは理解が逆に隣人に反映されることはない。

　このように、子どもは、隣人関係において、自己の行動を家族集団行動の一つとして、あるいは家族集団規範に規制された行動として評価され、そしてそうである場合には是認され、またそうであることを期待される。この関係において、子どもは家族集団の構成員であることを外側から規制され、自己の家族集団に対してわれわれ意識（we-consciousness）を抱くとともに、自己と家族集団との関連を再評価する機会を与えられる。

巨視的世界の発見と理解

　隣人関係以外の、日常生活での対面的関係においては、子どもは他者から個人としての評価、期待を受けるのであるから、それを自己との関連に限定して理解し、適切な対処の方法を探ればよい。

　だが、隣人関係において、子どもは、隣人の評価のなかに、自己に対するのみでなく、自己の家族集団に対する評価が働いていることを認識し、隣人との現実的、具体的な直接的交渉の場に、観念の世界としての自己の家族集団が浸透していることを理解する。そして子どもは、隣人との社会的相互作用過程の意味を、その場の直接的経験の状況だけから理解するのではなく、そこに浸透し、あるいはそれを組織している観念的な家族集団ないしそれをも包括したより大きな脈絡に位置づけて理解しようとする。つまり微視的世界を、それを包み込んでいる巨視的世界を背景に理解しようとするのである。

　巨視的世界の発見ないし理解は、隣人との交渉に限ったことではない。だが、隣人関係以外の場合には、他者との絶え間ない交渉過程の結果としての巨視的世界の発見であり、理解である。子どもの日常世界においては、この隣人関係においてのみ、その対面的交渉の場に巨視的世界が直接浸透しているのであって、子どもは隣人の評価や期待の意味を理解するためには、この巨視的世界の理解が同時に要請されるのである。

ところで，そうした一方で，子どもは隣人との継続的な社会的相互作用の結果，ある隣人の独特の態度や評価が他の隣人にも共有されていることを認識する。あるいはそうした態度や評価が時には，自分の両親その他の大人のそれと一致することに気が付く。つまり，子どもは多数の隣人の評価を一つの様式として組織化し，大人一般としての，「一般化された他者」を形成するようになる。

こうして，特定の隣人の個別的な態度・評価は，大人の世界一般が共有する社会規範となる。言い換えれば，子どもは隣人を個人としてではなく，いわば，「他人としての大人一般の代理人」ないしは「社会一般の代表者」として経験する。この経験からも，子どもは自己と自己の限られた直接的範囲の微視的世界の経験を無数の他人としての大人が共有している巨視的世界の文脈に関連づけて理解することができるようになる。

多様な隣人関係

前述のように，隣人関係も仲間関係と同様，その内容は多様であり，肯定的関係から否定的関係にまで至る。だが，それは仲間関係その他の関係と異なり，一方向的である。

隣人に肯定的に評価された場合，子どもは自己に対して確信をもち，同時に自己の家族集団を再確認して，帰属意識を高める。そして自我の安定化を経験する。だが，否定的に評価された場合，子どもはその隣人の評価を無視，排除ないしは拒絶するか，全体的あるいは部分的に受容し，自我を屈折させていく。

しかしながら，否定的関係がどれほど極端な場合でも，隣人関係は一方向的な垂直的関係であるから，子どもは隣人と対等な位置に立って，仲間関係におけるような，闘争関係に入ることはない。そしてまた，子どもが自我をその時々の他者の評価に依存させているプラスティックな時期であることを考えれば，隣人による否定的評価は，子どもの否定的自己評価を助長し，劣等感を抱かせるような方向に自我を屈折させていくことになる。そうなれば，子どもは自己の家族集団に対して，失望，軽蔑，懐疑の観念をもち，巨視的世界における劣等者集団として自己の家族集団を意識することにもなる。

だが，子どもの社会化過程において経験する社会的諸関係は相互に異質的であるから，その一における社会関係において肯定的関係にあることが，必ずしも後続の社会関係においても肯定的関係になることを容易にするものではない[12]。

子どもが隣人関係において否定的評価を受けることの社会化における意義は，仲間関係におけると同様に，日常的慣例としてスムーズに流れていた自己の生活過程が遮断され，その自明性が大人の世界，つまり現実の社会生活では通用しないこと，したがって，その自明性はなんらかの新たな対処を要する課題として子どもに観念されることにある。その際，隣人は仲間と異なり，大なる社会的勢力を有しているから，子どもの「一般化された他者」の変容への圧力は，仲間以上に強く作用する。社会化が，このような「一般化された他者」の構成が変容していく過程であることはいうまでもない。

こういうわけで，子どもは近隣地域において，仲間関係，隣人関係という地域的拘束性を帯びた，見慣れた他人との社会的相互作用を通して，社会化されていくのである。

2. 子どもの地域生活と住民生活

さて，それでは，今日の子どもの仲間関係，隣人関係，そしてまた，地域の大人同士の近隣関係の実態はどうなのであろうか。われわれが行った面接調査結果からその実態をみてみよう。調査対象は香川県高松市の住宅地域に居住する小学校4年生の子ども82名とその母親76名であり（回収率は子ども84％，母親78％），調査期間は1979（昭和54）年10月～12月である[13]。

（1） 子どもの仲間関係

名前を知っている

この住宅地域には，調査対象である小学校4年生をも含めて，371名の小学生が居住している。そしてここでは，子どもの同世代の仲間をこの小学生として調査した。

表1-1は，小学校4年生の子どもが，近隣地域に居住していると思って

表1-1 近隣地域の子どもの人数　　　　　　　　　　　（　）内は%

		そのうち名前を知っている小学生は何人か							
	人数＼人数	なし	1～3人	4～6人	7～9人	10～12人	13～15人	16人以上	計
近隣地域に居住している小学生は何人いるか	1～3人	－ (－)	5 (100.0)	－ (－)	－ (－)	－ (－)	－ (－)	－ (－)	5 (6.1)
	4～6人	1 (9.1)	2 (18.2)	8 (72.7)	－ (－)	－ (－)	－ (－)	－ (－)	11 (13.4)
	7～9人	－ (－)	2 (11.1)	4 (22.2)	12 (66.7)	－ (－)	－ (－)	－ (－)	18 (22.0)
	10～12人	－ (－)	2 (10.0)	4 (20.0)	5 (25.0)	9 (45.0)	－ (－)	－ (－)	20 (24.4)
	13～15人	－ (－)	－ (－)	2 (22.2)	－ (－)	2 (22.2)	5 (55.6)	－ (－)	9 (11.0)
	16～18人	－ (－)	－ (－)	－ (－)	－ (－)	1 (50.0)	－ (－)	1 (50.0)	2 (2.4)
	19～21人	－ (－)	－ (－)	1 (14.3)	1 (14.3)	－ (－)	2 (28.6)	3 (42.8)	7 (8.5)
	22～24人	－ (－)	－ (－)	－ (－)	－ (－)	－ (－)	－ (－)	－ (－)	－ (－)
	25人以上	－ (－)	1 (10.0)	－ (－)	3 (30.0)	2 (20.0)	－ (－)	4 (40.0)	10 (12.2)
	計	1 (1.2)	12 (14.6)	19 (23.2)	21 (25.6)	14 (17.1)	7 (8.5)	8 (9.8)	82 (100.0)

（注）－の表示は度数が0であることを示す。以下同様。

いる小学生の人数と，さらにそのうちで名前を知っているとする小学生の人数とのクロス集計表である。10～12人位の子どもが近隣地域におり，そのうち7～9人位の子どもの名前を知っているとする子どもが多い。それぞれの平均人数を出してみると，13人と8人である。そして表全体からも分かるように，近隣地域に小学生が多く居住しているとする子どもほど，名前を知っている小学生の人数も多くなっている。だが，名前を知っている小学生が多いからといって，その関係が親密かというとそうではない。

表1-2 名前を知っている子どもとの仲間関係の程度　　　　　（　）内は％

	人数	いままで一緒に遊んだことがない	あまり一緒に遊ばない	時々一緒に遊ぶ	いつも一緒に遊ぶ	不明無回答	計
近隣地域で名前を知っている小学生の人数	なし	— (—)	— (—)	— (—)	— (—)	1 (100.0)	1 (0.1)
	1～3人	6 (22.2)	12 (44.5)	7 (25.9)	2 (7.4)	— (—)	27 (3.7)
	4～6人	17 (16.5)	36 (35.0)	41 (39.8)	9 (8.7)	— (—)	103 (14.3)
	7～9人	25 (15.0)	55 (32.9)	64 (38.3)	23 (13.8)	— (—)	167 (23.2)
	10～12人	32 (20.9)	49 (32.0)	48 (31.4)	14 (9.2)	10 (6.5)	153 (21.2)
	13～15人	26 (26.3)	27 (27.3)	34 (34.3)	12 (12.1)	— (—)	99 (13.7)
	16人以上	65 (38.0)	42 (24.6)	45 (26.3)	19 (11.1)	— (—)	171 (23.7)
	計	171 (23.7)	221 (30.7)	239 (33.1)	79 (11.0)	11 (1.5)	721 (100.0)

　表1-2を見られたい。表1-2は，その名前を知っている小学生との関係の程度を，遊びの側面からみたものであるが，名前を知っている小学生であってもその55％の小学生とは「一緒に遊んだことがない」，「あまり一緒に遊ばない」という関係である。「いつも一緒に遊ぶ」のはわずか11％に過ぎない。そして名前を知っている小学生が多いからといって一緒に遊ぶ小学生が多いわけでもない。「遊んだことがない」のが多いのは，逆に，多くの名前を知っているという子どもたちである。

（2）　子どもの隣人関係

隣人とのつき合い

　表1-3は，子どもと子どもの居宅に隣接する前後左右隣の隣人，つまり隣のおじさん，おばさんとのつき合いの程度を，その子どもの有無別——た

表1-3　前後左右隣との隣人関係の程度　　　　　　　　　　（　）内は％

	子ども有り		子ども無し		子どもの有無不明		計	
	おじさん	おばさん	おじさん	おばさん	おじさん	おばさん	おじさん	おばさん
あまり会わないから顔も知らない	49 (31.6)	29 (18.7)	28 (31.9)	26 (29.6)	19 (67.8)	17 (60.7)	96 (35.5)	72 (26.5)
顔は知っているけれども挨拶はしない	37 (23.9)	34 (21.9)	26 (29.6)	25 (28.5)	3 (10.7)	3 (10.7)	66 (24.4)	62 (22.9)
会えば挨拶をする	36 (23.2)	42 (27.1)	15 (17.0)	20 (22.7)	4 (14.3)	7 (25.0)	55 (20.3)	69 (25.4)
時々話しをする	22 (14.2)	37 (23.9)	11 (12.5)	12 (13.6)	1 (3.6)	1 (3.6)	34 (12.5)	50 (18.5)
学校のことや家のこと友だちのことなどをよく話す	5 (3.2)	13 (8.4)	1 (1.1)	1 (1.1)	− (−)	− (−)	6 (2.2)	14 (5.2)
該当者なし	6 (3.9)	− (−)	6 (6.8)	4 (4.5)	1 (3.6)	− (−)	13 (4.8)	4 (1.5)
無回答不明	− (−)	− (−)	1 (1.1)	− (−)	− (−)	− (−)	1 (0.3)	− (−)
計	155 (100.0)	155 (100.0)	88 (100.0)	88 (100.0)	28 (100.0)	28 (100.0)	271 (100.0)	271 (100.0)

だし小学生とは限定せず――に見たものである。前後左右隣の隣人との関係であるから地域的拘束性を最も強力に帯びた関係である。おじさんやおばさんに子どもがいる場合の方がいない場合よりも関係の程度は強いが，それでも，おじさんとは「顔も知らない」，「挨拶もしない」が56％であり，おばさんでも41％である。子どもがいない場合は，それが62％，58％となる。だから全体としてみても，今日の子どもは前後左右隣という最も近い隣人でさえ，過半数が「顔も知らない」か「知っていても挨拶さえしない」という間柄でしかない。

　表1-4は，この前後左右隣の隣人を除いて，近隣地域で子どもがよく知っているとする大人の種類とその人数を問うたものである。「友だちの親」，

表 1-4 よく知っている隣人の類別と人数（隣、前後左右隣）

（　）内は％

	1人	2人	3人	4人	5人	6人	7人	8人	9人	計	延人数
友だちの父や母	8 (22.8)	10 (28.5)	5 (14.3)	4 (11.4)	3 (8.6)	3 (8.6)	− (−)	1 (2.9)	1 (2.9)	35 (41.2)	109 (55.8)
近所の人	14 (50.0)	8 (28.6)	2 (7.1)	3 (10.7)	1 (3.6)	− (−)	− (−)	− (−)	− (−)	28 (32.9)	53 (27.2)
子供会の役員の人	2 (66.7)	1 (33.3)	− (−)	− (−)	− (−)	− (−)	− (−)	− (−)	− (−)	3 (3.5)	4 (2.1)
自治会の役員の人	− (−)	1 (100.0)	− (−)	− (−)	− (−)	− (−)	− (−)	− (−)	− (−)	1 (1.2)	2 (1.0)
父や母の友人・知人	3 (75.0)	− (−)	− (−)	− (−)	1 (25.0)	− (−)	− (−)	− (−)	− (−)	4 (4.7)	8 (4.1)
父や母の職場の人	1 (100.0)	− (−)	− (−)	− (−)	− (−)	− (−)	− (−)	− (−)	− (−)	1 (1.2)	1 (0.5)
近所の商店の人	2 (66.7)	1 (33.3)	− (−)	− (−)	− (−)	− (−)	− (−)	− (−)	− (−)	3 (3.5)	4 (2.1)
その他	6 (60.0)	4 (40.0)	− (−)	− (−)	− (−)	− (−)	− (−)	− (−)	− (−)	10 (11.8)	14 (7.2)
計	36 (42.4)	25 (29.4)	7 (8.2)	7 (8.2)	5 (5.9)	3 (3.5)	− (−)	1 (1.2)	1 (1.2)	85 (100.0)	195 (100.0)

（注1）「近所の人」は、前後左右隣の人を除く。
（注2）複数回答のため、合計は標本数以上となる。以下同様。

表1-5 よく知っている隣人との関係の程度　　　　　　　　　（　）内は%

	道で会えば挨拶をする	時々話しをする	学校のことや家のこと，友だちのことなどをよく話す	内緒話をする	不　明無回答	計
友だちの父や母	38 (34.9)	32 (29.4)	27 (24.8)	11 (10.1)	1 (0.9)	109 (55.8)
近所の人（除，前後左右隣）	22 (41.5)	16 (30.2)	6 (11.3)	3 (5.7)	6 (11.3)	53 (27.2)
子供会の役員の人	2 (50.0)	1 (25.0)	— (—)	1 (25.0)	— (—)	4 (2.1)
自治会の役員の人	— (—)	— (—)	— (—)	— (—)	2 (100.0)	2 (1.0)
父や母の友人・知人	4 (50.0)	4 (50.0)	— (—)	— (—)	— (—)	8 (4.1)
父や母の職場の人	— (—)	1 (100.0)	— (—)	— (—)	— (—)	1 (0.5)
近所の商店の人	2 (50.0)	1 (25.0)	— (—)	1 (25.0)	— (—)	4 (2.1)
その他	6 (42.9)	6 (42.9)	— (—)	— (—)	2 (12.2)	14 (7.2)
計	74 (37.9)	61 (31.3)	33 (16.9)	16 (8.2)	11 (5.6)	195 (100.0)

「近所の人」が多く，人数は前者が2人，後者が1人とする子どもが多い。平均はそれぞれ3人，2人である。そしてそれは子どもがよく知っているとする隣人の，それぞれ，56%，27%に当たる。

　表1-5は，これら子どもがよく知っているとする隣人とのつき合いの程度をみたものであるが，最も多いのは「道で会えば挨拶する」であって，さして親密な間柄というほどのことでもない。また，子どものつき合いの程度は近所の人よりも友だちの親の方が高くなっている。

表1-6 前後左右隣との近隣関係の程度

( )内は%

	前の家の		後ろの家の		右隣の家の		左隣の家の		計	
	世帯主	妻	世帯主	妻	世帯主	妻	世帯主	妻	世帯主	妻
全然知らない。顔もあまり見ない。	6 (7.9)	1 (1.3)	21 (27.6)	14 (18.4)	3 (3.9)	1 (1.3)	8 (10.5)	3 (3.9)	38 (12.5)	19 (6.3)
顔は知っているが、会釈も挨拶もしない。	2 (2.6)	− (−)	2 (2.6)	− (−)	1 (1.3)	2 (2.6)	1 (1.3)	− (−)	6 (2.0)	2 (0.7)
会っても時々会釈をするぐらい、いつも会釈をするとは限らない。	4 (5.3)	3 (3.9)	3 (3.9)	3 (3.9)	4 (5.3)	1 (1.3)	5 (6.6)	2 (2.6)	16 (5.3)	9 (3.0)
挨拶はするが、あまり話しをしない。	37 (48.7)	20 (26.3)	24 (31.7)	18 (23.7)	31 (40.9)	12 (15.8)	31 (40.8)	18 (23.7)	123 (40.5)	68 (22.3)
さしさわりのない近所話をする。	5 (6.6)	22 (29.0)	5 (6.6)	16 (21.1)	15 (19.7)	28 (36.9)	11 (14.4)	30 (39.5)	36 (11.8)	96 (31.6)
家に入っていって世間話をする。	3 (3.9)	6 (7.9)	− (−)	− (−)	1 (1.3)	5 (6.6)	− (−)	4 (5.3)	4 (1.3)	15 (4.9)
自分の家族のことを話したり、困ったときに相談したりする。	2 (2.6)	8 (10.5)	1 (1.3)	4 (5.3)	− (−)	9 (11.8)	4 (5.3)	6 (7.9)	7 (2.3)	27 (8.9)
該当世帯または該当者なし	17 (22.4)	16 (21.1)	20 (26.3)	21 (27.6)	21 (27.6)	18 (23.7)	16 (21.1)	13 (17.1)	74 (24.3)	68 (22.3)
無回答不明	− (−)	− (−)	− (−)	− (−)	− (−)	− (−)	− (−)	− (−)	− (−)	− (−)
計	76 (100.0)	76 (100.0)	76 (100.0)	76 (100.0)	76 (100.0)	76 (100.0)	76 (100.0)	76 (100.0)	304 (100.0)	304 (100.0)

表1-7　近隣地域で親しくしている人数（除，前後左右隣）　　　（　）内は%

人　数	1人	2人	3人	4人	5人	6人	7人	8人
度　数	8 (10.5)	13 (17.2)	17 (22.5)	6 (7.9)	7 (9.2)	3 (3.9)	4 (5.3)	3 (3.9)
人　数	9人	10人	11人	12人	13人	14人	15人	16人
度　数	1 (1.3)	3 (3.9)	— (—)	— (—)	2 (2.6)	1 (1.3)	— (—)	— (—)
人　数	17人	18人	19人	20人	いない		計	延人数
度　数	1 (1.3)	— (—)	— (—)	2 (2.6)	5 (6.6)		76 (100.0)	350

（3）　地域住民の近隣関係

子どもを通じて

　表1-6は，子どもの母親と前後左右隣の世帯主および妻との近隣づき合いの程度をみたものである。世帯主とはいずれも「挨拶はするがあまり話しをしない」が最も多く，妻とは，「さしさわりのない近所話をする」，「挨拶はするがあまり話しをしない」が多い。概して左右の並びの隣家とのつき合いの方が程度が高いようである。だが，それも「さしさわりのない」程度である。

　表1-7は，この前後左右隣を除いて，近隣地域で親しくつき合っているとする人数をみたものであるが，3人，2人とするものが多い。平均すれば4人となる。表1-8は，この親しくなった契機と人数をみたものであるが，「子どもを通じて」，「隣近所」とするものが多い。平均人数は子どもを通じてが3人，隣近所が2人となっている。そしてそれは母親が親しくしている人の，それぞれ39%，24%に当たる。

　表1-9は，これら親しくしている人とのつき合いの程度をみたものであるが，子どもを通じての場合は，「家族の様子を話し合う」が最も多く，隣近所の場合は「さしさわりのない近所話をする」が最も多い。前者の場合は子どものことを多々話すのであろう。また「職業上のつながり」，「その他」は少数ではあるが親密度が高いようである。その他には親族，宗教団体等が

第Ⅰ部 子どもの集団生活と地域社会

表1-8 親しくなった契機と人数

( )内は%

人数	1人	2人	3人	4人	5人	6人	7人	8人	9人	10人	11人	12人	計	延人数
子どもを通じての知り合い	16 (33.3)	7 (14.6)	14 (29.2)	4 (8.3)	1 (2.1)	4 (8.3)	— (—)	— (—)	1 (2.1)	— (—)	— (—)	1 (2.1)	48 (35.2)	138 (39.4)
自治会、サークル等地域内の集まりで知り合った	6 (50.0)	2 (16.7)	— (—)	1 (8.3)	1 (8.3)	— (—)	— (—)	1 (8.3)	1 (8.3)	— (—)	— (—)	— (—)	12 (8.8)	36 (10.3)
隣近所だから(隣、前後左右隣)	14 (38.9)	9 (25.0)	7 (19.4)	2 (5.6)	3 (8.3)	— (—)	— (—)	— (—)	1 (2.8)	— (—)	— (—)	— (—)	36 (26.5)	85 (24.3)
買物で一緒になることが多いので	— (—)	— (—)	— (—)	— (—)	— (—)	— (—)	— (—)	— (—)	— (—)	— (—)	— (—)	— (—)	— (—)	— (—)
趣味が似ていたり、何となく気が合うので	6 (75.0)	1 (12.5)	— (—)	1 (12.5)	1 (12.5)	— (—)	— (—)	— (—)	— (—)	— (—)	— (—)	— (—)	8 (5.9)	13 (3.7)
職業上のつながり、つき合うようになった	4 (50.0)	3 (37.5)	— (—)	— (—)	— (—)	— (—)	— (—)	— (—)	— (—)	— (—)	— (—)	— (—)	8 (5.9)	14 (4.0)
通勤や帰路で一緒になるうちに	— (—)	— (—)	— (—)	— (—)	— (—)	— (—)	— (—)	— (—)	— (—)	— (—)	— (—)	— (—)	— (—)	— (—)
その他	8 (72.7)	2 (18.2)	1 (9.1)	— (—)	— (—)	— (—)	— (—)	— (—)	— (—)	— (—)	— (—)	— (—)	11 (8.1)	15 (4.3)
無回答不明	6 (46.3)	3 (23.1)	— (—)	1 (7.7)	— (—)	— (—)	— (—)	1 (7.7)	— (—)	1 (7.7)	— (—)	※1 (7.7)	13 (9.6)	49 (14.0)
計	60 (44.1)	27 (19.9)	22 (16.2)	9 (6.6)	6 (4.4)	4 (2.9)	— (—)	2 (1.4)	3 (2.2)	1 (0.7)	— (—)	2 (1.5)	136 (100.0)	350 (100.0)

(注) ※は15人

表1-9 親しくしている人との近隣関係の程度　　　　　　　　（　）内は%

	よくさしさわりのない近所話をする	お互いに家に入ったりして世間話をする	自分の家族の様子などを話し合う	非常に深刻な家庭の問題などを相談し合う	無回答	計
子どもを通じての知り合い	38 (27.5)	27 (19.6)	60 (43.5)	13 (9.4)	― (―)	138 (45.8)
自治会，サークル等地域内の集まりで知り合った	14 (38.9)	5 (13.9)	17 (47.2)	― (―)	― (―)	36 (12.0)
隣近所だから（除，前後左右隣）	40 (47.1)	11 (12.9)	26 (30.6)	7 (8.2)	1 (1.2)	85 (28.2)
買物で一緒になることが多いので	― (―)	― (―)	― (―)	― (―)	― (―)	― (―)
趣味が似ていたり，何となく気が合うので	6 (46.2)	― (―)	5 (38.5)	2 (15.4)	― (―)	13 (4.3)
職業上のつながりから，つき合うようになった	2 (14.3)	― (―)	7 (50.0)	4 (28.6)	1 (7.1)	14 (4.7)
通勤や帰路で一緒になるうちに	― (―)	― (―)	― (―)	― (―)	― (―)	― (―)
その他	2 (13.3)	― (―)	7 (46.7)	6 (40.0)	― (―)	15 (5.0)
計	102 (33.9)	43 (14.3)	122 (40.6)	32 (10.6)	2 (0.6)	301 (100.0)

（注）つき合いの契機の無回答・不明49名を除く。

含まれている。

　以上のように，子どもの仲間関係においては名前を知っていても，その過半数とは遊んだことがなく，隣人関係においては前後左右隣の隣人でさえ，子どもは挨拶もせず，あるいは顔も知らず，またその他の親しいとする隣人でも挨拶程度に過ぎない。さらに近隣関係においてもせいぜい当りさわりのない日常生活でしかない。

こういうわけで，今日の地域社会は実質的には崩壊状態に等しいように思われる。

3．子ども集団の形成と地域活動 ── 地域社会の復権に向けて ──

（1）　地域社会の崩壊と子どもの社会化

他人性を経験する機会の喪失
　前述のように，今日の子どもの地域生活は，いわゆる崩壊状態にある。地域社会において，子どもは性と世代を異にし，また同じくする見慣れた他人との社会的相互作用によって，多様な社会化を受け，自我を形成していくのであるが，そうした相互作用の希薄化は，他人を，同一地域に居住はしていても，見慣れぬ存在にしてしまう。見慣れた他人であることの意義は，社会的位置や経歴を異にし，同じくする，その他人独自の生活経験や生活様式を身近で感覚的に経験することによって，巨視的世界の発見とそれへの接近をスムーズにすることにあった。
　しかし，それ以上に日常生活において，他人との社会的相互作用が希薄化するということは，子どもの社会化過程において他人性を経験する機会が喪失するということである。子どもの日常生活過程のなかに他人の存在が関わってくることは，もはや少なくなったのである。それは，地域社会が現実の社会生活に向けての，子どもの基礎的訓練の場としての意義を喪失したことを意味する。逆にいえば，今日の子どもは私的世界に埋没する傾向を多分に有しているということである。

限定的な一般化された他者
　したがって，一般的にいえば，今日の子どもは，家族集団，学校集団という，前者では両親の庇護と助力の下での，後者では教師の厳格な秩序と指導の下での社会化しか経験し得ないことになる。今日の子どもは，垂直的関係における地位的優越者の下での，被庇護的な日常生活を営んでいるだけで，独立の主体としての他人との交渉の機会をその日常生活のなかに含んではい

ない。だから，そこで形成される子どもの「一般化された他者」は多分に抑圧的で，その機能は極小化し，発展する見込みは小さい。たとえ発展したとしても，子どもの中心的な位置を占めるには至らない。

このように，今日の子どもの「一般化された他者」は，地位的優越者の下での，同質的期待や同質的評価の経験から構成される「一般化された他者」であり，しかもそれは，限定された状況の下で取り入れられたものであるから，巨視的世界である大人の，そして他人との不断の交渉過程である社会生活における要求を満たすにはあまりにも狭小なのである。

地域生活経験の喪失に起因

独立の主体として他人と交渉する機会が喪失したために，子どもは他人の行動の意味を理解するという解釈過程を経験することがなく，したがって解釈の能力と技術的理解の社会化は行われないから，他人の立場を理解できず，価値や行動様式の多様性の存在を知らない。だから子どもは他人に対する確信ある対処の仕方を知らない。そのため子どもは，他人との交渉の機会をもったとしても，その他人の評価や期待を統合して，合理的に自己を決定し，自己の一貫性と統一性を保つことが困難になる。また，他人から否定的に評価されることもないから，子どもの日常生活過程は常に自明性の世界のうちにあり，自己の「一般化された他者」の変容を迫られることもないのである。

さらに，子どもといえども感情的反応を示す全体的人間であるから，地位的優越者の下で形成された抑圧的な「一般化された他者」や，日常生活過程において緊張や否定的感情を経験する場合があるが，しかし遊戯仲間との関係をもたないから，そうした緊張や否定的感情を仲間との集団的興奮によって処理する機会をもたない。

精神医学者の稲村博は，今日の子どもの一般的特徴として，①粘りがなく脆い，②わが儘で甘ったれ，③敏感で傷つき易い，④孤独，⑤情緒に未熟，⑥自己本位で思い遣りに乏しい，⑦自主性・独立性の欠如，⑧気骨や気概に乏しいことをあげているが[14]，こうした傾向は，今日の子どもが独立の主体として，他人と交渉する機会を有しなかったこと，つまり地域生活経験の喪失に起因するところが大きいように思われる。

（2） 子ども集団形成の必要性

地域社会の復権に向けて

　こういうわけで，現実の，具体的な他人との交渉から成る社会生活において要請される普遍主義的・客観的価値および行動様式を子どもが習得するための基礎的訓練の場を提供するためには，子どもの社会化過程のなかに，他人との交渉過程たる地域社会を回復し，それを日常生活化することによって，本来の社会化作用を復興させることが必要となる。地域社会の社会化作用に代わりうる，同質的な社会化機能をもった生活場面，ないしそうした可能性のある生活機会を今日の子どもの日常生活のなかに見いだすことは困難である。日常的な他人との交渉過程を通しての社会化こそが地域生活独自の社会化作用なのである。地域社会の復権を叫ぶ所以である。地域社会を健全なものへ修復することは「時代の良心」であるとクーリーはいう[15]。

　だが，地域社会を一挙に復活させることは至難であり，また今日のところ，そのための方途を何ら見いだせないままにある。そこで，まず，子どもの仲間関係を復活させるために，子ども集団を人為的に形成することが考えられる。子どもの他人との社会的相互作用は，まず同世代の仲間からはじまるのであり，その仲間との集団生活において，子どもははじめて独立の主体として交渉するのである。

（3） 子ども集団の形成条件と地域活動

1） 子供会活動の反省

機能果たしていない子供会

　ところで，こうした意図に基づいて，地域に子ども集団を形成し，現に活動している地域子供組織がある。その最も一般的なものは，地区単位で組織されている地域子供会である。だが，それは必ずしも形成時に意図した通りの機能を果たしているとはいえない。その理由は，第1に，子供会の組織形態がどのようなものであれ，しょせんは大人の手で設計され，一定の公的な価値観に支えられた組織であることにある。つまり，子どもは独立の主体として他人である仲間と自由に交渉する余地がないのである。第2に，子供会

活動は，その多くが散発的な行事主義的活動であるために，子どもの日常生活過程のなかに組み込まれていないことである。

第3に，一般に大規模組織であることをあげねばならない。例えば，東京都の場合，調査可能な19市町村1,416団体のうち，その構成規模は，成員数30名以下：4.9%，31～50名：9.2%，51～70名：11.0%，71～100名：19.4%，101～150名：23.7%，151～200名：15.6%，201名以上：16.2%となっている[16]。大都市ほど大規模化している。子どもの遊戯集団の本来の特徴は何よりも成員数が少なく，成員間に直接的接触の可能なことにある。しかし，組織が大規模化すれば，そうした特徴は喪失しよう。

そして，第4に，何よりもよって立つ理論的根拠の貧弱さをあげねばならない。子供会参加人数は1978（昭和53）年10月現在765万3,732人であり，参加主体を小・中学生とすれば，組織率は47.3%となる[17]。そして，この育成援助組織として，子供会育成会，子供会後援会，母親クラブ，VYS，児童指導班等があるが，しかし一般の地域住民の関心は必ずしも高くはない。

われわれの調査によれば[18]，各地域団体のうち子供会の育成援助組織に参加していると回答した一般の地域住民は20.8%であるが，育成援助組織が大切だとするものは6.8%に過ぎない。また，親でさえ，今後育成会活動に積極的に参加するとするのは12.1%であり，たいていは時々なら参加できるとする消極的な参加（63.8%）である[19]。それは理論的根拠の貧弱さ故に，説得力に欠けるからであると思われる。

質的転換をめざす

しかしながら，われわれはこうした既存の地域子供組織を否定するというのではない。むしろ，こうした地域子供組織の質的転換をめざすことによって，地域社会のもつ社会化作用を回復しようとするのであり，そうすることの方が有効な戦略となりうるように思われるからである。

ここでは，子ども集団の形成条件を，子どもの居住生活関係，子ども集団の構成，集団活動および実施主体の4つの側面から考察しておきたい。

2) 居住生活関係の問題

遊戯集団における親の統制力

　前述のように，クーリーは，家族集団，遊戯集団（仲間集団），近隣集団を第一次集団と規定し，子どもの社会化過程におけるその重要性を指摘した。だが，それはあらゆる第一次集団が同等の重要性を有していることを意味しているわけではない。なかでも，家族集団が子どもの社会化の最も基礎的な位置を占めている。遊戯集団は家族集団ほど恒常的，永続的ではなく，また全面的，包括的でもない。家族集団において子どもは自己の全体をもって成員 ―― 特に，親 ―― に接触するのであり，親は子どもの全生活過程を統制するのである。

　子どもは家族集団を生活の根城としつつ，いわば出城としての遊戯集団に参加する。したがって，遊戯集団についても当然親の統制力が及んでいる。子どもはそれを自覚していないだけである。子どもの遊戯仲間に対する意識や行動のなかに，すでに親の価値ないし意向が反映している。だからこそ，前述のように，仲間関係のうちに葛藤やときには闘争が生じるのである。

　そうとするならば，まず親が子どもの社会化過程における遊戯仲間関係の重要性を認識し，遊戯集団への参加の機会を子どもに与えるようにすべきであろう。われわれの調査によれば[20]，家庭での勉強と遊びの関係について問うたところ，ともかくも家庭では遊び中心とする母親は28.4%に過ぎない。また東京都の調査によれば[21]，子どもは外で遊ばせることにしている母親は20.6%であり，できるだけそうしているという回答を含めても62.5%である。

地域連帯の復活が必要

　ところで，前述のように，子どもにとって，隣人とは大体において，遊戯仲間の両親その他の大人であるが，この大人の，世帯単位の近隣関係も仲間関係に対して優越性をもつ。親は子どもを庇護，助力，指導する立場にあるから，遊戯仲間を評価し，子どもの仲間としての適否を判断する。その際，その仲間個人を評価するのではなく，その仲間の家族集団を評価し，その一員として評価することは前述の通りである。つまり，隣人関係は，隣人から

すれば，近隣関係を媒介とした関係なのである。だから，子どもの仲間関係はそれを除く子どもの居住生活関係に外側から規制されるべき性質を有しているわけである。

こういうわけで，子どもの居住生活関係は相互に関連しているのであって，子どもの仲間関係の復活といっても，たんにそれのみの復活は困難であり，結局は居住生活関係全体の復活が意図されねばならないことになる。地域住民の連帯が叫ばれる所以である。だがそれは，逆にいえば，一の関係が回復すれば，それに絡まる形で，居住生活関係が回復される可能性があることを意味する（このことについては第6章を参照）。

3) 子ども集団構成の問題
自由参加方式の必要

子ども集団は，当然日常生活において対面的接触の可能な範囲である近隣地域に居住する同世代の他人から構成される。遊戯集団の特徴は，前述のように，成員の間の直接的接触が可能だという点にあるから，子ども集団の成員数もそうした範囲内に留めるべきであろう。そして，今日の子どもはそうした子ども集団形成の契機を喪失し，前述のように，私的世界に埋没する傾向があるから，子ども集団形成の契機と，その集団を子どもが日常的に継続していくような適宜の刺激を与えることが必要となる。それは，後述の地域住民のボランティア組織によって行われることになろう。

子どもが，こうした集団のなかで，相互に独立の主体として交渉し得るような条件としては，集団を許容度の高い柔軟性をもったものにしておくことである。いわゆる，厳密な意味での組織化を最初から行うべきではない。だから，子ども集団は，近隣地域に居住する子ども全ての強制加入的な地区集団であってはならず，あくまでも子ども本人の自由意志に基づく自由参加方式であるべきであり，それも集団の透過性を高くしてメンバーシップの範囲を明確化せず，親近感をもたせるようにすることである。

また，例えば年齢段階に規定された活動のように，地位と役割を明確化すべきでもない。遊戯という共通の目標に向けて子どもたちが活動する，その過程のなかで，子どもたちは自ずとなんらかの集団的役割を各自分担するよ

うになる。つまり，各自の役割は，仲間との社会的相互作用が現実に営まれていく過程で，子どもたち自身の間で社会的勢力の差が自ずから生じ，そのことによって決定されていく。だから，集団構成については，可能な限り，子どもの自発性と自由の原理に任せておくべきである。

自己発見と連帯の意識

　集団の組織化は，その結果として生じてくる現象であり，そこに遊戯という共通の目標に寄与している集団のメンバーとしての自己を子どもは発見し，仲間との連帯感を経験するだろう。そして，その集団に没入し，集団的興奮を味わうことによって子どもは仲間の自分に対する役割と自分の自己に対する期待とが一致するのを経験する。仲間の自分に対する知覚と，子どもの自分自身に対する知覚とが一致するのである。自分の自己評価と仲間の自分に対する評価とが一致するという経験が子どもの自我形成における最も強靭な準拠枠となるのである。それが，「一般化された他者」であることはいうまでもない。こうした経験は，地位的優越者の下では味わうことはできない。

　だから，子ども集団においては自発的行為の可能な領域というものがなければならない。その領域において子どもは他人である仲間と独立の主体として相互に交渉し，その対面的状況において多様な選択肢から個人的選択を行い，個人的決断を下すのである。そこに個性化が生じる。子どもの個性化はそうした自発的行為の多様性と広がりからもたらされる。子どもの「一般化された他者」による自己統制の可能性は，子どもが体験する自発的選択や決定の多様性がなくなるにつれて減少するのである[22]。

　だが，子どもはいまだ自律性のない社会的に未熟な年齢層であるから，すべて子ども自身の自発性や自由にのみ依存することは危険であり，大人による一定の指導が不可欠である。

　こういうわけで，子ども集団は人為的に形成され，一定の指導を受けつつも，可能な限りの子どもの自発的行為の領域を含んだインフォーマルな性格をもつことが望ましいように思われる。

4) 集団活動の問題 —— 地域活動へ ——

自発的選択と決定の多様性

　集団を構成すれば，当然なんらかの活動を行うことになるが，その活動を子どもの日常生活過程のなかに組み込み，日常的活動として継続していくためには，それを子どもの日常生活行動の可能な地域的範囲，すなわち近隣地域に限定することが必要となろう。

　活動内容は，まず遊戯があげられよう。子どもの生活は，前述のように，その全体が遊戯なのであって，遊戯活動においてこそ，子どもは独立の主体としての自発的な交渉が可能なのであり，したがって，大人の広汎な社会生活が小規模な形態において営まれている[23]と考えられるのである。つまり，現実の社会生活の準備段階と考えられるわけである。

　遊戯形態はどのようなものであってもよい。子どもの遊戯は，本質的には現実の大人の社会生活の模倣なのであるが，しかし子どもの関心は遊戯の集団的行為がもたらす興味や興奮にあるのであって，大人の社会生活の模倣といっても，その現実の生活目標にあるのではないから，遊戯形態に枠を設けて規制する必要はない。子どもの遊戯の世界は現実の社会生活から区別された，いわば括弧の中の世界なのであり，だからこそ，そこで子どもが直面する自発的選択や決定の多様性が基礎的訓練としての意味をもつのであり，また「一般化された他者」による自己統制の訓練としての意味をもつのである。そして，子どもは遊戯という自発的行為の可能な領域で，日常生活過程で生じた緊張や否定的感情をその集団的行動による興奮によって処理するのである。

地域での社会奉仕活動

　次に，子ども集団の地域活動として，社会奉仕活動を提唱したい。前述のように，今日の子どもは，独自の生活経験や生活様式あるいは価値を有した多様な隣人との直接的接触を欠いているから，巨視的世界を発見するルートを欠き，また生活の多様性を感覚的に経験する機会をもたない。したがって，「一般化された他者」も極小化するのである。そうした側面を社会奉仕活動によって補塡しようとするわけである。

社会奉仕活動の対象たる社会事象には，それがどのような形態のものであろうと，現実の社会生活における構造的諸矛盾を内包しており，したがって，社会奉仕活動を行うことによって，自己の携わる事象が単にそれのみで生起するものではなく，それが生起する必然的な背景があっての結果事象であることを理解するようになる。つまり，微視的世界に浸透し，それを組織している巨視的世界の存在を理解するのである。

　また，そうした事象は多様な生活形態に対応した個々の具体的な問題であるから，子どもは現実の社会生活における生活の多様性を直接的に経験することになる。総理府の「青少年の社会参加に関する調査」によれば[24]，社会奉仕活動に参加している青少年は，公衆場面や国政への参加意識が他活動の参加者や不参加者よりも全般的に高くなっているが，それは社会奉仕活動の対象たる事象にこうした性質が内在しているからであると思われる。

　また，地域での社会奉仕活動は，一般の地域住民にとっても実際的で有用な内容をもつから，地域住民の協力も得やすく，また彼らの子どもの日常生活に対する関心も喚起しやすいと思われる。そして，なによりも子ども自身に地域での社会奉仕活動に関心があるにもかかわらず，そうした参加の機会をもたないために，参加していないとする者が多い。総理府の「家庭と青少年調査」によれば[25]，地域での社会奉仕活動への参加者は19.8％であるが，不参加の理由では「機会がない」とする者が50.6％を占めている。子どもに活動の機会を提供し，子ども自身が，自己の関心や能力あるいは可能性を試し得る機会を保障することが必要だろう。

　こうした地域での社会奉仕活動については，子どもの自発性や自由の原理にのみ任せるわけにはいかないから，大人のボランティア活動としての一定の指導が必要となろう。

4. 子どもの健全育成のために ── 実施主体にかかわる問題 ──

地域住民組織の役割

　子ども集団を育成・指導する実施主体にかかわる問題について，最後に若干述べておきたい。

一般に，地域レベルでの子ども集団活動はコミュニティ・オーガニゼーションの一環と考えられている。この場合，その実施主体は，①公的関係機関，②地域住民組織，に区別される。

 地域住民組織は，いわゆるボランティア活動組織であるが，子ども集団活動はこの住民組織の如何，あるいは住民組織の消長と密接に関連している。したがって，地域住民のなかから適材を迎え，ボランティア活動家として養成するための，あるいは子ども集団活動に強い関心をもつ住民層のための，自己研修の機会を常に利用可能な形態で整備しておくことが必要である。これは行政の義務である。

 地域住民組織の役割は2つある。1つは，子ども集団活動に対してであるが，これについては前述のように，可能な限り，子どもの自発性や自由の原理に任せておくことが原則であり，そのための条件整備に徹すべきであろう。他は，一般の地域住民の子どもに対する関心を喚起することである。前述のように，子どもの日常生活過程のなかで接する不特定な各種の隣人の相互作用もその社会化の機能を果たすからである。

公的関係機関の機能

 次に，公的関係機関であるが，その種類は多彩であり，必ずしも有機的に活動しているとはいえない。一般的にいえば，乏しい実行機関を指導下とし，不統一と混乱の錯雑した各種の協議機関がひしめいているのが現状である。そこで，これを統合し，あるいは体系化することが必要である。そのために，子どもの生活指導全般に携わる専門職員を各学校に配置し[26]，ここに公的関係機関の機能を集中させてはどうか。

 このことについては，小川利夫がすでに学校外教育に従事する専門職員の必要性を論じ[27]，またそれに対する吉田昇の批判もある[28]。だが，今日の子どもの日常生活全般を統一的に把握し得ている関連機関や組織あるいは個人が現在いるであろうか。子ども集団活動ないしそれを含めた子どもの健全育成活動は，子どもの日常生活過程にかかわる問題であり，かつ世代的に継続していく問題であるから，行事主義的な協議や活動はまったく意味がない。

 また，学校に配置することについては吉田の批判があるが，現在では他に

適当な機関のないこと，子どもに慣れ親しませる必要のあること，また，子どもの日常生活過程を全般的に把握するには学校が最も適していると思われることから，学校に配置してはどうかというわけである。そして，この生活指導担当職員が，家族の親，学校の教師，地域住民組織との相互の連絡調査，情報の提供を行うこととする。だが，比重は校外生活指導におき，地域住民組織との協同活動とする。今日の子供会活動が子どもの日常生活のなかに組み込まれていないのは，日常的な活動の故に，地域住民や親のボランティア活動としては過重なことにもよるからである。

行政の役割

最後に行政の役割について一言しておきたい。行政は，各学校に配置された生活指導担当職員と連絡しつつ，子ども集団活動のための条件整備を義務とすべきである。活動場所の整備や提供，経費，ボランティア活動家の養成事業，住民の自己研修の機会の提供等々を内容とする。

一般に，子どもの社会化に関する問題は，その過程においては社会的可視性が低く，一般の注意を喚起することは少ないが，結果として問題が顕在化し，知覚される時には，高い可視性を付与されて社会問題化する。だが，その時，すでに問題解決の適期を逸している場合が多い。

［注］
1） Berger, P. L. & Berger, B., Sociology, 1972. 安江孝司・鎌田彰仁・樋口祐子訳『バーガー社会学』（学習研究社，1979）15-18 頁。
2） 前掲訳，19-20 頁。
3） 中村は，一定範囲の地域内の社会現象のうち，共住を契機とする現象を限定的コミュニティとして捉えている。中村八郎『都市コミュニティの社会学』（有斐閣，1973）39-41 頁。
4） 井上俊「日常生活における解釈の問題」（仲村祥一編『社会学を学ぶ人のために』世界思想社，1975）43-46 頁。
5） 清水幾太郎『社会的人間論』（角川文庫，1952）35 頁。
6） Mead, G. H., Mind, Self and Society, 1934. 稲葉三千男・滝沢正樹・中野収訳『精神・自我・社会』（青木書店，1973）156-176 頁。
7） Gerth, H. H. & Mills, C. W., Character and Social Structure, 1953. 古城利明・

第1章　子どもの社会化と地域社会

　　　杉森創吉訳『性格と社会構造』(青木書店，1970) 110頁。
 8) Gerth, H. H. & Mills, C. W., 前掲訳，110頁。
 9) Gerth, H. H. & Mills, C. W., 前掲訳，101頁。
10) Gerth, H. H. & Mills, C. W., 前掲訳，112頁。
11) Cooley, C. H., Social Organization, 1909. 大橋幸・菊池美代志訳『社会組織論』(青木書店，1970) 24-31頁。
12) 清水幾太郎，前掲，37-38頁。
13) 香川大学教育学部教育社会学研究室『都市における子どもと親の地域生活に関する調査』(1980) 調査方法等については第6章「都市近隣における子どもの人間関係」を参照。
14) 稲村博『ティーンエイジャー』(現代評論社，1979) 173-184頁。
15) Cooley, C. H., 前掲訳，23頁。
16) 全国子ども会連合会『第2回全国子ども会活動振興研究会資料』(1979) より算出。
17) 総理府青少年対策本部『昭和54年版青少年白書』(大蔵省印刷局，1979) 415頁・204頁より算出。
18) 香川大学教育学部教育社会学研究室『地域生活と子どもの健全育成に関する調査』(1979)。
19) 東京大学教育学部教育社会学研究室『地域生涯教育に関するアンケート調査』(1979)。
20) 香川大学教育学部教育社会学研究室『子どもの生活意識と親の教育意識に関する調査』(第II部) (1980)。
21) 東京都都民生活局『大都市における児童・生徒の生活・価値観に関する調査』(1978) 233頁。
22) Gerth, H. H. & Mills, C. W., 前掲訳，114頁。
23) 清水幾太郎，前掲，30頁。
24) 総理府青少年対策本部『青少年の社会参加に関する研究調査報告書』(1979) 77-88頁，212-240頁。
25) 厚生省『昭和53年度厚生行政年次報告書（総論）』(1979) 227-229頁より引用。
26) 実際に専門職員を配置することは困難だろう。しかし専門職員を配置しなくても，校外生活指導全般を受け持つ担当者を決めておけばよい。但し，既に大方の学校で，そうした分担組織ができている。だが日常的業務となるだけに教師にとっては過重であり，十分に機能しているとはいえないのが現状である。
27) 小川利夫「学校外教育思想の歴史的遺産」(教育政策研究センター・海老原治善編『教育政策研究1』明治図書，1977) 56頁。
28) 吉田昇「社会教育としての学校外教育」(酒匂一雄編『地域の子どもと学校外教育』東洋館出版社，1978) 32-33頁。

[参考文献] ── 本文の注以外の書
関清秀『都市の青少年』(誠信書房，1963)
Sherif, M. & Sherif, C. W., Reference Groups : Exploration into Conformity and

Deviation of Adolescents, Harper & Row, 1964. 重松俊明監訳『準拠集団』（黎明書房, 1968）

MacIver, R. M., Community : A Sociological Study, Macmillan & Co., 1917. 中久郎・松本通晴監訳『コミュニティ』（ミネルヴァ書房, 1975）

英国教育科学省編（山口真訳）『青少年の社会参加』（同文書院, 1979）

国民生活センター編『現代日本のコミュニティ』（川島書店, 1975）

第2章

現代社会の変容と子どもの仲間集団

はじめに

　子どもは3〜4歳くらいになると，家族生活から外に出て近隣の子どもと一緒に遊ぶようになる。仲間集団の始まりである。もちろん仲間集団といっても幼児期では未だ明瞭な集団の形を成してはおらず，子どもが同じ場所に集まっているという集合状態に過ぎない。しかし児童期の中期から後期になると，明瞭に組織された仲間集団を形成して親や教師という大人の監視下から抜け出し，自分たちだけで自由に行動するようになる。この児童中期から後期にかけてが子どもの仲間集団活動の最も活発な時期であり，仲間集団に同調しやすい時期である。そこでこの時期をギャング・エイジ（gang age）という。ギャングとは子どもあるいは青少年が形成する結束の固い集団（徒党）というほどの意味であって，日常用語としての暴力集団を意味するわけではない。こうした仲間集団が子どもの社会的発達過程において重要な意味をもつことについては社会学においても心理学においても既に多くの指摘がある。
　ここでは，ギャング・エイジと呼ばれる児童期の子どもの仲間集団に焦点を当て，その今日的様相を現代社会の諸相との関連において考察する。
　ところで子どもの仲間集団の形成条件として，仲間，時間，空間という三つの「間」，いわゆる「サンマ」が挙げられることがある。遊び仲間の存在，遊び時間，遊び空間が仲間集団形成には必要だというわけである。しかしこれは仲間集団形成の，いわば客観的条件である。子どもの仲間集団が形成されるためには，こうした仲間集団形成の客観的条件のみではなく，集団形成

の主体たる子ども自身が仲間と一緒にいたいとか仲間とともに何かをしたいという，仲間に対する欲求か，あるいは集団的な遊戯活動に対する欲求をもっていなければならない。仲間集団形成の主観的条件といってよいだろう。つまり，子どもの仲間集団の形成条件には，遊び仲間の存在，遊び時間，遊び空間という客観的条件と子ども自身の「仲間に対する欲求」，「集団的遊戯活動に対する欲求」という主観的条件があるというわけである。この，主観的条件たる仲間に対する欲求と集団的遊戯活動に対する欲求に動機づけられて子どもの仲間集団は形成される[1]。したがって子どもの仲間集団を問題にする場合には，仲間集団形成の主観的条件と客観的条件が取り上げられなければならない。

　こうした仲間集団形成の諸条件は，子どもたち自身の生活状況によってだけではなく，子どもたちの生活を包含している，より広い一般社会の動向や潮流によっても方向づけられたり，規制されたりする。子どもの生活状況といえども，そこには背後の一般社会のあり方が直接的に反映しているのである。だから子どもの仲間集団を問題にする場合には──否，仲間集団に限らず広く子どもの社会事象を問題にする場合には──，子どもの生活状況のみならず，一般社会のあり方や動向をも視野に入れなければならない。

　これを端的に，子どもは「子ども社会（child's world）」と「大人社会（adult world）」という2つの社会のなかで生活していると考えれば分かりやすい。子どもが子ども社会のなかで生活していることはいうまでもないが，しかし子ども社会は，より大きな一般社会のなかに包含されているのであって，一般社会から全く独立して存在しているわけではない。そしてその一般社会は大人社会によって支配的に構成されている。だから子ども社会は，常に大人社会の影響を受けつつ存在しているのであって，その意味で，子どもは常に子ども社会と大人社会という2つの社会のなかで生活しているといってもよい。子どもは子ども独自の社会を構成するが，同時に一般社会の構成員でもあるから，一般社会を支配している大人社会の影響をも強く受けるのである。子どもの仲間集団形成の諸条件や諸活動であっても，それは子ども社会だけではなく，その背後の大人社会のあり方や動向によって方向づけられたり，規制されたりするのである。

ここでは，児童期（ギャング・エイジ）の子どもの仲間集団の今日的様相を仲間集団形成の主観的条件と客観的条件との両面から見ていくことにしたい。まず現代の大人社会の諸相から見ていこう。

1. 現代社会の変容と子どもの生活

（1） 現代社会の変容 ── 私生活化への傾斜 ──

　戦後の日本人の社会意識の変化を捉える軸として「公」と「私」という区別がある。公共的・公務的なことと私的なことというほどの意味である。「公」は国家，社会，あるいは政治，経済，労働といった公的事象を指し，「私」は個人的なことや家族に関することといった私的事象を指す。

　戦後日本の社会は急激な変動過程を辿り，それに伴って人々の社会意識や生活態度も大きく変化してきたが，その変化の方向は，「公」から「私」への傾斜として捉えることができる。「公」よりも「私」に比重をおくという意識・態度への変化である。この公よりも私の生活に比重をおくという，いわば私生活重視，私生活優先といった私生活主義的な意識・態度を「私生活化」または「私化」（プライヴァタイゼーション privatization）という。

　こうした戦後日本人の私生活化への傾斜は戦前の人々の意識・態度と比較してみると明らかである。戦前の日本人の意識・態度は「滅私奉公」という言葉に端的に示されているように，私を捨て公のために尽くすことが日本人のあるべき姿とされた。だが，戦後は，それまで「滅私の精神」の支柱をなしていた天皇制が崩壊するとともに一連の民主的な改革が行われ，これを契機に民主主義的・平等主義的な思想が人々に浸透していく一方で，終戦直後の絶対的な生活難と食糧難の故に人々は自分や家族の生活維持に懸命にならざるを得なかったから，人々はもはや「公」に構うことなく「私」へと方向転換していった。戦後の混乱期（1945（昭和20）年）から復興期の1950年代（昭和25～34年）の時期が，この「公」から「私」への方向転換の時代であった。

　この時期を日本人の私生活化への傾斜の第一期とすると，第二期は1960

年代(昭和35~44年)から1970年代(昭和45~54年)にかけての時期である。この時期は高度経済成長とそれによる豊かな生活が実現していった時代である。高度経済成長によって産業化が促進され,第二次産業・第三次産業が興隆した。同時に産業化に伴う都市化が進行して,都市への人口移動,人口集中が激化した。だが,この1960年代の高度経済成長と都市化が日本人の私生活化への傾斜を決定的に方向づけた。1955(昭和30)年と1970(昭和45)年を比較すると,第一次産業就業人口は41.0%→19.3%と減少し,第二次・第三次産業就業人口はそれぞれ23.5%→34.0%,35.5%→46.6%,と増加している。また56.3%だった市部人口は68.1%に増加した。こうした産業化とそれに伴う都市化は小市民的な都市勤労者世帯を増加させ,核家族化を進行させていった。1955年に45.8%だった雇用労働者は1970年には64.2%に増加したが,自営業主と家族従業者はそれぞれ23.9%→19.5%,30.3%→16.3%と減少している。1960年代を境に日本は第一次産業から第二次・第三次産業へと変化し,家業社会からサラリーマン社会へと変化していったのである。これに伴って家族形態も変化し,1955(昭和30)年に62.1%だった核家族世帯は1970(昭和45)年には71.5%に増加している[2]。この都市勤労者世帯は高度経済成長によって所得が増大し,それによって消費を拡大して豊かな生活と現状満足感という中流階級意識を形成していった。ＳＳＭ調査によれば[3],1955(昭和30)年に中の階層(中の上,中の下)への帰属意識は42.5%であったが,1965(昭和40)年には56.3%,1975(昭和50)年には77.0%に増加している。また1966(昭和46)年に行った国民生活研究所の調査によれば[4],東京都主婦の階層帰属意識は中(中の上,中の中,中の下)が88.0%を占めている。「一億総中流化」といわれた時代であった。マス・メディア報道による消費欲求の多様化と高度化,余暇の強調もこの傾向に拍車をかけた。彼らの関心は労働・仕事から生ずる緊張・疲労を癒し欲求不満や挫折感を解消してくれる,いわば逃避場所としての,人間性回復の場としての,精神の拠り所としての家族・家庭であった。家族を単位とした豊かな,和やかな生活,いわゆるマイ・ホーム主義である。実際,都市勤労者世帯は所得の増大によって物質的な豊かさを達成し,団地サイズの「狭いながらも楽しいわが家」を獲得した。家族を単位とした私生活化へ

と人々の意識・態度が急傾斜していった時代である。

　続く1980年代以降が第三期である。この時期は女性の社会進出によって特徴づけられる。女性の自立志向あるいは自己実現志向が高まり，職場への進出とともに各種の社会活動への参加が活発になってきた。伝統的な「男は仕事，女は家庭」という考え方は否定され，さらにそれまでに広く見られた「仕事か家庭か」という考え方も否定されて，「仕事も家庭も」という考え方に変化してきた。殊に1984（昭和59）年に男女雇用機会均等法案が発表されてからは女性も男性と対等の労働条件を求めるようになり[5]，働くことの障害になるような社会的慣習や通念を否定し，男女の均等な機会と待遇を確保するための諸施策の推進を要求するようになった。夫婦別姓の要求，婚姻届の否定と事実婚の認定要求，家事役割分担の要求，夜間保育・長時間保育の要求，女子労働のための雇用管理改善要求等である。こうした女性の自立志向あるいは自己実現志向の高まりもあって少子化傾向が生じてきた。合計特殊出生率は1980年代には2.00を割り，1990年代になると1.50へと減少した[6]。こうした女性の社会進出に加えて，この時期には，高齢化社会化に伴っての老人の自己主張も見られるようになった。所得保障や医療・保険保障，住宅保障等の社会保障に対する要求，福祉センターや憩いの家等のレクリエーション施設に対する要求，各種の福祉サービスに対する要求等である。かくして同じ家族の成員であっても各人それぞれが自分自身の私生活を指向し，重視し，優先するようになってきたのである。こうして私生活化は家族単位から「個」を主張する個人単位へとさらに傾斜しつつあるといってよい。

　このように戦後の日本人の社会意識は，第一期の「公生活から私生活化への転換期」から第二期の「家族主義的私生活化」を経て第三期の「個人主義的私生活化」へと移行しつつある。しかし何といっても戦後の日本人の「公」から「私」へという社会意識の変化は，第二期の高度経済成長が決定的な転機になったといってよい。産業化，都市化そして核家族化の進行が人々を私生活化へと一挙に傾斜させたのである。

（2）現代社会の子どもの生活 ── 子ども社会の私生活化 ──

　こうした現代社会の，つまり大人社会の私生活化現象は，それに包含され

ている子ども社会にも浸潤し，子ども社会においても私生活化が急速に進行している。この子ども社会の私生活化現象は現代社会の社会的風潮としての私生活化現象もさりながら，何よりも子どもの家族生活を通して結果する。現代の家族生活は子どもを2つの側面から私生活化へと方向づけ傾斜させている。親子関係の変容と子どもの私生活の構築化である。

1) 親子関係の変容

現代社会の私生活化が個人主義的な方向に傾斜しつつあるとはいえ，全体的に見れば，なお「家族主義的私生活化」の渦中にあるといえる。自立志向あるいは自己実現志向による女性の就業も増加傾向にはあるものの，「希望する仕事の形態」を見ると（総務庁 1987年調査）[7]，まだ「パート・アルバイト」（58％）が多く，「正規の職員・従業員」（14％）は少ない。だから就業理由も[8]，「家計の足し」（41％）という家計補助が主であって，「自由になる金銭の獲得」（36％），「生きがい」（31％），「能力・技能・資格の発揮」（21％）といった自立志向的・自己実現的理由を上回っている（複数回答）。殊に子どもの親と思われる30歳代から40歳代の女性（主婦層）に家計補助という理由が多くなっている（30歳代47％，40歳代52％）。だから全体的に見れば，経済的に豊かな家庭生活を指向しての主婦層の就業といってよいだろう。だからこそ人々が最も「充実感を感じる時」は「家族団欒のとき」（42％）なのである[9]。とりわけ子どもの親と思われる30歳代から40歳代の層に多く見られ，この年齢層の男性の約50％，女性の約60％が家族団欒のときに充実感を感じている。

こうした現代社会の家族主義的私生活化は，家族を単位とした豊かな，和やかな生活，つまり愛情の授受による安寧と休息と満足をもたらす家族単位の生活を意味するだけに「子ども中心」となり易い。子どもの欲求を満たすことで家族の愛情関係を維持しようとするからである。総理府の調査によれば[10]，子どもは家庭のなかで「明るさや活気」（60％），「喜びや生きがい」（47％），「心に安らぎや充実感」（43％）を与えてくれる存在であるとする。だから家庭生活は「夫婦中心」（12％）ではなく「子ども中心」（47％）になる[11]。そのために子ども中心の家族主義的私生活化のなかでの親子関係は子

どもに対して過保護的，溺愛的となる。子どもの欲求を満たすことで家族の愛情関係を確認し，そこに安寧と休息と満足という，いわば自己幸福感を感じようとするからである。子どもの喜びは親の喜びとなり，家族の喜びとなる。そしてその子どもの喜びを共有するために親は子どもと対等な立場に立とうとして親和的，友愛的となる。ＮＨＫ世論調査部の調査によれば[12]，自分を「やさしくあたたかい親だ」と思っている父親は70%，母親は63%であり，子ども自身も73%が父親を「やさしくあたたかい」と思っているし，78%が母親を「やさしくあたたかい」と思っている。さらに総務庁の調査によれば[13]，小学生の71%が「やさしい父親」がよいとし，79%が「やさしい母親」がよいとしている。また親の志向する親像も，父親の53%，母親の78%が「権威のある親」よりも「何でも話し合える友だちのような親」を志向しているし，父親の76%，母親の69%が「できるだけ子どもの自由を尊重するような親」を志向している[14]。家族主義的私生活化の浸透にともなって親は子どもと何でも気楽に話せる「話の分かる親」になろうとし，子どもは友だちのような親を求め，かくて現在の親子関係は過剰なほどに親和的，友愛的となってきたのである。

　こうした現代社会の「子ども中心」の家族主義的私生活化を子どもの視点からいえば，それは子どもである自分を中心とした家庭生活ということになる。子どもに対して親は常に親和的，友愛的な態度をとり，親和的，友愛的な関係を維持するために親は子どもに対して過保護的，溺愛的となる。子どもにとって親は自分の欲求を常に優先してくれる，そして常に満たしてくれる「優しい親」である。だから子どもにとって家庭生活は常に満足感を与えてくれる居心地の良いところとなる。家庭生活のなかでは，子どもは自分の欲求を思うがままに自由に表明すればよい。子どもは自分自身の「私」生活のことだけに関心をもち，自分の「私」生活を中心にして行動すればよい。

　こうして子ども社会の私生活化は自己中心的な様相を呈するようになるのである。したがって現代の大人社会の私生活化が家族単位の「家族主義的私生活化」であるのに対して，子ども社会の私生活化を子どもの側からいえば，正に自己（子ども）中心の「個人主義的私生活化」だといえるだろう。個人主義的な私生活化とは何よりも自己の欲求の充足を志向した自己の「私」生

活を重視し優先するという生活態度であり，生活スタイルである。

2) 子どもの生活の個人化と私生活化

こうした子どもの個人主義的私生活化を具体的な形で押し進めているのが子ども自身の所有物の増加である。親は子どもとの親和的・友愛的な関係を維持しようとして過保護的，溺愛的になり，子どもの欲しがるものを買い与える。だから今日の子どもは様々な玩具，学習用具，電気器具等を自分で所有している。ＮＨＫ世論調査部の調査によれば[15]，今の子どもと親の子ども時代のときを比較して何が違うかの質問に対して，父親の68％，母親の66％は「(今の子どもは)何でも欲しいものが手に入って幸せだ」と答えている。今日の子どもたちは多種多様な所有物を個人で所有し，個人単位の，つまり自分だけの「私生活」を個々に構築しているのであって，その自分だけの自由な「私生活」を享楽しているのである。端的に子どもの生活の個人化といってよいだろう。今の親が子どもの頃に共用していたものを今日の子どもは個人で所有し自分だけで使用するのであるから子どもの生活は個人化していくわけである。厚生省児童家庭局の調査によれば[16]，1986（昭和61）年に小学校5年生できょうだい共用の部屋を所有している子どもは48％であったが，1991（平成3）年には45％に減少し，逆に自分の個室を所有している子どもは25％から30％に増加している（表2-1）。中学生では同様にきょうだい共用の部屋は37％から27％に減少しているが，その分も含めて，個室を所有している子どもが増加し，49％から57％に増加している。高校生では68％が個室を所有している。そして個室を所有すれば，子ども自身の所有物も増加し，自分だけの私的な生活スタイルが形成されていく。

こうして子ども自身の私的生活空間が確保され，私的所有物が増加していくと，子どもの日常生活は，その私的生活空間のなかだけで完結してしまうという生活スタイルを子どもは築き上げていき，かくて子ども社会では生活の個人化が進行する。そうした私生活は何物にも束縛されることのない全く自由な生活であり，かつ充足的な生活であるから，子どもは何より私生活を重視し，優先し，またそうした生活様式を築き上げ，そうした生活態度を形成していくのである。表2-1に見るように，今日では小学校5年生でも多

表2-1 子どもの所有物 (%)

	小学校5年生		中学生		高校生	
	1986年	1991年	1987年	1992年	1987年	1992年
個室	25.2	30.1	48.7	57.3	—	68.0
クーラー	—	—	11.4	23.3	18.1	26.8
カラーテレビ	14.5	19.6	16.9	22.8	25.8	34.2
ビデオ	—	—	6.4	9.5	10.3	18.6
電話	3.1	4.0	3.4	8.2	8.5	14.4
テレビゲーム	46.5	46.2	36.4	45.1	20.2	38.2
パソコン	—	—	7.1	4.7	10.7	11.2
ヘッドフォンステレオ	4.5	2.2	33.7	37.9	52.4	63.2
ステレオデッキ	—	—	23.1	22.8	47.5	50.1
CD	—	—	7.1	52.9	17.8	71.5
自転車	92.2	93.6	—	—	—	—
カセットテープレコーダまたはラジカセ	33.4	43.3	—	—	—	—
ピアノ・電子ピアノ等	34.1	32.3	—	—	—	—
ギター・キーボード等	1.8	3.3	—	—	—	—

(注1) 中学生の「個室」についての調査はそれぞれ1986年と1991年時点のものであり,高校生の「個室」についての調査(1992年の欄)は1990年時点のものである。
(注2) 小学生の「テレビゲーム」は「ゲーム専用コンピューター」のこと。また小学生の「電話」には「親子電話」を含む。
(注3) 『青少年白書』平成4年版9頁および平成5年版16頁より作成。
(注4) —の表示は度数が0であることを示す。以下同様。

種多様な物をもっている。専用電話さえもっている子どももいる(4%)。中学生,高校生になるとさらに多種多様になり所有率は高くなる。中学生の22%が専用テレビをもち,9%が専用電話をもっている。高校生になるとテレビの所有率は34%,専用電話は18%である[17]。もはやテレビは茶の間にあって家族団欒で見るものではなくなった。

このように子どもの個室に,つまり私的空間に多種多様な所有物が増え,物質的環境が整備されていくと,それだけ子ども自身の私生活が構築されていき,したがって子どもはその私生活のなかだけで日常生活を完結することができるようになり,子どもの生活は個人化していくわけである。そうした個人単位の生活スタイルが確立されると,その確立された自分だけの個人生

活を子どもは何よりも優先し重視するようになり，かくて子ども社会には個人主義的な私生活化現象が浸潤していくことになる。小学校高学年の半数（50％）は自己を「自分勝手」と評価しているのも[18]，実はこうした子ども社会の個人主義的私生活化現象の故ではあるまいか。そして子ども社会の個人主義的私生活化現象の浸潤は，それだけ子どもの地域生活からの退却を意味する。例えば玩具を個々の子どもがもつことができなかった時には，玩具を近隣地域の仲間と共用しなければ遊びは成立しなかった。だから近隣地域の仲間と集団を形成して共用しながら遊んだのである。だが，子どもたちが個々に玩具を所有することができるようになれば，自分一人で，好きなときに自由に遊ぶことができる。子どもの地域生活からの退却である。

2. 子どもの仲間集団の変容——子ども社会の喪失化——

（1） 子どもの仲間関係の希薄化

こうした子ども社会の「生活の個人化」と「私生活化」は，当然のことながら子どもの人間関係にも反映する。子ども社会が私生活化して子どもが自分だけの私生活を優先し重視して私生活に埋没していくということは，逆にそれだけ他者との人間関係，殊に子どもの場合は友人・仲間との関係が希薄化していくことを意味する[19]。そしてそうした子どもの仲間関係の希薄化が今日の子どもの仲間集団の親近性を疎遠にし，集団の安定性・凝集性・吸引性を低くしているのである。そしてそのことが集団的遊戯活動の機会を奪い，ために集団的遊戯活動の面白さを子どもは経験することがなく，したがって集団的遊戯活動への欲求が減少し，仲間集団は衰退化していくことになるのである。以下，各種の調査データから今日の子どもの仲間関係の様相を浮き彫りにして見よう[20]。

今日の子どもは自分の私生活を何よりも優先するから，仲間関係においても，自分の私生活が乱されない限りにおいての，あるいは自分の私生活が思うがままに維持される限りにおいての仲間関係しか取り結ばない。たとえ仲間であっても自分の私生活に立ち入ってもらいたくないのである。自分の私

表2-2　友だちとのつきあい方　　　　　　　　　　　　　　　　　　　　(%)

		中学生			高校生			全体
		男子	女子	計	男子	女子	計	
親友	①何のかくしだてもない	45	62	53	56	77	67	59
	②心の深い面は出さない	28	23	26	29	17	23	24
	③ごく表面的に	23	11	18	12	3	8	13
	④いない	2	1	2	2	2	2	2
普通の友	①何のかくしだてもない	13	9	11	9	6	7	9
	②心の深い面は出さない	30	40	34	37	54	45	40
	③ごく表面的に	55	50	53	54	39	46	50
	④いない	—	—	—	—	—	—	—

(注)　①　何のかくしだてもなくつきあう
　　　②　心の深いところは出さないでつきあう
　　　③　ごく表面的につきあう
　　　④　親友（普通の友だち）はいない
　　　NHK世論調査部『現代中学生・高校生の生活と意識』（明治図書，1991）23頁より。

生活が煩わされない限りにおいての仲間関係を望む。子どもたちはそれぞれに自分の私生活を構築しているのであるから，「自分と友だちの考えが違っているのは当然」(87%)であり[21]，したがってお互いに私生活を尊重するならば，仲間であっても彼らに「自分の考えを押しつけたくない」(82%)し，仲間のことには「口出ししない方がよい」(61%)[22]。「相手のプライバシーにも深入りしないし，自分も深入りされたくない」（中学生81%，高校生80%）のである[23]。だからそうした仲間関係は相互に深入りすることのない「あっさりした関係」(65%)となる[24]。表2-2のように，「親友」と呼ばれるような親密な友だちとの関係であっても4割以上もが浅薄な関係でしかない（中学生の場合，②「心の深いところは出さない」24%，③「ごく表面的につきあう」18%）。これが「普通の友だち」となれば全く「表面的」な関係となる（中学生87%，②「心の深いところは出さない」34%，③「ごく表面的につきあう」53%）。相互に「私生活」を重視した表面的な仲間関係である。「仲間関係の浅薄化」といってよいだろう。

　だが，それを逆にいえば，子どもは自分の私生活を容認し尊重してくれるような人とは仲間関係を結ぶ。自分の私生活を容認し尊重してくれるような

仲間とは，子どもにとって自分の私生活上の欲求を多少とも充足してくれるような人である。だが子ども社会は自己中心的な私生活化現象を呈しているのであるから，子どもたちがそれぞれに優先している私生活上の欲求を多少とも自分の思い通りに叶えてくれるような仲間は多くはない。だから「もっとたくさんの仲間が欲しい」(74%)し，「本当に心を打ち明けられる友だちが欲しい」(68%)と思うのである[25]。だが心を打ち明けられる仲間とは，自分の自己中心的な私生活上の欲求を叶えてくれる人に他ならないから，そうした好人物の仲間は少ないという意味で，これを「仲間関係の縮小化」と呼んでおこう。

しかし自分の私生活を何よりも重視し優先しようとすれば，子どもはそもそも仲間関係そのものを忌避するようになる。たとえ親密な仲間との関係であっても，人間関係である限り，自分の思うがままにあるいは自己中心的に振る舞うことはできない。自分の感情を押さえて相手に合わせていかなくてはならないこともあるし，相手の言葉や態度・表情を解釈して相手の期待に応えなければならないこともある。仲間と意見が対立すれば不愉快になるだろうし，その対立した意見を相互に主張し合えば喧嘩（葛藤）にもなる。総務庁の調査によれば[26]，3割の子どもは仲間関係を忌避的に感じている。「友だちと一緒だと思うように振る舞えない」(中学生男子34%，中学生女子25%)し，「友だちづきあいが煩わしい」(それぞれ19%，28%)から「友だちといるより一人でいる方が気持ちが落ち着く」(21%，30%)のである。だから仲間関係が煩わしく感じられれば，仲間関係そのものを忌避するようになる。「気の合わない者との付き合いは避ける」(45%，47%)のである。「仲間関係の喪失化」である。実際，今日にあっては仲間関係を喪失したところで何ら困ることはない。子どもにとって仲間とは遊び仲間のことであるが，先に述べたように，今日の子どもは多種多様な玩具・用具を所有して自分だけの私生活を確立しているから，仲間がいなくても自分だけで充分に面白く遊ぶことができる。テレビを見る，音楽を聞く，楽器を演奏する，ビデオを見る，漫画や雑誌を見る，テレビゲームをする等。殊にテレビゲーム等のコンピューター機器は応答性があるから，子どもは，いわば擬似的な人間関係を形成するといってもよい。しかも子どもにとっては相手の感情を

何ら配慮する必要はないから全く自由に振る舞うことができる。中学生男子の14％，女子の10％がテレビゲームの良いところは「友だちづきあいのように嫌な思いをすることがない」ことだとしている[27]。私生活化が進行している子ども社会において仲間関係の代わりとしてのコンピューター機器は正に自己中心的な充足と満足を子どもに与えているといえるだろう。こうした私生活上を煩わすような仲間関係を忌避する傾向を「仲間関係の喪失化」と呼んでおこう。

　こうした仲間関係の喪失化までには至らなくとも，今日の子どもたちの仲間関係は断片的である。私生活化が進行するということは，それだけ個々人の生活スタイルが分化し，多様化していくことであるから，子どもの私生活上の欲求もそれぞれに異なってくる。だから子どもは自分のそれぞれの欲求にしたがって仲間を選択するようになる。ある仲間との関係のなかでは子どもは自分のある欲求を充足させるが，別の欲求の場合には，その欲求を充足してくれるような別の仲間関係を結ぶ。「することや話題によってつきあう相手をかえる」（中学生男子30％，中学生女子23％）わけである[28]。先に述べたように，今日の子どもの仲間関係は相互に深入りすることのない「あっさりした関係」であるが，しかしその「あっさりした仲間関係」とは，裏を返せば，子どものその都度の欲求にしたがってその都度に取り結ぶ一時的・断片的な関係ということである。だから「誰とでも友だちになれる」（中学生男子57％，中学生女子55％）という気軽な社交性を子どもはもっている[29]。だがその気軽な社交性とは，自己中心的な欲求を子どもは多様な仲間関係のなかにそれぞれに分散しつつ充足しているということである。子どもは私生活上の欲求をそれぞれの仲間関係に分散しつつ充足しているわけである。「仲間関係の断片化」といっておこう。

　かくして子ども社会の個人主義的な私生活化現象は，仲間関係においては，浅薄化，縮小化，喪失化，断片化という，総じて仲間関係の希薄化現象となって結果する。子ども社会の個人主義的私生活化によって子どもたちが自己中心的な仲間選択をするようになったからである。自己中心的に仲間を選択するということは，自分の私生活を最優先していることであり，したがって仲間への欲求がそれほどに高くはなく，自分の私生活以上ではないという

ことを示している。こうして仲間関係が希薄化すれば，子どもの仲間集団の形成は困難になり，たとえ仲間集団が形成されたとしても，集団内部の子ども同士の関係は希薄で，したがって集団凝集性も低く，集団の安定性も低いだろう。

（2） 集団的遊戯活動に対する欲求の減少

　それでは，子どもの仲間集団の，もう一つの主観的条件である集団的遊戯活動に対する欲求はどうか。子どもは集団的な遊戯活動に対する欲求に動機づけられて仲間集団を形成し，また仲間集団に参加する。集団的遊戯活動が面白いからである。集団的遊戯活動の面白さを味わいたいために子どもは仲間集団を形成し，集団的遊戯活動に興じるのである。集団的遊びが子ども同士を結びつけ，仲間集団を成立させているのだ。集団的遊戯活動の面白さとは，仲間との協同的な遊戯行動による一体感と充実感，それからくる一体的な集団的興奮とその興奮による快感である。だから集団的遊びの面白さに浸るためには，仲間と協同的な行動を取らねばならず，そのためには自己を抑えて感情をコントロールしなければならない。だが，そうした仲間との協同的行動の過程，相互交渉の過程こそが実は子どもの対人関係能力を発達させていくのである。

　しかし，今日にあっては，この集団的遊戯活動に対する子どもの欲求も減少してきている。子どもの集団的遊戯活動に対する欲求が減少してきたのは，後述のように，集団的遊戯活動ができるような「空間」がなくなってきたこと，仲間と共有できるような「時間」もなくなってきたこと，少子化のために同一地域に居住している子どもも少なくなり，たとえ子どもが居住していても年齢（学年）が違えば，生活スタイルも異なり，そのために相互の接触機会がなくなってきたことという客観的条件のために，そしてまた客観的条件以上に，上に述べたように，主観的条件である仲間への欲求が減少して仲間関係が希薄化してきたことのために，仲間集団の形成が困難となり，ために集団的遊戯活動の機会や経験がなくなって，そもそも子どもたちは集団的遊戯活動の面白さを知らないのだ。

　そしてその一方で，テレビゲームが俄に子どもたちの間で盛んになってき

第2章　現代社会の変容と子どもの仲間集団

表 2-3　好きな遊び　　　　　　　　　　　　　　　　　　　　　　(%)

	全体	小学校3年生			小学校6年生		
		男子	女子	計	男子	女子	計
マンガ・雑誌	30.8	27.0	24.0	25.5	31.0	41.0	36.0
テレビ	33.0	28.0	33.0	30.5	28.0	43.0	35.5
野球やサッカー	31.8	56.0	1.0	28.5	65.0	5.0	35.0
外遊び	36.0	26.0	40.0	33.0	39.0	39.0	39.0
自転車のり	17.5	21.0	19.0	20.0	20.0	10.0	15.0
ドッジボール，バレーボール	20.0	10.0	25.0	17.5	5.0	40.0	22.5
ローラースケート	16.8	9.0	37.0	23.0	5.0	16.0	10.5
ファミコンなどテレビゲーム	48.5	75.0	25.0	50.0	72.0	22.0	47.0
ゴム段（ゴムとび）	5.5	―	15.0	7.5	1.0	6.0	3.5
ぬいぐるみ，人形遊び	6.3	1.0	19.0	10.0	―	5.0	2.5
プラモデル	17.3	38.0	1.0	19.5	29.0	1.0	15.0
手芸，料理	16.0	2.0	26.0	14.0	―	36.0	18.0
おしゃべり	17.0	4.0	23.0	13.5	5.0	36.0	20.5
無回答	1.0	1.0	3.0	2.0	―	―	―

（注1）　対象は，小学校3年生男子・女子および6年生男子・女子で，それぞれ100人ずつの合計400人。
（注2）　調査時期は，1985年6月。
（注3）　子ども調査研究所『子ども調査資料集成　第Ⅱ集』1987年，716頁より作成。

た。それでも初期の頃は，未だテレビゲーム機器が高価であったからゲーム機を所有している子どもは多くはなく，子どもたちはゲーム機を所有している仲間の家に寄り集まって，仲間と一緒に，つまり仲間集団を形成してテレビゲームに興じていたのである。しかしゲーム機器が普及して，先の表2-1に見たように，小学生や中学生の多くが個人で所有するようになると，仲間の家に寄り集まる必要もなく，またゲームの順番を待つ必要もなく，自室でいつでも好きなときに自由にできるようになる。しかもゲームのソフトさえ変えれば，さまざまなタイプの遊びができる。テレビゲームが面白いのは，子どもが操作すれば，その操作に対応してゲームが展開されるという応答性があるためである。そこには，いわば擬似的な人間関係が形成されているといってもよい。こうなると遊びにもはや仲間を必要としない。表2-3は，好きな遊びについて見たものであるが，テレビゲームが好きな子どもは半数に上る。殊に小学生男子では7割以上である。これにマンガ・雑誌，テ

レビ，プラモデル等を加えると，いわゆる個人的な遊びが好きだという子どもは相当数に上る。こうした個人的遊びは，いつでも自分の好きなときに自由にできる，そして面白い遊びである。

　こうして個人的遊びへの欲求が深まり，そしてまたそれを可能にする玩具やゲーム機を個人で所有するようになると，子どもの生活スタイルは私生活化へと大きく傾斜し，自身の私生活を確立するようになる。こうなるともはや集団的遊戯活動に対する欲求をもつこともなく，したがって共に集団的遊戯活動を遂行していく仲間を必要とすることもない。つまり仲間への欲求も減少するのである。かつての伝承的遊戯は遊びの人数に制限はなく，何人でも一緒に遊ぶことができた。その意味で伝承的遊戯は仲間集団の吸引度を高め，子どもたちに広く仲間関係を結ばせていたのである。しかし個人的な遊びは，こうした仲間を引きつけるような吸引度はない。

　こういうように，今日にあっては，子どもの「仲間への欲求」も，また「集団的遊戯活動に対する欲求」も減少してきているのであるが，それは，上に見てきたように，今日の子どもが自分の私生活を最も優先するという私生活中心主義になってきたためである。個人主義的な私生活化が子ども社会に浸透し，ために私生活中心主義の生活スタイルが子どもたちの間で確立され，そのために自己中心的に仲間を選択するようになり，ためにそうして形成された仲間関係も希薄化するから，仲間集団の形成も困難となって，子どもの仲間集団は衰退化してきたのである。だから仲間と集団的な遊戯活動に興じる機会もなく，またそうした経験もないから，子どもは集団的な遊戯活動の面白さを知らず，したがって集団的な遊戯活動に対する欲求をおぼえることもなくなってきたのである。こうなると子どもの，仲間への欲求も減少し，たとえ仲間関係が形成されても，その相互の関係は希薄である。かくて仲間集団が形成されず衰退化してくる，というような循環を辿るわけである。こうして個人主義的な私生活化が子ども社会に浸透するにつれて，子どもの仲間への欲求も，また集団的遊戯活動に対する欲求も減少してきたのである。

　かくして子どもの仲間集団形成の主観的条件である仲間への欲求と集団的遊戯活動に対する欲求は，子ども社会の自己中心的な私生活化の浸透によって，前者においては，仲間関係の浅薄化，縮小化，喪失化，断片化という，

総じて仲間関係の希薄化現象となって結果し，後者においては，集団的遊戯活動に対する欲求から個人的遊戯活動に対する欲求への変化という形になって現れている。こうした主観的条件が子どもの仲間集団を方向づけていくのである。

（3） 地域社会の変容と子どもの生活

こうした現代社会の潮流と並行して，それでは具体的な生活の場である地域社会において子どもはいかなる生活を営んでいるだろうか。そうした地域での具体的な生活形態が仲間集団形成の客観的条件を形づくっていく。

前述のように，1960年代（昭和35～44年）には産業化とそれに伴う都市化が急速に進行し，日本人の社会意識は「家族主義的私生活化」へと急傾斜していったのであるが，こうした都市化の進行によって地域社会も大きく変容した。と同時に都市化は人口の都市集中を促し都市勤労者世帯を増加させ，また都市的生活様式を浸透させることによって核家族化をも進行させていった。都市化によって地域社会がどのように変容し，子どもの地域生活はどのように変わったのか，また核家族化によって子どもの家庭生活はどのように変わったのか。子どもの仲間集団は地域集団的な性格を有するが故に，その集団形成条件や集団的様相には地域社会の様相や変容，また子ども自身の地域生活のあり方が直接反映する。そしてまた核家族化による家庭生活の変容も子どもの仲間集団形成の契機を様々に規制する。

人々の生活の視点から見ると，都市化によってもたらされた地域社会の最も大きな変化は，人々の地域関係や近隣関係が衰退化してきたことである。ここで地域関係とは居住の近接性を契機として結ばれた日常的な社会関係を意味し，近隣関係とは居住の近接性による日常的な人間関係を指すものとしておく。地域関係が日常的な社会関係であり，近隣関係が日常的な人間関係としたのは，前者が世帯を単位とした一定地域内での関係であり，後者が個人を単位とした近隣地域での関係であるとの区別からである[30]。だが地域関係とは，具体的には地域集団内の関係，あるいはそれに基づいた世帯同士の関係である。そして地域集団とは一定地域内に居住する住民を構成員とした集団である。こうした地域集団は建前はどうであれ，実際には一定地域内に

居住する住民を網羅的に加入させる，いわば強制加入方式をとり，その活動内容も地域の防火・防災，保健衛生，防犯，清掃，広報・連絡など地域行政的な活動であるために住民に対して一定程度に拘束的となる。これに対して近隣関係は個人単位の，地域関係に比していえば，私的接触の親睦的な関係であり，その内容と程度も日常の挨拶から日用品の貸し借り，物品の贈答，生活扶助に至るまで多様であって，それは個々の関係の相手によって異なる。だが，地域関係が近隣関係形成の契機にもなり，また近隣関係の親睦性が地域関係を円滑に進めていくことにもなる。

　農村では，その生産活動形態や共同労働形態の故に地域社会は，いわば小さな集合体生活をなしているから地域関係と近隣関係は一体であり，そうした関係の機能は地域生活にとって大きな意味をもっていた。早い話が農村の地域生活は地域関係と近隣関係の故に営まれていたのである。この農村社会の地域関係と近隣関係のあり方が元来の地域関係と近隣関係の原型をなすといってもよい。

　しかし都市化による職業の多様化，住民の移動性と流動性の増大，生活関連諸機関や諸制度の分化と整備発達等のために地域関係も近隣関係も都市住民の地域生活にあまり意味をもたなくなってきた。地域関係や近隣関係をもたなくても地域生活に困ることはない。むしろ地域関係にしろ近隣関係にしろ，それは居住の近接性という，多少とも拘束的な要因を契機として結ばれる関係であるから，都市住民にとっては煩わしいと感じる方が多いだろうし，そうなれば明確な関係維持の理由もないから，地域関係も近隣関係も衰退化していくことになる。たとえ個人単位の近隣関係であってもである。だが地域関係と近隣関係は同時に衰退化していったのではなく，近隣関係が衰退化し，次いで地域関係が衰退化していったのである。近隣関係は私的接触による個人単位の関係であるから住民の関心の低下と同時に衰退するが，地域関係は地域行政的な活動を内容とする一定程度に拘束的な関係であるから形式的には残存することになる。かくして地域社会は地域関係と近隣関係が一体化して地域生活に多様な機能をもたらしていたパターンから，都市化の進行によって近隣関係は衰退化するが，地域関係は残存するというパターンへと変容し，さらには近隣関係も地域関係も衰退化してしまうというパターンに

	近隣関係	
地域関係	＋	－
＋	Ⅰ	Ⅱ
－	Ⅳ	Ⅲ

図2-1　地域社会のパターン

（注）　＋は形成，展開，残存を示す。
　　　　－は衰退を示す。

変容してきたのである。この関係は図2-1のようになる。都市化によって地域社会は，Ⅰ→Ⅱ→Ⅲへと変容してきたのである。

　こうして都市化によって地域生活に対する人々の関心も希薄化し，近隣関係も地域関係も衰退化してくると，そうした関係を通して結ばれていた近隣地域の子ども同士の仲間関係も衰退化してくる。地域集団活動を媒介として結びついた世帯同士の地域関係や親同士の近隣関係を通して，親とその関係の相手（親）の子どもとの関係が形成される。この近隣地域における大人（親）と子どもとの関係を大人同士の近隣関係と区別する意味で隣人関係と呼んでおこう。こうした地域関係，近隣関係，隣人関係という，いわば日常的な地域社会関係が近隣地域での子ども同士の仲間関係形成の大きな契機となるのである。この関係は既に第1章の図1-1（41頁）で示した。だから地域関係や近隣関係を通して隣人関係が形成され，その隣人関係を通して子ども同士の仲間関係が結ばれるし，逆に子どもの仲間関係を通して隣人関係が結ばれ，その隣人関係を通して親の近隣関係が結ばれることもある。だが都市化によって地域社会はⅠ→Ⅱ→Ⅲへと変容し，地域関係も近隣関係も衰退化してくると，それと絡まる形で隣人関係も子どもの仲間関係も衰退化する。一の関係の衰退は他の関係の衰退を招く。かくして都市化によって子どもの仲間関係形成の契機も減少したのである。

　都市化は，仲間関係を含む地域社会関係を衰退化させていく一方で，子どもの仲間集団活動の場，つまり遊戯空間（遊び場）をも喪失させていった。子どもの仲間集団は，本質的には遊戯集団であるから，仲間集団が形成されると子どもたちは何らかの遊戯活動に興じるが，そのためには集団的遊戯活動が可能な空間（場所）が必要となる。地域社会が都市化される以前は，子

表2-4 遊び空間の面積比較

場　　所	昭和30年頃	昭和49年現在
あき地（原っぱ）	（12ヵ所） 9,572m²	なし
児 童 公 園	（2ヵ所） 2,464m²	（2ヵ所） 3,097m²
児 童 施 設	なし	（児童館） 355m²
運 動 場	（西運と分校） 4,300m²	（西運開放） 3,450m²
遊び場にならない オープンスペース	（8ヵ所） 7,225m²	（3ヵ所） 2,012m²
計	16,336m²	6,902m²

（注1）　遊び場にならないオープンスペース──畑，資材置場，乳牛飼育場など。
（注2）　藤本浩之輔『子どもの遊び空間』（日本放送出版協会，1974）221頁より引用。

どもたちの遊び場は，原っぱ，空き地，道路が多かったが，都市化によって地域は一変し，そうした遊び場は消失した。藤本は大阪市内のある小学校区の遊び場を調査し，都市化以前の1955（昭和30）年頃と都市化以後の1974（昭和49）年を比較して，遊び空間が約16,300 m² から 6,900 m² まで減少していることを明らかにしているし（表2-4）[31]，仙田は横浜市を事例に子どもの遊び空間の調査を行い，1974（昭和49）年以降も遊び空間は減少していることを示している（図2-2）[32]。特定地域（＝都市）への各種機関の集中や人口集中による地域開発や再開発，また宅地化によって空き地や原っぱはなくなり，そして道路は舗装されて交通が激化し，それまでの子どもの遊び場は消失したのである。

　こうして戸外での子どもの遊び空間は減少し，ために室内や庭が遊び空間になっていった。図2-3は，戸外遊びと室内遊びの時間の変化を見たものだが，戸外か室内かという遊び場所の変化を見ることができる。都市化以前の1955（昭和30）年頃はまだ戸外遊びの時間が長かったが，都市化が進行してきた1965（昭和40）年を境に室内遊びの時間の方が長くなり，さらに

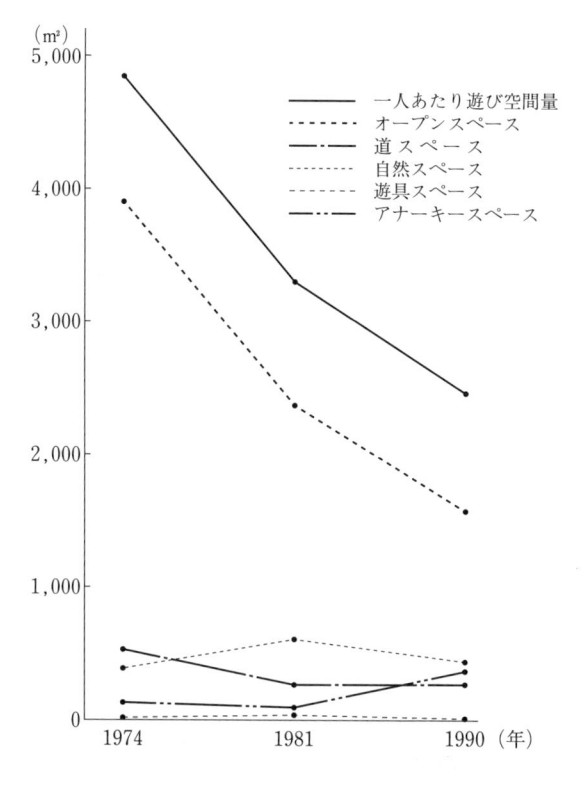

第2章　現代社会の変容と子どもの仲間集団　　　　　　　　　91

(m²)

凡例：
― 一人あたり遊び空間量
‥‥ オープンスペース
――― 道スペース
……… 自然スペース
－－－ 遊具スペース
―・― アナーキースペース

図 2-2　横浜市における遊び空間量
(1974〜90年)

(注)　仙田満『子どもとあそび』(岩波新書, 1992) 165頁より引用。

都市化が全体社会規模で拡大・深化して都市化社会といわれるようになった1970 (昭和45) 年代以降はこの傾向が一段と強くなっている。1991 (平成3) 年には戸外遊びよりも室内遊びの時間の方がほぼ4倍も長くなっている。遊び空間が室内や庭になれば，当然のことながら多人数で行うような運動的，活動的な集団的遊戯活動はできないから，狭い空間で少人数でもできるような，あるいは個人ででもできるような非活動的な，そして手軽な遊戯活動へと変わっていく。そうした非活動的な遊戯活動は多くの成員を必要とはしないから仲間の選択も限定され，ために仲間集団が形成されても，その成員は少数でしかないのである。

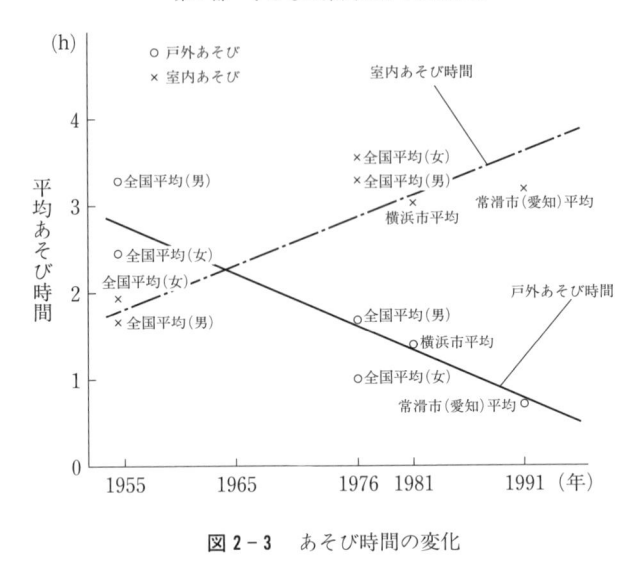

第Ⅰ部　子どもの集団生活と地域社会

図2-3　あそび時間の変化

（注）　仙田満『子どもと遊び』（岩波新書，1992）169頁より引用。

　しかし後の表2-15に見るように，現在の子どもの遊び場では室内に次いで公園，運動場が多くなっている。だが，公園とはいっても，それは幼児向きのものであって集団的活動の最も活発なギャング・エイジの子どもたちが多人数で活動的な集団的遊戯を展開できるほどの広さではないし，またそうした活動的な集団的行動を禁止している場合さえある。公園の立札に「公園でボール遊びをしてはいけません」という具合である。あるいは運動場といっても最近は防犯上の理由から放課後も休日も閉鎖している学校が多い。だから子どもたちが公園や運動場で遊んでいるといっても，多人数での活動的な集団的遊戯をしているとは限らない。
　さて都市化は，都市への各種機関の集中や人口集中，またその結果としての都市圏域の拡大を意味するだけではない。都市において典型的な生活様式や生活意識の広範な地域への浸透過程をも意味する。むしろこの後者の方が都市化の本質であるといってよい。アメリカの都市社会学者ワース（Wirth, L.）は都市的生活様式の浸透・蓄積強化の過程を都市化と定義した[33]。殊に現代の都市化は情報化の拡散効果という形をとり，広範な地域の人々に都市

表 2-5 通塾率　　　　　　　　　　　　　　　　　　　　（％）

	学習塾			けいこごと	
	1976年度	1985年度	1993年度	1985年度	1993年度
小学校1年生	3.3	6.2	12.1	60.1	70.1
2年生	4.8	10.1	14.1	69.1	79.4
3年生	7.5	12.9	17.5	76.8	81.2
4年生	11.9	15.4	23.6	78.0	82.5
5年生	19.4	21.1	31.1	73.9	77.5
6年生	26.6	29.6	41.7	65.7	70.6
小学生全体	12.0	16.5	23.6	70.7	76.9
中学校1年生	37.9	41.8	52.5	35.7	36.7
2年生	38.7	44.5	59.1	26.4	29.3
3年生	37.4	47.3	67.1	19.6	18.8
中学生全体	38.0	44.5	59.5	27.4	28.3
小学生・中学生全体	20.2	26.3	36.4	55.5	59.6

（注）　文部省調査。但し『内外教育』1994年8月2日第4548号より引用。

的生活様式や都市的生活意識を伝達して，人々の生活様式や生活意識を変容させていく。

　ところで都市にはあらゆる機関が集中している。教育機関も例外ではない。幼稚園から大学にいたるまであらゆる教育機関や各種の訓練施設が集中している。こうした教育機関や訓練施設は産業化社会の支配的な価値である成功本位性と結び付いて人々に，そして子どもに学歴主義や，それ故の学業成績至上主義という意識を生じさせていった。だから教育という領域あるいは子どもの生活領域についていえば，都市化は，こうした学歴主義的，学業成績至上主義的な意識や行動の様式が情報化によって広範な地域に浸透し，全般化していくことを意味する。かくして都市では学習塾への通塾が盛んになり，子どもの生活に深く浸透して，子どもの生活スタイルにまでなっている。さらに学習塾の前段階的な意味をもつ「けいこごと」も都市では低年齢の子どもに盛んになっている。表2-5は文部省調査の結果であるが，表に見るように，小学生の低学年では「けいこごと」に通い，学年の上昇に伴って学習塾が増加する傾向を示している。小学生の中学年から高学年にかけての子どもでは学習塾とけいこごとの比率を合わせると100％を超えるから，両方に

通っている子どもたちがいることを示している。しかし両方でなくても殆どの子どもが学習塾かけいこごとのいずれかに通っている。だが，学習塾も多種多様であり，進学のための受験を目的とする学習塾から学校での補習を目的とする補習塾まであり，また学習程度によっても異なる。けいこごとにしても，教科を指導する学習塾的なものからスポーツ，趣味，訓練に至るまで多種多様である。だから子どもはそれぞれの学習態度，興味・関心にしたがって学習塾やけいこごとを選択する。そのために子どもたちは同一地域に居住してはいても個々に生活時間や空間は異なり，したがって日常生活においては学校終了後であっても子どもたち相互に共通の時間をもつことができない。こうした傾向は都市ほど顕著だろう。通塾率を都道府県別に見ると[34]，千葉，東京，神奈川，京都，大阪，兵庫などでは40％以上だが，岩手，山形，島根は10％台，青森，秋田，福島などの東北県，新潟，福井などの北陸県，熊本，大分，宮崎などの九州県では20％台となっている。

　こうして子どもたちは同一地域に居住していても，個々に生活時間や空間は異なり，相互に共通の時間をもつことはできないから，当然のことながら寄り集まって仲間集団を形成することができないのである。

　他方，都市化は，前述のように核家族化をも進行させていった。これに女性の社会進出も加わって女性の社会意識は大きく変化し，少子化傾向が生じた。「少なく生んで高度の教育を受けさせて良く育てよう」というわけである。だが逆にいえば，だからこそ優秀に育って貰わないと困る。少なく生んで，その分の経済的余力を子どもにつぎ込んで高いレベルの教育を受けさせようとするのであるから，それに見合うように優秀になって高い学業成績をとり，社会的評価の高い学校に入って貰わなければ親として張り合いがない。だからこそ学習塾に，おけいこごとに行かせるわけである。そして優秀になって貰うためには，それに必要と思われるもの，あるいは子どもが望むようなものを買い与える。いわゆる「一子豪華主義」である。それが親の過保護的な態度であり，かくして前述のように子どもの所有物が増加していくわけである。

　こうして子どもの地域生活は，同一地域に居住はしていても，子ども同士の接触の機会もなく，一緒に集団的遊戯ができるような共通の時間もなく，

何物にも煩わされることなく仲間との集団的遊戯活動が展開できるような空間もないという，逆にいえば，それだけ私生活に埋没せざるを得ない生活状況にあるといってよい。

（4） 子どもの仲間集団の変容

1） 地域社会の変容と子どもの仲間集団の変容

　こうした子どもの仲間集団形成の主観的条件と客観的条件に規制されて，今日の子どもの仲間集団は大きく変容してきた。では，どのように変容してきたのか。その変容の様相を各種の調査結果から見てみよう。これまで述べてきたように，ここでは現代社会の，そして具体的な生活の場である地域社会の変容の転期を 1960 年代（昭和 35～44 年）から始まる産業化とそれに基因する都市化に求めたから，子どもの仲間集団の変容を都市化以前の様相と今日的様相の比較から捉えてみよう。

　1964（昭和 39）年に子ども調査研究所が行った調査によれば[35]，子どもの遊び時間は，表 2-6 のように男子は「2～3 時間」，女子は「1～2 時間」に山があり，次いでそれぞれ「1～2 時間」，「2～3 時間」が多くなっているから，おおよそ 2 時間くらいがこの頃の子どもの遊び時間だといってよいだろう。表 2-7 は遊び仲間の人数を見たものであるが，「3～5 人」が過半数，次いで「2 人」が多いから仲間集団の規模は大きいとはいえない。殊に女子の場合は「2 人」が 4 割近くあるから「3～5 人」が過半数といっても規模の小さい方向に比重がある。では，どんな仲間なのか。表 2-8 は遊び相手の種類について見たものであるが，1963（昭和 38）年の調査によれば「クラスの友だち」が多く，「近所の友だち」はその半数となっている。また 1986（昭和 61）年にわれわれが全国規模で行った幼稚園児（6 歳）の母親を対象とした調査結果によれば[36]，表 2-9 のように親の世代が子どもの頃（およそ 1960 年代（昭和 35～44 年））の遊び仲間には「異年齢」の仲間も「異性」の仲間も多く含んで仲間集団構成の異質性が高かったことを示している。

　遊び場所については，表 2-10 のように男子は「公園」，「道路」，「家の中」が多く，女子は「家の中」，「公園」，「庭」が多い。公園や道路は集団的

表2-6　遊ぶ時間（1964年調査）　　　　　　　　　　　　　　　　　　　　　　　（%）

	遊ばない	1時間未満	1～2時間	2～3時間	3～4時間	4～5時間	5時間以上	無回答
男子	1.9	13.2	28.2	34.1	14.5	3.5	2.7	1.9
女子	0.7	18.8	34.3	28.0	11.1	3.3	1.1	2.6

（注）　東京都内の小学校3年生および4年生643人対象。但し子ども調査研究所編『現代子ども白書』（三一書房, 1967）66頁より作成。

表2-7　遊び集団の人数（1964年調査）　　　　　　　　　　　　　　　（%）

	1人	2人	3～5人	6～10人	11人以上	無回答
男子	5.7	20.5	52.6	15.6	4.8	0.9
女子	3.2	37.8	52.6	5.1	1.0	0.3

（注）　東京都内の小学校2年生，3年生および4年生665人対象。但し子ども調査研究所編『現代子ども白書』（三一書房, 1967）67頁より作成。

表2-8　一緒に遊んだ相手（1987年調査）　　　　　　　　　　　　　　　　（%）

	クラスの友だち	近所の友だち	きょうだい	1人で遊ぶ	その他
1963年調査	39	21	19	14	7
1987年調査	55	13	11	15	6

（注）　東京都世田谷区『遊びの調査報告書』（1987年）。但し高橋勇悦「子どもの遊びと地域社会」山本清洋編『大都市と子どもたち』（日本評論社, 1992）184頁より引用。

表2-9　遊び仲間　　　　　　　（複数回答：%）

		親の世代	子の世代
1	異年齢の子ども	76.5	16.7
	同年齢の子ども	38.5	85.5
2	同性の子ども	54.2	79.8
	異性の子ども	54.7	18.4
3	少人数（4人まで）で	18.1	82.0
	多人数（5人以上）で	77.3	8.2

（注）　6歳児の母親1,640名を調査。

表 2-10 遊ぶ場所（1964年調査） (%)

	家の中	庭	公園	学校	道路	遊園地	デパート	無回答
男子	19.6	18.2	30.4	7.7	20.2	3.1	0.6	0.3
女子	35.9	20.2	24.4	3.2	12.2	3.5	0.3	0.3

（注）　東京都内の小学校3年生および4年生643人対象。但し子ども調査研究所編『現代子ども白書』（三一書房，1967）71頁より作成。

表 2-11 遊んだ時間（1989年調査） (%)

	遊ばない	30分くらい	1時間くらい	2時間くらい	3時間くらい	4時間以上	遊ばない
3年生	6.8	6.4	17.3	30.2	24.7	13.9	—
4年生	10.5	9.2	15.1	26.4	18.7	18.7	—
5年生	16.9	6.4	17.5	28.0	13.1	17.5	—
6年生	22.2	10.8	15.7	24.7	13.6	12.3	—

（注）　東京都の小学校3年生295人，4年生284人，5年生314人，6年生324人を対象。無回答・不明を除く。
但し東京都福祉局『東京における児童（統計編）』（1990年）234頁および237頁より作成。

で活動的な遊びができるような場所であるが，家の中や庭は活動的ではない，非活動的な遊びで，しかも少人数でしかできないような，いわば個人的な遊びの場所であるから，特徴的にいえば男子は集団的・活動的な遊び，女子は個人的・非活動的な遊びをしているのだろうと推定できる。

　こうした様相を呈していた子どもの仲間集団も地域社会の変容によって，その様相を変容させていく。

　東京都が1989（平成元）年に行った子どもの生活調査によれば，平日に子どもが遊んだ時間は表2-11のようである[37]。これによれば「2時間くらい」が最も多いが，次いで30分から1時間を合わせた「1時間未満」が多い。前述の1964（昭和39）年調査がおおよそ2時間くらいとはいえ，2〜3時間とより多い時間帯の方向に比重があったのに比べると，この1989（平成元）年調査では「1時間未満」という少ない時間帯の方向に比重があるから，遊び時間は少ない方向に変化してきているといってよいだろう。しかも「遊ばない」子どもが増えている。1964（昭和39）年調査ではせいぜい

表 2-12　よく遊ぶ友人の人数（1991年調査）　　　　（％）

	1人	2～3人	4～5人	6人以上	わからない
5年生	6.0	39.3	26.1	21.8	6.8
6年生	5.4	34.1	25.9	28.0	6.5

（注）　無回答・不明を除く。
　　　総務庁青少年対策本部『青少年白書（平成4年版）』（1993年）59頁より引用。

　2％に過ぎなかった「遊ばない子ども」が1989（平成元）年調査では，学年によって違いがあるものの，10～20％に増えている。遊び時間の減少傾向とともに，そもそも遊ばなくなったという，多少誇張していえば，遊びの喪失化傾向が見られる。

　遊び仲間の人数について見ると[38]，厚生省児童家庭局の調査によれば，表2-12（1991（平成3）年調査）のように「2～3人」に山があり，「4～5人」がこれに次ぐ。1964（昭和39）年調査（表2-6）では「3～5人」，「2人」と順位が逆であったから，対比的にいえば仲間集団の規模は漸次的に縮小化の傾向を示しているといえるだろう。漸次的なのは，これ以上の縮小化が不可能なほどに仲間集団が小規模化してしまっているからである。だが，その反面1991（平成3）年調査（表2-12）によれば，「6人以上」も1964（昭和39）年調査（表2-7）に比すれば多少とも増加しているから，現代の子どもの仲間集団は少人数規模の集団と多人数規模の集団とに両極分解的な様相を呈しているといえるかも知れない。

　では，集団成員である仲間はどのような仲間に変わってきているか。表2-13は遊び相手の種類について見た前述の東京都の調査であるが，遊び仲間は，学年にかかわりなく殆どが「同じ年頃の友だち」である。「年上・年下」という異年齢の仲間は5％程度に過ぎない。しかも，この同年齢化は同級生化といってもよく，先の表2-8に示しているように1963（昭和38）年調査と比較すれば1987（昭和62）年調査では「クラスの友だち」は増加し，表2-14の1991（平成3）年調査によっても「同じクラスの子」が多くなっているから，遊び仲間の構成は同じ年頃の仲間とはいえ，とりわけ「同じクラスの仲間」という同級生化の傾向が顕著になってきているといえる。

表 2-13　遊び相手（1989年調査）　　　　　　　　　　　　　　　　　　　　　　（％）

	同じ年頃の友だち	年上や年下の友だち	近隣の大人の人	きょうだい	親や祖父母	1人で遊ぶ	その他	遊ばない
3年生	86.8	6.8	—	4.4	0.3	0.3	1.0	—
4年生	87.7	6.7	0.4	2.1	0.4	1.4	0.4	—
5年生	87.6	4.8	0.3	3.8	—	2.2	—	0.3
6年生	88.3	3.4	0.3	2.8	—	2.8	—	—

（注）　無回答・不明を除く。
東京都福祉局『東京における児童（統計編）』（1990年）257頁および260頁より作成。

表 2-14　よく遊ぶ友人の種類（1991年調査）　　　　　　　　　　　　　（％：複数回答）

	同じクラスの子	違うクラスの子	家の近所の子	塾やけいこごとで一緒の子	クラブや部活で一緒の子	前の学校や幼稚園などで一緒の子	その他
5年生	73.5	38.6	47.5	12.1	19.6	8.9	2.5
6年生	77.8	39.0	42.4	13.8	25.9	7.3	3.7

（注）　無回答・不明を除く。
総務庁青少年対策本部『青少年白書（平成4年版）』（1993年）58頁より引用。

　こうした同級生化に加えて，さらに遊び仲間の構成は同質化の傾向を示している。先の表2-9の幼稚園児の母親を対象とした全国調査の結果によれば，親の世代が子どもの頃の仲間集団と比較すると，今の子どもの仲間集団は，同年齢化，同性化，少人数化（縮小化）していることが分かる。だから現代の子どもの仲間集団構成は漸次的に縮小化しつつ，同年齢化，同級生化，同性化というように同質化してきているのである。

　遊び場所も変化してきている。表2-15に見るように，今日では「友だちの家」あるいは「自分の家」という「家」が多くなっている。もっとも以前でも表2-10のように「家の中」と「庭」を「家」として集計すれば最も多くなるから（男子35％，女子56％），順位には変わりはない。だが1989（平成元）年調査では1964（昭和39）年調査よりも「家」に遊び場所が相当に集中している。先に述べたように公園，運動場，道路は多人数での，集団的な，そして活動的な遊びが可能な場所であるが，家の中や庭は少人数での，個人的な，そして非活動的な遊びしかできないような場所であるから

表 2-15 遊び場所（1989年調査）　　　　　　　　　　（％：3つ以内の複数回答）

		公園や児童遊園	校庭や運動場	児童館や児童センター	図書館	空き地	駐車場	ゲームセンター	友だちの家	自分の家	その他	遊ばない
3年生	男	56.8	37.2	15.5	3.4	14.2	6.1	2.0	64.9	67.6	7.4	―
	女	53.7	34.7	13.5	6.1	4.1	4.8	―	66.7	72.8	6.1	―
	計	55.3	35.9	14.6	4.7	9.2	5.4	1.0	65.8	70.2	6.8	―
4年生	男	61.1	43.8	13.9	3.5	12.5	5.6	0.7	64.6	54.9	6.9	―
	女	47.1	23.6	13.6	6.4	9.3	2.9	―	74.3	75.0	9.3	―
	計	54.2	33.8	13.7	4.9	10.9	4.2	0.4	69.4	64.8	8.1	―
5年生	男	53.8	43.2	14.8	1.8	11.2	5.3	0.6	64.5	66.9	4.1	0.5
	女	53.1	31.7	18.6	7.6	2.8	2.1	―	70.3	68.3	4.8	0.7
	計	53.5	37.9	16.6	4.5	7.3	3.8	0.3	67.2	67.5	4.5	0.6
6年生	男	46.4	41.3	14.0	2.2	15.1	2.2	1.7	64.2	57.5	5.0	1.7
	女	44.8	29.0	15.2	15.2	2.1	0.7	―	65.5	66.9	6.2	1.4
	計	45.7	35.8	14.5	8.0	9.3	1.5	0.9	64.8	61.7	5.6	1.5

（注）　無回答・不明を除く。
東京都福祉局『東京の児童（統計編）』（1990年）248頁および251頁より作成。

「家」に遊び場所が集中してきていることは遊びが集団的・活動的な遊びから個人的・非活動的な遊びへと変化してきていることを示している。「家」が遊び場所であるのは女子の方に多く、公園、運動場、道路という集団的・活動的な遊び場所が男子に多いという傾向には変わりがない。

このように子どもの仲間集団は少人数化（縮小化）してきていると同時に成員である仲間は同年齢化、同級生化、同性化というように同質化してきており、またその集団的活動の時間、つまり遊びの時間も少なくなり、遊び場所も集団的・活動的な遊び場所から個人的・非活動的な遊び場所へと変化してきているといえる。

では、子どもの遊びが集団的・活動的な遊びから個人的・非活動的な遊びへと変化してきたのかどうか。表2-16は1954（昭和29）年に市部・村部別に調査した子どもの普段の遊びである。子どもの遊びといっても単純ではなく、同一名称の遊びであっても、その遊び方は多様であって、常に一つの遊びが一つの遊び方に対応しているわけではない。縄跳びであっても多人数の仲間と集団で遊ぶ遊び方もあるし、少人数で遊ぶ遊び方もある。さらには一

第2章　現代社会の変容と子どもの仲間集団　　　　　　　　　　　101

表 2-16　ふだんの遊び（小学生：1954年）

市　部				村　部			
順位	遊　び	数	タイプ	順位	遊　び	数	タイプ
1	縄跳び	73	A	1	野球	915	A
2	おにごっこ	72	A	2	縄跳び	876	A
3	野球	71	A	3	おにごっこ	807	A
4	ドッジボール	41	A	4	まりつき	470	A
5	ソフトボール	27	A	5	ドッジボール	459	A
6	ボール遊び	26	A	6	ぶらんこ	387	A
7	ゴム跳び	23	A	7	ソフトボール	381	A
8	まりつき	22	A	8	ゴム跳び	373	A
9	キャッチボール	13	A	9	ボール遊び	371	A
10	かくれんぼ		A	10	陣取り	243	A
	お手玉	12	D	11	球技	228	A
	ぶらんこ		A	12	お手玉	222	D
13	鉄棒		A	13	石蹴り	203	A
	石蹴り	11	A	14	キャッチボール	186	A
	相撲		A	15	かくれんぼ	147	A

（注）　中央青少年問題協議会「青少年の遊びの調査」（1954年）より作成。但し，木下龍太郎「遊びと子どもの発達」（『子どもの発達と教育1　子どもの発達と現代社会』岩波書店，1979年）139頁より引用。数はそれぞれの遊びをしている度数を示す。

人で遊ぶ遊び方もある[39]。しかしここでは，そうした遊び方の資料がないので個々の遊びの遊び方の原型を考えて遊びの変化を捉えてみよう。そのために遊び行為と遊び仲間を遊び方を捉えるための指標とする。

　遊び行為というのは，遊びが身体的な運動を伴うものか否かという基準である。身体的な運動を伴う遊びを活動的遊び，そうでない遊びを非活動的遊戯と呼んでおこう。遊び仲間というのは，その遊びが本来仲間を要するような集団的な遊びか，それとも個人でも可能な遊びかという基準である。集団的遊戯と個人的遊戯と呼んでおこう。この2つの軸を組み合わせると子どもの遊びは4つのタイプに分類できる。（A）活動的・集団的遊び，（B）非活動的・集団的遊び，（C）活動的・個人的遊び，（D）非活動的・個人的遊び，である。この遊びのタイプをそれぞれの遊びに当てはめて見ると表2-16のタイプ欄のようになる。この，親の世代が子どもの頃の遊びと比較するため

表 2-17　よくする遊び（小学校 3・6 年生：1985年）

男子				女子			
順位	遊び		タイプ	順位	遊び		タイプ
1	ファミコン	60人	D	1	おにごっこ	33人	A
2	サッカー	35	A	2	ファミコン	21	D
3	ドッジボール	20	A	3	おしゃべり	18	B
4	テレビゲーム	16	D	4	トランプ	12	B
5	野球	14	A		一輪車	12	C
6	ラジコン	13	D	6	鉄棒	11	A
7	バスケットボール	10	A	7	ドッジボール	8	A
8	ハンドベース	9	A	8	大なわ	6	A
	一輪車	9	C		野球	6	A
10	プロレス	7	A	10	サッカー	5	A
11	ボール遊び	6	A	11	バレーボール	4	A
12	パソコン	5	D		三度ぶつけ	4	A
13	ゲーム	4	B		ローラースケート	4	A
14	おにごっこ	3	A		空中シーソー	4	A
	鉄棒	3	A		どろけい	4	A
	三歩あて	3	A				

（注）　東京都内の小学校 3 年生男女各100人および小学校 6 年生男女各100人。自由記入方式。子ども調査研究所『子ども調査資料集成第Ⅱ集』（1987年）710-711頁より作成。

表 2-18　遊び方のまとめ　　　　　　　　　　　　　　　　　（　）内は％

			親の世代		子の世代		
遊び行為	遊び仲間	タイプ	市部	村部	男子	女子	計
活動的	集団的	A	391 (100.0)	6,046 (96.5)	110 (50.8)	89 (58.6)	199 (53.9)
非活動的	集団的	B	—	—	4 (1.8)	30 (19.7)	34 (9.2)
活動的	個人的	C	—	—	9 (4.1)	12 (7.9)	21 (5.7)
非活動的	個人的	D	—	222 (3.5)	94 (43.3)	21 (13.8)	115 (31.2)

（注）　表 2-15の「市部」の10位の欄には遊び方が異なる遊びの度数が一緒に示されているので，遊び方の多い方のタイプであるAに入れた。

に 1985（昭和 60）年に行われた子どもの遊び調査の結果についても同様の方法で遊びのタイプに分類すると表 2-17 のタイプ欄のようになる。そしてこの 2 つの調査結果を遊びのタイプにしたがって再集計すると表 2-18 のようになる。一見して明らかなように親の世代の子どもの頃の遊びはタイプ A，つまり活動的・集団的な遊びであったが，現代の子どもの遊びはタイプ A の遊びは半減し，代わってタイプ D，タイプ B の遊びが増えてきた。とりわけタイプ D の非活動的・個人的遊びが増加している。したがって子どもの遊びは，そしてまたその遊び方も，活動的・集団的な遊びや遊び方から非活動的・個人的な遊びや遊び方へと変化してきているといえるだろう。先の遊び場所の変化は，こうした子どもの遊びの変化を裏付けていよう。

2） 子どもの仲間集団の変容と子ども社会の喪失化

こうした子どもの仲間集団の変化は，先に述べた地域社会の変容とともに子どもたちの地域生活が変化してきたことから生じた。既述のように都市化による宅地化，地域開発や再開発によって空き地はなくなり，道路は交通が激化してきたから遊び場所は家の中あるいは家の庭という個人的・非活動的な遊び場所にならざるを得ない。そうなれば，後述のように，遊びも多人数で集団的な，活動的な遊びをするというわけにはいかないから少人数での個人的な，そして非活動的な遊びをするようになる。

さらに先述のように，子どもたちの生活の個人化，また学習塾やけいこごとへの通塾によって子どもたちの生活スタイルは個々に異なり，したがって子どもたちは同一地域に居住していても一緒に遊ぶことができるような共通の時間帯をもつことができない。仲間と一緒に遊ぶ時間をもてないのである。たとえ共通の時間があったとしてもごく短時間でしかないから遊び時間は少ないし，共通の時間をもてる仲間も少ないから遊び仲間の人数も少なくなる。だからその短い時間でも，また少人数でも遊べるような手軽な遊び，つまり個人的な，そして非活動的な遊びをするようになるのである。

そして子どもの一日の大半を占める学校生活は学年単位，学級単位で営まれているから，子どもたちは同学年生や同級生の間で類同的な生活スタイルを形成するようになる。とりわけ同級生同士は学校生活の殆どが学級単位で

営まれているだけに類同的な生活スタイルを形成やすい。そのために同学年同士，同級生同士は相互の接触が最も容易となる。だから遊び仲間は同学年，同級生という範囲から選択され易いのである。しかも学校生活は学歴主義的な風潮が浸透するにつれて，子どもの日常生活のなかで次第に大きな比重を占めるようになり，学校生活（実は学級生活）そのものが子どもの日常生活全体を構成するほどになってきている。

だが，それとは逆に都市化によって地域関係も近隣関係も衰退して地域社会関係は希薄化してきたから子どもたちも地域に居住していることを契機とするような仲間関係を結ぶことがなくなってきた。たとえ近所に住んでいる子ども同士であっても相互に接触する機会がない。むしろ近所でなくても同一校区内であれば同級生の方が類同的な生活スタイルを形成しているために接触が容易である。だから遊び仲間は同級生が多くなる。

子どもたちの生活の個人化，学習塾やけいこごとへの通塾によって子どもたちの生活スタイルは個々に分化して，その様相は個々に異なってきたけれども，生活スタイルの類同性という面からいえば，同学年，同級生に加えて同性という性別を加えることができる。子どもであっても性別によって興味・関心は異なり，思考・行動様式は大きく異なる。子どもの玩具は，そうした性別によって異なる興味・関心にしたがって作られている。だから生活が個人化していっても子どもは同性の仲間とは類同的な生活スタイルを形成しているのであって，そのために相互の接触も容易なのである。

かくて子どもの仲間集団は地域社会の変容とそれに伴う子どもの地域生活の変化によって規模は縮小化し，成員は同年齢化，同級生化，同性化して集団構成は同質化し，その集団的遊戯活動も短時間の間，個人的・非活動的な遊び空間で行っているに過ぎないような形態に変化してきたのである。

しかしこうした子どもの仲間集団の様相の変化は，客観的条件に規定された仲間集団の外面的形態の側面に過ぎない。ここでは先に子どもの仲間関係が希薄化してきた事実を現代社会における私生活化への傾斜との関連から分析したけれども，こうした仲間関係の希薄化の事実から推定すれば，子どもの仲間集団の内面的側面も変化してきていると思われる。子どもの仲間関係が仲間集団を構成するからである。この仲間集団の内面的側面の変化は，具

体的な仲間集団を事例的に分析しない限り実証することは困難であるが，子どもの仲間関係の希薄化の事実から仲間集団の内面的側面の様相を推定することはできる。この仲間関係の希薄化の事実は子どもの意識・態度の私生活化への傾斜という主観的条件に規定された側面である。

　子どもの仲間関係の希薄化の事実は，先に見たように仲間関係の浅薄化，縮小化，喪失化，断片化という4つの関係的側面として具象化する。仲間関係の縮小化は，文字どおり仲間が少ないことを意味するから，それは仲間集団の成員数が少なくなって集団規模が縮小化しつつある事実として現れる。個人の私生活優先・私生活重視の態度を容認してくれるような好人物の仲間は少ない。だから仲間集団は縮小化してくる。さらに私生活優先・私生活重視という私生活化が浸透すれば，子どもは自分の私生活を煩わすような仲間関係を忌避するから，そもそも仲間関係を取り結ぶこと自体に魅力を感じない。仲間よりも自分の私生活の方が大事なのである。こうした仲間関係の喪失化の故に「(仲間と)遊ばない子ども」が増えることになる。たとえ仲間と遊んだとしても，その仲間は自分の私生活を煩わすことのない，つまり自分の私生活優先・私生活重視の態度を容認してくれるような仲間であるから仲間集団の規模は縮小化することになる。

　仲間関係の断片化も同様に仲間集団の縮小化と関連させて説明することができる。子どもは私生活上の欲求をそれぞれの仲間関係に分散しつつ充足しているから，そうして結ばれる仲間関係は少数ずつの成員に分断される。だから少数の成員から成る複数の仲間集団に子どもは重複しつつ参加しているわけである。だが，そうとすれば子どもの私生活上の一の欲求の充足は一つの仲間集団に対応するから仲間集団の持続生は長くはないし，また仲間集団が子どもの生活に関わる範囲と強度を意味する関与度も小さくなる。子どもにとって仲間集団は生活のごく一部でしかない。

　子どもたちが相互に私生活を重視し，相互に私生活を煩わさない程度において取り結んだ表面的な仲間関係，つまり仲間関係の浅薄化は仲間関係の親近性の度合いを具体的に示しているだけに仲間集団の内面的側面の様相を端的に示す。仲間関係の浅薄化は仲間集団の親近性の度合い，平たくいって成員相互間の融合性の低い状態を現す。したがって仲間集団の凝集性も弱い。

集団の成員相互間の結合度は高くないのである。とすれば仲間集団への子どもたちの帰属度も高いとはいえない。このことは先の仲間集団の関与度とも関連するが，逆にいえば仲間集団の吸引性が低いことをも意味する。

　今日の子どもの仲間集団の関与度が小さく，親近性が低く，凝集性が弱く，帰属度が高くないとすれば，仲間集団の子どもたちに対する社会化機能も強くはない。子どもの仲間集団は同世代の仲間だけを構成員とする集団であり，この点にこそ仲間集団の最も大きな特徴があるが，こうした特徴を有する集団は子どもが所属する諸集団のなかでも他にはない。その意味で子どもの仲間集団は正に「子ども社会」そのものだといえるだろう。そうとすれば今日の子どもたちの仲間集団経験の希薄化は子ども社会の喪失化を意味することになる。

3．子どもの仲間集団と社会化をめぐる諸問題

（1）子どもの仲間集団と社会化の問題

　人間が社会的に発達していく過程を一般に「社会化」という。人間が生まれ育っていく，その社会の規範や価値・態度などを習得していって，その社会の正規の成員になっていく過程である。端的に個人が社会の成員性を獲得していく過程だといってよい。そしてこうした社会化は，実際にはその個人が所属している集団のなかでの生活を通して行われる。集団生活の過程そのものが社会化過程だと言ってよい。子どもの社会化を考える場合，こうした集団は主要には家族集団，仲間集団，学校集団があげられるだろう。もちろんその他にもスポーツ集団とか趣味の集団とかあるだろうが，社会化という視点から見れば，この3つの集団が子どもの社会化過程に関与する主要な集団だといってよい。では子どもの仲間集団は子どもをどのように社会化していくのか。

　子どもにとって仲間とは，相互に共通な関心によって選択された同世代の他人を意味する。相互に共通な関心とは多くの場合，集団的遊戯活動である。そしてそうした仲間が相互に選択され寄り集まって形成する小集団が仲間集

団である。

　仲間とは同世代の他人であるから，当然のことながら同一の仲間集団の成員であっても，それぞれに価値や思考・行動様式は異なっている。子どもは既にそれぞれの個性と経歴をもった親によって家族集団のなかで一定程度に社会化されており，そうした個々に異なった背景をもった子どもたちが寄り集まって仲間集団を形成するからである。だが，そうした仲間と集団的活動である遊びを通して接触し，交渉することによって「他人の存在」ということを意識するようになる。この「他人の存在」を知るということ，「他人性の経験」ということが仲間集団のなかでの最も重要な社会化である。仲間同士が遊びや遊びの進行を巡ってそれぞれに自己主張し合い，時には葛藤的な状態（喧嘩）になることもある。だが仲間は同世代者であるから仲間同士は相互に対等であり，対等な立場から自己主張し合う。だから葛藤的な状態にもなる。しかしそうした葛藤状態こそが正に「他人性」を経験する契機なのである。自己の見方や主張が仲間によって真っ向から否定されるからである。仲間は自分とは違った独自のパースペクティブをもっているのだと気づかざるを得ない。だから子どもは仲間集団のなかでは必ずしも自分の主張が受容されるとは限らないということを経験する。こうした経験から子どもは自分のパースペクティブを次第に相対化していき，自己中心性から脱却していくのである。

　と同時に仲間は同世代の他人であるから仲間同士は相互に対等であり，相互に厳格であって，相互に援助し合ったり，庇護し合ったりはしない。仲間との交渉においては子どもたちは誰にも依存することなく自分で判断し，自分で決定し，自分で行動しなければならない。つまり自立的に行動しなければならない。

　こうして子どもは家族集団のなかでの社会化を同世代の他人同士から成る仲間集団のなかでも通用するような方向に修正していくのである。だが，これまで述べてきたように今日の子どもの仲間関係は私生活化現象の故に希薄化し，仲間集団は喪失化しつつある。たとえ仲間集団が形成されても，子どもの社会化過程への関与度は低い。子どもの社会化過程から仲間集団による社会化経験が消失化しているのである。

表 2-19　自立の程度（小学校 4～6 年生）　　　　　　（％）

	1984年	1989年
朝一人で起きる	54	44
一人で留守番をする	74	64
自分の身のまわりや部屋のかたづけをする	44	32
遊びの途中でも決められた時間がきたらやめる	42	29
テレビの番組は見たいものを決め，だらだらと見ない	32	19
勉強しろと言われなくても自分で計画を立てて勉強する	22	16

（注）　総務庁青少年対策本部『青少年白書（平成4年版）』（1993年）104頁より一部引用。

　子どもの仲間関係の希薄化現象，仲間集団の喪失化現象とは逆に，親子という愛情的な関係は長期化している。子どもの自己中心的な個人主義的私生活化と親の子ども中心的な家族主義的私生活化とは表裏の関係だからである。仲間関係を結び仲間集団に参加することは子どもにとっては思いのままの私生活の中止・遮断を意味するから，そうした私生活を煩わすような仲間関係・仲間集団を忌避して私生活に埋没する。だが，それは親との愛情的な，居心地のいい関係のなかに沈潜することを意味する。他方，親にとっても子ども中心の愛情の授受を基礎とした家族生活を継続しようとすれば，現在の保護的な親子関係を維持していくに越したことはない。かくて親も子も現在の親子関係から抜け出そうとはせず，また抜け出すこともできず，親離れ子離れのできないままの過保護的な親子関係が長期的に継続することになる。中学生であっても「親離れしていない」（65％）と思っているし，高校生であっても半数（48％）は親離れしていないと思っている[40]。現代の子どもは自立が遅滞しているといわれているのも，こうした過保護的な親子関係の長期化の故ではあるまいか。表 2-19 は，子どもの自立の程度を見たものであるが，自立の遅滞がさらに進行している様相が窺える。
　だが問題は，子どもの仲間集団経験の喪失化によって，家族集団の社会化によって形成してきたパースペクティブを仲間集団のなかでも通用するような方向に修正していく機会を逸したことである。仲間集団経験の喪失化と親子関係の長期化によって子どもの自己中心的なパースペクティブは修正されることなく継続していくことになる。しかし親子の愛情的な関係のなかにい

つまでも埋没しているわけにはいかない。自立的な行動とは誰にも依存することのない独自の行動であるから，思春期になって自立的な行動を要求されたとき，子どもはそれまでの安定的な自己中心的パースペクティブがもはや社会——他人の世界——に通用しないことを知るだろう。そのために子どもは不安，焦燥，恐怖，そして欲求不満に陥るのであって，ために家庭内暴力や不登校を始めとする思春期特有の様々な問題に直面することになるのである[41]。

（2） 子どもの仲間集団形成と地域社会

そうとすれば，子どもに仲間集団経験を蘇らせ，子どもの社会化過程に仲間集団による社会化経験を回復させなければならないだろう。子どもの社会化過程において仲間集団に代わり得る同質的な社会化経験の機会は存在しないからである。その一つの方途が地域社会関係の再生である。そしてそのためには私的接触による個人単位の近隣関係が端緒になる。私的接触であるだけに結合は容易である。先の図2-1でいえば，Ⅳタイプの地域社会の形成というわけである。近隣関係の再生は，それを契機として地域関係の再生へ，地域集団の活性化へと連なる。例えば，最近各地で形成されている育児サークル活動は，元々は若い母親の育児不安という共通関心を契機とした近隣地域でのインフォーマルな集まりから始まった。一の関係の衰退は他の関係の衰退をも招くけれども，一の関係の再生は他の関係の再生をも招く。しかし地域社会関係の再生の問題については章を改めて論じたい[42]。

［注］
1) 私は，子どもの仲間集団を交友集団と活動集団という2つのタイプに類型化できると考えている。交友集団は，仲間に対する欲求に動機づけられて形成される子どもの仲間集団であり，活動集団は，集団的遊戯活動に対する欲求に動機づけられて形成される子どもの仲間集団である。子どもの仲間集団であっても，それぞれのタイプによって集団の外部構造も内部構造も，その様相は異なる。拙著『子どもの仲間集団の研究』（九州大学出版会，1995）。
2) 山手茂『現代日本の家族問題』（亜紀書房，1972）68-69頁および森岡清美・望月嵩編『新しい家族社会学』（培風館，1987）183頁より算出。

3) 直井道子「階層意識と階級意識」富永健一編『日本の階層構造』(東京大学出版会, 1979) 376 頁。
4) 松原治郎『核家族時代』(日本放送出版協会, 1969) 52 頁より引用。
5) 男女雇用機会均等法は 1986 (昭和 61) 年 4 月 1 日施行。
6) 合計特殊出生率とは、1 人の女子が再生産年齢 (15〜49 歳) の間に出産する子どもの数をいう。
7) 総務庁「就業構成基本調査」。但し総理府編『女性の現状と施策 (平成 5 年度)』(大蔵省印刷局, 1994) 291 頁から引用。
8) 総理府広報室編『世論調査』(平成 4 年 7 月号) 23-25 頁。
9) 前掲『世論調査』(平成 5 年 10 月号) 25-27 頁。
10) 前掲『世論調査』(平成 5 年 11 月号) 33-35 頁。18 歳以下の子どもを有する親を対象とした調査。「子どもは家庭においてどのような存在か」という質問文に対する多い順からの回答。
11) 総務庁青少年対策本部編『青少年白書 (平成 4 年版)』(大蔵省印刷局, 1993) 103 頁。
12) ＮＨＫ世論調査部編『いま, 小学生の世界は』(日本放送出版協会, 1985) 106-109 頁。
13) 総務庁青少年対策本部編『青少年白書 (平成 3 年版)』(1992) 79-80 頁。
14) ＮＨＫ世論調査部編『いま, 小学生の世界は』(1993) 108 頁。
15) ＮＨＫ世論調査部編『現代親と子の生活と意識』(明治図書, 1992) 119 頁。
16) 厚生省児童家庭局「児童環境調査」(1991)。但し『青少年白書 (平成 4 年版)』(1993) 7-8 頁より引用。
17) 『青少年白書 (平成 4 年版)』(1993) 9-11 頁。
18) ＮＨＫ世論調査部編『現代小学生の生活と意識』(明治図書, 1991) 51 頁。
19) 友人と仲間とは異なる。友人とは親しく交わる人のことであり, 仲間とはある物事を一緒にする共同行為者のことである。だから仲間はその親疎を問わない。したがって厳密にいえば, 友人集団と仲間集団とは異なる。しかし一般的には同様の意味で用いられているから (例えば, 濱島朗他編『社会学小辞典』(有斐閣, 1977) の「友人集団」の項や森岡清美他編『新社会学辞典』(有斐閣, 1993) の「ピーア・グループ」の項の規定を参照), ここでも同様の意味に用いておく。
20) 以下で使用している調査データは青少年を対象とした調査である。ここで問題としている子どもは児童期 (ギャング・エイジ) の子どもであるから厳密にいえば児童期の子どもだけを対象とした調査データを用いるべきであるが, 児童期の子どもを対象とした綿密な調査データがないこと, 青少年を対象とした調査データの方が, これから青少年へと成長・発達していく子どもの今日的様相や傾向を特徴的に把握できることという理由で青少年を対象とした調査データを用いることにした。
21) 東京都生活文化局『大都市青少年の人間関係に関する調査』(1985) 8 頁。
22) 『青少年白書 (平成 4 年版)』(1993) 102 頁。
23) ＮＨＫ世論調査部編『現代中学生・高校生の生活と意識』(明治図書, 1991) 22

第 2 章　現代社会の変容と子どもの仲間集団

　　頁。
24)　『青少年白書（平成 4 年版）』(1993) 101 頁。
25)　東京都生活文化局『大都市青少年の人間関係に関する調査』(1985) 8 頁。
26)　総務庁青少年対策本部編『青少年の友人関係』（大蔵省印刷局, 1991) 27-29 頁。
27)　前掲『青少年の友人関係』144 頁。
28)　前掲『大都市青少年の人間関係に関する調査』49 頁。
29)　前掲『青少年白書（平成 4 年版）』97 頁。
30)　但し，一般的には地域関係と近隣関係を区別することはなく，近隣関係といえば，近隣における社会関係とされている。『新社会学辞典』の「近隣関係」の項目参照（325 頁）。
31)　藤本浩之輔『子どもの遊び空間』（日本放送出版協会, 1974) 221 頁。
32)　仙田満『子どもとあそび』（岩波書店, 1992) 165 頁。
33)　Wirth, L., Urbanism As a Way of Life, American Journal of Sociology, vol. 44 (July 1938). in Hatt, P. K. and Reiss, A, J. (eds), Reader in Urban Sociology (1951, The Free Press), pp. 34-35.
34)　『内外教育』1994 年 8 月 2 日，第 4548 号，3 頁。
35)　以下の資料は，子ども調査研究所『現代子ども白書』（三一書房, 1967) 65-72 頁による。
36)　第 5 章「幼児の近所遊びと母親の生活」を参照。
37)　東京都福祉局『東京における児童』(1989) および『東京における児童（統計編)』(1989) より作成。但し，前述の 1964 年調査に対応させて小学校 3 ～ 6 年生の調査結果のみ引用した。
38)　前掲『青少年白書（平成 4 年版）』58 頁より引用。前掲（注 37）の東京都福祉局の調査には，「友達の人数」の質問はあるが，「一緒に遊んだ人数」についての質問はない。友達，即一緒に遊んだ人とはいえないので，別の調査結果を用いた。
39)　このことについては，付論「子どもの遊び調査について」を参照のこと。
40)　前掲『青少年白書（平成 3 年版）』(1992) 65 頁。
41)　子どもの仲間集団の社会化機能については，前掲拙著『子どもの仲間集団の研究』第 9 章「子どもの仲間集団と社会化」を参照のこと。
42)　第 6 章「都市近隣における子どもの人間関係」を参照のこと。また第 1 章「子どもの社会化と地域社会」においてその 1 つの方途を示した。

第3章

子どもの仲間集団と個性の形成

はじめに

　子どもは家族のなかで生まれ，親やきょうだいの庇護と保護を受けながら成長・発達する。だが幼児期になると，それまでの親やきょうだいという家族内の関係ばかりでなく家族の外の人々に対しても関心をもつようになる。殊に同じような年頃の子どもたちに対して強い関心と親近感をもち，子どもたちが遊んでいるのを見ると自分も一緒になって遊ぼうとする。もちろん一緒に遊ぶといっても，この頃は未だ同じ年頃の子どもたちが同じ場所に集まり，それぞれが思い思いに遊んでいるというに過ぎず，子ども同士がコミュニケーションをとりながら集団的な遊びを展開しているというわけではない。しかし小学校に入学して学童期とか児童期と呼ばれる頃になると，同じような年頃の子どもたちが集まって集団的な遊戯活動を展開するようになる。この，同じような年頃の子どもたちが寄り集まって形成する集団を仲間集団 (peer group) という。殊に児童中期・児童後期と呼ばれる小学校中学年から高学年さらには中学生にかけての時期になると，子どもたちは集団的な遊戯活動に強い興味と関心を示し，集団的な遊戯活動を活発に展開するようになる。そこでこの児童中期・後期を一般にギャング・エイジ (gang age) と呼んでいる。ギャングというのは団結心の強い小集団という意味である。だからこの時期の子どもたちは仲間集団に同調的な行動をとりやすく，それだけに仲間の影響力を強く受け，その影響は時には家族以上に強いこともある。その意味でこのギャング・エイジの時期に形成される仲間集団が子どもの仲間集団の典型的なパターンを示すといってもよい。

ここでは，このギャング・エイジの時期に形成される仲間集団をモデルとして取りあげ，子どもが仲間集団のなかでどのように個性を形成していくかを考察する。

1. 人間形成と個性の形成 ── 子どもの社会化と個性化 ──

　はじめに子どもの個性について明らかにしなければならないが，そのためにまず人間形成ということから考えてみよう。
　人間形成とは，一般に生物学的個体として生まれた有機体としての人間が社会学的人間にまで形成されていく過程をいう。ここで社会学的人間とは社会的に形成された役割（一定の行動型）を遂行していくことのできる社会的行為者のことである。だが人間が社会的行為者として社会的に形成された役割を遂行していくためには，その役割の遂行に必要な諸資質 ── 知識，技術，価値，信念，態度，習慣など ── を習得しなければならない。この，社会的に必要な諸資質を人間が習得し獲得していく過程を人間形成というのである。
　しかし社会的役割を遂行していくために必要な諸資質といっても，その内容やその習得方式はそれぞれの社会によって異なる。ある社会において必要とされる知識，技術，価値，信念，態度，習慣であっても他の社会においては必要とされず，それとは全く異なった諸資質が必要とされることもある。エスキモーの人々の極寒に耐え得る能力や狩猟の技術，天候の知識は熱帯のパプア・ニューギニア島の人々にとっては必要ではないし，非工業文明の伝統的社会において必要とされた農耕の知識や技術は工業化された近代産業化社会においては必要とされない。パプア・ニューギニア島では弓矢の狩猟技術と製塩の知識と芋を主食とした食習慣が必要とされ，近代産業化社会では科学的知識や技術，合理的思考が必要とされる。一定のカリキュラムにしたがって社会的に要求される諸資質を計画的・組織的に教授していこうとする学校教育制度ができたのは近代社会になってからである。つまり人間形成の過程は社会的・文化的文脈によって大きく規制されるわけである。この意味で人間は，いわば社会的所産だといってよい。
　そこでこうした人間形成の社会的過程を捉えるために，これまで「社会化

(socialization)」の概念が使われてきた。社会化とは個人（人間）がその社会ないしは集団の価値や思考・行動様式を習得して，その社会ないしは集団の成員になっていく過程をいうのである。成員性の獲得過程といってもよい。そしてこの社会化は他者との相互作用を通して進行していく。他者との相互作用を通して個人はその他者の期待し要求する価値や思考・行動様式を習得していくのである。こうした社会化過程を経ることによって個人は，その社会生活において要求される諸資質を習得し社会的役割を遂行できるような社会的行為者（社会的成員）になっていくわけである。

しかしながら，それは社会化過程を経た諸個人が社会の鋳型にはめ込まれてしまって，誰もが社会的役割を全く同じように演じる社会的成員になっていくことを意味するわけではない。諸個人は社会化によって成員性を獲得し，社会的役割を遂行するようになるが，その役割についての認識や理解の仕方，役割の遂行の仕方にはそれぞれに個人的差異がある。ただ差異といっても，それは社会的行為者として社会的に許容されている範囲内での個人的差異であり，その許容範囲を越えて，つまり社会的文脈を離れて個々人が全く勝手に行動することを意味しているわけではない。こうした個人的差異が生まれるのは，つまるところ個々人特有の独自性が，その社会化過程に拠っているからである。具体的に子どもに焦点を当てて考えてみよう。

子どもは既に独自の生物学的資質や心理的特性をもって生まれてくる。そして生まれると同時に家族の相互作用のなかに入り（それが子どもにとっては既に社会化過程である），それが次第に拡大していって幼児期，児童期には遊び仲間や近隣の大人などとの相互作用のなかに入っていく。だからそうした人々との相互作用のなかでの子どもの反応には既にその子ども独自の生物学的資質や心理的特性が反映されており，したがってそこには他の子どもの反応とは異なった，その子ども独自の反応が見られる。そうした独自の反応は，その次の相互作用における子ども独自の反応を生み出していく。こうした相互作用の反復過程を経て子どもは次第に独自の反応型を形成していくのであり，かくして個人的差異が次第に生まれてくるのである。

そしてこうした相互作用過程（つまり子どもにとっては社会化過程）において子どもは次第に自己意識（self-consciousness）を形成していく。自己意

識とは自己の存在を意識し，自己自身を客観視して評価しうる能力であり，自己自身についての感情をもつことができる能力である[1]。自己意識は，例えば遊び仲間との相互作用の反復から，その遊び仲間のパースペクティブを子どもが取得することによって形成されていく。自己自身を遊び仲間のパースペクティブから眺めることができるようになるのである。だから社会化過程が進むほどに子どもは自己意識を発達させていき，他の人々との相互作用において自己意識をもって行為するようになるのである。子どもは他の人々に対して自律的に反応し対応することができるようになるわけである。自律的な反応・対応とは，人々との相互作用において，その人々の期待や要求を子どもが自己意識に基づいて解釈し，判断し，修正しつつ自己の社会的役割を規定し決定していく過程をいうのである。言い換えれば，人々の期待や要求を子どもは，自己意識に基づいて自律的に選択しつつ自分自身の役割を決定しているということである。したがってこの自己意識が当の子どもの独自の反応型を形作っているのであって，その意味で自己意識がその子どもの独自性であるといってよいだろう。

　だから子どもは人々の期待や要求を通して，その社会の価値や思考・行動様式を内面化していくのだが，その内面化した価値や思考・行動様式は子ども自身の自己意識によって判断された幾重もの選択過程を経ているから，原型のままではない。さらにいえば，子どもが自己意識に基づいて自律的に選択しつつ決定していった自分自身の役割であっても，その役割全体を内面化することは難しい。内面化過程においても，例えば感情による選択作用がはたらいたりするから，実際には精々さらに選択されたその断片を子どもは内面化するに過ぎない。

　さらにまたどのような相互作用状況（社会化過程状況）であっても二つとして同じ相互作用状況は存在しないし，個々の子どもの社会化過程について見れば，それぞれの段階でそれぞれに特有な，また特殊な出来事や偶然的な要因が作用し，それぞれの子どもの独自性の形成に寄与していることも挙げねばならない。だから子どもの社会化過程といっても，実際にはそれぞれによって全く異なっており，子どもはそれぞれに独自の社会化過程を辿っているわけである。そしてそうした独自の社会化過程を辿りつつ，それぞれに独

自の自己意識を子どもは発達させているのであり，またそうした独自の自己意識に基づいて子どもは自律的に自己の役割（思考・行動型）を選択・決定して，さらに新たな独自の社会化過程を構築していくのである。

　こうした社会化過程を辿りつつ子どもは社会の価値や思考・行動様式を習得していくのであるが，同時にその過程において子どもはそれぞれに独自の思考・行動型（役割の認識・理解・遂行の仕方）を形作っていくのである。この，それぞれの子ども独自の思考・行動型こそが「個性（individuality）」なのである。

　そしてこの個性が形成されていく過程を「個性化（individualization）」と呼ぶとすれば，「社会化（socialization）」と「個性化（individualization）」は縒り合わさって「人間形成過程（making process of human person）」を構成しているといえる。いま，個性化過程において形成される「個性（individuality）」と対比して，社会化過程において形成される諸資質を「社会性（sociality）」と呼ぶとすれば，社会化過程において子どもは自己意識を発達させていくが，同時にそのことが個性化過程でもあるから，個性は社会性に，いわば凝着しているといってよい。蛇足ながら社会性とは子どもが集団成員との相互作用経験から引き出してきた人々（成員たち）の価値や思考・行動様式一般であり，それに対して個性とは子どもがその時点での自己意識に基づいて決定した，社会性に対する選択的反応の蓄積であり，その選択的反応の蓄積こそが子ども独自の思考・行動型となるのである。簡略に社会性に対する選択的反応によって形成された独自の思考・行動型が個性だといってよい。だから個性といえども社会的文脈から切り離された状況のなかで形成されるわけではなく，個性は社会性を離れては存在しないのである。ギデンズ（Giddens, A.）のいうように正に「社会化はわれわれの個性や自由そのものの源泉ともなる。社会化の過程でわれわれはめいめいが自己のアイデンティティの認識と独立した思考と行動を行いうる能力を発達させていく」[2]のである。

　こういうわけで社会化と個性化は，他者との相互作用のなかで縒り合わされる形で進行していく過程なのであり，そうした過程を経て子どもは社会性と個性をもった具体的な社会的行為者（社会的個人）にまで形成されていく

わけである。したがって相互作用の相手である他者が何者かということは子どもの社会化と個性化にとって極めて重要となる。

2. 子どもの仲間集団の特質

　さて，先に述べたようにギャング・エイジと呼ばれる時期の子どもの仲間集団をモデルに取りあげて子どもの個性がどのように形成されていくかを考察するわけであるが，その前に子どもの仲間集団がどのような特質をもっているかを見ておこう。

　このギャング・エイジの時期は人間形成過程の段階でいえば，ちょうど家族から離れて情緒的に自律しようとする時期に当たる。そのために子どもは仲間と結束の固い関係を結び，団結心の強い仲間集団を形成して仲間集団と同調的な行動をとろうとするのである。

　仲間集団が形成されるためには，子どもたちの間で仲間が相互に選択されねばならないが，子どもの仲間の特徴は，まず第1に同世代だということにある。年齢の異なる子どもたちが異年齢仲間集団を構成することもあるが，それは同世代のなかでの年齢の違いであって，メンバーである仲間が世代を越えるほどの年齢であることはない。子どもの仲間集団の行動は実際には遊戯活動であるが，遊戯活動を展開していくためには同世代の仲間の方が面白い。同世代であれば，遊びに対する共通の興味・関心をもっているし，遊びについての知識，技能，能力あるいは権威に関しても同等か近似的なレベルにあるからである。仲間との集団的遊戯活動は，つまるところ仲間と勝敗を競い合う遊びであるが，そのためには遊びの知識，技能，能力が仲間の間で同等の程度である方が面白い。子どもたちは相互の抜きつ抜かれつの競い合いに熱狂し，集団的興奮に没入して遊びに堪能することができるからである。遊びの知識，技能，能力に差があって，勝敗が初めから分かっているようでは白けて面白くはない。

　仲間の第2の特徴は相互に他人だということである。他人とは家族・親族以外の血縁関係にない人々のことである。家族という血縁集団のなかでは，子どもは事の如何にかかわらず無条件に愛情・庇護の対象となる。だが家族

の外の他人との関係のなかでは，相手が大人であれ子どもであれ，当の子どもとは相互に庇護し合う関係にはないから極めて厳格でシビアな関係となる。子どもは未だ十全な自己意識を形成していないから自分を他の人のパースペクティブに置くことはできず，したがって子どもにとっては自己のパースペクティブは絶対的であって，たとえ遊びだとはいえ，遊びに没頭しているが故に自己のパースペクティブから見て不当だと判断した仲間の言動に対しては容赦仮借のない激しい非難・攻撃を浴びせる。他方，非難・攻撃された仲間の方も同世代者であるから力は対等であり，時にはそれに激しく応酬し抵抗する。かくして葛藤──口論や喧嘩──が生じる。仲間関係は親密（内面的類似性であるが故に－後述）ではあるが，その一方で厳格でシビアな関係なのである。

　第3にギャング・エイジの時期の仲間は同性が多いということである。幼児期や児童前期では遊び仲間といっても性別を問わない。幼児期や児童前期の遊びは単純であり，遊びに対する興味や関心も性別に分化しておらず，また性を強く意識するほどの発達段階に達していないからである。しかしギャング・エイジの頃になると，子どもたちの興味や関心は性別によって分化し，また遊戯活動も性別にしたがって分化するようになる。男子は闘争的・活動的な集団的遊びに興味・関心をもつようになるが，女子は融和的で非活動的な遊びに興味・関心をもつようになる。だから子どもたちは自分と同じような興味・関心をもち，同じような態度・行動をする同性の遊び仲間を求めるようになるのである。特に男子は性別分離感が強く，女子や女子のとるような思考・態度・行動を忌避する傾向が強い。

　そして第4に仲間が相互に選択される契機は内面的類似性によるということである。内面的類似性とは能力，性格，態度，価値あるいは信念，また興味・関心といった，いわば人間の内面における類似性を指す。これに対して同じ地域に住んでいるとか通学路が同じであるとかクラスでの席が近いとか，あるいは外形が似ているといったことを外面的類似性という。幼児期あるいは児童前期では仲間になる契機は外面的類似性によることが多いが，ギャング・エイジと呼ばれる児童中期・後期になると次第に内面的類似性の方に移っていく。内面的類似性のより高い状態を内面的一致と呼ぶとすれば，児童後

期や青年期になるにつれて，さらに内面的一致に移行する。先に述べた同世代，同性という仲間の特徴は，この内面的類似性の故ともいえるだろう。

こうした仲間が相互に選択されて仲間集団が形成されるわけであるが，それでは子どもの仲間集団はどのような特質をもっているだろうか。

子どもの仲間集団の特徴は第1に，本質的には遊戯集団だということである。仲間集団といっても何も子ども世代だけが形成するわけではない。成人世代の仲間集団も存在するし老人世代の仲間集団も存在する。しかしこうした大人の仲間集団は，いわば社交集団であり，既に一応の社会化および個性化を達成した段階で形成されるため人間形成という視点から見た場合の意味は，子どもの仲間集団ほどに大きくはない。だが児童期や青年期の仲間集団は，その時期が人間形成過程の最もドラスティックな時期に位置し，そしてちょうど家族から離れて自律的に行動しようとする時期であるだけにメンバーである仲間への志向が強く，仲間に同調的であり，ために集団は組織的であり，活動的であり，したがって子どもの人間形成を水路づけるほどに大きな影響力をもつ。とりわけ児童期は未だ発達の可塑性に富んだ時期であるから児童期の仲間集団は子どもの人間形成の基礎的部分を成す。そのために仲間集団といえば専ら児童期あるいは青年期のそれを指すのである。加えて成人の仲間集団の成員は必ずしも同世代とは限らない。むしろ社会的地位を同じくすれば世代は問わないこともある。

第2に，仲間集団は子どもたちの自由な意志や感情に基づいて形成される自然発生的な，かつインフォーマルな集団だということである。上に見たように子どもの仲間集団は相互に自由に選択された仲間が寄り集まって形成される遊戯集団であるが，その遊戯活動も子どもたちの興味・関心にしたがって自由に選択・決定され，また集団内の成員関係も遊戯活動の展開過程において自然に形成されていく。だから集団の構成や活動が規則などに明確に示されているようなフォーマル化した集団ではない。そして自然発生的，インフォーマルな集団という性格と関連させていえば，子どもの仲間集団の成員は流動的だという特徴があげられる。遊び仲間が常に固定化されてはいないからである。確かに子どもが仲間を選択する範囲は日常的接触が行われている境域に限られる。近隣地域であるとか同じクラスや学校であるとか同じ塾

であるとかなどである。そうした日常的接触の境域のなかから，その時に都合のよい仲間が相互に選択され，寄り集まってきて仲間集団を形成するのである。だから塾へ行くので都合が悪いとか家の手伝いをしなければならないから都合が悪いとか，あるいは宿題があって暇がないということであれば，仲間は選択されないし集まってはこない。だから期日や時間によって集合してくる仲間（成員）が変わることもあり，流動的となるのである。但し流動的なのは周辺的成員であって中心的成員はあまり流動しない[3]。

　第3に，仲間集団は水平的構造を示しているということである。先に見たように子どもの仲間は同世代であり，したがって集団的遊戯活動に対する知識や技能，あるいは能力や権威に関して子どもたちは同等か近似的なレベルにある。だから子ども同士の仲間関係は相互に対等であり，その意味で仲間集団は水平的構造なのであって，家族集団や学校集団が親や教師という知識・技能・能力あるいは権威に関して子ども世代よりも常に優位な立場にある成人世代をメンバーに含んで，いわば垂直的構造を示しているのとは対照的である。仲間が相互に対等であるということは仲間は誰の庇護も受けずに，それぞれに独立した主体として自律的に行動していることを示している。

　第4に仲間集団内の子ども同士の関係（仲間関係）は極めて厳格でシビアだということである。既述のように仲間とは他人であるから仲間関係は相互に庇護し合うという関係にはない。だから子どもは自分の意思や欲求を実現しようとすれば誰にも頼らずに自分で仲間に主張し，仲間を説得しなければならない。しかし個々の仲間がそれぞれに自分の意思や欲求を主張すれば，纏まりがつかず，そのために仲間間に緊張が生じ，時には対立的となる。だから仲間関係は自ずと厳格でシビアになるのである。確かに仲間は相互の内面的類似性，ときには内面的一致によって結合しているから相互に好意的である。しかしだからといって仲間集団が成立している間中，親密で肯定的な関係が継続するとは限らない。先に述べたように子どもにとっては自己のパースペクティブは絶対的であり，したがって自己のパースペクティブからのみ判断するから，自分の意思や欲求を阻止するように思われる仲間の言動に対しては激しい非難・攻撃を浴びせる。だから子どもの仲間集団であっても肯定的関係ばかりでなく否定的関係もある。肯定的関係と否定的関係，親

密性と厳格性というのが子どもの仲間集団内の関係の特徴である。

3. 子どもの仲間集団と個性化

（1） 仲間集団の形成と個性化

　さて，こうした仲間が寄り集まって子どもの仲間集団は形成され，その集団のなかでの相互作用を通して子どもは社会化されると同時に個性化されていくのであるが，ここでは個性化に焦点を合わせ，仲間集団のなかで子どもはどのように個性を形成していくのかについて考察する。

　既に述べたように，ギャング・エイジ期において仲間が相互に選択されて子どもの仲間集団が形成される契機は内面的類似性である。幼児期や児童前期では外面的類似性を契機とするが，それは子どもが未だ仲間を選択できるほどに自己意識を発達させておらず，かつ自己自身についての感情をもつことができるほどの能力をも形成していないからである。また子どもの日常の行動範囲が狭いために仲間との日常的接触の境域が広くはなく，ために仲間を選択するほどの余地がないからでもある。そのために単純な外面的類似性を契機として仲間になる。だからこの時期の子どもにとっては仲間が誰であるかということに対して無関心であって，自分と同世代者であれば誰でもよいのである。仲間の性別を問わないのも，そのためである。しかし児童中期・後期のギャング・エイジと呼ばれる時期になると，子どもの自己意識は発達して，自己自身についての感情をもつ能力も発達してくる。そうなると子どもは自己を客観化して判断できるようになり，また自己についての感情をもつこともできるようになるから，仲間の選択基準は内面的類似性，さらには内面的一致の方に移っていく。既述のように内面的類似性とは能力，性格，態度，価値あるいは信念，また興味・関心などに見られる類似性であるが，この類似性は共通性といってもよい。そしてこの共通性（類似性）を基準にして仲間を選択するということは，その共通性を仲間同士で認め合い，肯定的に評価し合っているということである。言い換えれば，それは子どもが自己意識を発達させ，その自己意識に基づいて形成してきた自己のイメー

ジを肯定してくれるような、あるいは自己のイメージに確証を与えてくれるような仲間を選択するということを意味する。子どもは自己と同じような立場にあって自己のイメージに好意的な、また同情的な理解を示し、自己イメージを肯定的に評価してくれるような仲間を選択するわけである。こうなると、いくら近隣地域に住んでいる外面的類似性の高い同世代者であっても、その同世代者が自己イメージを制約したり、破損したり、あるいは自己イメージと敵対するようであれば、つまり自己イメージを否定的に評価するようであれば子どもは仲間として選択せずに、忌避するようになる。ただギャング・エイジの時期の子どもであっても初めからどの仲間が自己イメージを確認してくれるかは分からない。だから初めは外面的類似性による同世代者と相互作用を繰り返すが、その過程で自己イメージを確認してくれる仲間だけを選んで仲間集団を形成するようになる。こうして子どもは相互作用が可能な一定の選択範囲のなかから自己イメージを肯定的に評価してくれるような仲間を選択するのである。

こういうわけで仲間集団のなかで、子どもは自己イメージに確証を与えてくれるような、また自己イメージを肯定的に評価してくれるような仲間と相互作用を頻繁に繰り返すのであり、そうした自己イメージは自己意識に基づいて子どもが形成していったものであるから子どもの自己意識は安定化し、さらに現在方向に向けて発達し、したがって自己自身のイメージに対してもより強い確証を与えて、自己イメージを助長していくだろう。だからちょうど家族から離れて自律的に行動しようとするギャング・エイジの子どもにとって仲間集団は安定的な場を提供するのである。だからこそこの時期の子どもは仲間集団に同調的な行動をとるのである。かくして子どもは仲間集団に参加し仲間と集団的遊戯活動を展開する過程で個性を漸進的に形成していくのである。

(2) 対人的状況における個性化

上に述べたように、仲間集団のなかで子どもは個性を漸進的に形成していくのであるが、仲間集団のなかでの個性化の問題は仲間との対人的な状況と集団的遊戯活動の展開を通しての集団的な状況との2つの次元に分けて考え

ることができる。まず仲間との対人的状況における個性化を見てみよう。

対人的状況における個性化の問題は，親密性や厳格性という相互作用の性質によって大きく異なる。

1) 親密性と個性化

ギャング・エイジの時期に仲間が相互に選択されるのは，先に述べたように，内面的類似性によるから仲間集団内の相互作用は肯定的であり，本質的には親密性に基づいている。そして仲間が同世代であること，殊に同年齢であること，また同性であることは，一面においては内面的類似性の結果でもあるのだが，他面においては，この，仲間が同世代，同年齢，同性であることによって仲間が自分と同じ立場，同じ境遇にあって同一のカテゴリーにあることを子どもは再認識して，仲間との一体感を高めていくのである。だから子どもは仲間と情緒的に結び付きやすくなり，仲間に対して連帯感を抱くようになり，仲間への同調性を高めていくのである。つまり自己と仲間を同一のカテゴリーに入れて認識し，理解して子どもは仲間との同一性を形成していこうとするわけである。自分は仲間と同じ世代の子どもであり，仲間と同じ年齢の子どもであり，仲間と同じ男性（または女性）なのだ，あるいは自分はこの仲間と同じクラスの生徒であり，同じ地域の居住者なのだ，あるいは自分はこの仲間と同じ集団のメンバーなのだ，また自分も仲間も野球が好きな子どもなのだ，自分たちは縄跳びの三段跳びができるのだ，といった具合である。そのカテゴリーはどのようなものであってもよい。そうした，仲間との同一のカテゴリーを見いだすことによって子どもはその仲間との同一性を形成していくのである。

仲間と同一のカテゴリーを形成し仲間との同一性を高めていくものに仲間内で使用される言葉がある。仲間だけに通用する隠語，スラング，流行語，略語である。テレビのコマーシャルが仲間内で流行語になり，それを使用するたびに笑いを誘って親密性を増すこともある。かつて子どもの仲間集団を観察していたときに仲間たちの間で「県民米，県民米を食べましょう」というコマーシャルが流行り，子どもたちは事あるごとにこの言葉を使い，またそれをそのまま他の子どもが模倣してふざけていたことがあったが，この言

葉を使うたびに、またその模倣のたびに全員が大笑いするのである[4]。「県民米」のコマーシャルに深い意味があるわけではないが、ただ仲間だけに通用する言葉としての、いわば連帯感の証としての意味があるわけである。最近の中学生、高校生がよく使用する「ムカツクー」という言葉は腹が立った時にのみ使用されるわけではない。もっと広く単に嫌になったときとか気分を害したときにも使用される。何事にも大袈裟に表現することによって、その時の自分の感情を仲間に理解してもらおうとするわけである。だからその言葉を大人が聞いてもその意味は分からない。彼らが意味を付与する文脈が大人の場合とは全く異なるのである。この「ムカツクー」という言葉はさらに大袈裟になって最近は「超MM（マジ、ムカツクまたはメッチャ、ムカツク、非常にむかつくという意味）」というようになった。「MK5（マジキレ5秒前、マジに〔自制心が〕キレる5秒前、つまりホントに怒る5秒前という意味）」とか「MG5（マジギレ5秒前）」とか「ホワイト・キック（シラケル）」という言葉もある。こうして仲間だけに通用する言葉を使用することによって仲間と同一のカテゴリーに属している自己を意識し、仲間との同一性を高めて安心感を抱くのである。こうして子どもは仲間と同じような態度をとり、同じような行動をとるのであって、ここに仲間集団のメンバーの斉一性が生まれてくるのである。

このように子どもは仲間との肯定的な関係を通して仲間と同一のカテゴリーに属している自己を意識し、仲間との同一性を形成していくのである。言い換えれば、子どもは仲間集団のメンバーとの社会的同一性を形成していくわけである。そして子どもが仲間との社会的同一性を形成し高めていくことを他の仲間から期待される。そうして形成した社会的同一性の程度に応じて子どもは仲間から評価される。こうした仲間からの期待と評価が子ども自身の自己期待となり自己評価となって子どもの自己意識に反映していくのである。

2） 厳格性と個性化

既に述べたように仲間が同世代の他人であることは、仲間相互が対等な関係にありながらも、そのなかで容赦仮借のない厳格な関係にあることを示し

ている。子どもは仲間集団に参加する以前に既に家族集団のなかで，いわば基礎的な社会化を経験している。だから子どもは自分の家族の価値や思考・行動様式を内面化し，それに方向づけられた自己意識を形成しているのであって，だからこそ子どもは自己意識に基づく自己の判断や感情にしたがって仲間を選択するわけである。したがって子どもの仲間集団はそれぞれに自己意識を既に発達させ，独自の思考・行動規準を既にもっている子どもたちから構成されているのであって，その意味で子どもの仲間集団は，内面的類似性による親密性に基づいているとはいうものの，子ども同士の対立や葛藤を元々内包している集団なのだといってよい。子どもたちはそれぞれに遊びに対する欲求をもち，その欲求を押し通そうとするから遊びの進め方を巡って仲間との間に対立や葛藤──否定的関係──が生じるのである。野球をするかドッジボールをするかで揉めたり，野球のときにはアウトかセーフかで揉めたりして仲間同士の間で言い争いが始まる。初めはボールを打った子どもと一塁の守備の子どもとの言い争いだけだったのが，次第にチーム同士の大声を張り上げての言い争いにまで拡大する。たとえ三角ベースの野球であっても子どもたちは真剣である。

　しかしこうした仲間との否定的関係を通して子どもは仲間は自分とは違う別個の独立した人間だということを意識する。自分には自分の思考・行動規準があるように仲間にも仲間自身の独自の思考・行動規準があることを理解するようになるのである。そしてこうした否定的関係が特定の仲間との間だけではなく，他の仲間との関係においても生じるようになると，子どもはその意識を広げ，仲間たちは誰もが自分とは全く別個の独立した人間であり，それぞれに独自の思考・行動規準をもっているのだという意識を拡大させ，精緻化していく。子どもは，いわば仲間との否定的関係のなかで自己と仲間とを明確に分化し，自分自身の存在の境界を認識して，仲間という「他人性の存在」を意識化するわけである。仲間集団経験を通して子どもの自己意識のなかに「他人性の存在」が取り込まれることの意義は大きい。それは自己中心性からの脱却の契機となって，子どもの自己意識を一段と発達させるからである。ボッサード（Bossard, J. H. S.）は仲間集団のなかで子どもは他人の権利を学ぶといっている[5]。

しかし子どもの仲間集団内の関係は親密性が基本であるから，仲間の間で厳格な否定的関係が生じたとしても，集団自体が解体することはない。だが親密性を維持し仲間との集団的遊戯活動を続けようとすれば，子どもは自己意識のなかに自己を否定的に評価した仲間のパースペクティブ（つまり他人性の存在）をも取り入れて自己意識を変容させていかなければならない。だがそのことこそが自己意識の発達なのであり，自己中心性から非自己中心性へと脱却していくことを意味する。自己意識が発達して，子どもは自分自身を相対化して見ることができるようになるわけである。

だが，その一方で他人性の存在を経験することによって，子どもは自己あるいは自己の存在をより強烈に意識するようになる。自分とは異なる他人性の存在を意識することは，逆に仲間とは異なる自己の存在をも意識することになるからである。したがって子どもは他人である仲間とは異なった自分自身の独自性を意識する。仲間との肯定的関係が自己と仲間を同一のカテゴリーに属するものだという社会的同一性を形成していくのに対して，仲間との否定的関係は仲間とは異なる自己自身の独自性という，いわば個人的同一性を形成していくのである。自分は仲間とは違って柔軟である，自分は野球の打撃は下手だが守備はうまい，自分は漫画を読むのが好きだ，自分は仲間の意見を聞いてまとめるのがうまい，というようにである。こうした個人的同一性の形成が子どもの自己意識を拡大させ，深化させ，変容させ，子どもの独立感覚を形成して子どもの独自性を育んでいくのである。そうした独立した自己という感覚が仲間に対する子どもの安定した感情を発達させていくのである。

（3） 集団的状況における個性化

集団的状況における個性化とは，子どもが仲間と一緒に集団的な遊戯活動を展開していくなかで個性を形成していく過程のことである。

集団的遊戯というのは一定のルールに基づいて組織化されている，さまざまな役割関係から成っている。だから集団的遊戯活動を展開していくためには，個々の子どもは自分に割り当てられた役割を，その集団的遊びのルールに基づいて演じていかなければならない。そうした役割の配分は，子どもた

ちが集団的遊戯活動を繰り返していく過程で，それぞれの子どもの遊びの力量に対する仲間内での評価によって次第に定まっていく。遊びの力量が高い子どもに対しては仲間から高い評価が与えられ，したがって集団内では中心的な役割を演じるようになり（リーダー層），低い評価しか与えられなかった子どもは自ずと周辺的な役割しか与えられないようになる。こうした過程を経て集団的遊戯活動の役割が決まっていくのである。しかしこうした役割を演じるためには，子どもはその集団的遊戯活動全体のルールを理解して，そのルールに基づいたすべての役割を知らなければならない。例えば野球はさまざまな役割から成っている。野球は原則として1チーム9人ずつの2チームが守備側と打撃側に分かれて得点を競う球技である。だから野球をする場合には，守備側の9人のそれぞれの役割と打撃側の役割，そして得点の獲得方法を知らなければならない。野球を構成しているさまざまな役割を知って，その集団全体のルール，つまり行動原理を理解しなければならない。この行動原理が，その集団の規範なのである。だから子どもは仲間と集団的遊戯活動を進行させていく過程で，その仲間集団の規範を自然に身につけていくわけである。だが，子どもの遊びはなかなか原則通りにはいかない。野球が1チーム9人ずつの2チームだからといって，それだけの人数の仲間が都合よく集まって来るわけではないし，また自由に球を打って走り回れるほどの広い遊び場所があるわけでもない。野球道具がすべて揃っているわけでもない。だから子どもはその時に集まって来た仲間の人数に応じて，そして集まった場所の広さに応じて，それなりの遊び方を考案して遊ぶのである。三角ベースの野球というのは，その典型である。しかしそうした三角ベースという野球の変形であっても，その変形なりの行動原理がある。だからそうした集団の行動原理を知らなければ遊びを進行させていくことはできない。集団的遊戯活動の行動原理を理解し，その行動原理に沿って子どもは自分の役割を演じなければならない。子どもは自分の役割を集団的遊戯活動全体の一部として理解するわけである。言い換えれば，子どもは集団全体の行動原理の見地から自分自身の役割を見ることができるようになるということである。

　こうして子どもは集団的遊戯活動では自分の役割が他の仲間の役割と相互

依存の関係にあること，したがって自分の役割であっても他の仲間の援助や協力がないと十分に遂行できないこと，逆に仲間が役割を遂行するためには自分の援助や協力が必要なこと，だから常に集団全体の見地から自分の役割を眺めて役割を遂行していかなければならないことを理解するようになる。しかしだからといって仲間相互は庇護的な関係にはないから，子どもは自分の役割やその演じ方を自分の判断によって自律的に決定していかなければならない。その自己決定した自分の役割や遂行の仕方は常に仲間によって評価されるのである。

こういうわけで子どもは自分の役割を集団全体の行動原理の見地から見て自己決定することができる能力を形成していくのであるが，そうした能力の形成が自己意識の発達であり，また自律性の形成であることはいうまでもない。さらにいえば子どもは自己決定した役割とその遂行に対する仲間の評価を自己のなかに取り入れて自己を統合化し，さらに自己意識を拡大・変容（発達）させていくのである。

しかしながら先に述べたように仲間集団のなかでの子どもたちの地位はそれぞれの遊びの力量に対する仲間の評価によって分化してくる。だから仲間の評価といっても，すべての仲間の評価が同程度に自己のなかに取り入れられてくるわけではない。集団の中心的な仲間（リーダー層）の評価の方が周辺的な仲間のそれよりもメンバーに対して大きな影響力をもち，子どもはそうした中心的な仲間の評価を自己のなかにより強く取り入れるのである。だから子どもは自己意識が発達してくると，仲間の集団内での地位の程度に応じて，そしてまたその仲間との親密性の程度に応じて，その仲間と自分との関係（相互作用）の質と量（接触頻度）を決定できるようになる。そうなれば，そうした仲間との関係の程度が子どもの自己意識の形成に反映されてくる。こうして子どもは仲間集団の中心的な仲間の評価を自己のなかに取り入れて自己意識を形成するようになるのである。

4. 現代の子どもの問題状況と仲間集団

以上見たきたように，子どもは仲間集団のなかで自己意識を漸進的に発達

させ，個性を形成していくのであるが，それでは現代の子どもの仲間集団はどのような様相を呈し，子どもの個性はどのように形成されているのだろうか。

　今日の子どもの仲間集団の特徴については，既に第2章で論じたところであるが，これをさらにまとめて一言でいえば，縮小化と喪失化ということになろう。かつての仲間集団とは異なり今日の子どもの仲間集団は規模が縮小したか，あるいは集団そのものが子どもの日常生活のなかから喪失してしまっている。仲間集団が縮小化・喪失化した原因はいくつかある。最も大きな原因は子どもたち同士の接触の機会が少なくなったことであろう。今日のように多くの子どもたちが学校から帰宅後にも学習塾やおけいこごとに通うようになれば，子どもたちはそれぞれに違った塾やおけいこごとに通っているだろうし，その時間帯も異なるだろう。そうなれば子どもたちの間で集団的遊戯をするための共通の時間帯をもつことが，同級生同士であっても，難しくなる（喪失化）。また子どもは一日の大半を学校で過ごしているが，学年（年齢）が違えば学校でのカリキュラムも異なり，終業時間も異なるから帰宅時間もそれぞれに違い，近隣地域にいる子ども同士であっても接触の機会が少なくなる（異年齢仲間集団の崩壊）。だからどうしても生活時間が同じような同級生のなかから仲間を選ぶようになる（同年齢化）。だが同級生の仲間といっても校区が広ければ，住居は所々に分散しているから帰宅後に仲間が寄り集まることは難しい（喪失化）。寄り集まったとしても少数の仲間でしかない（縮小化）。

　第2に遊び場所がないことである。ギャング・エイジという集団的遊戯活動の盛んな子どもたちが自由に遊べるような広い場所がないのである（喪失化）。幼児を対象とした児童公園はあるが，ギャング・エイジの子どもが好むスポーツ的な集団的遊戯活動には向かない。たとえそうした場所が地域にあったとしても老人クラブがゲートボールに使っていたり，ゲートボール用に白線が引いてあったりして子どもには使わせない。学校の運動場といえば管理の問題もあって放課後は使わせないし休日は大人の指導するスポーツ団体などが使って子どもの遊びには使わせない。体育館はスポーツ団体やママさんバレーが使っていたりする。こうして子どもたちは結局，室内遊びに

向かうようになる。そしてこの室内遊びのタネを提供しているのがテレビ，漫画や雑誌などのマスコミであり，このマスコミが子どもの遊びに対する興味・関心を沸き起こし，かつ分散化させているのである。これが第3の理由である。これには2つの意味がある。一つはテレビ，漫画，雑誌そのものが子どもの遊びになっているということである。今日の子どもの遊びはテレビを見る，漫画や雑誌を読むというのが多くなっている[6]。もう一つはマスコミが遊びを提供していることである。子どもの遊びの本質は，つまるところ大人の模倣なのであるが，その模倣のタネをマスコミが提供しているのである。テレビが放映した内容，漫画が取りあげた題材そのものが子どもの遊びのタネになるのである。テレビで野球が盛んに放映されれば子どもの世界では野球が流行り，サッカーが放映されればサッカーが流行るし，バレーボールが放映されればバレーボールが流行るようになる。少年少女漫画もそうしたスポーツ選手を主人公に取りあげる。そうすると子どもはそうしたスポーツの遊びに熱中するのである。クイズ番組が放映されれば子どもはクイズの真似をして遊ぶといった具合である。日常会話のなかで思ったとおりの回答を相手がするとクイズ番組の正解の合図の如く「ピンポーン」というのである。こうしたマスコミそれ自体を遊びにすると同時にマスコミの多様な内容に接触することによって子どもの遊びに対する興味・関心は沸き上がるが，同時にその興味・関心を分散化させている。そのために特定の遊びに興味・関心をもった子どもだけが少数ずつ集まって遊ぶようになったわけである（縮小化）。

　第4に今日では子どもの遊びも商業主義の対象とされ，遊びの玩具も多領域にわたり，かつ精巧になってきたことである。子どもの興味・関心を引きそうな多種多様な，そして精巧な玩具が販売されるようになった。だから子どもの興味・関心もそうした玩具に引きずられて多様化し，そして分散化し，先と同様にその玩具の遊びにだけ興味・関心のある子どもが集まることになるというわけである（縮小化）。テレビゲーム，プラモデル，ラジコン，ゲーム機器，手芸道具など枚挙にいとまがない。そして第5に今日の少子化現象が挙げられるだろう。1980（昭和55）年に子どものいる世帯は53％，子どものいない世帯は47％，全世帯の平均子ども数は0.96人であったのが，

1994（平成6）年にはそれぞれ33％，67％，0.59人となった[7]。だからこの15年間に1世帯に子ども1人だったのが2世帯に子ども1人になってしまったのである。こうなれば近隣地域の同世代の子どもは少数となり，仲間を選ぶどころか近隣地域には子どもの姿さえ見られないということになる（縮小化，喪失化）。

　こういうわけで今日の子どもの仲間集団は縮小化あるいは喪失化の傾向にある。そして縮小化しているということは集団のメンバーが等質化しているということでもある。これまで述べてきたように仲間の選択は内面的類似性によるのであり，したがって縮小化しているということは内面的類似性が高い（つまり内面的一致）ごく少数の仲間だけに仲間集団のメンバーが限定されているということである。自己のイメージに確証を与えてくれるような少数の仲間だけを選択して子どもは仲間集団を形成しているわけである。だから今日の子どもの仲間集団は等質化しているのであるが，逆にそれだけ仲間集団から多様性が失われているといえるだろう。

　このように仲間集団が縮小化＝等質化し，あるいは喪失化の傾向にあるということは，今日の子どもたちの，仲間集団のなかでの個性化過程が狭く限定されるようになってきたということである。仲間集団が等質化して多様性を喪失すると，そこで形成される子どもの自己意識は狭い境域に限られることになって自己意識は狭隘化する。自己意識は，内面的に一致するような少数の仲間との相互作用経験のみによって形成されるようになり，子どもの自己イメージを肯定的に評価もするが否定的にも評価して，ときには葛藤・対立するようなシビアな仲間との相互作用経験を喪失してしまうからである。他の仲間と対峙し，あるいは比較して自己の存在を明確に意識するような確固とした自己意識は形成されない。したがって個性も社会性の裏付けを欠いた，狭い境域の薄っぺらなものでしかない。

　元々子どもの仲間集団は，人間形成過程の立場からいえば，子どもが家族から出て社会へ入っていくための独立性と自律性の試行的な準備機関あるいは緩衝地帯としての意味をもっていた。しかし以上のように仲間集団が縮小化し等質化し，喪失化すると，子どもは仲間集団経験を通して形成されるべき確固とした強靭な自己意識を発達させることができず，独立性と自律性の

試行的準備の経験もすることなしに社会（学校）に出ることになる。子どもは社会（学校）のなかに剥き出しのまま晒されることになるわけである。だから社会（学校）のなかで自己を否定的に評価された場合の子どもの衝撃は大きく、その否定的評価は子どもにとっては恐怖であり、したがって子どもは、そうした厳しい否定的評価が錯綜するような社会（学校）を忌避して自分を常に庇護してくれる居心地のよい家族へと退却しようとする。近年の子どもの不登校や家庭内暴力は学校社会を忌避するという、そうした問題の反映なのである[8]。そしてまた子どもは確固とした強靱な自己意識を形成していないが故に、何らかの契機で集団を形成すると、ごく些細なことをきっかけにして仲間に付和雷同する。近年の子どもの集団的逸脱行動、例えば「いじめ」は子どもたちが確固とした強靱な自己意識を確立していないが故に「良くない」と思いつつも仲間に厳然と対抗することができず、いじめの傍観者になるか仲間との集団的興奮に引きずられて「いじめ」に走るのである。

［注］
1） Lindesmith, A. R., Strauss, A. L. and Denzin, N. K., Social Psychology (5th edition), Holt, Rinehart and Winston, 1978. 船津衛訳『社会心理学』（恒星社厚生閣，1981）276 頁。
2） Giddens, A., Sociology, 1989. 松尾精文他訳『社会学』（而立書房，1992）86 頁。
3） 拙著『子どもの仲間集団の研究』（九州大学出版会，1995）193-196 頁。
4） 前掲，拙著，付録の「男子同年齢交友集団の相互作用過程分析」の資料（3-5）488-489 頁を参照。
5） Bossard, J. H. S. and Boll, E. S., The Sociology of Child Development, 1966. 末吉悌次監訳『発達社会学』（黎明書房，1971）530-531 頁。
6） 日本総合愛育研究所『日本子ども資料年鑑　第5巻（1996／1997）』（KTC 中央出版，1996）471 頁。
7） 日本総合愛育研究所，前掲，75 頁。1980（昭和 55）年の世帯総数は 32,877,000 世帯，1994（平成 6）年の世帯総数は 42,069,000 世帯となっている。
8） 前掲，拙著，第 9 章，369-396 頁参照。不登校児や家庭内暴力児には仲間集団経験が少なく、かつ仲間との葛藤の経験が少ない。

付　論

子どもの遊び調査について

はじめに

　この小論で論じたいことは，子どもの「遊び」と「遊び方」とは異なるということである。したがって子どもの遊びの実態を捉えるためには，「遊び」と「遊び方」の両方を捉えなければならない。私は，子ども世代の間に広く受容されている子どもたち固有の遊びと遊び方を「遊び文化」と呼んでいる。

　これまでにも子どもの遊びに関する調査は随分となされてきた。そしてその大方の結論は，子どもの遊びは，かつての集団的な遊びから今は個人的な，あるいは孤立的な遊びへと変化してきたというのである。確かにそうした傾向はあるだろう。子どもたちの遊びを実際に観察していても，そのように感じる。だが，問題は，そうした結論が厳密に調査手法を検討した上でのことではなく，子どもたちの遊びの名称から推測された結論でしかないということである。遊びを調査したにもかかわらず，結論は遊びについてではなく，推測された遊び方についての傾向が示されている。集団的な遊びとか個人的な遊びというのは，遊びそのものではなくて遊び方である。ここでは，これまでの遊びの調査の問題点を指摘しつつ，遊びと遊び方が異なることを示したい。

1. 子どもの遊び調査の問題点

　まず，これまでの遊びの調査が子どもの遊びの実態を的確に捉えていたかどうかということから始めよう。

これまでの子どもの遊びの調査を見ると，殆どが子どもを対象にした自記式による集合調査であって，質問紙の回答欄にいくつかの遊びの種類を挙げ，子どもたちに選択させている。例えば，小学校の学級などで「あなたは学校から帰ってから，どんな遊びをよくしますか」とか「あなたはどんな遊びが好きですか」といったような質問文を子どもに読ませて，自分で回答欄にある幾つかの遊びのなかから「よくする遊び」や「好きな遊び」を選択させるというものである。回答欄には，野球，サッカー，ドッジボールや鬼ごっこ，隠れん坊，縄跳びといったようなスポーツや伝承的遊びが選択肢として記入されている。今だとテレビゲーム，パソコン，テレビを見る，漫画を見るといった遊びがあげられている。そして，例えば親の世代と子どもの世代を調査して，親の世代に多かった伝承的遊びが，今の子ども世代では少なくなってきた，代わってテレビゲームとかパソコンとかテレビを見るといった1人ででもできる遊びが多くなってきた，だから今の子どもたちは個人的な，あるいは孤立的な遊びしかしていないのだ，つまり子どもの遊びは集団的な遊びから個人的な遊びへと変化してきたのだというわけである。

　しかし，こうした子どもの遊び調査には，自記式による集合調査法はよいとしても，3つの問題点がある。1つは，回答欄に記入されている遊びは，名称のついた遊びに限られているということである。子どもの遊びには，それぞれに名称がついている。野球とかサッカーとかドッジボールとか，あるいは鬼ごっこか隠れん坊とか縄跳びとかというように遊びそのものに名称がついている場合もあるし，テレビゲームとかパソコンとかいうように使用する玩具を遊びの名称としている場合もある。あるいはテレビを見る，漫画を読むというように子どもの遊び行為の状態を示して特定の遊びを指し示す場合もある。いずれにしろ子どもたちがどんな遊びをしているかを表す遊びの名称があって，そうした遊びの名称が回答欄に記入されているわけである。そして子どもたちは回答欄に既に記入されている遊びの名称のなかから，実際にした遊びを選択して回答するというわけである。

　しかしながら，子どもの遊びにすべて名称がついているわけではない。大人から見れば一体何をしているのか分からないような遊びもある。実際に子どもたちが遊んでいるところを観察して見ればよい。今まで三角ベースをし

ていた子どもたちが突如としてウオーッと叫んで走り回る。かと思うと取っ組み合ったり蹴り上げるまねをしている。だからといって鬼ごっことかプロレスごっことかというわけではない。形は鬼ごっこやプロレスごっこに似ているけれども、ルールなどない。否あるのかも知れないが、何がルールか分からない。子どもたちに尋ねても「（ルールなど）知らん」という。かと思うと円陣に座り込んで地面をほじくり返したり、土や小石を拾い上げては投げあったりする。それがいつの間にかまた三角ベースに興じているという具合である。時には、三角ベースの遊びよりも脇道に逸れた遊びの方に熱中してしまい、そのまま終わってしまうこともある。

　ところが走り回ったり、あるいは取っ組み合ったり蹴り上げるまねをしたり、座り込んで地面をほじくり返したり、土や小石を投げあったりするような遊び行為を表す遊びの名称をわれわれは持ち合わせていない。走り回る、取っ組み合う、蹴りあげる、地面を掘る、土や石を投げ合うというように子どもたちが遊んでいる状態を言葉で表現することはできるが、そうした遊びの名称はない。だから回答欄の選択肢にあげることはできない。回答欄の選択肢にはないのだから、たとえ長時間にわたってその遊びをしたとしても、子どもたちには選択のしようがないし、回答のしようがない。回答欄には選択肢に「その他」という項目があって、具体的にどんな遊びをしたかを記入することになっているのだが、名称がない遊びだから、子どもたちも書きようがないし、また記入しない。だから回答欄の選択肢に挙げられている、これまで通りの名称のある、ありきたりの、つまりは調査する側が子どもの遊びを観察することもなく単に頭のなかで考えた、遊びしか子どもたちは選択できないというわけである。しかも名称のついている遊びでさえも、すべての遊びが回答欄の選択肢にあげられているわけではない。だから、こうした調査方法では子どもの遊びを的確に捉えられないというわけである。

　第2に、子どもは遊んでいる間中、同じ遊びを継続しているわけではないということである。上に見たように子どもたちは、その都度の興味・関心にしたがって遊びを次々と変えていく。しかしこれまでの大方の調査では回答欄に記入されている遊びのなかから1つあるいは2つ選択せよという場合が多いから（大方の調査では1つ選択）、そう問われれば子どもたちは自分た

ちが実際にした遊びのなかから名称のついている1つあるいは2つの遊びを選ぶだろう。だが実際には子どもたちは，そうした選択した遊びを，その間中しているわけではない。興味・関心のおもむくままに次から次へと遊びを変えていく。だから子どもたちが実際にして遊んだ，そうした一連の遊びは捉えられない。と同時に子どもたちが並行して遊んだ遊びを捉えることもできない。例えば，子どもたちが野球をしたとしよう。野球の遊びを観察すればわかることだが，子どもたちはその間中，野球に熱中しているわけではない。ある子どもがバッターボックスに立つと他の子どもたちは暇だから別の遊びをしていることがある。そして自分の順番がくると，その遊びを止めてバッターボックスに立つという具合である。テレビゲームも同じで，ある子どもがテレビゲームをしているときには他の子どもたちは別の遊びをしている。自分の順番がくるとテレビゲームをするのである。だから子どもたちの遊びがすべて捉えられているわけではない。調査で捉えられているのは，名称のついている，ただ1つあるいは2つの遊びでしかない。それも子どもたちにとってメインの遊びであるとは限らない。脇道の遊びでしかないかも知れないのである。さらに関連させていえば，これまでの調査では子どもたちがどんな遊びをどこで誰としたかという遊び行為の状況を全体関連的に捉えることはできない。遊び相手，遊び場所，遊びの種類が別々に並列的に捉えられているに過ぎないのである。それをつなぎ合わせたとしても子どもの遊びを全体関連的に捉えたことにはならない。

2. 子どもの遊びと遊び方

そして第3に，これが本論のテーマなのであるが，「遊び」と「遊び方」とは異なるということである。仮に子どもたちが遊んでいる間中，名称のついている遊びだけをしたとしよう。そしてその遊びの名称が回答欄の選択肢にあげられているとしよう。そうすれば子どもたちはその遊びを選択し，その遊びをしたと回答するだろう。だが，それだけでは遊びの種類は捉えられても遊び方は捉えられていないのである。ところが，これまでは遊び調査の結果から子どもたちが頻繁に遊んでいる遊びの種類を知り，その遊びから，

遊び方を推測していたのである。例えば先に述べたように、親の世代では伝承的遊びが多かったが、今の子ども世代ではテレビゲームが多くなった、だから子どもの遊びは集団的な遊びから個人的な遊びへと変化してきたのだというのは、遊びから遊び方を推測しているのである。つまり伝承的遊び＝集団的な遊び、テレビゲーム＝個人的な遊び、と推測して解釈しているわけである。何故そうした推測になるのかというと、子どもの遊びにはその遊び方の原型というものがある。その遊びの本来の遊び方である。野球という遊びはスポーツ的な遊びであるが、遊び方の原型としては１チームが９人で構成された２チームが守備側と攻撃側に分かれて得点を競うという遊び方をする。鬼ごっこというのは複数の子どもたちが集まり、なかの１人が鬼になって、他の子どもたちが逃げるのを追いかけて捕まえるという遊び方をする。これが鬼ごっこの本来の遊び方であり、鬼ごっこという遊びの原型である。だから野球をしたとか鬼ごっこをしたと子どもが回答すると、その野球や鬼ごっこの原型である集団的な遊びをしたと解釈してしまうのである。テレビゲームは元々ハードウェアもソフトウェアも個人向きに作られていて多人数向きには作られてはいない。精々２人の子どもが互いに競争する程度にしか作られていない。つまりテレビゲームは１人で遊ぶのが本来の遊び方――原型――なのである。だから今の子どもたちがテレビゲームをすると回答すると、１人で遊んでいると解釈して、個人的な遊びをしていると結論づけてしまうのである。

　しかしながら親の世代の伝承的遊びの遊び方がそのままの形で今日の子ども世代に継承されているとは限らないし、今の子どもたちがテレビゲームを１人で孤独に遊んでいるとは限らない。親の世代と子の世代を対象とした、われわれの遊び調査によると[1]、親の世代の鬼ごっこは手つなぎ鬼といって、鬼になった子どもが散らばって逃げる他の子どもたちを追いかけて捕まえ、捕まえられた子どもは鬼になって鬼の子どもと手を繋いで一緒に他の子どもを追っかけるという遊び方が一般的であった。子どもたちは鬼に捕まえられないように逃げ回る。それを鬼が追っかけて次々と捕まえては鬼の仲間にしていくのである。しかし今の子どもたちの鬼ごっこはそうではない。今の子どもたちの鬼ごっこは、例えば高々鬼（地域によっては高鬼という）といっ

て、鬼になった子どもが他の子どもたちを追っかけるのだけれども、他の子どもたちはあちこちと逃げ回るのではなく地面よりも高いところに逃げるのである。地面よりも高いところにいる限り鬼には捕まらないというルールなのである[2]。色つき鬼、座り鬼、氷鬼も同じである。色つき鬼は鬼が指示した色と同じ色をした物に触っていれば鬼に捕まえられないし、座り鬼は鬼に捕まえられそうになると座り込んでしまえば捕まらない。氷鬼は鬼に捕まえられそうになると、その捕まえられそうになったままの格好を（氷のように）そのままじっと続けている限り、鬼に捕まらない。だから鬼ごっこといっても、親の世代が遊んでいた鬼ごっこと今の子ども世代が遊んでいる鬼ごっこは形もルールも違うのである。同じ鬼ごっこでも、その遊び方は違っているというわけである。親の世代の頃はあちこちに空き地や原っぱや河原などがあって、子どもたちが手をつないで列をなしても走り回れるほどの広い遊び場があったのだ。しかし今は子どもたちが手をつないで走り回れるほどの広い遊び場はない。地域に公園があってもボール投げは駄目とか、でなければ白線を引いて老人たちがゲートボールをやっていたり、大人がゴルフのクラブを振り回していたり、といった具合である。今の子どもたちが遊んでいる鬼ごっこは狭い場所でもできるように子どもたちが考案した形なのだろう。かくれんぼも親の世代と子の世代では異なる。親の世代では、隠れん坊の遊び場所としていろいろな所があげられている。道路や路地、空き地、寺や神社の境内など戸外が多かった。しかし今の子どもたちの隠れん坊の遊び場所は家の中である。家の中の押入や洋服ダンス、あるいはソファやベッドの陰に隠れて遊ぶというわけである。親の世代の頃は、曲がった道に沿って家並があり、その家々の間に路地があったから隠れる場所もたくさんあった。しかし近年の住宅地は、道路も整備され、家々は画然と並んでいるから、見通しがよくて隠れん坊をしても隠れるような場所はないし、住宅地のなかには寺や神社もない。だから今の子ども世代が隠れん坊をしているからといって、親の世代の隠れん坊の形態がそのままに継承されているわけではない。親の世代とは全く違うのである[3]。

　同じようにテレビゲームであっても個人的な、あるいは孤立的な遊びとは限らない。先に述べたようにテレビゲームは元々個人的な遊び向きに作られ

表・付1 テレビゲームの遊び相手 　　　　　(%)（ ）内は実数

遊び相手	幼稚園児	小学校			中学校2年生
		2年生	4年生	6年生	
仲　　間	33.3	61.2	52.3	41.5	8.5
きょうだい	47.7	28.6	36.9	28.0	31.9
自分1人	19.0	9.2	10.8	30.5	59.6
その他の人	―	1.0	―	―	―
計	100.0 (21)	100.0 (98)	100.0 (65)	100.0 (82)	100.0 (47)

（注）―の表示は度数が0のことを示す。

ているから，テレビゲームの遊びというと子どもが単独で遊んでいると解釈してしまいがちだけれども，実はそうとは限らないのである。われわれの調査によれば[4]，子どもたちはテレビゲームで遊んでいても単独で遊んでいるよりも仲間と一緒に交代しながら遊んでいる場合の方が多いのである。表・付1は，テレビゲームをするとき誰と一緒にするかを問うたものである。幼稚園児については母親に尋ねている。自分1人でテレビゲームをするというのは高学年ほど多く中学校2年生では6割であるが，逆に低学年ほど仲間と一緒にテレビゲームをしている。小学校2年生では6割，4年生では半数である。高学年になるにしたがって学校からの帰りが遅く仲間と一緒の時間が少なくなるからであろう。だからテレビゲームの遊びであっても，1人で孤立して遊んでいるわけではなくて仲間と一緒に集団で遊んでいるのである。

こういうわけで「遊び」と「遊び方」とは異なっているのである。これまでは遊びの名称から，その遊びの遊び方の原型をイメージし，そうした遊びの原型としての遊び方をしているのだろうと推測していたに過ぎない。しかし同じ名称の遊びであっても，子どもたちは実際にはいろいろな遊び方をしている。鬼ごっこという遊びそのものの原型が崩れない範囲内で，子どもたちは多様な形態の鬼ごっこを考えだし，遊んでいるわけである。これまで個人的な，あるいは孤立的な遊びの典型とされてきたテレビゲームのような遊びであっても子どもたちは実際は1人で遊んでいるよりも仲間と一緒に遊んでいるのである。子どもたちが回答した遊びの種類の名称から遊び方を推測できるほどに子どもの遊びの遊び方は単純ではない。われわれ大人が思いも

つかないような遊び方を子どもたちはするのである。したがって子どもの遊びの実態を捉えるためには子どもたちの「遊び」と「遊び方」を「遊び文化」として捉えなければならない。そしてそのためには子どもたちの遊びを丹念に観察するほかはないのである。

[注]
1) 拙著『子どもの仲間集団の研究』（九州大学出版会，1995）第10章「子どもの仲間集団の遊戯活動とその変容」を参照。
2) 余談だが，子どもたちの遊んでいる高々鬼を観察していると子どもたちは高いところに逃げたまま一向に動こうとしないのである。動けば鬼に捕まるからである。だから高いところに立ったまま鬼をやじるだけである。これで面白いのだろうかと思うが，子どもたちにとっては面白いのだろう。
3) 前掲，拙著，第10章「子どもの仲間集団の遊戯活動とその変容」を参照。ここでは，①ままごと，②縄跳び，③ビー玉，④ゴム跳び，⑤お手玉，⑥鬼ごっこ，⑦かくれんぼ，⑧水鉄砲，の8つの伝承的遊びを事例にして，親の世代の遊び方と子どもの世代の遊び方を比較して，遊びの形態と内容の変容を論じた。
4) 前掲，拙著，365頁。

第 II 部

子どもの家族生活と地域社会

第4章

母親の就業と幼児の近隣生活
—— 地方都市の事例調査から ——

1. 問題の所在 —— 母親の就業と幼児の近隣生活 ——

(1)

　本章の目的は，母親の就業が幼児の近隣生活にいかなる影響を及ぼしているかを明らかにすることにある。

　母親の就業と子どもの問題は，従来，いわゆる「共働き家族」の問題として，その子どもへの影響という形で論じられてきた。

　共働き家族とは，有配偶女子が雇用労働者として就業している家族のことであり，したがって，他の家族とは，妻（母親）が独立の収入を得ていること，妻（母親）が家庭外の生産活動に従事していることの2点において区別される。それ故，母親の就業と子どもの問題を考える場合の基本的視点は，他の家族における母親と子どもとの関係の相違として，(1)独立の収入を得ていることからくる母親の役割モデルの相違，(2)家庭外で就業しているが故の家庭内における母親不在，という点に求められる。そして，他方において，他の家族の母親との，この基本的相違が子どもに及ぼす影響の問題領域は，(a)子ども個人に関する問題，(b)子どもの家庭内生活に関する問題，(c)子どもの家庭外生活に関する問題の3領域に区分することができよう。したがって，母親の就業と子どもの問題は，これらのマトリックスの各セルに，それぞれの具体的な問題領域を見いだすことができるだろう。

　このように，大まかに，母親の就業と子どもの問題に関する領域を設定してみれば，従来の調査・研究は，概ね，(1)-(a)母親の役割モデルと子ども個人

の問題，つまり子どものパーソナリティの形成の問題，(1)-(b)母親の役割モデルと子どもの家庭内生活の問題，(2)-(a)母親の家庭内不在による育児空白時間と子どものパーソナリティ（パーソナリティの形成）の問題，(2)-(b)母親の家庭内不在による家族関係の変化と子どもの家庭内生活の問題という4領域に焦点が当てられてきたといってよい。これらの領域は，もちろん相互に重複する場合もあるし，相互に関連もするが，いま少し具体的にいえば，(1)-(a)母親の役割モデルと子どものパーソナリティの形成の領域では，結果としての父親の役割モデルの変容をも含めて，子どものパーソナリティの形成や性役割意識の形成・変化，男性観・女性観の形成・変化，母親の役割モデルに対応しての女子青少年の知的・職業的能力や社会的適応等が問題とされてきたし，(1)-(b)母親の役割モデルと子どもの家庭内生活の領域では，子どもの家事分担活動や性別役割分業観の問題が取り上げられてきた。(2)-(a)母親の家庭内不在ないし育児空白時間と子どものパーソナリティ形成の領域では，父親の家事・育児への参加をも含めて，いわゆる躾の問題とその結果としての子どものパーソナリティ（パーソナリティの形成）——子どもの主体性・自立性——の問題，学業成績や知的能力の問題，さらには逸脱行動（非行行動）が取り上げられてきたし，(2)-(b)母親の家庭内不在による家族関係の変化と子どもの家庭内生活の領域では，母親と子どもとの，あるいは父親と子どもとの，さらには夫婦関係の変化をも含めての，親子関係の問題が取り上げられてきたのである。

そして，こうした調査研究の大方の結論は，他の家族との，こうした基本的な相違にもかかわらず，母親の就業による子どもへの影響はパーソナリティの側面にしろ家庭内生活の側面にしろ，他の家族の子どもとの比較において，現時点では何らの差異も見いだし難いというものであった[1]。ラリングス（Rallings, F. M.）とナイ（Nye, F. I.）は，現在のところ，子どもにとっての母親の就業の是非を評価する有力な証拠は見あたらないと述べているし[2]，原を代表とするグループの最近の調査の結果からも，母親の就業による子どもへの明確な影響は見いだせない[3]。

(2)

　本章で取り上げる問題は，上記の(2)-(c)母親の家庭内不在と子どもの家庭外生活に関する問題である。母親の就業による家庭内不在の問題は，上記のように育児空白時間の存在として捉えることもできるが，他方において，他の家族の母親との相違として，家庭を離れた職場に勤務しなければならないことからくる母親の生活空間の相違とそれ故の，そこにおいて形成される生活関係の相違として捉えることができる。

　家事専業の母親（以下，「家事・母親」と呼ぶ）の生活領域は，生活の中心である家庭とその家庭を核とした近隣地域であり，これを日常生活の生活行動空間とするから，そこにおいて取り結ぶ母親の生活関係は，家族生活関係（夫婦関係，親子関係）と近隣生活関係が中心であるといえる。これに対して，就業している母親（以下，「就業・母親」と呼ぶ）の日常生活領域は，家庭と家庭を離れた職場を生活行動空間とするから，そこにおいて取り結ばれる生活関係は，家族生活関係と職場生活関係が中心となろう。つまり「就業・母親」の近隣生活関係は乏しいと思われるのである。だが，職場は家庭と離れているが故に母親の職場生活関係は，子どもの日常生活にとっては，関連性が希薄であり，母親の就業と子どもの問題を考える際の視点とはなり得ない。したがって，子どもにとっての「就業・母親」の生活関係の問題は，「家事・母親」の生活関係との相違として，近隣生活関係の希薄さにあると推測される。

　母親の近隣生活関係は，子どもにとっては家族において経験される大人同士の，夫婦関係とは異なった，家族外の日常的な「大人の世界」であり，また家族において経験される自己と親との親子関係とは異なった，家族外の日常的な「大人と子どもとの世界」である。そうした母親の日常的な近隣生活関係の様相・態度が，実は子どもが近隣地域において生活関係を取り結ぶ際の契機となり，またモデルとなり，生活関係のあり方の標準となるのではないかと思われる。と同時に，母親の，子どもの近隣生活関係に対する配慮は，自己の近隣生活関係の様相・態度が基準となるであろうから，近隣生活関係の乏しい母親の子どもは近隣生活関係を取り結ぶ契機がなく，同じように，

近隣生活関係が乏しい傾向を示すのではないかと思われる。つまり母親の近隣生活関係の様相・態度が子どもの，家庭外の，近隣地域における生活関係の形成あるいはその契機に影響するのではないかと思われるのである[4]。

　こういうわけで，母親の就業と子どもの問題を，母親の家庭内不在の問題，即ちそれに起因する母親の近隣生活関係の希薄性の問題として捉え，その，子どもの家庭外生活，つまり近隣生活との関連を明らかにすることにしたのである。

　ところで，母親の近隣生活関係は，これをインフォーマルな関係とフォーマルな関係とに区分することができる。インフォーマルな関係とは，いわゆる近隣交際としての関係であり，フォーマルな関係とは，地域集団における地域的な集団的結合の関係である。便宜的に，前者を「近隣関係」，後者を「地域関係」と呼んでおこう。他方，子どもの近隣生活も，インフォーマルな関係とフォーマルな関係とに区分することができる。前者は，近隣地域での子ども同士の遊戯生活における遊戯仲間関係であり，後者は，近隣地域に存在する各種の子ども団体等における成員関係である。

　そして，母親の就業による，こうした問題は，未だ「行為の独立性」に乏しい低年齢の子どもに顕著に現れるだろうと思われたので，幼児を調査対象とすることにした。

　しかしながら，小学校児童や中学校生徒の場合には，地域には彼らを対象とした子供会やボーイスカウト等の子供団体がいずれの地域にあっても存在するが，幼児の場合には，彼らを対象とする子供団体は存在しない。だから，幼児の場合は，近隣生活といっても，専らインフォーマルな生活関係である遊戯仲間関係，ないしは遊戯生活が中心となる。

　したがって，ここでの分析課題は，次の2つである。
　　①　母親の就業・不就業（家事）別による母親の「近隣関係」の相違と幼児の遊戯仲間関係・遊戯生活との関連
　　②　母親の就業・不就業（家事）別による母親の「地域関係」の相違と幼児の遊戯仲間関係・遊戯生活との関連

　以下，「家事・母親」と「就業・母親」の2グループの比較を通して，これ

らの課題を分析する。

2. 調査対象

　ここで，使用するデータは，「都市化過程における青少年の生活構造の変容に関する研究」と題する調査のうちの幼児に関する資料の一部である[5]。

　調査対象は，都市部および都市近郊部から各1つの幼稚園を抽出することによって選ばれた，香川県坂出市と近郊のK町の公立幼稚園の園児の母親234名である。幼児を直接調査対象とすることは不可能なので，その母親を調査対象とし，1986（昭和61）年10月上旬に留置調査法によって行った。回収率は80.8％，有効回収票数は189票であった。母親の就業状況を見ると（後述の表4-2参照），「家事専業の母親」は49.2％，「自営業および家で仕事をしている母親」は17.9％，雇用労働者として「就業している母親」は31.6％である。この「就業している母親」には常勤もパートも含まれている。

　ここで考察の対象となるのは，自営業および家で仕事をしている母親を除いた雇用労働者として就業している母親（「就業・母親」）と，その対照グループとしての家事専業の母親（「家事・母親」）である。地域別による検定では有意差はなかったから，母親の就業・不就業（家事）の地域差はないといってよい。

　調査対象者の主な属性をまとめて見ると，表4-1のようである。これによって，「就業・母親」の主な特徴を見てみると，母親の年齢については，「就業・母親」の方が「家事・母親」よりも幾分高くなっている。また母親の居住歴については「就業・母親」の方が「家事・母親」よりも長い。いま居住歴10年を境にして区切って見ると，「10年以上」は「就業・母親」が62％であるのに対して，「家事・母親」は33％，「10年以下」は「就業・母親」が38％であるのに対して「家事・母親」は67％というように，明らかに「就業・母親」の方が居住歴が長くなっている（有意差あり。但し，カイ自乗検定による。以下の分析もすべて同様）。そのためか住居形態も「就業・母親」の方に一戸建てが幾分多いようである。

表4-1　調査対象者の属性　　　　　　　　　（　）内は％

		家事・母親	就業・母親
子ども の性別	男	59（51.3）	38（51.4）
	女	56（48.7）	36（48.6）
子ども の年齢	4　歳	24（20.9）	12（16.2）
	5　歳	54（46.9）	37（50.0）
	6　歳	37（32.2）	25（33.8）
母親の 年　齢	20－29歳	24（20.9）	12（16.2）
	30－34歳	67（58.2）	36（48.6）
	35－39歳	19（16.5）	23（31.1）
	40－49歳	4（3.5）	3（4.1）
	50歳以上	1（0.9）	－　－
母親の 居住歴 **	生まれた時から	27（23.5）	32（43.2）
	20年以上	5（4.3）	8（10.8）
	10－20年	6（5.2）	6（8.1）
	5－9年	42（36.6）	15（20.3）
	2－4年	25（21.7）	13（17.6）
	1年未満	10（8.7）	－　－
住居 形態	一戸建て	98（85.2）	72（97.3）
	マンション・団地・社宅など	11（9.6）	－　－
	民間のアパート	5（4.3）	2（2.7）
	その他	1（0.9）	－　－
同胞 順位 **	長　子	56（48.7）	22（29.7）
	末　子	41（35.6）	46（62.2）
	真　中	10（8.7）	2（2.7）
	一人っ子	8（7.0）	4（5.4）
祖父母	祖父　**	35（30.4）	37（50.0）
	祖母　***	39（33.9）	46（62.2）
計		115（100.0）	74（100.0）

(注1)　無回答・不明を除く。
(注2)　－の表示は度数が0であることを示す。以下同様。
(注3)　「祖父母」については「いる」とする幼児の比率。
(注4)　有意差検定（以下同様）。
　　　　*** $p \leq 0.001$,　** $0.001 < p \leq 0.01$,
　　　　* $0.01 < p \leq 0.05$
(注5)　「母親の居住歴」の有意差は「10年以上」と「10年未満」による分割。
(注6)　有意差検定の表示の見方：例えば、母親の居住歴の場合、10年以上と10年未満とに分割したときの家事・母親と就業・母親との間に有意差があることを示す。祖父と祖母の場合、「いる」が、それぞれ家事・母親と就業・母親との間に有意差があることを示す。以下同様。

表 4 - 2　母親の就業状況　　　　　　　　　　　　　　　　　　　（　）内は％

	幼　稚　園　児				小　学　校			中学校 2年生	高　校 2年生	計
	4歳児	5歳児	6歳児	計	2年生	4年生	6年生			
家事専業	24 (55.8)	54 (51.5)	37 (44.6)	115 (49.2)	193 (46.9)	117 (27.5)	123 (26.7)	282 (24.8)	143 (24.4)	973 (29.9)
自営業 家で仕事	7 (16.3)	14 (13.3)	21 (25.3)	42 (17.9)	40 (9.7)	67 (15.8)	75 (16.3)	177 (15.6)	84 (14.3)	485 (14.9)
就労 (常勤・パート)	12 (27.9)	37 (35.2)	25 (30.1)	74 (31.6)	167 (40.5)	215 (50.6)	243 (52.7)	614 (54.0)	336 (57.4)	1,649 (50.7)
無回答・不明	—	—	—	3 (1.3)	12 (2.9)	26 (6.1)	20 (4.3)	64 (5.6)	23 (3.9)	148 (4.5)
計	43 (100)	105 (100)	83 (100)	234<(100)	412 (100)	425 (100)	461 (100)	1,137 (100)	586 (100)	3,255 (100)

　母親の年齢と関連すると思われる要因が同胞の順位である。殆どの幼児が同胞を有しているが，その同胞のなかでの順位となると，「家事・母親」の幼児と「就業・母親」の幼児とでは全く異なる。調査対象である幼児の順位は，「家事・母親」の幼児では長子が多く，「就業・母親」の幼児では末子が多い（有意差あり）。「就業・母親」の幼児に末子が多いのは，末子が幼稚園に通園するようになれば，よくいわれるように，家庭での養育が一段落して母親の自由時間が大幅に増加し，この自由時間を就業に当てるからである。そのために，「就業・母親」の方が年齢が比較的高くなるのである。

　さらに，この関連要因として，子どもの年齢があげられる。われわれは，この「青少年の生活構造調査」において，幼稚園児（母親対象）から高校生までを調査対象としたのであるが，この子どもの年齢と母親の就業形態との関連を見ると，表 4-2 のようになる。明らかに「家事・母親」は子どもが低年齢の時に多く，子どもの年齢が上昇するのに伴って減少するのに対し，「就業・母親」は子どもの年齢とともに増加していく。幼稚園の6歳児（32％）と小学校2年生（41％）の間，小学校2年生と4年生（51％）の間は，「就業・母親」の増加率は特に大きい。したがって，先に見たような子どもの「幼稚園入園時」，そして子どもが幼稚園入園後においては，子どもの「小学校入学時」および「小学校中学年進級時」が母親の就業への転機になっているといえる。殊に小学校中学年進級時には，「就業・母親」の大幅な

表 4-3　祖父母の有無と幼児の年齢　　　　　　　　　(%)

			幼稚園児の年齢			計
			4歳児	5歳児	6歳児	
家事・母親	祖父	いる	16.7	35.2	32.4	30.4 (35)
		いない	83.3	64.8	67.6	69.6 (80)
	祖母	いる	16.7	40.7	35.1	33.9 (39)
		いない	83.3	59.3	64.9	66.1 (76)
就業・母親	祖父	いる	58.3	54.1	40.0	50.0 (37)
		いない	41.7	45.9	60.0	50.0 (37)
	祖母	いる	66.7	64.9	56.0	62.2 (46)
		いない	33.3	35.1	44.0	37.8 (28)

(注)　無回答・不明を除く (以下同様)。

増加と同時に「家事・母親」の減少率も大きく，そして以後の家事専業率・就業率に大きな変化はないから，この「小学校中学年進級時」が「家事・母親」から「就業・母親」への最も大きな転機になっているといえよう。もちろん，この3つの転機の時期は，重複している可能性も多分にある。末子が「幼稚園入園時」ないしは「小学校入学時」の頃には，長子は「小学校入学時」ないしは「小学校中学年進級時」の頃になっていようからである。しかし，いずれにしても，子どもの「幼稚園入園時」，「小学校入学時」，「小学校中学年進級時」の時が母親の就業への転機になっているわけである。このことは，逆にいえば，これらの時期が，いわば子どもの自立性発達の節目として母親に意識され，母親は自己の役割機能の縮小化を経験するからであろうと思われる。

　もう1つ，母親の就業に関連する要因として，祖父母の有無があげられる。表4-1に見るように，祖父母の存在率は「就業・母親」の方に明らかに高い（祖父母ともに有意差あり）。殊に祖母の存在率は高くなっている。このことは，とりもなおさず，祖父母，殊に祖母が母親の代役として幼児の養育を担当していることを物語っている。子どもの年齢が低いほど育児の役割担当者は必要である。表4-3は，「家事・母親」と「就業・母親」とに分けて祖父母の有無と幼児の年齢との関連を見たものであるが，「家事・母親」の場合は，どの年齢段階においても祖父母の不在が明らかに多いものの，幼児の年

齢との間に一定の関係は見られない。しかし「就業・母親」の場合は，幼児の年齢が低いほど祖父母の「いる」比率は高くなり，殊に祖母の「いる」比率は高くなっており，逆に年齢が高くなるほど祖父母の「いない」比率は高くなっている。母親の就業が養育担当者としての祖父母の有無に大きく規制されていることが理解されよう。そして，この祖父母の存在率の高さが居住歴と関連してくるのであろう。

3. 調査結果の分析

(1)

　母親の近隣関係の資源と強度，いわば質と量との現実的様相を捉えるために，ここでは近隣関係の水準を「面識的関係」と「親密な関係」との2段階に分け，その関係の有無と人数とを問うことにした。「挨拶程度」の近隣関係は殆どの母親がもっていようから，比較の対象にはならない。そして面識的関係については「ときどき話しをする」を指標とし，親密な関係については「家のことや日常の出来事など何でも気楽に話せる」を指標とすることにした。その結果が，表4-4である。

　面識的な近隣関係の有無については，「就業・母親」よりも「家事・母親」の方に「有り」とする比率が高く，またその「有り」とする場合の人数も「家事・母親」の方が「就業・母親」よりも多い傾向が見られる。同様に，親密な近隣関係の有無についても，「就業・母親」よりも「家事・母親」の方に「有り」とする比率が高く，その人数も多い傾向が見られよう。これらの近隣関係の有無については，どちらの関係の場合も有意差が認められたが，その人数については，どちらの関係の場合も有意な差はなかった。しかし，それぞれの関係の平均人数をみると，面識的関係については，「家事・母親」：3.2人，「就業・母親」：2.7人，親密な関係については，「家事・母親」：2.6人，「就業・母親」：2.0人となり，どちらの関係についても，その人数は「家事・母親」の方に多くなっている。したがって，「家事・母親」の方が「就業・母親」よりも近隣関係資源は豊富であり，かつその強度は高いといって

第II部　子どもの家族生活と地域社会

表4-4　近隣関係の有無と人数　　　　　　　　　　（％）

		家事・母親	就業・母親
面識的関係	いない *	4.4	16.4
	いる	95.6	83.6
	1人	8.3	13.1
	2人	30.3	37.8
	3人	25.7	31.1
	4人以上	35.7	18.0
親密な関係	いない *	23.7	43.1
	いる	76.3	56.9
	1人	14.9	31.7
	2人	39.2	39.0
	3人	31.0	19.5
	4人以上	14.9	9.8
(N)		(115)	(74)

(注)　*　0.01＜p≦0.05

表4-5　近所にいる子どもの人数　　　　　　　　　　　　　　　　　　　　　（％）

	1・2人	3・4人	5・6人	7・8人	9・10人	11人以上	(N)
家事・母親	2.7	12.4	15.0	14.2	26.5	29.2	(115)
就業・母親	6.6	8.4	30.6	8.4	30.6	15.4	(74)

よい。「就業・母親」の近隣関係は希薄なのである。前述のように，「就業・母親」の方が年齢が高く，居住歴が長いにもかかわらずにである[6]。だから，就業による日常的な家庭内不在が母親の近隣関係を希薄化させているといえよう。就業している母親の側からすれば，インフォーマルな近隣関係それ自体は自己にとって，あるいは家族生活にとって，必ずしも日常生活に不可欠的な関係として観念されていないのである。

　同様の傾向は，近隣地域の子どもたちに対する母親の関係にも見られる（以下，この関係を「隣人‐子ども関係」と呼ぶ）。表4-5は，母親が，近隣地域に居住していると認知している子ども数，つまり幼稚園児，保育園児，小学生なども含め当の幼児の仲間になりうる世代の子ども数を問うたものである。「家事・母親」の方が「就業・母親」よりも，近隣地域の子ども数を多く

第4章 母親の就業と幼児の近隣生活　　　　　　　　　　155

表4-6　近隣の子どもに対する母親の態度　　　　　　　　　　　　　　(%)

	挨拶をしたり話しをする	ときどき挨拶をしたり話しをする	あまり挨拶をしたり話しをしない	(N)
家事・母親	42.6	53.1	4.3	(115)
就業・母親	23.3	67.1	9.6	(74)

$0.01 < p \leq 0.05$

認知しているようである。平均すれば,「家事・母親」は9.6人,「就業・母親」は8.0人の子どもたちを近隣地域で認知していることになる(但し,有意差なし)。

また,表4-6は,そうした母親の「隣人-子ども関係」の程度を「近所の子どもたちに話しをしたり挨拶をしたりするか否か」を指標として見たものであるが,「家事・母親」の方が「就業・母親」よりも,近隣地域の子どもたちに頻繁に挨拶をしたり話しをしている傾向が見られる。したがって,母親の「隣人-子ども関係」についても,「家事・母親」の方が「就業・母親」よりも豊富であり,その強度は高いといってよい(有意差あり)。「就業・母親」の近隣生活関係は,「隣人-子ども関係」についても希薄化しているのである。

さて,それでは,幼児の近隣地域における遊戯仲間関係についてはどうであろうか。ここでは,近隣地域の遊戯仲間を「同じ幼稚園の子ども」,「他の幼稚園の子ども」,「小学生や年上の子ども」,「年下の子ども」の4種類に区分し,それら遊戯仲間関係の水準を,近隣関係の場合と同様に,「面識的関係」と「親密な関係」との2段階に区分した。そして「ときどき一緒に遊ぶ」と「よく一緒に遊ぶ」をそれぞれの指標として,幼児の遊戯仲間関係の資源と強度とを捉えようとしたのである。結果は,表4-7(面識的関係)および表4-8(親密な関係)に示してある。調査地が地方都市およびその近郊であるから幼稚園も選択できるほどに存在しているわけではなく,殆どの幼児が同じ幼稚園に通園している。したがって「他の幼稚園の子ども」といっても,表に見るように,実際には極めて少ないから,これを除外して考えると,面識的な仲間関係においても親密な仲間関係においても,「同じ幼稚園の子ども」と「年下の子ども」については,「家事・母親」の幼児の方が

表4-7　面識的段階の仲間関係の有無と人数　　　　（％）

		家事・母親	就業・母親
同じ幼稚園の子ども	いない　*	18.7	31.1
	いる	81.3	68.9
	1人	31.1	18.0
	2人	38.8	52.0
	3人	15.6	22.0
	4人以上	14.5	8.0
他の幼稚園の子ども	いない	79.6	84.7
	いる	20.4	15.3
	1人	50.0	54.5
	2人	22.7	36.4
	3人	9.1	9.1
	4人以上	18.2	－
年上の子ども	いない	25.9	31.1
	いる	74.1	68.9
	1人	15.9	18.8
	2人	46.3	43.7
	3人	22.0	22.9
	4人以上	15.8	14.6
年下の子ども	いない　*	40.9	56.8
	いる	59.1	43.2
	1人	42.1	43.8
	2人	40.6	37.5
	3人	9.4	15.6
	4人以上	7.9	3.1
(N)		(115)	(74)

(注)　*　$0.01 < p \leq 0.05$

「有り」とする比率は高い。しかし，「年上の子ども」については，面識的な関係の段階では「家事・母親」の幼児の方に「有り」とする比率が高いが，親密な関係の段階では「就業・母親」の幼児の方の比率が高くなっている。

　「就業・母親」の幼児の親密な仲間に「年上の子ども」が多いのは，前述のように，「就業・母親」の幼児に末子が多く，年長のきょうだいを有するからである。戸外での遊び相手では，「家事・母親」の幼児の15％が「きょうだ

第4章 母親の就業と幼児の近隣生活　　157

表4-8 親密な段階の仲間関係の有無と人数　　(%)

			家事・母親	就業・母親
同じ幼稚園の子ども		いない	23.5	31.1
		いる	76.5	68.9
	1人		24.1	13.7
	2人		27.6	45.1
	3人		31.1	33.3
	4人以上		17.2	7.9
他の幼稚園の子ども		いない	84.2	91.8
		いる	15.8	8.2
	1人		38.9	83.3
	2人		33.3	—
	3人		16.7	16.7
	4人以上		11.1	—
年上の子ども		いない	50.9	41.1
		いる	49.1	58.9
	1人		23.6	34.9
	2人		30.9	37.2
	3人		27.3	11.6
	4人以上		18.2	16.3
年下の子ども		いない	43.8	52.1
		いる	56.2	47.9
	1人		42.8	45.7
	2人		28.6	31.4
	3人		15.9	20.0
	4人以上		12.7	2.9
(N)			(115)	(74)

い」であるとしているのに対して（単一回答），「就業・母親」の幼児は25%となっているから，この「年上の仲間」というのは兄や姉の友人なのである。実際，長子か末子かによって「年上の仲間」の有無に違いが見られ，表4-9に示しているように，末子は，面識的な仲間関係においても親密な仲間関係においても，「年上の仲間」を有している比率は高いが，長子の比率は低い。長子と末子との間には，面識的な仲間関係においては有意差があり，親密な仲間関係においても有意差が見られた。だから，「就業・母親」の幼児

表4-9 同胞順位と「年上の仲間」（長子と末子の比較） (%)

	面識的関係 ＊		親密な関係＊＊＊		(N)
	いる	いない	いる	いない	
長子	61.2	38.8	32.1	67.9	(78)
末子	74.8	25.2	66.4	33.6	(87)

（注）　＊＊＊　p≦0.001
　　　　＊　　　0.01＜p≦0.05

は，そうした兄・姉の友人である「年上の遊戯仲間」を多くもち，そのなかで「よく遊ぶ年上の仲間」と「ときどき遊ぶ年上の仲間」がいるというわけである。

だが，表4-7および表4-8の幼児の遊戯仲間関係において，「家事・母親」の幼児と「就業・母親」の幼児との間に有意差が認められたのは，面識的な仲間関係にある「同じ幼稚園の子ども」と「年下の子ども」の有無についてのみであった。親密な関係にある遊戯仲間の有無およびその人数については，有意差は認められなかった。したがって，母親の近隣関係の様相・態度そのものが子どもの近隣地域における遊戯仲間関係の形成あるいはその契機に影響するのではないかという仮説は成立しないから，何らかの修正を迫られることになる。もし，仮説通りであるならば，事実，「家事・母親」と「就業・母親」との間に近隣関係の様相に違いがあるのであるから，面識的な仲間関係の人数についても親密な関係にある遊戯仲間の有無およびその人数についても，「家事・母親」の幼児と「就業・母親」の幼児との間には，相当の差異が認められるはずである。

しかし，面識的な仲間関係にある「同じ幼稚園の子ども」と「年下の子ども」の有無について，「家事・母親」の幼児と「就業・母親」の幼児との間に有意差が認められたということは，「家事・母親」の幼児の方が「就業・母親」の幼児よりも，仲間との交友関係が豊富であることを意味する。何故なら，上述のように，「よく一緒に遊ぶ」という親密な遊戯仲間関係の有無およびその人数について「家事・母親」の幼児と「就業・母親」の幼児との間には差異がないのであるから，「家事・母親」の幼児も「就業・母親」の幼児も，

表4-10 昨日遊んだ仲間の人数 (%)

	1人	2人	3人	4人	5人以上	(N)
「家事・母親」の幼児	2.9	16.7	26.5	27.4	26.5	(115)
「就業・母親」の幼児	1.7	29.9	26.7	26.7	15.0	(74)

(注) 本人も含めた人数。

表4-11 子どもの集団的遊戯に対する母親の配慮 (%)

	子どもの自由にさせて別に気を使っていない	時には友だちと遊べるように気をつけている	友だちと遊べるようにいつも気をつけている	(N)
家事・母親	52.2	31.3	16.5	(115)
就業・母親	60.2	28.8	11.0	(74)

それが取り結ばれる近隣地域の関係範囲のなかでは，同程度の親密な遊戯仲間関係を有していることになるが，面識的な仲間関係の有無について「家事・母親」の幼児と「就業・母親」の幼児との間に有意差が認められたということは，「家事・母親」の幼児は，そうした親密な遊戯仲間関係に加えて，さらに「ときどき一緒に遊ぶ」という面識的関係の遊戯仲間を有しているということになるからである。「家事・母親」の幼児は，いわば親密な遊戯仲間関係の範囲の枠の外側に，さらに面識的関係にある遊戯仲間を有しているというわけである。実際，「昨日一緒に遊んだ仲間の人数」を見ると，表4-10のように，「家事・母親」の幼児の遊戯仲間の人数の方が多くなっているが（表の人数には本人も含む。但し，有意差なし），これは「家事・母親」の幼児の遊戯集団には，親密な遊戯仲間に加えて，時に面識的関係にある遊戯仲間が参加するからである。ちなみに，この一緒に遊んだ仲間の人数の平均を見ると，「家事・母親」の幼児：3.8人，「就業・母親」の幼児：3.2人となっている。この人数には本人も含まれているから，「家事・母親」の幼児は3人の遊戯仲間と遊んだことになり，「就業・母親」の幼児は2人の遊戯仲間と遊んだことになる。

それでは何故面識的な遊戯仲間関係の有無について，「家事・母親」の幼児と「就業・母親」の幼児との間に有意差が生じ，「家事・母親」の幼児の方に面識的な遊戯仲間関係が多いのだろうか。幼児の仲間との集団的な遊戯活動

表4-12 生活環境に対する評価　　　　　　　　（％）

		家事・母親	就業・母親
車が多くて遊ぶのに危ない　　＊	はい	35.1	51.4
	いいえ	64.9	48.6
痴漢の噂を聞くので子どもの1人遊びが心配だ	はい	9.6	10.8
	いいえ	90.4	89.2
(N)		(115)	(74)

（注）　＊　$0.01 < p \leqq 0.05$

に対する母親の配慮については，表4-11に見るように，「家事・母親」と「就業・母親」との間に差異は見られない。

　このことと関連すると思われる項目について差異が見られたのは，子どもの遊戯活動にとっての地域生活環境に対する母親の評価である。この調査においては，子どもの地域生活環境の次元を安全性，保健性，利便性，快適性の4レベルに区分し，それぞれ2つずつの場面を設定して質問項目を作成したのであるが，このうち地域生活環境の最も基底的な「安全性の次元」において「家事・母親」と「就業・母親」との間に差異が見られた。安全性については，表4-12のように，交通事故の場面と幼児に対する猥褻行為の場面を設定したのであるが，このうち交通事故に対する危険性という安全性の次元において「家事・母親」と「就業・母親」との間に有意差が認められたのである。この「幼児の戸外での遊戯活動に対する交通の危険性」という安全性次元の評価の回答のなかに，実は，「就業・母親」の，幼児の戸外での遊戯活動に対する「不安」が集約的に現れている。家庭を離れて勤務しているが故に自己の不在中の幼児の事故に対する不安，そして事故のなかでも最も日常的な危険性の高い「交通事故」に対する不安と危惧から，「就業・母親」は幼児の戸外での遊戯活動領域を，結果として，一定領域に規制してしまっているのではないかと思われる。この点についての質問項目を，われわれは用意しなかったのであるが，しかし，そうした「就業・母親」の，幼児の戸外での遊戯活動中の交通事故に対する不安感情の一端を自由回答欄の記述から窺い知ることができる。幾つかを示そう（原文のまま）。

町には子どもが安心して遊べる公園が一つもなく，路上でのボール遊びをしたりして環境がいまいちである。田畑がたくさんあるわりには親が安心して遊ばせる所がなくてこまっています。

（「就業・母親」，30-34 歳）

　子どもが自由に遊べるような適当な遊び場所がない。車のあまり通らない道路とかせまい空地で遊んでいるようですが，親として心配です。公園がほしい。　　　　　　　　　　（「就業・母親」，30-34 歳）

　習いごととか学習とかよりももっともっと安全な場所を設置して友だちと遊ばせてやりたいと願います。　　　　　（「就業・母親」，35-39 歳）

　遊び場所がないためどうしても家の周囲で遊ぶようになり，遊びが制限されているのではないでしょうか。　　　（「就業・母親」，30-34 歳）

　どこの住宅付近にでも子どもが自由に遊べて親が安心できるような場所がなく，子どもは自然と家の近くや庭で遊ぶようになっていると思います。子ども同士遊ばせないと友達と遊べない子どもができています。

（「就業・母親」，35-39 歳）

　こうした「不安」の故に，「就業・母親」は幼児の遊戯活動領域を制限するような言動ないし態度を意識的・無意識的に示しているのではあるまいか[7]。次の自由回答欄の記述が，そのことを示している。

　子ども達の遊ぶ所がないとはいえない。しかしながら遊園地のような自由に自転車にのったりブランコにのったり，車を気にしないで遊べるところがない。学校へは帰ってからでは遊びに行けない。県道の近くで遊ばないようにいっているが心配。もっと子ども達が安心して自由に遊べる所がほしい。　　　　　　　　　　　　（「就業・母親」，35-39 歳）

表4-13 子どもの遊戯活動空間 (%)

	第一次空間	第二次空間	第三次空間	(N)
「家事・母親」の幼児	30.7	23.1	46.2	(115)
「就業・母親」の幼児	43.1	24.6	32.3	(74)

表4-14 幼児の遊び相手 (%)

	① いつも同じ仲のよい友だちと遊ぶ	② 友だちなら誰とでも遊ぶ	③ 友だちでなくても知っている子どもなら誰とでも遊ぶ	④ 友だちとはあまり遊ばない	(N)
「家事・母親」の幼児	32.2	32.2	29.5	6.1	(115)
「就業・母親」の幼児	28.8	21.9	39.7	9.6	(74)

　だから「就業・母親」の幼児は，そうした母親の働きかけによって制限された，その一定領域内で遊戯活動をしているのであろうと思われる。表4-13は，子どもの戸外での遊戯活動空間を，自分の家を核として外側へ広がる形で，第一次空間（自分の家の庭），第二次空間（友だちの家の庭）および第三次空間（空地・野原，公園，運動場，道路など）の3領域にカテゴリー化したものであるが，この表によれば，「家事・母親」の幼児の遊戯活動空間は第三次空間が最も多いのに対して，「就業・母親」の幼児の遊戯活動空間は第一次空間が最も多く，遊戯活動領域が狭く限定されていることが分かる。だから，「就業・母親」の幼児は，そうした領域を超えた遊戯場所では遊ばないし，またそうした所の子どもとも遊ばない。ために「ときどき遊ぶ」という面識的遊戯仲間関係は形成され難いのである。表4-14の幼児の遊び相手を見れば，「家事・母親」の幼児は，①「いつも同じ友だち」と，②「友だちなら誰とでも」というように遊び相手は「友だち」の枠内にあるが（これを合わせた①＋②では，「家事・母親」の幼児：64%，「就業・母親」の幼児：51%），「就業・母親」の幼児は，③「友だちでなくても知っている子どもとなら誰とでも遊ぶ」と「友だち」の枠を超えている（③は，「家事・母親」の幼児：30%，「就業・母親」の幼児：40%）。このことは，一見「就業・母親」の幼児の方が開放的のようであるが，実は，そうではない。「就業・母親」の幼児は，その遊戯活動を一定領域に限定されているが故に，逆

第4章 母親の就業と幼児の近隣生活　　　　　　　　　163

表4-15　遊び仲間に対する幼児の態度　　　　　　　　　　　　　　　　　　　　(%)

	①自分から積極的に誘う方	②どちらかといえば自分から誘う方	③どちらともいえない	④どちらかといえば誘われて遊ぶ方	⑤誘われなければ遊びに行かない	(N)
「家事・母親」の幼児	11.3	34.8	28.7	20.0	5.2	(115)
「就業・母親」の幼児	9.5	29.7	27.0	21.6	12.2	(74)

表4-16　近隣の大人に対する幼児の態度　　　　　　　　　　　　　　　　　　　(%)

	よく挨拶をしたり話しをする	ときどき挨拶をしたり話しをする	あまり挨拶をしたり話しをしない	(N)
「家事・母親」の幼児	23.5	59.1	17.4	(115)
「就業・母親」の幼児	18.9	59.5	21.6	(74)

にその領域内の「知っている子ども」であれば「誰とでも遊ぶ」のである。これに対して「家事・母親」は，幼児の遊戯活動をいつでも直接監視し得る機会があり，危険を回避することができようから「就業・母親」ほどには不安や危惧はなく（表4-12），したがって幼児の遊戯活動の範囲を幼児が遊戯仲間を「友だち」の枠内で満たせる程の領域にまで拡大していることを容認しているのである。だからこそ，遊戯仲間に対する幼児の態度は，表4-15に示しているように，「家事・母親」の幼児の方が「就業・母親」の幼児よりも，「積極的」なのである。遊戯仲間に対して「積極的なタイプ」(①＋②)は「家事・母親」の幼児：46％，「就業・母親」の幼児：39％であり，「消極的タイプ」(④＋⑤)は「家事・母親」の幼児：25％，「就業・母親」の幼児：34％である。したがって「就業・母親」の幼児が「知っている子どもとなら誰とでも遊ぶ」というのは，実は自分から「積極的に仲間を誘って遊ぶ」という意味ではなく，「遊びに誘ってくれる仲間であれば誰とでも遊ぶ」という意味と解釈できるだろう。

　母親の，「隣人-子ども関係」に対応させて，幼児の近隣地域の大人に対する関係，つまり「子ども-隣人関係」についても問うてみたのであるが，表4-16のように，「家事・母親」の幼児に関係の強度が高い傾向が見られたものの，有意差は認められなかった。

こういうわけで，母親が就業しているか否かによって，近隣関係の様相は相当に異なるのであるが，しかし，そうした母親の近隣関係の様相の相違を媒介として母親の就業が幼児の遊戯仲間関係・遊戯生活とに関連してくるというのではなく，就業による家庭内不在のために「就業・母親」は自己の不在中における幼児の遊戯活動中の交通事故の危険性に対して不安感情をもち，この不安感情からくる，幼児の遊戯活動空間領域を制限するような何らかの言動ないし態度が，結果として，幼児の遊戯仲間関係・遊戯生活という近隣生活に波及してくるのではないかと思われる。

（2）

ここでいう母親の地域関係は，地域に存在する各種の諸集団に参加することによって形成されるフォーマルな関係を指す。そこで，地域集団として「自治会・町内会」，「婦人会」，「ＰＴＡ・子供会育成会」，「教養・学習のサークル」，「趣味・スポーツのサークル」の5つをあげて，その参加状況と出席状況を見たのであるが，表4-17に見るように，「家事・母親」と「就業・母親」との間には顕著な差異は見いだせなかった。「教養・学習のサークル」，「趣味・スポーツのサークル」は任意団体であり，しかも地方都市にあっては団体数も少ないから，参加率はそもそも低い。「自治会・町内会」，「ＰＴＡ・子供会育成会」は大方の地域には存在するが，これらの団体は原則として一定地域に居住する住民全体を成員とする自動加入方式をとっているから，それも世帯単位を原則とするから，それだけに，逆にいえば，参加方式や活動方式は慣習的になっており，ために「家事・母親」と「就業・母親」との間には顕著な差異はないのであろうと思われる。

こういうように，母親の就業・不就業（家事）は，フォーマルな地域関係の様相とは関連がないのである。したがって，母親のフォーマルな地域関係を媒介とした母親の就業と幼児の遊戯仲間関係・遊戯生活との間の関連も見られないわけである。

第4章　母親の就業と幼児の近隣生活　　　　　　　　　　165

表4-17　地域団体への母親の参加度　　　　　　　　　　(%)

		家事・母親	就業・母親
自治会・町内会	よく出席する	31.6	30.1
	ときどき出席する	24.3	32.9
	あまり出席しない	25.2	27.4
	加入していない	18.9	9.6
婦人会	よく出席する	15.5	16.2
	ときどき出席する	13.6	14.9
	あまり出席しない	16.4	27.0
	加入していない	54.5	41.9
PTA 子供会育成会	よく出席する	37.5	29.6
	ときどき出席する	21.4	31.0
	あまり出席しない	11.6	21.1
	加入していない	29.5	18.3
教養・学習の サークル	よく出席する	8.5	1.4
	ときどき出席する	16.0	8.3
	あまり出席しない	9.4	16.7
	加入していない	66.1	73.6
趣味・スポーツ のサークル	よく出席する	14.0	8.2
	ときどき出席する	14.0	11.0
	あまり出席しない	8.4	11.0
	加入していない	63.6	69.8
(N)		(115)	(74)

4.　要約と結論

　以上の調査結果から見いだされた諸傾向および諸事実のうち，有意差があってかなり明確に指摘できたことを要約すると，次のようにまとめられる。
　(1)　母親の居住歴は，「家事・母親」よりも「就業・母親」の方が長い。これは，母親の代役として養育を担当する祖父母が存在することと関連しているからである。
　(2)　「就業・母親」は，末子の「幼稚園入園時」を就業への転機としている。

(3) 「就業・母親」は，子どもの学年が進むにつれて増加する。

(4) 母親の就業は，「子どもの幼稚園入園時」，「小学校入学時」，「小学校中学年進級時」を転機とし増加する。

(5) 就業している母親の代役を祖父母が担当している。したがって「就業・母親」の家族では祖父母の存在率が高い。殊に祖母の存在率が高い。

(6) 「家事・母親」の方が，「就業・母親」よりも近隣関係は豊富であり，強度は高い。したがって逆に就業による母親の家庭内不在がその近隣関係を希薄にさせているといえる。

(7) 「家事・母親」の方が，「就業・母親」よりも近隣地域の子どもたちとの関係，つまり「隣人‐子ども関係」は豊富であり，強度は高い。

(8) 「家事・母親」の幼児は，「同園児の仲間」と「年下の仲間」を多く有している。

(9) 「就業・母親」の幼児は，「年上の仲間」を多く有している。

(10) 「家事・母親」の幼児の方が，「就業・母親」の幼児よりも遊戯仲間関係が豊富である。

(11) 「就業・母親」は，家庭内不在となるが故に，幼児の遊戯活動に対する「交通事故の危険性」という，地域生活環境の安全性次元に強い「不安感情」を抱いている。

(12) 地域団体への参加状況および出席状況については，「家事・母親」と「就業・母親」との間に差異は認められない。

さて，われわれは，「家事・母親」と「就業・母親」との日常生活領域の相違を近隣生活関係に求め，そうした近隣生活関係の様相の相違が幼児の近隣生活関係の契機を規定し，つまるところその幼児の近隣生活のあり方に反映するのではないかという単純な仮説から出発したのであるが，以上のような諸事実および諸傾向から，分析課題の結論を次のように要約することができる。

(1) 母親の近隣関係と幼児の遊戯仲間関係・遊戯生活との関連についていえば，確かに，われわれの仮説通り，母親が就業しているか否かによって，近隣関係の様相は相当に相違していたのであるが，しかし，そうした母親の

近隣関係の相違と幼児の遊戯仲間関係・遊戯生活との間には直接的な関連は見られない。母親が就業しているか否かということが，母親の近隣関係の様相の相違を媒介として，幼児の遊戯仲間関係・遊戯生活とに結び付くのではない。そうではなくて，母親の就業による家庭内不在によって，「就業・母親」は自己の不在中における幼児の「遊戯活動中の交通事故に対する危険性」という，生活環境の安全性次元に対して強い不安感情をもち，この不安感情の故に，「就業・母親」は幼児の遊戯活動空間領域を制限するような何らかの言動・態度を意識的・無意識的に示すが，そのことが，結果として，幼児の遊戯活動空間領域を規制し，幼児の遊戯仲間関係・遊戯生活という近隣生活の様相に波及してくるのではないかと思われる。

(2) 母親の就業・不就業別による母親の地域関係の様相と幼児の遊戯仲間関係・遊戯生活との関連についていえば，「家事・母親」と「就業・母親」との間には地域団体への参加状況および出席状況に相違はなかったから，母親の就業は，フォーマルな地域関係の様相とは関連がないといえる。したがって，母親のフォーマルな地域関係を媒介としての母親の就業による幼児の遊戯仲間関係・遊戯生活への影響は見られない。

ところで，こうした「就業・母親」の不安感情は，ここでの対象が「行為の独立性」に乏しい幼児であるが故に生じたものか否か，あるいは児童期やそれ以降の時期にまで継続するものか否か，また遊戯活動のみならず他の生活行動領域に対しても生ずるものなのか否か等は今後の調査研究に俟たねばならない。と同時に，その母親の「不安感情」という新たな仮説は，母親の，幼児の遊戯活動に対する意識・態度をさらに詳細に分析することによって確認されなければならない。

［注］
1) もっとも，わが国においては，この領域の研究が進んでいるアメリカとは異なり，母親の就業と子どもの問題に関する領域の実証的研究は少なく，基本となる実態調査も十分とは言えないのが現状であるから，このように結論づけるには問題があるかも知れない。

2） Rallings, F. M. and Nye, F. I., Wife Mother Employment, Family and Society, Hill, R. et al., Contemporary Theories About The Family, vol. 1, The Free Press, 1979, pp. 217-221.
3） 原ひろ子編『母親の就業と家庭生活の変動』(弘文堂, 1987)。
4） 子どもの近隣生活が, その社会化に有する意義については, 第1章「子どもの社会化と地域社会」を参照。
5） 1986 (昭和61) 年度および1987 (昭和62) 年度の文部省科学研究費一般研究 (C)「都市化過程における青少年の生活構造の変容に関する研究」による研究調査。
6） この点, これまでの一般的な見解は, 都市社会学などにみられるように, 居住期間の長いほど近隣関係の資源は多く, かつ親密であるというものであった。居住期間が長くなれば, 居住地域に対する関心も増え, また地域団体への参加度も多くなって, 団体役員としての地域活動もせざるをえなくなるからである。こうした見解については, 大橋薫『都市生活の社会学』(川島書店, 1973) 第5章「都市の近隣社会」135-173頁。および Smith J., Form, W. H., Stone, G. P., "Local Intimacy in a Middlle Size City," American Journal of Sociology, 60 (November 1954) p. 279. また最近では, 倉田和四生『都市コミュニティ論』(法律文化社, 1985) 第4章「都市の近隣関係」83-112頁に詳しい。例えば, 倉田は, このなかで「居住期間別にみると, 居住期間の長い人の方が近隣関係が深く, 短い人の方が浅い。したがって (従来の－筆者) 仮説が肯定された」としている (109頁)。

しかし, われわれの調査においては, この居住歴と近隣関係の仮説が少なくとも肯定するものではないという結果が出たのである。母親（妻）の就業という新たな要因が付加されたからかも知れない。この点についての詳細は今後の調査に俟たねばならない。
7） 幼児の戸外での遊戯活動中の交通事故について「家事・母親」も35％が不安に感じているが (表4-12), 自由回答欄に, その不安のことを記述していたのは「就業・母親」のみで「家事・母親」はいなかった。

第5章

幼児の近所遊びと母親の生活

1. 幼児の生活構造と近所遊び ── 問題とアプローチ ──

　子どもの社会化の社会学的研究は，一般に幼児期から始まる[1]。この時期から言語機能が形成され始め，子どもは言語を理解するようになって，「意味の世界」に入るようになり，対人関係における交渉相手の体験を自己の体験に統合できるようになって，いわゆる役割取得が可能となるからである。と同時に，そうした対人関係は，この時期，子どもの幼稚園や保育所への就園を契機として拡大し，子どもの交渉相手は，それまでの家族のメンバーから家族外の，地域社会の同世代の子どもに向けられるようになって，子どもの対人関係は急激に複雑化するからである。子どもの社会化は，こうした対人関係における交渉過程のなかで漸進的に進行していく。

　ところで，子どもは，いうまでもなく，未だ独立して生活していくことのできない保護依存的存在であるから，日常的な生活欲求の充足は他者に全面的に依存しなければならない。したがって，子どもは日常的な生活欲求を満たしてくれる他者との不断の交渉過程を余儀なくされるが，それ故にこそ，そうした他者との不断の交渉過程が子どもにとっては日常的な生活過程となるのである。だから，子どもはそうした日常的な生活過程のなかでの他者からの様々な働きかけによって，つまり対人関係における交渉過程を通して漸進的に社会化されていくのである。子どもにとっては，日常的生活過程そのものが社会化過程なのである。したがって，子どもの社会化の社会学的研究においては，子どもの日常生活過程が克明に分析されねばならない。

　こうした意図のもとに，私はかつて「子どもの生活構造」を考えたのであ

るが，それは，社会化を進行させる日常的な対人関係を意味する「生活関係」を軸として，この生活関係を現実化する「生活行動」とその関連諸要因，即ち，「生活目標」，「生活手段」，「生活時間」，「生活空間」とが相互規定性をもって全体関連的に組み合わされた一定の結合パターンというものであった[2]。対人関係における他者との相互作用（生活関係）は，日常的な生活欲求の充足を目的とした行動（生活行動）であるが，この行動は，個別具体的にはそれぞれの生活上の目標価値（生活目標）を指向するものであり，この目標価値にもとづいてそれを達成するための手段（生活手段）が選択される。こうした日常の行動は，一定の時間（生活時間）と空間（生活空間）のなかで展開される。こうした諸要因が相互に規定されて，全体として特徴あるパターン（生活構造）を構成しているのである。

　この生活構造の枠組みにしたがって，幼児の日常生活についてみると，幼児は，同じ子どもといっても，より上位の発達段階にある児童や青少年とは異なり，未だ「行為の独立性」は極めて乏しい状態にある。だから，幼児の場合は，児童や青少年の場合とは異なって，例えば，生活目標を独自に設定することはない。しかも幼児の日常生活は，児童や青少年がその日常生活において，将来の役割遂行のための学習期として一定の社会的拘束（学校生活）を受けているのに対して，何らの社会的拘束を受けることもなく（保育所・幼稚園への就園は，将来の役割遂行のための社会的拘束とはいえない），原則として，いわば全く自由な「遊びの世界」にあるといってよい。この点が，同じ子どもといっても，幼児期と児童期・青少年期との決定的な相違である。児童期・青少年期が役割学習期あるいは役割猶予期として，通常何らかの教育機関ないしはその類似機関において将来遂行すべき役割を学習したり，あるいは確認したりしている，いわば役割遂行準備期であるのに対して，幼児期はその前段階としての，いわば役割学習準備期なのである。幼児にとっては，遊びが日常生活の全体なのであって，そうした遊びを通して役割学習のための種々の能力を習得する準備時代が幼児期なのである。したがって，幼児の日常生活は，正に遊びの場面として，遊戯生活場面として捉えられねばならない。

　そこで，幼児の日常生活を遊戯生活場面として捉え，その日常的な遊戯生

第5章 幼児の近所遊びと母親の生活　　　171

活の構造の様相を明らかにしようとしたのである。

　ところで，幼児の日常的な遊戯生活場面の具体的様相は，いわゆる「近所遊び」場面に見いだせよう。幼児の日常的な遊戯行動を考えるとき，その行動は，日常的であるから，当然のことながら，一定の地域的範囲を越えることはない。一定の地域的範囲のなかで幼児の日常生活は営まれているのである。そして，その範囲のなかで，幼児は日常的に接触し，交渉できる遊戯仲間を求め，彼らとともに遊戯活動に興じるのである。その一定の地域的範囲が近隣地域であり，そうした近隣地域で形成される幼児たちの遊戯集団活動が「近所遊び」に他ならない。

　こういうわけで，幼児の遊戯活動場面の具体的様相を「近所遊び」場面に求め，その近所遊び活動の様相を明らかにしようとするのが本章の課題である。そして，その分析の枠組みとして先の子どもの生活構造の枠組みを用いようとしたのである。但し，前述のように，幼児は生活目標を独自に設定することはなく，したがってその達成のための生活手段を独自に選択することもないから，これらの生活構造の要因は幼児の遊戯生活場面からは除外し，生活関係，生活行動，生活時間，生活空間の枠組み，即ち，遊戯生活場面においては遊戯仲間関係，遊戯行動，遊戯時間，遊戯空間の枠組みでもって，幼児の近所遊び活動の様相を捉えようとした。

　ところで，先にも述べたように，幼児は保護依存的存在であって，未だ行為の独立性には極めて乏しい段階にある。思考の能力は初歩的であり，社会的体験も萌芽的であって，主体的に物事を判断できるだけの自我は未だ確立されていない。だから，幼児は彼らの生活欲求を満たしてくれる他者――「重要な他者」，すなわち親――に生活のすべてを全面的に依存しなければならない。したがって，幼児は，自己に対する親の態度や行動規制に対して何ら疑問をもつこともなく，そうした親の態度や行動規制を，さらには親自身の生活態度や生活様式を，無批判に受容して，自己の生活を形成していくのである。だから，幼児の日常生活の様相は親，殊に母親の意識や態度によって大きく左右されようし，また母親自身の日常生活の態度や様相が幼児の日常生活の態度や様相に大きく反映するのである。母親自身がどのような目標価値をもって日常生活を営み，どのような価値観なり教育的意識をもって幼

児に対処し，幼児に日常生活を営ませようとしているのかによって，幼児の日常生活の様相は大きく異なってこよう。したがって，行為の独立性に乏しく，生活のすべてを他者に全面的に依存しなければならない幼児の日常生活の様相を明らかにするためには，彼らの生活に大きく関与し，また彼らが無自覚的に依存している親，殊に母親の幼児の日常生活に関わる限りでの意識や態度あるいは母親自身の日常生活の様相を明らかにしなければならない。

こういうわけで，本章においては次の2つが分析課題となる。
① 幼児の近所遊び活動の様相を捉えること
② 幼児の近所遊び活動の様相を母親の近所遊びに対する意識や態度あるいは生活の様相との関連において捉えること

さて，幼児の「近所遊び」とは，前述のように，幼児の，近隣地域における遊戯仲間との集団的な遊戯活動であるが，これには屋内の遊戯活動は含まない。幼児の日常生活を遊戯生活場面として捉えることの意義は，幼児が近隣地域における遊戯仲間という「同世代の他人」とともに同一の集団を構成し，集団的な遊戯活動をすることによって，その過程で遊戯仲間から社会化されるところにあり，したがって，それまで受けてきたそれぞれの家族集団のなかでの幼児の社会化が漸次的に修正されていくところにあるといってよい。それぞれの個性と経歴をもった家族という特殊な集団のなかでの社会化が他の家族のなかで社会化されてきた遊戯仲間，つまり他人との交渉を通して次第に改められていくというわけである。しかもその遊戯仲間が同世代であるということは，彼らの間に地位の差はなく，相互に対等な立場で交渉できるということであり，そうした遊戯仲間との自由な相互の交渉を通して幼児は社会化されていくわけである。したがって，幼児にとっては同世代の他人である遊戯仲間とともに自由に集団的な遊戯活動に興じるところに意義があるのであるが，そうした幼児の自由な集団的遊戯活動は，本来，親の直接的な監視下を離れたところにある。そうした，親の直接的な監視下を離れたところに形成される，子どもたちだけの集団的な遊戯活動の典型がギャング・エイジ（gang age）と呼ばれる時期の子どもたちの仲間集団活動である。幼児期の集団的遊戯活動は，そうしたギャング・エイジの子どもたちの仲間

集団活動の，いわば前段階にあるといってよい。だから，幼児期の集団的遊戯活動であっても，その本来的意義は，子どもたちが親の監視下を離れた（あるいは親の監視下を離れたと思っている）ところで，遊戯仲間同士，相互に自由に交渉できるというところにある。そうした親の直接的な監視下を離れた場所が，幼児の場合は，近隣地域，すなわち近所なのである。近所とは，幼児にとっては，親の直接的な監視下を離れて自由に行動できる場所，つまり親のシンボルとしての自家を離れた場所であると同時に，いかなる時でも依存できる親の保護下にある場所，つまり自家に近い場所である。したがって幼児の「近所遊び」といった場合には，原則として屋内の遊戯活動は含まない。実際，子どもの集団的遊戯活動は屋内においては不可能である。

こういうわけで，幼児の「近所遊び」を規定すれば，さしずめ「同世代の他人という遊戯仲間を成員とする幼児の近隣地域での集団的遊戯活動」ということになろう。

以下で使用するデータは，「幼児の近所遊びに関する基礎的調査」（1986（昭和 61）年・1987（昭和 62）年度科学研究費補助金〔総合研究 A〕（代表・萩原元昭群馬大学教授））と題する全国調査の一部である[3]。調査は，第一次調査と第二次調査に分かれ，第一次調査は全国の幼稚園・保育所名簿をもとに 2 段階サンプリングによって抽出した 7,991 標本（父親・母親）を対象に，1986（昭和 61）年 11 月 7 日～12 月 10 日に留置調査法によって実施された。有効回収票は 5,523 標本，回収率は 69.1％ であった。この第一次調査のうち，ここでは，母親を対象として質問した幼児の遊びに関するデータを用いて上記の課題を分析する。なお，対象者の属性である母親の年齢・職業，幼児の性別・年齢および幼稚園・保育所別，地域別については表 5-1-1～6 の通りである。

さて，幼児の近所遊びを摘出するために，以下の手続きを行った。即ち，表 5-2 にあるように，質問項目［問 1］の「きのう幼稚園・保育所から帰ってから家の外で遊んだか」という質問において，1 の「遊んだ」と答え，かつ［問 1-2］の「誰と遊んだか」という質問において「同世代の他人」，即ち 2 の「同じ幼稚園・保育所の友だち」，3 の「他の幼稚園・保育所の友だち」，4 の「きょうだいと友だち」，5 の「近所の年上の友だちや年下の友だ

表 5-1-1　母親の年齢　　　　　　　　　　　　　　　　　　　　　　　　（　）内は％

20歳未満	20～24歳	25～29歳	30～34歳	35～39歳	40～44歳	45～49歳	50歳以上	無回答	計
13 (0.2)	53 (1.0)	811 (14.7)	2,620 (47.4)	1,604 (29.0)	232 (4.2)	16 (0.3)	9 (0.2)	165 (3.0)	5,523 (100.0)

（注）　表5-1-1～6は、萩原元昭編著『幼児の近所遊びに関する基礎調査』（多賀出版、1990）5-7頁から引用。

表 5-1-2　母親の職業　　　　　（　）内は％

家事	家業	外の仕事	無回答	計
3,104 (56.2)	653 (11.8)	1,545 (28.0)	221 (4.0)	5,523 (100.0)

表 5-1-3　幼児の性別　　（　）内は％

男児	女児	無回答	計
2,764 (50.1)	2,599 (47.1)	160 (2.8)	5,523 (100.0)

表 5-1-4　幼児の年齢　　　　　　　　　　　　　　　　　（　）内は％

1歳	2歳	3歳	4歳	5歳	6歳	無回答	計
15 (0.3)	38 (0.7)	327 (5.9)	1,220 (22.1)	2,117 (38.3)	1,641 (29.7)	165 (3.0)	5,523 (100.0)

（注）　幼児の平均年齢は、4.9歳。

表 5-1-5　幼稚園・保育所別の性別

　　　　　　　　　　　　　　　　（　）内は％

	男	女	無回答	計
保育所	779 (50.4)	708 (45.8)	59 (3.8)	1,546 (100.0)
幼稚園	1,608 (50.0)	1,534 (47.6)	78 (2.4)	3,220 (100.0)

（注）　無回答・不明（757名）を除く。

第5章 幼児の近所遊びと母親の生活

表 5-1-6　大都市・市・郡別　　　（　）内は％

	男	女	無回答	計
大都市	503 (49.2)	488 (47.7)	32 (3.1)	1,023 (100.0)
市	1,367 (50.3)	1,276 (47.0)	72 (2.7)	2,715 (100.0)
郡	517 (50.3)	478 (46.5)	33 (3.2)	1,028 (100.0)

（注）　無回答・不明（757名）を除く。

表 5-2　家の外での遊びの有無と遊び相手　　　　　　　　　　　　　　　　　　（％）

	質問文	選択肢	近所遊び	戸外遊び	外遊びなし	全体
問1-1	お子さんは，きのう幼稚園・保育所から帰ってから，家の外で遊びましたか。（今日が日曜日・月曜日のときは，前の金曜日について答えて下さい。またきのうが雨のときは，その前の天気の良い日について答えて下さい。）	1．遊んだ 2．遊ばなかった 1に○をした人は，次の(1)から(6)に答えて下さい。 2に○をした人は，問2へ進んで下さい。	100.0 —	100.0 —	— 100.0	60.2 39.8
問1-2	お子さんは，その遊びを誰と一緒にしましたか。一緒に遊んだ人の番号に○をしてください。	1．きょうだい	—	67.2	—	13.4
		2．同じ幼稚園・保育所の友だちだけ	40.7	—	—	32.5
		3．他の幼稚園・保育所の友だちだけ	2.0	—	—	1.7
		4．きょうだいと友だち	35.7	—	—	28.5
		5．近所の年上の友だちや年下の友だち	10.9	—	—	8.6
		6．近所のいろいろな子どもたちと一緒に	10.7	—	—	8.5
		7．お父さんやお母さん	—	6.6	—	1.3
		8．自分一人で遊んだ	—	21.3	—	4.5
		9．その他の人	—	4.9	—	1.0
計			48.3 (2,605)	11.9 (640)	39.8 (2,142)	100.0 (5,387)

（注1）　無回答・不明を除く。以下同様。
（注2）　—の表示は度数が0であることを示す。以下同様。

ち」，6の「近所のいろいろな子どもたちと一緒に」と答えた幼児を「近所遊び」グループと捉えた。そして，「家の外では遊んだ」けれども，遊び相手が1の「きょうだい」や7の「父・母」であったり，遊び相手がなく8の「自分一人」であったり，また9の「その他」のように「いとこ」や「祖父・祖母」あるいは「近所の大人の人」といった場合は，単なる「戸外遊び」グループとした。さらにこれに［問1］の「家の外では遊ばなかった」幼児を「外遊びなし」のグループとして加え，幼児を3つのグループに分類した。もっとも，表5-2にあるように，［問1-2］の質問文は［問1］において「家の外で遊んだ」と回答した場合にのみ答えてくれるように限定した質問であるから，［問1-2］の回答項目のうち，2～6の「同世代の他人」を遊び相手として選んだ幼児を「近所遊び」グループと捉えても，手続きとしては同じなのであるが，しかし，必ずしもこちらの指示通りの回答が得られていないために［問1］と［問1-2］を組み合わせて「近所遊び」グループとしたのである。

　こうして，これら3つの幼児のグループを相互に比較することによって問題にアプローチしようとした。

　しかし，幼児の近所遊び活動の実際は，その一方で地域的環境によっても多分に左右されると思われる。先に述べたように，幼児の日常の行動領域は近隣地域という一定範囲に限られており，そうした範囲のなかでの，いわゆる遊戯環境は地域によって大きく異なると思われるからである。したがって，ここでの分析の枠組みとしては，先の遊戯生活場面の諸要因に，さらに遊戯環境としての地域をも加えることにした。そして，遊戯環境としての地域を，大都市（政令指定都市），都市（市部），農村（郡部）の3つに区分し，適宜，近所遊び活動の地域別比較を行って，その様相を捉えることとした。

2. 幼児の近所遊び活動の様相

（1）近所遊びグループの属性

　まず，幼児の3つのグループのそれぞれの属性を簡単にみておこう。表

第5章 幼児の近所遊びと母親の生活　　　　　　　　　　　　　　177

表5-3　各グループの属性　　　　　　　　　　　　　　　　　　（　）内は％

	大都市	都　市	農　村	全　体	性　別		年　齢			
					男	女	3歳	4歳	5歳	6歳
「近所遊び」グループ	397 (39.5)	1,399 (52.8)	475 (47.8)	2,605 (48.3)	1,375 (54.2)	1,162 (45.8)	89 (3.5)	471 (18.6)	1,063 (42.0)	911 (35.9)
「戸外遊び」グループ	47 (4.7)	355 (13.4)	138 (13.9)	640 (11.9)	306 (49.4)	314 (50.7)	59 (9.5)	158 (25.4)	241 (38.8)	163 (26.3)
「戸外で遊ばなかった」幼児	560 (55.8)	897 (33.8)	380 (38.3)	2,142 (39.8)	1,025 (49.1)	1,063 (50.9)	227 (10.8)	566 (27.1)	770 (37.0)	524 (25.1)

（注）但し，無回答・不明を除く。以下同様。

表5-4　安全性の評価（「近所遊び」グループの地域別比較）　　　　（％）

		大都市	都　市	農　村	全　体
車が多くて遊ぶのに危ない	1．はい	41.0	35.5	33.9	37.3
	2．いいえ	59.0	64.5	66.1	62.8
チカンのうわさを聞くので子どもの一人遊びが心配だ	1．はい	35.0	16.9	13.3	20.0
	2．いいえ	65.0	83.1	86.7	80.0

表5-5　居住環境の評価（「近所遊び」グループの地域別比較）　　　　（％）

	大都市	都　市	農　村	全　体
1．良いところだと思う	53.9	64.7	66.2	62.1
2．あまり良いところではないと思う	24.9	16.9	13.0	18.5
3．どちらとも言えない	21.3	18.5	20.8	19.4

5-3に示しているように，全体では，近所遊びグループが48％とほぼ半数を占め，戸外遊びグループは12％と少ない。戸外で遊ばなかった幼児は40％である。しかし，地域別にみると，かなり異なっており，都市，農村では近所遊びグループが半数を占めているけれども，大都市では4割足らずであり，また戸外遊びグループも大都市では少ない。逆に，戸外で遊ばなかった幼児は大都市で多くなっており，一般に大都市では，戸外での遊戯活動が少ない傾向にあるといえる。大都市は，幼児の遊戯環境としては一般にその「安全性」に欠けるからであろうと思われる。ちなみに表5-4は，近所遊びグループの母親に幼児の遊戯環境としての安全性について問うたものを地域別に見たものであるが，「交通の危険性」，「事故（猥褻行為）の危険

表 5-6　安全性の評価（子どもの性別）　　　　　　　　（%）

		男子	女子	全体
車が多くて遊ぶのに危ない	1. はい 2. いいえ	37.7 62.3	36.5 63.5	37.1 62.9
チカンのうわさを聞くので 子どもの一人遊びが心配だ	1. はい 2. いいえ	14.8 85.2	25.3 74.7	19.9 80.1

性」のいずれの質問にあっても大都市においては，安全性が低いとする回答が多い。さらに，表5-5は，同じように，近所遊びグループの母親に幼児の生活環境としての地域全体の環境評価を問うたものであるが，大都市には否定的な評価が多く見られるようである。

　性別については（表5-3），近所遊びグループにおいて幾分の差異がみられ，男子の方が多くなっているが，この理由も同様に，女子の幼児にとっての遊戯環境の安全性の低さにある。表5-6のように，女子の幼児の，殊に，「事故（猥褻行為）の危険性」に対する母親の危惧は高い。年齢別では（表5-3），いずれのグループにあっても，5歳児が多いが，グループ間では近所遊びグループの方が他の2グループよりも幾分年齢が高くなっている。

　次に，グループの分類基準となった構成メンバーについて見ておこう。近所遊びグループのメンバーは，これまで述べてきたように，「同世代の他人」である遊戯仲間であるが，しかし，そのメンバーは，先の表5-2に示しているように，遊戯仲間といっても，その41%が「同じ幼稚園・保育所の友だち」であり，36%は「きょうだいと友だち」である。だから，幼児の遊戯仲間といっても，これまでの多くの児童・青少年調査に見られたような遊戯仲間の「同級生志向」と同様に[4]，いわば「同園生志向」ともいうべき傾向が，既に幼児期の段階において見られるのである。と同時に，他方において，遊戯仲間のなかに「きょうだい」を含む傾向が見られる。但し，こうした傾向は，地域別に比較すると，かなり異なった傾向が見られ，表5-7のように，同じ近所遊びグループであっても，大都市では「同園生志向」の傾向が強く，農村では「きょうだい志向」の傾向が強い。

　これに対して，戸外遊びグループの構成メンバーは，専ら「きょうだい」であり，7割近くを占める（表5-2）。残りは，「自分一人」である。表

表 5-7 遊び相手（「近所遊び」グループの地域別比較） (%)

遊び相手	大都市	都市	農村	全体
1．きょうだい	—	—	—	—
2．同じ幼稚園・保育所の友だちだけ	48.4	41.3	35.3	40.6
3．他の幼稚園・保育所の友だちだけ	2.3	2.1	1.9	2.1
4．きょうだいと友だち	28.9	35.2	39.6	35.7
5．近所の年上の友だちや年下の友だち	11.3	10.9	11.4	10.9
6．近所のいろいろな子どもたちと一緒に	9.1	10.5	11.8	10.7
7．お父さんやお母さん	—	—	—	—
8．自分一人で遊んだ	—	—	—	—
9．その他の人	—	—	—	—

表 5-8 「きょうだい」の比率 (%)

	近所遊び	戸外遊び	外遊びなし	全体
1．兄	11.9	18.6	12.5	12.8
2．姉	14.7	17.2	11.7	13.1
3．弟	5.9	7.6	7.8	6.9
4．妹	7.4	12.6	8.5	8.5

5-8は各グループときょうだいとの関連をみたものであるが，戸外遊びグループの幼児はきょうだいを有する割合が幾分高くなっており，それも「年長のきょうだい」が多い傾向が見られるようである。

（2） 近所遊び活動の様相 ── 遊戯の行動と時間・空間 ──

さて，こうした各グループの構成メンバーの相違が，グループの大きさにも反映している。表5-9は，当の幼児をも加えて遊戯活動を共にした仲間の人数を示したものであるが，近所遊びグループが2～5人の仲間数に集中しているのに対して，戸外遊びグループは1～3人である。戸外遊びグループのメンバーが「きょうだい」や「自分一人」なのであるから当然のことであろう。

こういった構成メンバーの違い，グループの大きさの違いが，遊戯行動や遊戯空間にも現れている。表5-10は，遊戯行動の種類について見たものであるが，「おにごっこ，怪獣ごっこ，かくれんぼ，かけっこ」や「ごっこ遊び」については戸外遊びグループよりも近所遊びグループの方が幾分多く

表 5-9 遊戯仲間の人数（当の幼児も含む） (%)

	近所遊び	戸外遊び	外遊びなし	全体
1. 1人で	—	21.4	—	4.2
2. 2〜3人で	48.6	67.3	—	52.0
3. 4〜5人で	43.0	9.1	—	36.5
4. 6〜7人で	7.2	1.7	—	6.2
5. 8〜9人で	0.8	0.2	—	0.7
6. 10人以上で	0.4	0.3	—	0.4

表 5-10 家の外での遊びの種類 （複数回答）(%)

	近所遊び	戸外遊び	外遊びなし	全体
1. 自転車・三輪車にのって遊んだ	51.7	55.0	—	52.5
2. ボール遊びをした	28.4	23.8	—	27.6
3. 鉄棒，ブランコ，すべり台などで遊んだ	30.9	22.2	—	29.2
4. おにごっこ，怪獣ごっこ，かくれんぼ，かけっこなどをして遊んだ	31.6	15.5	—	28.5
5. ままごと（お母さんごっこ・お店屋さんごっこ・お医者さんごっこ）などのごっこ遊びをした	27.4	20.2	—	26.1
6. なわとび，ゴムとび，石けり，かんけりなどをして遊んだ	23.1	23.1	—	23.1
7. 魚つり，虫とりなどをして遊んだ	2.9	2.8	—	2.9
8. 砂遊びをした	35.6	35.9	—	35.8
9. その他の遊び	7.9	6.6	—	7.7

なっている。こうした遊戯行動はある程度の人数を必要とする集団的な遊びであるから，メンバーの少ない戸外遊びグループでは不可能なのであろうと思われる。また，この回答は選択の制限のない複数回答であるが，全体の選択比率は戸外遊びグループよりも近所遊びグループの方が高いから（近所遊びグループ：240％，戸外遊びグループ：205％），近所遊びグループの幼児たちの方が，同じ戸外で遊ぶにしても，多様な遊戯行動をしているといえるだろう。

　この近所遊びグループの遊戯行動を地域別に見たのが表5-11である。それぞれの遊戯行動の種類の多寡については「その他の遊び」を除いては，ど

表5-11 家の外での遊びの種類（「近所遊び」グループの地域別比較）　（複数回答）(％)

	大都市	都市	農村	全体
1．自転車・三輪車にのって遊んだ	32.7	58.3	51.3	51.7
2．ボール遊びをした	20.2	30.3	29.7	28.4
3．鉄棒，ブランコ，すべり台などで遊んだ	35.8	29.2	26.5	30.9
4．おにごっこ，怪獣ごっこ，かくれんぼ，かけっこなどをして遊んだ	32.0	31.5	31.8	31.6
5．ままごとなどのごっこ遊び（お母さんごっこ・お店屋さんごっこ・お医者さんごっこ）をした	21.7	28.2	30.7	27.4
6．なわとび，ゴムとび，石けり，かんけりなどをして遊んだ	9.8	26.9	21.9	23.1
7．魚つり，虫とりなどをして遊んだ	2.0	2.9	3.4	2.9
8．砂遊びをした	33.0	36.1	33.5	35.6
9．その他の遊び	20.4	5.6	8.6	7.9

表5-12 遊び場所　（複数回答）(％)

	近所遊び	戸外遊び	外遊びなし	全体
1．空き地，河原，土手，野原など	17.3	12.8	—	16.4
2．公園や遊園地など	36.3	17.7	—	32.8
3．道路・路地	19.0	14.5	—	18.2
4．駐車場など	6.8	4.8	—	6.4
5．幼稚園や保育所や学校など	7.1	4.4	—	6.7
6．商店街やマーケットなど	0.2	1.1	—	0.4
7．友だちの家の庭	32.0	9.5	—	27.8
8．自分の家の庭	35.7	69.9	—	42.7
9．その他のところ	4.2	2.8	—	4.1

の地域も同様の傾向を示しているが，しかし複数回答による選択比率には違いがあって，大都市よりも都市・農村の方が半数の遊戯行動において比率が高くなっている。したがって，同じ近所遊びグループであっても，都市や農村の近所遊びグループは，同一のグループがいろいろな種類の遊戯行動をしているのに対して，大都市の近所遊びグループは，都市や農村に比べて，選択比率が低く，かつ「その他の遊び」が多いから，それぞれの近所遊びグループがそれぞれに異なった種類の遊戯行動をしているということになろう。つまり，大都市には多様な遊戯行動があって，それぞれの近所遊びグループごとに遊戯行動の種類に対する関心が異なっているのである。

表 5-13 遊び場所(「近所遊び」グループの地域別比較)

(複数回答)(%)

	大都市	都市	農村	全体
1. 空き地,河原,土手,野原など	14.1	19.7	17.6	17.3
2. 公園や遊園地など	54.2	35.6	23.7	36.3
3. 道路・路地	20.9	20.5	13.7	19.0
4. 駐車場など	7.8	6.1	7.2	6.8
5. 幼稚園や保育所や学校など	5.3	6.6	10.1	7.1
6. 商店街やマーケットなど	0.5	0.1	―	0.2
7. 友だちの家の庭	18.1	33.7	40.2	32.0
8. 自分の家の庭	15.4	37.1	46.3	35.7
9. その他のところ	8.8	3.4	3.6	4.2

　遊戯空間についても同様に,近所遊びグループと戸外遊びグループとの間には相違があって,表5-12にみるように,前者にあっては,「公園・遊園地」,「道路・路地」,「空き地・河原・土手・野原」等のように,いわば集団的な遊戯行動の可能な空間,あるいは「友だちの家の庭」のように遊戯仲間との積極的な交渉(遊戯行動)を求めての空間が遊戯場所として選ばれているが,後者にあっては,「自分の家の庭」という,いわば私的空間が遊戯場所として選ばれている。近所遊びグループは,近隣地域の遊戯仲間をメンバーとする多人数の集団であるから集団的な遊戯行動の可能な空間が必要であり,あるいはそうした空間を求めて移動しなければならないのに対して,戸外遊びグループはきょうだいをメンバーとするごく少人数の集団であるか,あるいは自分一人の遊びにしか過ぎないから,さしたる広さの空間を必要とすることもなく,したがってそうした空間を求めてわざわざ移動することもないから,即遊戯行動の可能な「庭」を遊び場所とするのであろう。

　しかし,同じ近所遊びグループであっても,地域によって違いがあり,表5-13に示しているように,大都市の近所遊びグループほど「公園・遊園地」や「道路・路地」が多く,農村の近所遊びグループほど「友だちの家の庭」や「自分の家の庭」が多くなっている。そして都市の近所遊びグループはその中間に位置している。これは,大都市ほど「児童公園や遊園地」という児童・幼児向きの遊び場が,不十分とはいえ,他地域よりも整備されているからであろう。実際,「家の近くに子どもの遊べるところがあるか否か」の質

表5-14 家の近くの遊べる場所（「近所遊び」グループの地域別比較）
(%)

		大都市	都市	農村	全体
家の近くの遊び場の有無	1．ある	90.4	87.3	82.9	87.3
	2．ない	9.6	12.2	17.1	12.7
所要時間	1．5分ぐらいまで	91.1	85.4	85.8	86.4
	2．5〜10分程度	6.4	11.6	11.7	10.7
	3．10〜15分程度	0.9	2.0	1.1	1.7
	4．15〜20分程度	1.4	0.8	1.1	0.9
	5．20分以上	0.2	0.2	0.3	0.2

表5-15 家の近くの遊べる場所
(%)

		近所遊び	戸外遊び	外遊びなし	全体
家の近くの遊び場の有無	1．ある	87.3	74.5	81.7	83.6
	2．ない	12.7	25.5	18.3	16.4
所要時間	1．5分ぐらいまで	86.4	70.0	83.7	83.6
	2．5〜10分程度	10.7	21.8	12.4	12.6
	3．10〜15分程度	1.7	5.3	2.7	2.5
	4．15〜20分程度	0.9	1.5	0.7	0.9
	5．20分以上	0.2	1.3	0.5	0.4

問では，表5-14のように，大都市ほど「ある」とする割合は高くなっているし，そこまでの所要時間も少なくなっている。

この「子どもの遊び場所の有無」を幼児のグループ別にみたのが，表5-15である。近所遊びグループの方が，他のグループよりも「あり」とする割合は高く，また所要時間は短くなっている。だが，逆にいえば，戸外遊びグループであっても，あるいは外遊びなしのグループであっても，いずれも80％前後は「遊び場がある」としており，またその70〜84％は所要時間も「5分以内」であるとしているにもかかわらず，実際には，戸外遊びグループは「自分の家の庭」でしか遊んでおらず，また外遊びなしのグループは全然戸外では遊んでいないわけである。戸外遊びグループが「自分の家の庭」でしか遊んでいないのは，結局そのメンバーがきょうだいかあるいは自分一人に限られているからであろうし，また外遊びなしのグループが戸外で遊ん

表 5-16　家の外で遊んだ時間　　　　　　　　　　　　　　(%)

	近所遊び	戸外遊び	外遊びなし	全体
1．全然しなかった	—	—	—	—
2．30分くらい	21.1	51.5	—	26.8
3．1時間くらい	27.4	28.4	—	27.6
4．1時間30分くらい	17.1	7.8	—	15.4
5．2時間くらい	18.6	8.5	—	16.7
6．2時間30分くらい	7.0	1.3	—	5.9
7．3時間以上	8.7	2.5	—	7.6

でいない理由の一端は，後述のように，多分に近隣地域での遊戯仲間関係が希薄であることによると思われる。

　農村の近所遊びグループが「友だちの家の庭」や「自分の家の庭」で遊んでいるのは（表5-13），先に述べたように，そのメンバーに「きょうだい」を含んでいる場合が多いからでもあろうし，また「庭」が，農村であるが故に，それなりの広さをもっているとすれば，集団的な遊戯行動の可能な空間を求めて移動することもないから，「庭」を即遊戯行動が可能な手軽な遊び場所とするのであろうと思われる。同様に，大都市の近所遊びグループが「道路・路地」を遊び場としているのは，都市なるが故に「庭」に広さがなく，それ故「道路・路地」が即遊戯行動が可能で手軽な遊び場所となるのであろう。つまり，大都市と都市の「道路・路地」は農村の「庭」と同じ意味をもっているのではないかと思われる。幼児が近所遊びグループを構成し，しかも家の近くに幼児の遊び場所があるとしているにもかかわらず，彼らが「道路・路地」や「庭」で遊んでいるのには，こうした理由が考えられよう。

　表5-16は，家の外での遊戯時間をみたものである。戸外遊びグループの過半が「30分程度」であって，「1時間程度」をも含めると8割となり，大部分が1時間以内の遊戯行動となっている。それに対して，近所遊びグループでは「1～2時間」が6割余であって，戸外遊びグループよりも遊戯行動時間は長い。繰り返し述べるように，近所遊びグループは近隣地域の遊戯仲間をメンバーとする多人数の集団であるから，幼児は遊戯仲間との集団的な遊戯行動からくる集団的な興奮を体験し，その興奮に巻き込まれて，遊戯行動に熱中し，ために遊戯時間は長くなるのではあるまいか。それに対して，

戸外遊びグループはきょうだいをメンバーとする少人数の集団か，ないしは自分一人の遊びでしかないから，集団的興奮を味わうことも少なく，したがって遊戯時間は短くなるのであろう。

（3） 遊戯仲間関係と近所遊び活動

さて，以上のように，近所遊びグループと戸外遊びグループとの間には，集団の大きさ，遊戯行動，遊戯空間，遊戯時間等について相違がみられるのであるが，こうした相違は，つまるところ，近所遊びグループが「同世代の仲間」をメンバーとしているのに対して，戸外遊びグループは「きょうだい」をメンバーとするか「自分一人」という構成メンバーの違いからきているのであろうと思われる。そして，さらにいえば，こうした構成メンバーの違いは，幼児の遊戯仲間に対する態度の相違からきているのである。

表5-17は，幼児の遊戯仲間に対する態度をみたものであるが，近所遊びグループでは，1の「自分から積極的に仲間を誘う」と2の「どちらかといえば積極的に仲間を誘う」を合わせた「積極的タイプ」は半数であり，4の「どちらかといえば仲間から誘われて」と5の「仲間から誘われなければ」を合わせた「消極的タイプ」は2割となって，「積極的タイプ」が多くなっているのに対して，戸外遊びグループでは，「積極的タイプ」と「消極的タイプ」はいずれも3割余で，ほぼ同程度の割合となっており，また戸外遊びなしのグループも戸外遊びグループと同様の傾向を示していて，近所遊びグループの幼児たちの方が他の2グループの幼児たちよりも近隣地域の遊戯仲間に対して「積極的な態度」であることを示している。

同じような傾向は，グループのメンバーが固定しているか否かという質問の場合にも見られる。表5-18は，遊戯仲間が「いつも同じ子どもたちかどうか」について問うたものであるが，近所遊びグループでは「友だちとなら誰とでも遊ぶ」，「友だちでなくても，知っている子どもなら誰とでも遊ぶ」という回答が多く，近所遊びグループの幼児たちが特定の仲間に固定することなく，広い範囲の子どもたちに対して遊戯仲間としての積極的な交渉性を有していることを示している。

こうした遊戯仲間に対する態度が，幼児の実際の近隣地域における遊戯仲

表5-17 遊戯仲間に対する子どもの態度 (%)

	近所遊び	戸外遊び	外遊びなし	全体
1. 自分から積極的に友だちをさそって遊ぶ方だ	19.0	11.0	12.6	15.6
2. どちらかといえば，自分から友だちをさそって遊びにいく方だ	31.2	22.1	22.1	26.5
3. どちらともいえない	29.3	35.0	34.9	32.2
4. どちらかといえば，友だちからさそわれて遊ぶ方だ	18.9	23.1	24.1	21.4
5. 友だちからさそわれなければ，遊びにいかない	1.6	8.8	6.3	4.3

表5-18 子どもの遊び仲間 (%)

	近所遊び	戸外遊び	外遊びなし	全体
1. いつでも，同じ友だちとだけ遊ぶ	20.5	22.1	25.0	22.5
2. 友だちなら，誰とでも遊ぶ	44.5	32.3	34.8	39.3
3. 友だちでなくても，知っている子どもなら，誰とでも遊ぶ	34.4	33.4	32.7	33.6
4. 友だちとは，あまり遊ばない	0.6	12.2	7.5	4.6

間関係のあり方に反映してくるわけである。

　表5-19は，近隣地域における幼児の遊戯仲間を，(1)「同じ幼稚園や保育所の仲間」，(2)「他の幼稚園や保育所の仲間」，(3)「小学生や年上の仲間」，(4)「年下の仲間」の4つに区分して，それぞれの遊戯仲間の「有無」とそうした遊戯仲間がいるとする場合の「人数」を尋ねたものであるが，いずれの種類の遊戯仲間であっても，近所遊びグループの方が他の2グループよりも「そうした遊戯仲間がいる」とする割合が高くなっている。同じ幼稚園や保育所の仲間の場合，戸外遊びグループや戸外遊びなしのグループでは，こうした「遊戯仲間がいる」とする幼児は，60％前後であるのに対して，近所遊びグループでは，87％の幼児が「いる」としており，他の幼稚園や保育所の仲間の場合も，戸外遊びグループや戸外遊びなしのグループでは30～34％の幼児が「仲間がいる」としているのに対して，近所遊びグループでは，40％の幼児が，こうした仲間がいるとしている。年上の仲間や年下の仲間の場合も同様であって，戸外遊びグループや戸外遊びなしのグルー

第5章　幼児の近所遊びと母親の生活　　　　　　　　　　　　　　　187

表5-19　近隣地域の仲間の有無と人数　　　　　　　　　　　　　　　　　　　　（％）

			近所遊び	戸外遊び	外遊びなし	全　体
(1)よく一緒に遊ぶ同じ幼稚園や保育所の子どもたち		1．いない	13.1	41.5	36.1	25.6
		2．いる	86.9	58.5	63.9	74.4
		1．1人	14.2	30.6	22.2	18.5
		2．2人	28.6	30.3	31.3	29.6
		3．3人	26.4	23.6	24.9	25.6
		4．4人以上	30.8	15.5	21.6	26.3
(2)よく一緒に遊ぶ他の幼稚園や保育所の子どもたち		1．いない	59.6	70.1	66.0	63.4
		2．いる	40.4	29.9	34.0	36.6
		1．1人	31.7	30.0	36.1	33.2
		2．2人	36.0	38.8	36.4	36.4
		3．3人	18.3	16.7	15.7	17.2
		4．4人以上	14.0	14.5	11.8	13.2
(3)よく一緒に遊ぶ小学生や年上の子どもたち		1．いない	30.2	48.2	50.1	40.2
		2．いる	69.9	51.8	49.9	59.8
		1．1人	20.3	24.5	27.8	23.2
		2．2人	35.7	38.1	37.4	36.4
		3．3人	25.2	22.6	21.6	23.8
		4．4人以上	18.8	14.8	13.2	16.6
(4)よく一緒に遊ぶ年下の子どもたち		1．いない	34.4	57.1	55.3	45.4
		2．いる	65.6	42.9	44.7	54.6
		1．1人	32.3	42.2	38.5	35.3
		2．2人	36.6	40.0	39.8	37.9
		3．3人	19.6	13.3	15.7	17.8
		4．4人以上	11.5	4.5	6.0	9.0

プでは，43～52％の幼児が「仲間をもっている」のに対して，近所遊びグループでは，66～70％の幼児が「仲間がいる」としているといった具合である。

　また，こうした遊戯仲間がいるとする場合の，その仲間の人数をみても，同様の傾向を示しており，いずれの種類の遊戯仲間であっても，近所遊びグループの方が他の2グループよりも多人数になっている。同じ幼稚園や保育所の仲間の場合，近所遊びグループでは，「3～4人以上の仲間がいる」とする幼児が過半数であるのに対して，他の2グループでは，「1～2人」が

過半数となっているし，年上の仲間や年下の仲間の場合も同様に，近所遊びグループの方が他の2グループよりも人数は多い傾向が見られる。但し，他の幼稚園や保育所の仲間の場合は，全体として「仲間がいる」とする割合が少ないためかグループ別による仲間の人数の多寡は明らかでない。

このような近隣地域での「遊戯仲間の有無」が，そして「仲間の人数の多寡」が幼児の近所遊びグループの形成契機となってくるのである。

3. 母親の意識・態度・生活と幼児の近所遊び

(1) 幼児の近所遊びに対する母親の意識と態度

こういったような幼児の近所遊び活動や遊戯仲間に対する意識・態度，また実際の遊戯仲間関係のあり方は，実は，その母親の幼児の近所遊び活動に対する意識・態度や生活の様相と深く関連しているのではないか，つまり幼児の近所遊び活動や遊戯仲間に対する意識・態度，また遊戯仲間関係のあり方に母親の幼児の近所遊び活動に対する意識・態度や母親の生活の様相が反映しているのではないか，というのが次の課題である。

表5-20は，子どもの集団的遊戯活動の影響の是非についての母親自身の考えをみたものであるが，いずれの幼児のグループの母親も80％前後が「子どもの集団的遊戯活動は子どもに良い影響をもたらす」として，肯定的な意識をもっており，グループ間による差異は見られない。

しかし，それでは，母親は，子どもが集団的遊戯活動ができるように友だちに対して何らかの配慮をしているかというと，そうではない。表5-21にみるように，いずれのグループの母親も「配慮をしている」というのは20％前後で，半数近くの母親は「何ら配慮していない」のである。ただ，全体的な傾向としては，「配慮している」とする母親も，また「配慮していない」とする母親も，いずれも近所遊びグループの方が他の2グループよりも僅かではあるが多いようである。つまり，近所遊びグループの母親は，極端にいえば，配慮する母親と配慮しない母親の2つのグループに分かれているのである。これは，同じ近所遊びグループといっても地域別に差異がある

第5章 幼児の近所遊びと母親の生活

表5-20 子どもの遊戯集団活動の影響についての母親の意識 (%)

	近所遊び	戸外遊び	外遊びなし	全体
1. 非常に良い影響をもたらすと思う	39.3	37.0	39.4	39.1
2. どちらかといえば,良い影響をもたらすと思う	40.0	41.7	40.7	40.4
3. 良い影響とも悪い影響とも言えない	18.5	18.6	17.4	18.1
4. どちらかといえば,あまり良くない影響をもたらすと思う	0.6	0.6	0.6	0.6
5. 非常に良くない影響をもたらすと思う	0.1	―	0.1	0.1
6. とくに影響があるとは思わない	1.6	2.1	1.8	1.7

表5-21 仲間との集団的遊戯活動に対する母親の配慮 (%)

	近所遊び	戸外遊び	外遊びなし	全体
1. 子どもの自由にさせているので,別に気を遣ってはいない	48.0	45.7	44.9	46.5
2. ときには,友だちと遊べるように気をつけている	30.4	36.4	37.9	34.1
3. できるだけ友だちと遊べるように,いろいろと気をつけている	21.6	18.0	17.2	19.4

表5-22 仲間との集団的遊戯活動に対する母親の配慮
（「近所遊び」グループの地域別比較） (%)

	大都市	都市	農村	全体
1. 子どもの自由にさせているので,別に気を遣ってはいない	43.2	47.7	55.9	48.0
2. ときには,友だちと遊べるように気をつけている	32.2	30.1	28.2	30.4
3. できるだけ友だちと遊べるように,いろいろと気をつけている	24.6	22.2	15.9	21.6

ことによる。表5-22は,近所遊びグループの,こうした母親の態度を地域別に比較したものであるが,同じ近所遊びグループであっても地域間には差異があり,「友だちと遊べるように多少とも配慮している」とするのは,大都市の近所遊びグループの母親に多く（57%）,農村の近所遊びグループの母親は,その56%が「何ら配慮することなく子どもの自由にさせている」

第Ⅱ部　子どもの家族生活と地域社会

表5-23 居住生活環境に対する評価（「近所遊び」グループの地域別比較） （%）

		大都市	都市	農村	全体
(1)車が多くて遊ぶのに危ない	1．はい	34.9	31.2	32.8	33.3
	2．いいえ	65.1	68.8	67.2	66.7
(2)チカンのうわさを聞くので，子どもの一人遊びが心配だ	1．はい	35.5	18.9	15.9	21.3
	2．いいえ	64.5	81.1	54.1	78.7
(3)騒音や振動がする	1．はい	26.2	22.6	13.3	22.4
	2．いいえ	73.8	77.4	86.7	77.7
(4)空気が汚れていたり，ほこりっぽい感じがする	1．はい	41.5	14.9	8.3	18.0
	2．いいえ	58.6	85.1	91.7	82.0
(5)病院が近くにあるので，いざというときに便利だ	1．はい	83.7	73.5	63.2	71.4
	2．いいえ	16.3	26.6	36.8	28.6
(6)お子さんが幼稚園に通うのが便利だ	1．はい	85.3	77.5	74.7	78.6
	2．いいえ	14.7	22.5	25.3	21.4
(7)自然や緑が多い	1．はい	63.7	85.6	95.5	82.8
	2．いいえ	36.3	14.4	4.5	17.2
(8)子どもの遊び場がある	1．はい	82.9	81.0	75.4	80.1
	2．いいえ	17.1	19.0	24.6	19.9
(9)地域の人々が子どもをあたたかく見守ってくれる	1．はい	86.1	87.1	92.8	88.6
	2．いいえ	13.9	12.9	7.2	11.4
(10)街の風紀があまりよくない	1．はい	14.5	5.0	7.2	7.1
	2．いいえ	85.5	95.0	92.8	92.9

表5-24 居住生活環境の総合的評価 （%）

	大都市	都市	農村	全体
1．良いところだと思う	57.0	70.6	71.1	68.2
2．あまり良いところではないと思う	23.0	12.1	10.3	14.3
3．どちらともいえない	20.0	17.3	18.6	17.6

とする。だから，近所遊びグループの母親が，配慮する母親と配慮しない母親の2つのグループに分かれているといっても，それは前者が大都市の母親，後者が農村の母親というように，地域別による母親の態度の違いの故であるといってよい。そして，それは，既述の表5-4および表5-5で見たように，全体として大都市の母親ほど遊戯環境としての安全性を低く，生活環境を否

第5章 幼児の近所遊びと母親の生活

表5-25 子どもが戸外で遊ぶときの家人の態度
（「近所遊び」グループの地域別比較） (％)

	大都市	都市	農村	全体
1．いつもついていく	7.3	8.5	4.4	7.8
2．ときどきついていく	22.0	22.5	17.5	22.1
3．あまりついていかない	32.5	30.9	27.3	30.5
4．ついていかない	38.2	38.1	50.8	39.7

表5-26 子どもが戸外で遊ぶときの家人の態度 (％)

	近所遊び	戸外遊び	外遊びなし	全体
1．いつもついていく	7.8	22.3	22.0	15.1
2．ときどきついていく	22.1	31.7	26.4	25.0
3．あまりついていかない	30.5	24.9	25.8	28.0
4．ついていかない	39.6	21.1	25.8	31.9

定的に評価する傾向があったが，こうした傾向が，当然のことながら，近所遊びグループの母親についても見られ，表5-23および表5-24のように，大都市の母親ほど交通の危険性や事故（猥褻行為）の危険性（表5-23の質問項目(1)，(2)）が高く，子どもの生活環境として必ずしも良くないと評価するように，大都市にあっては，遊戯場所のような遊戯手段は整っていても，幼児にとっての全体としての遊戯環境という側面からみれば安全性や快適性（「地域の人々の子どもに対する態度」，「街の風紀」）に欠けるからである。

　同じ近所遊びグループといっても，農村の近所遊びグループの母親ほど「子どもの自由にさせて子どもの集団的遊戯活動にあまり配慮しない」という傾向は，「戸外での子どもの遊びに家人がついて行くか否か」という質問の回答にもみられ，表5-25のように，農村の近所遊びグループの母親ほど「ついて行かない」が多く，子どもの自由にさせている傾向がみられる。しかし，大都市や都市の母親も，農村の母親ほどではないけれども，「ついて行かない」が多くなっている。

　これを幼児の遊びグループ別にみたのが表5-26である。近所遊びグループでは「ついて行かない」が多いが，他の2グループでは，半数近くが「ついて行く」としている。

表 5-27 仲間との集団的遊戯活動に対する母親の配慮と子どもの遊戯集団活動の影響

(%)

	1. 良い影響をもたらす	2. どちらかといえば，良い影響をもたらす	3. 良いとも悪いともいえない	4. どちらかといえば，あまり良くない影響をもたらす	5. 良くない影響をもたらす	6. とくに影響があるとは思わない
1. 子どもの自由にさせているので，別に気を遣ってはいない	34.4	40.1	22.5	0.4	—	2.6
2. ときには，友だちと遊べるように気をつけている	37.0	45.8	15.8	0.7	0.1	0.8
3. できるだけ友だちと遊べるように，いろいろと気をつけている	54.0	31.6	11.8	0.9	0.3	1.5

したがって，全体としてみれば，近所遊びグループの母親は「戸外での子どもの遊びについても行かない」し，「子どもが集団的遊戯活動ができるように子どもの友だちに対して配慮するということもなく」，子どもの自由にさせているのであるが，戸外遊びグループや戸外遊びなしのグループでは，「戸外での子どもの遊びについては行く」けれども，「子どもが集団的遊戯活動ができるように配慮しているわけではない」ということになる。

こういうように，全体としてみれば，子どもの集団的遊戯活動の意義は認めてはいるものの，そのために特に配慮しているわけでもないというのが，近所遊びグループの母親の一般的な傾向である。しかし，幼児の近所遊び活動に対する母親自身の意識と態度との間には関連があり，表5-27にあるように，全体的な傾向としては，「集団的遊戯活動ができるように友だちに対していろいろ配慮している」とする母親ほど，子どもの集団的遊戯活動の意義を認め，肯定的に考えているという傾向が見られる。

(2) 母親の生活関係の様相と幼児の近所遊び活動

さて，次に，母親の生活の様相と幼児の近所遊び活動との関連について見てみよう。既に述べたように，母親自身の日常生活の態度や様相が幼児の日常生活の態度や様相に大きく反映しているのではないかと思われるからであ

第5章　幼児の近所遊びと母親の生活

表5-28　母親の近隣関係の程度と人数　　　　　　　　　　　　　　　　　(%)

		近所遊び	戸外遊び	外遊びなし	全体
(1)家のことや日常の出来事など何でも気楽に話せる人	1.　いない	19.3	35.6	31.2	26.0
	2.　いる	80.7	64.4	68.8	74.0
	1.　1人	23.3	29.6	24.4	24.3
	2.　2人	36.0	37.0	37.2	36.6
	3.　3人	23.9	20.7	21.9	22.9
	4.　4人以上	16.8	12.7	16.5	16.2
(2)ときどき話しをする人	1.　いない	2.5	8.0	6.6	4.8
	2.　いる	97.5	92.0	93.4	95.2
	1.　1人	7.9	13.2	11.6	10.0
	2.　2人	22.1	29.8	25.8	24.5
	3.　3人	25.1	26.5	24.8	25.1
	4.　4人以上	44.9	30.5	37.8	40.4
(3)挨拶をする人	1.　いない	0.4	1.6	1.0	0.8
	2.　いる	99.6	98.4	99.0	99.2
	1.　1・2人	5.0	11.9	6.9	6.8
	2.　3・4人	15.4	15.8	16.7	16.0
	3.　5・6人	32.6	23.6	30.3	31.7
	4.　7人以上	47.0	38.7	46.1	45.6

る。

　まず、母親の近隣関係の様相と幼児の遊戯仲間関係の様相との関連について見てみよう。いずれも地縁関係であるから、その間に何らかの関連があるのではないかと思われたのである。表5-28は、母親の近隣関係の程度を「何でも気楽に話せる」程度、「ときどき話しをする」程度、「挨拶」程度の3段階に区分して、幼児の各グループ別に、母親の近隣関係の「有無」と「ありとする場合の人数」についてみたものである。挨拶程度の近隣関係は、いずれのグループの母親も殆ど全部が「あり」としており、グループ間に差異は見られないが、人数についてはグループ間に差異が見られ、近所遊びグループの母親の方が戸外遊びグループの母親よりも人数が多い。ただ、戸外遊びなしのグループの母親は近所遊びグループの母親と同じような人数の分布を示しており、両者の間に差異は見られない。挨拶程度の近隣関係は、殆ど全部の母親がもっているから、両者間では明確な差異となって現れにくい

表 5-29　母親の近隣関係と幼児の仲間関係　(%)

母親の近隣関係	幼児の仲間関係	同じ幼稚園の友だち いる	同じ幼稚園の友だち いない	他の幼稚園の友だち いる	他の幼稚園の友だち いない	年上の子ども いる	年上の子ども いない	年下の子ども いる	年下の子ども いない	全体 いる	全体 いない
家のことや日常の出来事など何でも気楽に話せる人	いる	79.8	20.2	39.3	60.7	65.7	34.3	60.0	40.0	61.2	38.8
	いない	60.1	40.0	29.6	70.4	44.1	55.9	39.8	60.2	44.0	56.0
ときどき話しをする人	いる	75.9	24.1	37.3	62.7	61.2	38.8	56.0	44.0	57.6	42.4
	いない	50.2	49.8	25.2	74.8	34.9	65.1	28.7	71.3	34.7	65.3
挨拶をする人	いる	74.7	25.2	36.8	63.2	60.0	40.0	54.9	45.1	56.6	43.4
	いない	47.7	52.3	28.3	71.7	31.1	68.9	40.0	60.0	36.7	63.3

のであろうと思われる。

　しかし，「ときどき話しをする」程度の近隣関係になると，明確な傾向が見られるようになる。近所遊びグループの母親の方が他の2グループの母親よりも，そうした関係が「ある」とする割合が幾分高く，人数も多くなっている。それが，「何でも気楽に話せる」程度という親密な関係になると一層明確な傾向を示すようになる。近所遊びグループの母親では，そうした関係が「ある」とする割合は81%であるのに対して，他の2グループでは65%前後であり，人数も近所遊びグループの母親は3人以上とするのが41%であるのに対して，他の2グループでは35%前後である。近所遊びグループの母親の近隣関係の方が，他の2グループの母親の近隣関係よりも，親密な関係にあって，かつ人数も多いというわけである。つまり近所遊びグループの母親の近隣関係は質量とも高いという様相を示しているのである。

　このように，近所遊びグループの母親の近隣関係が質量とも他の2グループの母親よりも高いという事実は，そうした幼児の近所遊び活動とその母親の近隣関係との間に幼児の遊戯仲間関係が媒介していることを推測させる。つまり近所遊びグループの母親の方が他の2グループの母親よりも近隣関係が親密であり，かつ人数も多いという，そうした母親の生活関係の様相が，近所遊びグループの幼児の近隣地域における遊戯仲間関係に反映し，それ故，既に表5-19で見たように，近所遊びグループの幼児の方が遊戯仲間関係は親密であり，かつ人数も多く，したがって，近所遊びグループの幼児の方が近所遊び活動が盛んになるというわけである。

　そこで，こうした母親の近隣関係の様相と幼児の近隣地域における遊戯仲

第5章　幼児の近所遊びと母親の生活　　　　　　　　　195

間関係の様相との関連をみたのであるが，それが表5-29と表5-30である。表5-29は，3段階それぞれの近隣関係の有無と4種類それぞれの遊戯仲間の有無との関連をみたものであり，表5-30は，それぞれの段階の近隣関係の有無とそれぞれの遊戯仲間の人数との関連をみたものである。一見して明らかなように，表5-29からは，母親の近隣関係の程度の如何にかかわらず，近隣関係が「ある」とする場合は，幼児の遊戯仲間も，どのような仲間であっても，「いる」とする割合が高く，逆に母親の近隣関係が「ない」という場合は，幼児の遊戯仲間も「いない」とする割合が高くなっている傾向がみられ，いわば母親の「近隣関係の資源の有無」と幼児の「遊戯仲間関係の資源の有無」との間に関連があることが理解されよう。例えば，「何でも気楽に話せる」という親密な近隣関係が「ある」とする場合の，幼児の遊戯仲間関係は，「同じ幼稚園・保育所の仲間」の場合では，「いる」とするのが80％であるのに対して「いない」が20％，親密な近隣関係が「ない」とする場合の，「同じ幼稚園・保育所の仲間」の場合では，「いる」とするのが60％であるのに対して「いない」が40％，また「ときどき話しをする」程度の近隣関係が「ある」とする場合の，同じ幼稚園・保育所の仲間は，「いる」とするのが76％であるのに対して「いない」が24％，同じくこの近隣関係が「ない」とする場合の，同じ幼稚園・保育所の仲間では，「いる」と「いない」がそれぞれ50％であり，さらに「挨拶」程度の近隣関係が「ある」とする場合では，こうした仲間が「いる」とするのは75％，「いない」とするのが25％，「挨拶」程度の近隣関係が「ない」場合では，仲間が「いる」のは48％，「いない」のは52％という具合である。こうした母親の近隣関係の資源の有無と幼児の遊戯仲間関係の資源の有無との関連が「他の幼稚園・保育所の仲間」，「年上の仲間」，「年下の仲間」それぞれについても見られるのである。殊に「年上の仲間」と「年下の仲間」の場合には，この関連が顕著な傾向として現れている。これらの仲間の場合には，いずれの程度の近隣関係であっても，近隣関係の「ある」場合には，仲間関係も「ある」とする方が割合が高く，逆に近隣関係の「ない」場合には，仲間関係も「ない」とする方が割合が高くなって，この2つの地縁関係の間に関連があることを如実に示している。

表 5-30 母親の近隣関係と幼児の仲間数

母親の近隣関係 \ 幼児の仲間関係		同じ幼稚園や保育所の子ども				他の幼稚園や	
		1人	2人	3人	4人~	1人	2人
家のことや日常の出来事など何でも気楽に話せる人	いる	17.2	28.6	25.8	28.5	32.2	36.3
	いない	23.7	33.4	24.8	18.1	38.3	35.9
ときどき話しをする人	いる	18.2	29.4	25.6	26.9	32.7	36.7
	いない	26.9	39.2	21.5	12.3	43.9	31.8
挨拶をする人	いる	18.4	29.7	25.4	26.5	33.3	36.3
	いない	18.2	45.5	22.7	13.7	30.8	53.9

　しかも，この母親の近隣関係の程度と幼児の遊戯仲間関係の割合との関連をみると，母親の近隣関係の程度が「親密」になるほど，幼児の遊戯仲間関係の「ある」とする割合は高くなる傾向がある。つまり母親の近隣関係が「親密」になるほど，幼児の遊戯仲間関係との関連は強くなる傾向が見られるのである。「同じ幼稚園・保育所の仲間」の場合，「挨拶」程度の近隣関係では，「そうした仲間がいる」とするのは75%であるが，「ときどき話しをする」程度の関係になると76%，「何でも気楽に話せる」という親密な関係では80%となって，母親の近隣関係の程度が高くなるほど，幼児の遊戯仲間関係との関連は強くなっている。「年上の仲間」の場合も同様で，近隣関係が親密になる程度に対応して，そうした仲間がいるとする割合も60%→61%→66%と増加しているし，「年下の仲間」の場合も，55%→56%→60%と増えている。そして全体としては，57%→58%→61%と増加傾向を示している。ただ，「他の幼稚園・保育所の仲間」の場合は，「そうした仲間がいる」とする割合がそもそも少ないので顕著な傾向とはなっていないが，しかし，その範囲のなかで，同様に，母親の近隣関係が親密になるほど，幼児の遊戯仲間関係との関連は強くなる傾向が見られる（36.8%→37.3%→39%）。

　こうした母親のそれぞれの段階の近隣関係の有無と幼児が「よく一緒に遊ぶ」とするそれぞれの遊戯仲間の人数との関連をみたのが，先の表5-30である。結果には，全く同様の傾向が見られる。母親の近隣関係の程度の如何にかかわらず，近隣関係が「ある」とする場合は，どのような仲間であって

(%)

保育所の子ども		小学生や年上の子ども				年下の子ども			
3人	4人〜	1人	2人	3人	4人〜	1人	2人	3人	4人〜
17.7	13.9	21.4	35.4	24.8	18.4	33.0	38.6	18.4	10.0
14.3	11.5	30.4	39.7	20.6	9.3	44.7	35.0	15.8	4.7
17.1	13.5	22.6	36.3	24.2	16.8	34.6	38.1	18.1	9.2
15.2	9.1	41.8	33.0	17.6	7.7	54.6	28.6	13.0	3.9
17.1	13.4	23.2	35.9	24.3	16.6	35.5	37.6	18.0	8.9
—	15.4	40.0	33.3	26.7	—	44.4	44.4	5.6	5.6

も，幼児の遊戯仲間の人数は多く，逆に母親の近隣関係が「ない」という場合は，幼児の遊戯仲間の人数は少ない傾向が見られる。つまり母親の「近隣関係の資源」と幼児の「遊戯仲間関係の資源の量」とが連関関係にあるわけである。「何でも気楽に話せる」という親密な近隣関係が「ある」とする場合の，幼児の遊戯仲間の人数は，「同じ幼稚園・保育所の仲間」の場合では，「3人以上」が54％と過半数であるのに対して，親密な近隣関係が「ない」とする場合の，同じ幼稚園・保育所の仲間の人数では，逆に「2人以下」が57％と過半数になっており，また「ときどき話しをする」程度の近隣関係が「ある」とする場合の，同じ幼稚園・保育所の仲間の人数は「3人以上」とするのが53％と過半数であるのに対して，この近隣関係が「ない」とす

表5−31 母親の隣人関係の程度 (%)

	近所遊び	戸外遊び	外遊びなし	全体
1．よく挨拶をしたり，話しをする	52.4	40.7	41.1	46.5
2．ときどき挨拶をしたり話しをする	43.1	48.4	50.7	46.7
3．あまり挨拶をしたり，話しをしない	4.5	10.9	8.3	6.8

表5−32 母親の近隣の子どもに対する関係の程度と幼児の仲間関係 (%)

幼児の仲間 母親の 近隣の子どもに対する関係	同じ幼稚園の友だち		他の幼稚園の友だち		年上の子ども		年下の子ども		全体	
	いる	いない	いる	いない	いる	いない	いる	いない	いる	いない
よく挨拶・話しをする	78.6	21.4	40.7	59.3	69.2	30.8	60.6	39.4	62.3	37.7
ときどき挨拶・話しをする	72.9	27.1	34.4	65.7	54.4	45.6	51.7	48.3	53.3	46.7
あまり挨拶・話しをしない	59.1	40.9	26.3	73.7	36.2	63.8	33.9	66.1	38.9	61.1

表 5-33 母親の近隣の子どもに対する関係の程度と幼児の仲間数

母親の 近隣の子どもに対する関係	同じ幼稚園や保育所の子ども				他の幼稚園や	
幼児の仲間関係	1人	2人	3人	4人〜	1人	2人
よく挨拶・話しをする	16.3	28.0	26.2	29.5	31.5	37.0
ときどき挨拶・話しをする	19.8	31.5	25.2	23.5	34.6	36.0
あまり挨拶・話しをしない	27.7	31.8	21.4	19.1	40.0	36.8

る場合の仲間の人数は,「2人以下」が66%と過半数になっている。さらに「挨拶」程度の近隣関係が「ある」とする場合の仲間数は「3人以上」が52%,挨拶程度の近隣関係が「ない」場合では,「2人以下」が64%と過半数になっているという具合である。こうした母親の近隣関係の資源と幼児の遊戯仲間関係の資源の量との関連が,同様に,「他の幼稚園・保育所の仲間」,「年上の仲間」,「年下の仲間」それぞれについても見られるわけである。

しかも,先ほどの「近隣関係の資源の有無」と「遊戯仲間関係の資源の有無」との関連が近隣関係の程度が高くなるほど強くなっていったのと全く同様に,母親の近隣関係の程度が「親密」になるほど,幼児の遊戯仲間の人数(資源の量)も増加する傾向にある。例えば,「同じ幼稚園・保育所の仲間」の場合,母親の近隣関係が挨拶程度から親密な程度に至る段階で,「仲間が3人以上」とする幼児の割合は,先ほど述べたように,52%→53%→54%と増加している。こうした関連が多少とも他の遊戯仲間の場合にも見られるわけである。

こういったように,母親の近隣関係の様相と幼児の近隣地域での遊戯仲間関係の様相とは強い関連を示し,ために近所遊びグループの母親の近隣関係は質量ともに高くなるのである。

さて,こうした母親の近隣関係の様相と近所遊びグループとの関連は,母親自身と近隣地域に居住する子どもたちとの関係(以下,隣人関係[5]と呼ぶ)のあり方にも見いだせる。表5-31は,隣人関係の程度を3段階に区分して,その関係の様相をみたものであるが,近所遊びグループの母親は,他の2グループの母親よりも,近隣地域の子どもたちと親密な関係をもっている。こうした隣人関係の様相と幼児自身の遊戯仲間関係の様相との関連をみたのが,表5-32と表5-33である。表5-32は,隣人関係の程度と遊戯仲間関係の

第5章 幼児の近所遊びと母親の生活

(%)

保育所の子ども		小学生や年上の子ども				年下の子ども			
3人	4人~	1人	2人	3人	4人~	1人	2人	3人	4人~
18.5	13.0	18.3	34.0	25.9	21.9	31.9	38.8	18.8	10.6
15.4	14.0	28.3	39.1	21.6	11.0	38.4	36.9	17.2	7.5
12.6	10.5	33.6	40.5	19.9	6.1	44.6	37.2	12.4	5.8

資源の有無との関連をみたものであるが，隣人関係の程度が高くなるほど「遊戯仲間がいる」とする割合は高くなっている。「同じ幼稚園・保育所の仲間」の場合，「遊戯仲間がいる」とする割合は，隣人関係の程度にしたがって，59%→73%→79%と増加しており，「他の幼稚園・保育所の仲間」では，26%→34%→41%，「年上の仲間」では，36%→54%→69%，「年下の仲間」では，34%→52%→61%というように増加している。表5-33は，隣人関係の程度と遊戯仲間の人数との関連をみたものであるが，近隣関係の場合と全く同様の傾向を示しており，隣人関係の程度が高くなるほど，遊戯仲間の人数は多くなる傾向がみられる。つまり，隣人関係の程度が高くなるほど，幼児の遊戯仲間関係の資源の有無との関連は強くなり，かつ遊戯仲間関係の資源量は増加する傾向にあるわけである。

したがって，近所遊びグループの母親の方が，他の2グループの母親よりも，隣人関係の程度が高いというのは，その間に幼児の遊戯仲間関係が介在しているとも考えられよう。幼児の遊戯仲間関係に沿って母親の隣人関係が形成されるというわけである。しかし，また他方では，幼児自身の発達程度と仲間との関係交渉の程度を考えれば，逆に，母親の隣人関係が親密であるが故に，その隣人関係に沿って幼児の遊戯仲間関係の範囲が拡大していくとも考えられる。こうした両方の関係が，多少とも交錯しあって隣人関係と遊戯仲間関係が形成され，拡大していくのであろうと思われる。このように考えてくれば，先の，母親の隣人関係の様相と幼児の遊戯仲間関係の様相との関連も，同様な解釈が可能である。母親の近隣関係という生活関係の様相が幼児の遊戯仲間関係に反映するということだけではなく，近隣関係，隣人関係，遊戯仲間関係という3つの地縁関係が相互に関連しあって形成され，拡大していくというわけである[6]。つまり，近隣関係（母親同士の関係）に

表 5-34　隣人関係と近隣関係　　　　　　　　　　　　　　　　　　　　　　（％）

母親の 近隣の子どもに対する関係	近隣関係 気楽に話せる人		ときどき話しをする人		挨拶をする人	
	いる	いない	いる	いない	いる	いない
よく挨拶・話しをする	83.7	16.3	97.6	2.4	99.6	0.4
ときどき挨拶・話しをする	68.4	31.6	94.6	5.4	99.1	0.9
あまり挨拶・話しをしない	45.2	54.8	81.3	18.7	95.8	4.2

表 5-35　隣人関係と近隣関係の人数　　　　　　　　　　　　　　　　　　　（％）

母親の近隣の 子どもに対する関係	幼児の仲間数 何でも気楽に話せる人				ときどき話しをする人				挨拶をする人			
	1人	2人	3人	4人~	1人	2人	3人	4人~	1・2人	3・4人	5・6人	7人~
よく挨拶・話しをする	20.5	33.5	25.1	20.9	7.2	21.0	24.3	47.5	4.8	12.2	28.8	54.2
ときどき挨拶・話しをする	28.3	40.2	20.1	11.4	11.8	26.9	26.2	35.1	7.5	18.3	33.7	40.5
あまり挨拶・話しをしない	35.7	41.6	15.5	7.2	18.7	33.5	21.1	26.7	12.4	22.7	37.3	27.6

沿って隣人関係（[母親→その母親と近隣関係にある母親（隣人）の子ども]関係）が形成され，拡大し，その隣人関係に沿って，その幼児の遊戯仲間関係（子ども同士の関係）が形成され，拡大する。逆に，遊戯仲間関係（子ども同士の関係）に沿って隣人関係（[母親→その幼児の仲間関係にある子ども]関係）が形成され，拡大し，その隣人関係に沿って近隣関係（[母親→その幼児の仲間関係にある子どもの母親]関係）が形成され，拡大するというわけである。

このうち，近隣関係と遊戯仲間関係との関連，隣人関係と遊戯仲間関係との関連については，上述の通りであるから，隣人関係と近隣関係との関連を示すと，表 5-34 および表 5-35 のようである。表 5-34 は，隣人関係の程度と近隣関係の資源の有無との関連，表 5-35 は，隣人関係の程度と近隣関係の資源量との関連を示したものである。これまで見てきたと全く同様に，隣人関係の程度が高くなるほど近隣関係があるとする割合は高くなっているし，また隣人関係の程度が高くなるほど，近隣関係の人数は多くなる傾向がみられる。隣人関係の程度が高くなるほど，近隣関係の資源の有無との関連は強くなり，かつ近隣関係の資源量は増加する傾向にある。

こういうわけで，近隣関係，隣人関係，遊戯仲間関係という３つの地縁関係の間には連関関係が存在しているのであって，一の関係が契機となって二

の関係を形成し，拡大し，さらに二の関係が契機となって次の関係を形成し，拡大していくのである。

したがって，以上見てきたように，近所遊びグループの幼児と母親の方が，他の2グループの幼児や母親よりも，こうした地縁に基づいた生活関係において質量ともに高い関係にあるというわけである。

(3) 母親の生活の諸相と幼児の近所遊び活動

以上は，母親の生活といっても，その生活関係——近隣関係，隣人関係——に焦点をおいて幼児の近所遊び活動との関連を見てきたのであるが，次に母親，ないしは家族の生活の諸側面との関連において幼児の近所遊び活動の様相を見てみよう。

表5-36は，母親，というより家族の居住歴および住居形態と幼児のグループとの関連をみたものである。一見して明らかなように，近所遊びグループでは「10年未満」，戸外遊びグループでは「10年以上」が多く見られる。戸外遊びなしのグループは，近所遊びグループと同様な分布を示している。これを分かりやすく10年以上と10年未満とに区分したのが，表5-37である。戸外遊びグループでは10年以上と10年未満がほぼ半々であるのに対して，近所遊びグループでは10年未満が64%を占め，近所遊びグループの方が居住歴は短い。

しかし，これまでの一般的な見解は，都市社会学などにみられるように，居住期間の長いほど近隣関係の資源は多く，かつ親密であるというものであった[7]。居住期間が長くなれば，居住地域に対する関心も増え，また地域団体への参加度も多くなって，団体役員としての地域活動もせざるをえなくなるからである。したがって，こうした従来通りの考え方からすれば，近所遊びグループの母親の方が戸外遊びグループの母親よりも近隣関係の資源は多く，かつ親密なのであるから，当然，居住歴は長くなるはずである。だが，結果は，上記のように，逆の関係であった。そこで，改めて，居住歴と近隣関係との関連をみたのであるが，それが表5-38と表5-39である。表5-38は，居住歴とそれぞれの程度の近隣関係の有無との関連，表5-39は，居住歴とそれぞれの程度の近隣関係の資源量との関連をみたものである。しかし，

第Ⅱ部 子どもの家族生活と地域社会

表 5-36　家族の居住歴と住居形態　(%)

		近所遊び	戸外遊び	外遊びなし	全体
母親の居住歴	1. 生まれた時から	17.6	27.3	15.0	17.7
	2. 20年以上	6.1	9.9	6.3	6.6
	3. 10～20年	12.6	12.5	11.0	12.0
	4. 5～9年	32.0	21.6	28.9	29.5
	5. 2～4年	18.5	15.1	20.7	19.0
	6. 2年未満	13.2	13.5	18.2	15.2
住居形態	1. 一戸建て	63.7	84.6	61.4	65.3
	2. マンション，アパート，団地（公団・公営住宅，社宅など）	34.3	13.1	35.9	32.4
	1. 1～2階	(45.8)	(63.7)	(52.3)	(49.5)
	2. 3～4階	(30.8)	(20.0)	(29.9)	(30.0)
	3. 5～7階	(11.7)	(12.7)	(11.4)	(11.6)
	4. 8～10階	(5.7)	(1.8)	(3.2)	(4.4)
	5. 11階以上	(6.0)	(1.8)	(3.2)	(4.5)
	3. その他	2.0	2.4	2.7	2.3

表 5-37　居 住 歴　(%)

	近所遊び	戸外遊び	外遊びなし	全体
10年以上	36.3	49.8	32.3	36.3
10年未満	63.7	50.2	63.7	63.7

表 5-38　居住歴と母親の近隣関係　(%)

居住歴	気楽に話せる人		ときどき話しをする人		挨拶をする人	
	いる	いない	いる	いない	いる	いない
10年以上	71.1	28.9	94.9	5.1	98.9	1.1
10年未満	75.7	24.3	95.2	4.8	99.3	0.7

表 5-39　居住歴と母親の隣人数　(%)

居住歴＼隣人数	気楽に話せる人				ときどき話しをする人				挨拶をする人			
	1人	2人	3人	4人～	1人	2人	3人	4人～	1・2人	3・4人	5・6人	7人～
10年以上	27.5	35.7	22.1	14.7	11.6	26.8	24.7	36.9	6.9	17.3	34.3	41.5
10年未満	22.7	37.5	22.9	16.9	9.0	23.1	25.4	42.5	6.5	15.6	30.7	47.2

表5-40 居住歴と幼児の仲間関係　　　　　　　　　　　　　　　　　　　(%)

	同じ幼稚園の友だち		他の幼稚園の友だち		年上の子ども		年下の子ども	
	いる	いない	いる	いない	いる	いない	いる	いない
10年以上	74.0	26.0	31.6	68.4	60.5	39.5	52.1	47.9
10年未満	75.0	25.0	39.7	60.3	59.6	40.4	56.5	43.5

これらの表に見るように，居住歴と近隣関係との間には何らの関連も見いだせない。むしろ近隣関係の資源量との関連においては，居住歴の短い「10年未満」層の方が資源量は多いくらいである。同様に，居住歴と幼児の遊戯仲間関係との関連をみたのが表5-40と表5-41である。表5-40は，居住歴とそれぞれの種類の仲間関係の有無との関連，表5-41は，居住歴とそれぞれの種類の仲間関係の資源量との関連である。結果は，同様に，両者に関連は見られない。もっとも，ここで対象としている幼児は3歳から就学前の6歳の子どもであるから，居住歴10年以上に該当する幼児などいるはずがない。しかし，前述のように，近隣関係，隣人関係，遊戯仲間関係が同じ地縁関係として相互に関連しているとすれば，母親ないしは家族の居住歴が遊戯仲間関係にも反映されようと思われたのである。

したがって，近所遊びグループは居住歴が短く，戸外遊びグループは居住歴が長いという，居住歴と幼児の近所遊びグループとの関連の理由はここでは明らかでない。

次に，住居形態と近所遊びグループとの関連をみておこう。先の表5-36に見るように，近所遊びグループと戸外遊びグループとを比較すると，前者では「マンション・アパート・団地」が多く，後者では「一戸建て」が多いという関連が見られる。これは，つまるところ物理的な接触頻度の問題に帰着する。「マンション・アパート・団地」は一定の地域空間を高度に利用した，いわば垂直的な居住形態であるから，密度は高く，したがって居住者相互の日常的な接触頻度は高い。だから，マンション・アパート・団地では居住を契機とする近隣関係・隣人関係・遊戯仲間関係の形成が容易なのであろうと思われる。それ故こうした居住形態の場合には，幼児の近所遊びグループも容易に形成されるというわけである。これに対して，一戸建ての場合は，

表 5-41　居住歴と幼児の仲間数

居住歴＼隣人数	同じ幼稚園や保育所の友だち				他の幼稚園や保育所の友だち			
	1人	2人	3人	4人～	1人	2人	3人	4人～
10年以上	21.3	30.3	23.9	24.5	33.1	37.5	14.8	14.6
10年未満	16.9	29.3	26.6	27.2	33.2	36.2	17.6	13.0

　居住空間は水平的な広がりとなるため相互の接触には距離感が伴い，したがって相互の接触は容易ではない。しかし，この居住形態と近隣関係との関連についても，これまでの都市社会学の一般的な見解では，「マンション・アパート・団地」よりも「一戸建て」の方が親密な近隣関係をもつというものであった[8]。前者の居住形態の方が居住期間が短く，また居住移動が多いからである。したがって，この両者の関連についても，本調査では，これまでの調査とは逆の結果が出たわけである[9]。

　ところで，このように考えてくれば，先の，居住歴と幼児の近所遊びグループとの関連の理由も明らかとなる。つまり「一戸建て」の居住者に比べ，「マンション・アパート・団地」の居住者は，一般に居住期間が短いのであろうが，しかし，その「居住期間」以上に「居住形態」の方が近隣関係・隣人関係・遊戯仲間関係という地縁関係の形成・拡大の大きな要因になっているというわけである。実際，「居住形態」は日常生活の次元で居住者の諸々の生活行動を規制するが，「居住期間」は日常的次元を超えた要因であるからである。

　母親の生活の一側面として，次に，地域団体への参加状況を取り上げ，母親の地域団体活動と幼児の近所遊び活動との関連を見てみよう。表5-42は，この両者との関連を見たものである。ここでは，5つの地域団体を取り上げたが，このうち「ＰＴＡ・子供会育成会」が幼児の近所遊び活動と高い関連をもつようである。即ち，「ＰＴＡ・子供会育成会」への参加度が高いほど，幼児の家の外での遊戯活動が多い傾向がみられる。近所遊びグループも戸外遊びグループも同じ傾向を示しているが，近所遊びグループでは過半数が「よく出席」あるいは「ときどき出席」としている。同様の傾向は，比率は低いものの，「自治会・町内会」や「趣味やスポーツのためのサークル」の団

第5章　幼児の近所遊びと母親の生活

(%)

小学生や年上の子ども				年下の子ども			
1人	2人	3人	4人～	1人	2人	3人	4人～
21.4	37.2	24.1	17.3	42.3	37.9	13.7	6.1
24.1	35.8	24.0	16.1	31.4	38.0	20.0	10.6

表5-42　地域団体への母親の参加度　　(%)

		近所遊び	戸外遊び	外遊びなし	全体
(ア)自治会・町内会	1．よく出席する	14.0	10.9	8.2	11.3
	2．ときどき出席する	25.5	19.6	17.6	21.6
	3．あまり出席しない	30.5	26.0	37.3	32.7
	4．はいっていない	30.1	43.4	36.9	34.4
(イ)婦人会	1．よく出席する	6.3	10.4	4.5	6.1
	2．ときどき出席する	8.5	8.2	6.2	7.5
	3．あまり出席しない	10.8	14.5	10.5	11.1
	4．はいっていない	74.5	66.9	78.8	75.3
(ウ)PTA・子供会育成会	1．よく出席する	30.8	28.4	22.3	27.1
	2．ときどき出席する	20.2	17.9	17.1	18.7
	3．あまり出席しない	8.8	10.5	8.9	9.0
	4．はいっていない	40.2	43.2	51.7	45.2
(エ)教養や学習のためのサークル	1．よく出席する	7.0	5.2	4.4	5.8
	2．ときどき出席する	10.1	11.0	6.8	8.9
	3．あまり出席しない	5.5	3.8	4.4	4.8
	4．はいっていない	77.4	80.0	84.4	80.6
(オ)趣味やスポーツのためのサークル	1．よく出席する	18.4	14.3	12.1	15.3
	2．ときどき出席する	12.3	11.1	9.1	10.8
	3．あまり出席しない	3.9	4.1	3.2	3.6
	4．はいっていない	65.5	70.5	75.7	70.2

体にも見られる。こうした地域団体に母親が参加することが，近隣関係・隣人関係，さらには幼児の遊戯仲間関係の契機となって，近隣地域でのネットワークが拡大するのであろう。表5-43は，これら3つの地域団体への参加度と母親の親密な近隣関係の関連を見たものであるが，親密な近隣関係の相手が「いる」とするものに，地域団体への参加者が多く見られる。

　最後に，母親の就業との関連を見ておこう。表5-44は母親の就業形態と幼児のグループとの関連を見たものであるが，近所遊びグループでは「家

表 5-43 地域団体への参加度と親密な近隣関係

(1) 自治会・町内会 (%)

親密な関係	よく出席する	ときどき出席する	あまり出席しない	加入していない
いる	13.2	23.2	32.3	31.4
いない	6.2	16.5	34.4	42.7

(2) ＰＴＡ・子供会育成会 (%)

親密な関係	よく出席する	ときどき出席する	あまり出席しない	加入していない
いる	29.6	19.7	8.2	42.6
いない	19.7	16.1	11.8	52.4

(3) 趣味やスポーツのためのサークル (%)

親密な関係	よく出席する	ときどき出席する	あまり出席しない	加入していない
いる	18.4	12.0	3.6	66.2
いない	7.0	7.2	4.0	81.3

表 5-44 母親の就業形態 (%)

母親の就業形態	近所遊び	戸外遊び	外遊びなし	全体
1．家にいて家事をしている	68.5	50.5	48.9	58.6
2．自分の家の仕事を手伝っている	10.0	17.8	13.6	12.3
3．外に仕事に出ている	21.6	31.7	37.5	29.1

表 5-45 母親の就業形態と近隣関係 (%)

母親の就業形態	気楽に話せる人		ときどき話しをする人		挨拶をする人	
	いる	いない	いる	いない	いる	いない
家にいて家事をしている	80.5	19.5	97.2	2.8	99.3	0.7
自分の家の仕事を手伝っている	68.4	31.6	94.9	5.1	98.6	1.4
外に仕事に出ている	63.0	37.0	91.1	8.9	99.0	1.0

事」，即ち専業主婦が多く（69％），戸外遊びグループや戸外で遊ばなかった幼児のグループでは「外に仕事に出ている」就労主婦が多くなっている（それぞれ32％，38％）。このことも，結局は，前述の母親の近隣関係に関連してくる現象と思われる。実際，母親の就業形態と近隣関係の関連を見ると，表5-45のように，明らかに専業主婦の方が，就労主婦の場合よりも，親密な近隣関係を有している。「挨拶程度」の関係や「ときどき話しをする程度」

第5章　幼児の近所遊びと母親の生活

表5-46　母親の就業形態と近隣関係　(%)

母親の就業形態＼隣人数	気楽に話せる人				ときどき話しをする人				挨拶をする人			
	1人	2人	3人	4人～	1人	2人	3人	4人～	1・2人	3・4人	5・6人	7人～
家にいて家事をしている	22.1	36.7	23.0	18.2	8.5	21.7	24.7	45.2	5.4	14.8	29.5	50.3
自分の家の仕事を手伝っている	28.2	36.0	24.5	11.2	10.5	30.5	24.6	34.3	7.2	18.3	32.7	41.8
外に仕事に出ている	28.2	38.5	20.4	13.0	12.9	27.9	26.4	32.8	9.2	18.1	36.1	36.6

表5-47　母親の就業形態と幼児の仲間関係　(%)

母親の就業形態＼幼児の仲間関係	同じ幼稚園の友だち		他の幼稚園の友だち		年上の子ども		年下の子ども	
	いる	いない	いる	いない	いる	いない	いる	いない
家にいて家事をしている	81.2	18.8	36.0	64.0	60.5	39.5	59.7	40.3
自分の家の仕事を手伝っている	70.3	29.7	31.9	68.1	58.8	41.2	45.3	54.7
外に仕事に出ている	63.2	36.8	39.9	60.1	59.3	40.7	48.7	51.4

の関係は殆どの母親がもっているので明確ではないが，「気楽に話せる」という親密な近隣関係では明確な傾向が見られ，専業主婦の81%がこうした親密な近隣関係を有しているのに対して，就労主婦の場合は63～68%がそうした近隣関係を有しているに過ぎない。そしてまた専業主婦の方が，就労主婦の場合よりも，どの段階の近隣関係の人数も多くなっている（表5-46）。専業主婦の日常生活領域は家庭とその家庭を核とした近隣地域であるから近隣地域における生活関係は豊富であるが，就労主婦の日常生活領域は家庭と家庭から離れた職場であるから，専業主婦と比較した場合，就労主婦の近隣地域における生活関係は希薄となる。こうした専業主婦である母親の近隣関係の質量の高さが，そして就労主婦である母親の近隣関係の質量の希薄さが，その幼児の遊戯仲間関係のあり方に反映してくるわけである。表5-47は母親の就業形態と幼児の遊戯仲間関係との関連を見たものであり，表5-48は母親の就業形態と幼児の遊戯仲間数との関連を見たものであるが，「家にいて家事をしている」専業主婦である母親の方が，どのような種類の幼児の仲間であっても「いる」とする割合は高く，またその人数も多くなっている[10]。

こういうわけで，母親の生活ないしは家族の生活は，その近隣関係を媒介

表 5-48 母親の就業形態と幼児の仲間数

母親の就業形態 \ 幼児の仲間数	同じ幼稚園や保育所の子ども				他の幼稚園や	
	1人	2人	3人	4人〜	1人	2人
家にいて家事をしている	16.6	29.4	25.7	28.3	34.9	37.6
自分の家の仕事を手伝っている	24.0	29.0	26.5	20.6	32.7	38.5
外に仕事に出ている	20.7	30.6	25.2	23.5	29.8	34.7

にして，幼児の近隣地域での遊戯仲間関係と関連してくるのである。

4. 要約と結論

　以上，幼児の日常生活を遊戯生活場面として捉え，その遊戯生活の構造を明らかにするために，幼児の近所遊び活動の様相および幼児の近所遊び活動に対する母親の意識や態度，また母親自身の地域生活の様相との関連において分析してきたのであるが，その結果の主なファインディングスを箇条書ふうに要約すると，以下のようになる。

　(1) 大都市では，交通の危険性や事故の危険性が高く，遊戯環境としての安全性が低いが故に，幼児の戸外での遊戯活動は少ない。また，同様の理由で，男子の幼児よりも女子の幼児に戸外での遊戯活動は少ない。

　(2) 幼児の遊戯仲間も，児童や青少年の遊戯仲間が同一学級の友だちという「同級生志向」であるのと同様に，同じ幼稚園・保育所の仲間という「同園生志向」である。殊に大都市の近所遊びグループでは，この傾向が強い。

　(3) 「同世代の他人」を遊戯仲間とする近所遊びグループは，「きょうだい」や「自分一人」で遊ぶ戸外遊びグループと比べて，集団成員も多様であり，かつ集団成員の人数も多い。殊に大都市の近所遊びグループでは，この傾向が強い。

　(4) 近所遊びグループは，集団的な遊戯活動を「公園」や「野原・空き地」など集団的で活動的な行動が可能な場所で行っているが，戸外遊びグループは，「自分の家の庭」や「友だちの家の庭」など，いわば私的空間で遊戯活動をしている。大都市の近所遊びグループでは，こうした傾向が強いが，同じ近所遊びグループであっても，農村の近所遊びグループは，戸外遊びグ

(%)

保育所の子ども		小学生や年上の子ども				年下の子ども			
3人	4人〜	1人	2人	3人	4人〜	1人	2人	3人	4人〜
16.6	10.4	24.2	35.8	23.1	17.0	32.7	37.3	18.8	11.2
15.6	13.1	22.5	36.1	25.7	15.8	41.2	38.5	16.8	5.6
17.5	17.6	21.4	37.4	25.6	15.6	38.7	39.4	15.7	6.2

ループの様相に近い。

(5) 家の外での遊戯活動時間は近所遊びグループの方が戸外遊びグループよりも長い。

(6) 近所遊びグループの幼児の方が戸外遊びグループの幼児や戸外で遊ばなかった幼児よりも、遊戯仲間に対して積極的であり、また遊戯仲間も特定化しておらず開放的である。

(7) 近所遊びグループの幼児は、戸外遊びグループの幼児や戸外で遊ばなかった幼児よりも、近隣地域で多くの異年齢の仲間や同年齢の仲間をもっている。

(8) 母親は、一般に子どもの集団的遊戯活動の意義は認めているけれども、だからといって、子どもが集団的遊戯活動ができるように配慮しているわけではない。ただ、大都市の母親は、その遊戯環境の安全性の低い故に、配慮している。

(9) 一般に近所遊びグループの幼児の母親は、近隣関係の資源は多く、かつその程度も高い。つまり近隣関係の質量ともに高いわけである。

(10) したがって、この(9)と先の(7)からも分かるように、母親の近隣関係と幼児の遊戯仲間関係との間には関連があり、母親が近隣関係を有しているほど、幼児は近隣地域で多くの異年齢や同年齢の仲間をもっているし、また母親の近隣関係の程度が親密になるほど、同様に、幼児は近隣地域で多くの異年齢の仲間や同年齢の仲間をもっている。

(11) 母親の、近隣地域の子どもに対する関係、即ち隣人関係の程度が親密になるほど、幼児は近隣地域で多くの異年齢の仲間や同年齢の仲間をもっており、また母親の隣人関係の程度が親密になるほど、母親自身の近隣関係を有している割合は高く、かつ人数も多い。

(12)　したがって，近隣地域での幼児の遊戯仲間関係，母親の隣人関係と近隣関係という3つの地縁関係の間には連関関係が存在しているといえる。

(13)　近所遊びグループの居住歴は短い。このことと関連して，従来一般に考えられていた都市社会学の仮説，即ち居住期間の長いほど近隣関係は豊富という仮説は否定された。

(14)　近所遊びグループの住居形態は集合住宅が多い。このことも同様に，従来考えられていた都市社会学の一般的仮説，即ち一戸建ての居住者ほど近隣関係は豊富という仮説は否定された。集合住宅は密度が高く，それ故近隣関係，隣人関係，遊戯仲間関係の形成の契機になるからである。

(15)　母親の就業形態も幼児の近所遊び活動と関連しており，近所遊びグループの幼児の母親には専業主婦が多い。専業主婦の母親の方が就業している母親よりも近隣関係と隣人関係の資源は多く，かつその程度は高いから，そうした関係を契機として幼児の遊戯仲間関係が形成されるからである。つまり母親の就業は，その近隣関係と隣人関係を媒介にして，幼児の近隣地域での遊戯仲間関係と関連してくるのである。

　さて，以上のような諸事実および諸傾向から，分析課題の結論は，反復を厭わずに述べるならば，以下のように簡略に要約することができる。

　幼児の近所遊び活動についていえば，近所遊び活動に興じる幼児は，遊戯仲間に対して積極的な態度をもっており，また特定の遊戯仲間に固定化することなく開放的である。それ故近隣地域における遊戯仲間の人数も多く，しかも同年齢・異年齢という多様な遊戯仲間を有している。したがって遊戯活動も多人数となるから，集団的遊戯活動の可能な広い空間において活動するが，多人数での集団的遊戯活動であるだけに集団的興奮に興じ，ために遊戯時間は長くなるという傾向が見られる。

　しかし，こうした幼児の近所遊び活動は，母親自身の生活の様相と極めて深い関連をもっており，母親の近隣関係・隣人関係の様相が幼児の近隣地域での遊戯仲間関係の様相に大きく反映している。つまり近隣関係，隣人関係，遊戯仲間関係という3つの地縁関係は連関関係にあり，したがって母親の近隣関係あるいは隣人関係の質量が高いほど幼児の近隣地域での遊戯仲間関係

の質量も高いという傾向が見られる。だから母親の近隣関係あるいは隣人関係の様相と関連する生活の諸要因は，この近隣関係あるいは隣人関係を媒介として幼児の遊戯仲間関係と連関をもってくるのである。母親の就業形態，住居形態，母親の地域団体への参加状況はその例であった。殊に母親の就業形態は，母親自身の近隣生活との関連が深い故に，強い関連性をもっている傾向が見られる。

[注]
1) ここでいう幼児期とは，一般にいわれているように，2歳前後から就学前までの期間を指している。しかし，本研究の直接の対象となっている子どもは，厳密には，エディプス位相と呼ばれる発達段階以降の子どもである。
2) 詳細は，拙著『子どもの仲間集団と地域社会』（九州大学出版会，1985）第4章「子どもの生活構造と地域社会」を参照のこと。
3) 詳細は，萩原元昭編著『幼児の近所遊びに関する基礎調査』（多賀出版，1990）を参照のこと。調査は，第一次調査と第二次調査に分かれ，第一次調査は，全国（但し沖縄を除く）の幼稚園・保育所名簿をもとに2段階サンプリングによって，29の幼稚園から4,166標本，41の保育所から3,825標本，計70園から7,991標本（母親と父親のペア）を抽出した。有効回収票は5,523標本，回収率は69.1%。また第二次調査は，第一次調査においてサンプリングした標本のうち北海道地区と東京地区の二地区の母親を対象とした。4幼稚園から966標本，6保育所から443標本，計10園から1,409標本（母親）が対象。調査時期は，1987（昭和62）年7月20日〜8月30日。有効回収票は626標本，回収率は44.4%。なお，研究組織は以下の通り。〔研究代表者〕萩原元昭（群馬大学），〔研究分担者〕佃範夫（香川大学），森楙（広島大学），本田和子（お茶の水女子大学），松原達哉（筑波大学），住田正樹（九州大学），永井聖二（群馬大学），藤崎眞知代（群馬大学），鎌原雅彦（東京大学）。但し所属は当時。
4) 今日の児童・青少年の遊戯仲間が同級生志向となっていることについての調査は，これまでにも数多くある。『青少年白書』（各年度版）等参照。
5) 隣人関係という言い方をすれば，当然のことながら，[母親→近隣の子ども]関係，[近隣の子ども→母親]関係という2つの関係に区分されようが，ここでは前者の関係に限定して用いている。
6) 三者の地縁関係が相互に関連しているという事実については，第6章「都市近隣における子どもの人間関係」および拙稿「都市における子供の人間関係に関する実証的研究（II）」（香川大学教育学部研究報告第I部第53号，1981）において述べておいた。但し，ここでいう隣人関係は，注5でいう[母親→近隣の子ども]関係，[近隣の子ども→母親]関係の2つの関係を含んでいる。

7) 例えば，大橋薫『都市生活の社会学』(川島書店, 1973) 第5章「都市の近隣社会」135-173頁, および Smith, J., Form, W. H., Stone, G. P., "Local Intimacy in a Middlle Size City," American Journal of Sociology, 60 (November 1954) p. 279。また最近では，倉田和四生『都市コミュニティ論』(法律文化社, 1985) 第4章「都市の近隣関係」83-112頁等を参照。倉田は，このなかで「居住期間別にみると，居住期間の長い人の方が近隣関係が深く，短い人の方が浅い。したがって（従来の－筆者）仮説が肯定された」としている (109頁)。また第4章「母親の就業と幼児の近隣生活」を参照。
8) 居住形態と近隣関係との関連については，大橋，倉田，前掲書参照。また，青井和夫「地域」(籠山京編『大都市における人間構造』東京大学出版会, 1981) 参照。
9) 居住歴と近隣関係，居住形態と近隣関係について，これまでの見解とは逆の，少なくともこれまでの見解を肯定するものではないという結果が出たのは，本調査の対象が幼児をもつ母親に限定されているからかも知れない。近隣関係においては「子どもの有無」あるいは「子どもの人数」が極めて大きな要因となるからである。したがって，この点についての詳細は今後の調査に俟たねばならないが，同様の傾向は，われわれが行った別の調査結果からも見いだされた。第4章「母親の就業と幼児の近隣生活」を参照のこと。
10) 母親の就業が幼児の遊戯仲間関係に及ぼす影響については，第4章「母親の就業と幼児の近隣生活」を参照のこと。

第6章

都市近隣における子どもの人間関係
—— 仲間関係と隣人関係 ——

1. 問題の設定

(1)

　本章は，都市近隣地域において子どもが取り結ぶprimaryな関係間，すなわち子どもの仲間関係と隣人関係との関連を明らかにすることを目的としている。

　子どもの社会化過程における地域社会の意義ないし重要性については，既に序章および第1章で論じた。子どもは地域社会のなかで初めて同世代あるいは異世代の「他人」に接するのであり，したがってそれまでの家族集団内部における成人（親）の無条件的な庇護の下での生活とは異なって，他人の世界という多種多様な，そして厳格な人間関係のなかに入っていくのである。他人であるから，たとえ成人（隣人）であっても，親とは異なり，子どもの欲求を充足させたり，子どもを庇護し，指導する責任をもっているわけではない。だが，この他人は同世代であれ異世代であれ，子どもにとっては，同一地域に居住する，いわば「見慣れた」人々なのである。したがって「見慣れた他人」というのは，同一地域に居住することによって構成される日常的な対面的状況のなかで日々接触している，あるいは接触可能な，具体的諸個人のことをいうのである（微視的世界－第1章参照）。これが，地域社会を越えたより広い社会になると，大勢の，多様な，見慣れない他人から構成される世界になる（巨視的世界）。その意味で，子どもにとって地域社会は，日常的に見慣れた他人から構成される小規模の実社会なのであって，この小社会

のなかで子どもは同世代あるいは異世代の，見慣れた他人と関係交渉をもちつつ，そしてその関係交渉を通して，それまでに受けてきた家族集団のなかでの社会化をより普遍的な方向に向けて（すなわち，より広い社会に向けて）修正していくのである。地域社会の社会化は，いうなれば，より広い現実の社会へ入っていくための準備段階なのだといってもよい（補論参照）。

　この日常的な対面的状況を構成する地域的範域が，子どもにとっては地域社会なのであるが，その具体的形象は，第1章で述べたように，近隣社会に見いだすことができる。近隣地域に居住する，見慣れた他人との不断の交渉過程こそが子どもにとっては地域社会での日常生活なのである。そうした関係交渉のなかでも子どもの社会化にとってとりわけ重要な意味をもつのは，primaryな関係である。

(2)

　近隣地域において子どもが取り結ぶprimaryな関係には，既に第1章の図1-1（41頁）に示したように，同世代の他人である仲間との関係と異世代の他人である近隣の大人（以下，隣人と呼ぶ）との関係がある。前者が子ども同士の仲間関係であり，後者が世代の異なる近隣の大人との隣人関係である（大人同士の近隣関係と区別して隣人関係と呼ぶ）。仲間関係においては，関係主体は子どもであるが，隣人関係においては，関係主体は子どもと隣人であるから，隣人関係の分析は，子どもの側からと隣人の側からの双方からアプローチしていかなければならない。いま，便宜的に，子どもの隣人に対する関係を「子ども-隣人関係」と表し，隣人の子どもに対する関係を「隣人-子ども関係」と表すことにしたい。

　子ども-隣人関係における子どもの交渉相手である隣人は，大方が子どもの仲間の両親であろうし，隣人-子ども関係における隣人の交渉相手である子どもは，隣人にとっては大方が自分の子どもの仲間であろう。つまり子ども-隣人関係においても隣人-子ども関係においても，仲間（隣人の子ども）が媒介になると思われる。近隣地域において子どもと隣人とを結びつける契機となるのは仲間である可能性が最も高い。仲間が子どもと隣人とを結びつけ，隣人関係を形成するのである。そしてこうした関係の，それぞれの

第6章　都市近隣における子どもの人間関係

表6-1　隣人-子ども関係の子どもの種類と人数　　　　　　　　（　）内は%

子どもの種類 \ 子どもの人数	1～3人	4～6人	7～9人	10人以上	隣人数の合計	子ども数の合計
子どもの友だち	40 (58.0)	19 (27.5)	6 (8.7)	4 (5.8)	69 (40.8)	252 (49.9)
隣近所の子ども	27 (71.1)	9 (23.7)	1 (2.6)	1 (2.6)	38 (22.5)	103 (20.5)
子供会，PTA活動等で一緒になった子ども	11 (78.6)	3 (21.4)	—	—	14 (8.3)	36 (7.1)
友人・知人の子ども	15 (68.2)	7 (31.8)	—	—	22 (13.0)	61 (12.1)
職場の人の子ども	2 (100.0)	—	—	—	2 (1.2)	2 (0.3)
その他	21 (87.5)	3 (12.5)	—	—	24 (14.2)	51 (10.1)
計	116 (68.6)	41 (24.3)	7 (4.1)	5 (3.0)	169 (100.0)	505 (100.0)

（注）—の表示は度数が0であることを示す。以下同様。

交渉相手とは，仲間（隣人の子ども）が媒介になっているだけに，親密な関係にあるだろう。

実際，第1章の表1-4および表1-5で見たように（52-53頁），近隣地域における隣人関係は，子ども-隣人関係においては「友だちの父や母」が子どもの交渉相手として最も多くあげられ，かつ最も親密な関係にあるとされている（但し，表1-4・表1-5は前後左右隣の隣人を除く）。子どもが近隣地域において交渉するさまざまな隣人のうち56%が「友だちの父や母」であり，その「友だちの父や母」を41%の子どもが隣人としてノミネートしている。また関係の強度も高く，子どもは「友だちの父や母」とは「学校のことや家のこと，友だちのことなどをよく話す」（25%）としており，ときには「内緒話」（10%）をすることもあるほどに，親密な関係にある。

他方の隣人関係である，隣人-子ども関係も同様であり，隣人の交渉相手である子どもは，表6-1および表6-2に見るように，「子どもの友だち」が50%で最も多く，41%の隣人が「子どもの友だち」をノミネートしてい

表 6-2　隣人-子ども関係の子どもの種類と関係の強度　　　　　　　( ) 内は%

子どもの種類 ＼ 関係の強度	道で会えば挨拶をする	ときどき話しをする	身近な話をよく聞いたり話したりする	社会の出来事などを話したり教えたりする	子ども数の合計
子どもの友だち	82 (32.5)	69 (27.4)	92 (36.5)	9 (3.6)	252 (49.9)
隣近所の子ども	45 (43.7)	29 (28.2)	27 (26.2)	2 (1.9)	103 (20.5)
子供会，PTA活動等で一緒になった子ども	16 (44.5)	12 (33.3)	8 (22.2)	―	36 (7.1)
友人・知人の子ども	24 (39.3)	22 (36.1)	13 (21.3)	2 (3.3)	61 (12.1)
職場の人の子ども	1 (50.0)	―	1 (50.0)	―	2 (0.3)
その他	28 (54.8)	11 (21.6)	11 (21.6)	1 (2.0)	51 (10.1)
計	196 (38.8)	143 (28.3)	152 (30.1)	14 (2.8)	505 (100.0)

る。関係の強度も高く、「子どもの友だち」とは「身近な話をよく聞いたり話したりする」（36％）し、ときには「社会の出来事などを話したり教えたりする」（4％）という親密さを示している。

　このように、子ども-隣人関係の、子どもの交渉相手が「友だちの親」であり、隣人-子ども関係の、隣人の交渉相手が「子どもの友だち」であるのは、大方の傾向だと思われる。

　そうとすれば、子ども-隣人関係においても、隣人-子ども関係においても、つまり隣人関係においては、子どもの仲間関係が結合の媒介をなしているのであるから、子どもの仲間関係と隣人関係（子ども-隣人関係および隣人-子ども関係）とは、いわば「並行関係」にあるのではないかと思われる。果たしてそうであるか否かを人間関係の資源と強度の視点から分析するのが、本章の目的である。

　したがって分析課題は、以下の2つである。
　① 子どもの仲間関係の資源・強度と子ども-隣人関係の資源・強度との

関連性
② 子どもの仲間関係の資源・強度と隣人‐子ども関係の資源・強度との関連性

2. 調査対象

(1)

調査対象は，香川県高松市の市街地の住宅地域 Mi 町と Ma 町の二町に居住する小学校4年生の子ども98人全員（Mi 町47人，Ma 町51人）とその母親である。小学校4年生（10歳児）を選定した理由は，小学校中学年であるから上級生とも下級生とも仲間関係をもちやすい位置にあり，したがって異年齢の仲間関係を把握し易いと考えたからである[1]。但し，異年齢の仲間といっても，ここでは小学生に限定した。また隣人‐子ども関係における子どもについても小学生に限定した。その理由は，調査が被調査者である子どもと母親にそれぞれの人間関係の交渉相手を一人一人ノミネートさせ，その一人一人について属性，種類，関係の契機と強度を聞き出すという煩雑な調査であるから，それも子どもには仲間関係と隣人関係（子ども‐隣人関係）について，母親には隣人関係（隣人‐子ども関係）と近隣関係について，それぞれに聞き出すという調査であるから，ノミネートの対象を小学生に限定しなければ，混乱して回答に困難を覚え，また調査を煩瑣に感じて調査協力も得にくいと思われたからである。実際，子どもの場合は対象者全員を調査し終えたものの，母親の場合は調査途中から拒否に転じた例が1ケースあり，またプライバシーを理由にした拒否が1ケースあった。前者の，調査途中からの拒否は調査拒否に入れてある。なお，調査対象に父子世帯および親以外を保護者とする世帯が各1ケースあったが，父およびその保護者を母親と同様に扱った。

調査の実施期間は，1979（昭和54）年10月15日～12月2日であり，教育調査法演習の参加学生10人を調査員とする戸別面接調査を実施した。調査に対する依頼状を母親と子どもそれぞれに前もって郵送し，訪問に際して

は事前に電話連絡をすることにした。

　調査員は2人を1組とし，子どもと母親それぞれに対して別個に面接させた。しかしそれでも1回の訪問で終わらない場合もあり，その場合は，2回訪問させることとした。調査の実施に当たっては，学生に調査経験がないために挨拶の仕方，面接の仕方，記録の取り方および調査の方針等についての説明をして若干の訓練を行った。

　調査記入の方法は，子ども・母親それぞれに，関係交渉のある相手を一人一人ノミネートしてもらい，次いでそれぞれの交渉相手の属性・種類および交渉相手との関係の契機と強度を尋ね，調査員が回答欄の該当する項目の番号をチェックするという方法を採った。なお，関係の強度の質問についてはリストを提示し，どの段階の関係項目に当たるのかを尋ねた。

　有効回収票は，子ども82票（男子46票，女子36票），母親76票であり，回収率は子ども83.7%，母親77.6%であった。調査不能者の内訳は，拒否8（いずれも母親の拒否），転居6，子どもの病気・通塾による不在各1およびそのことを理由とする母親の拒否2，母親の就業による不在6，であった。

(2)

　対象者の主要な属性は，表6-3-1および表6-3-2に示してある。子どもは男46人（56%），女36人（44%）である。母親の年齢は30代（82%）に集中しており，学歴は高等学校（64%）が最も多い。有職者は49人（65%）であり，うち内職1人（1%），パート7人（9%）である。母親76人のうち，夫がいないのは5人であるから，したがって母親44人（58%）が共稼ぎ世帯であると推定される。

　居住歴は，11年以上が34人（45%），6～10年が16人（21%），5年以下が26人（34%）であるから，子ども（10歳児）の約半数は移動の経験がなく，2割は幼稚園入園時以前に移動して来，3割余が小学校入学時ないしそれ以降に移動してきたことになる。住居形態は，46人（61%）が持家であるが，居住歴6年以上が50人（66%）であるから，持家形態は，ほぼこの層に該当するものと思われる。

第6章　都市近隣における子どもの人間関係　　　　　　219

表6-3-1　対象者の属性(1)　（　）内は％

子ども	性	男	46 (56.1)
		女	36 (43.9)
		計	82 (100.0)
	年齢	10歳	82 (100.0)
母親	年齢	20～29歳	1 (1.3)
		30～39歳	62 (81.6)
		40～49歳	13 (17.1)
		計	76 (100.0)
	学歴	中学校卒	7 (9.2)
		高等学校卒	49 (64.4)
		短期大学卒	16 (21.1)
		大学卒	4 (5.3)
		計	76 (100.0)
	職業	無職	27 (35.6)
		内職	1 (1.3)
		パート	7 (9.2)
		公務員・会社員	18 (23.7)
		教員	1 (1.3)
		家業	14 (18.4)
		その他	8 (10.5)
		計	76 (100.0)

表6-3-2　対象者の属性(2)　（　）内は％

母親	住居形態	持家	46 (60.6)
		借家	15 (19.7)
		公営・公団住宅	3 (3.9)
		社宅	12 (15.8)
		計	76 (100.0)
	居住歴	2年未満	9 (11.8)
		2～5年	17 (22.4)
		6～10年	16 (21.1)
		11～20年	25 (32.8)
		20年以上	5 (6.6)
		生まれてからずっと	4 (5.3)
		計	76 (100.0)
	夫の職業	小売業	14 (18.4)
		職人	1 (1.3)
		公務員	3 (3.9)
		会社員	43 (56.7)
		経営者	6 (7.9)
		自由業	1 (1.3)
		教員	3 (3.9)
		いない	5 (6.6)
		計	76 (100.0)

3．仲間関係と子ども‐隣人関係

(1)

　仲間関係と隣人関係との相互関連の分析に際して，まず子ども自身の仲間関係があるか否かの確認をしなければならない。ここでは，日常的に親密な関係の仲間がいるとする子どもを仲間関係ありとしてⅠ型とし，日常的に親密な関係の仲間がいないとする子どもを仲間関係なしとしてⅡ型とした。この分類設定の基準は，子どもの仲間関係の強度に関する質問項目において，「いつも一緒に遊ぶ」とする仲間がいるか否かによる。

表6-4 仲間関係の型と仲間の人数　　　　　　　　　　　　　　（　）内は％

仲間関係の型	無	有				計	仲間総数
		1～3人	4～6人	7～9人	10人以上		
Ⅰ型	—	3 (8.1)	9 (24.3)	14 (37.9)	11 (29.7)	37 (45.1)	306 (56.9)
Ⅱ型	4 (8.9)	12 (26.7)	14 (31.1)	10 (22.2)	5 (11.1)	45 (54.9)	232 (43.1)
計	4 (4.9)	15 (18.3)	23 (28.0)	24 (29.3)	16 (19.5)	82 (100.0)	538 (100.0)

p＜0.01
（但し，無＋1～3人層＝3人以下層とする）

この調査では，仲間関係の強度の測定項目を，

① 顔も名前も知らない。または顔は知っているけれども名前は知らない。
② どこの子どもか知っているけれども一緒に遊んだことはない。
③ 遊んだことはあるが，あまり一緒に遊ばない。
④ ときどき一緒に遊ぶ。
⑤ いつも一緒に遊ぶ。

の5段階に区分したのであるが，このうち最も関係の強度が高く，日常的な親密性を示している⑤の段階の関係にある仲間を1人以上ノミネートした場合に，その子どもは日常的に親密な仲間関係をもっていると判断し，この⑤の段階の関係にある仲間が1人もいない場合には，それ以下の段階の関係にある仲間をどれほどノミネートしようとも，その人数の如何にかかわらず，その子どもの仲間関係は日常的には希薄だと判断したのである。その結果，Ⅰ型の子どもは37人（45％），Ⅱ型の子どもは45人（55％）となった。以下では，この類型を分析軸として，子どもの仲間関係と隣人関係との相互関連を分析する。

なお，このⅠ型・Ⅱ型と，仲間関係の強度③の，いわば面識的段階以上の関係にある仲間数，言い換えれば関係の親疎は別として，とにかく仲間関係の存在が認められる場合の仲間の人数との関連をみると，表6-4のようである。Ⅰ型では7～9人の仲間をノミネートした子どもが多く（14人，38％），Ⅱ型では4～6人の仲間をノミネートした子どもが多い（14人，

31％)。I型ほど仲間数は多く（平均8.3人），II型ほど仲間数は少ない（平均5.2人）傾向にある。仲間関係が全くないのは，II型の4人（9％）である。この仲間なしを含めて，仲間数3人以下層とした検定の結果では有意差が見られた（カイ自乗検定による。以下の分析もすべて同様）。日常的に親密な仲間関係をもっている子どもほど仲間資源は多いというわけである。

(2)

表6-5は，仲間関係のパターンと子ども-隣人関係において子どもがノミネートした隣人数とのクロス集計表である。

子ども-隣人関係の強度の測定項目を，ここでは，
① 会ったこともないから顔も知らない。
② どこの人か知っているけれども挨拶もしない。
③ 道で会えば挨拶をする。
④ ときどき話しをする。
⑤ 学校での出来事や友だちのこと・家族の様子など身近な話をよくする。
⑥ 内緒話をする。

の6段階に区分したが[2]，このうちノミネート可能な③の挨拶の段階，つまり面識的段階以上の関係に子ども-隣人関係の存在を認めた。

I型37人のノミネートした隣人総数は230人，II型45人のそれは191人であった。I型では3割，II型では約半数（47％）が，4～6人の隣人をノミネートしている。平均人数は，I型6.2人，II型4.2人である。子ども-隣人関係がないのはI型1人，II型2人である。この隣人なしを隣人数1～3人層に含めて，隣人数3人以下層とした分割表では有意差が見られた。すなわち，I型ほど隣人の人数が多い傾向が見られるのである。つまり，日常的に親密な仲間関係をもち，かつ仲間資源の多い子どもほど隣人資源が多いというわけである。

表6-6は，仲間関係のパターンと子ども-隣人関係の強度を見たものである。I型・II型とも挨拶程度が多い（それぞれ42％，55％）。この子ども-隣人関係の強度の項目のうち，③・④を面識的段階，⑤・⑥を親密な段階と区分すると，大方が面識的段階となる。だが，検定の結果，有意差が見られ

表6-5 仲間関係の型と子ども-隣人関係における隣人数　　　　（　）内は％

仲間関係の型 \ 隣人の人数	無	有				計	隣人総数
		1～3人	4～6人	7～9人	10人以上		
Ⅰ型	1 (2.7)	10 (27.0)	11 (29.8)	9 (24.3)	6 (16.2)	37 (45.1)	230 (54.6)
Ⅱ型	2 (4.4)	15 (33.3)	21 (46.8)	6 (13.3)	1 (2.2)	45 (54.9)	191 (45.4)
計	3 (3.7)	25 (30.5)	32 (39.0)	15 (18.3)	7 (8.5)	82 (100.0)	421 (100.0)

$p < 0.05$
（但し，無＋1～3人層＝3人以下層とする）

表6-6 仲間関係の型と子ども-隣人関係の強度　　　　（　）内は％

仲間関係の型 \ 関係の強度	面識的段階		親密な段階		無回答	計	子どもの人数
	③ 道で会えば挨拶をする	④ 時々話しをする	⑤ 身近な話をよくする	⑥ 内緒話をする			
Ⅰ型	97 (42.1)	85 (37.0)	35 (15.2)	13 (5.7)	—	230 (54.6)	37 (45.1)
Ⅱ型	104 (54.5)	63 (33.0)	19 (9.9)	3 (1.6)	2 (1.0)	191 (45.4)	45 (54.9)
計	201 (47.8)	148 (35.2)	54 (12.8)	16 (3.8)	2 (0.4)	421 (100.0)	82 (100.0)

$p < 0.05$
（但し，面識的段階（③＋④）と親密な段階（⑤＋⑥））

た。Ⅰ型の子どもほどノミネートした隣人との関係の強度は高く，親密な関係にあり，Ⅱ型の子どもほどノミネートした隣人ではあっても，その関係の強度は低く，精々挨拶程度の面識的段階の関係に過ぎないのである。

　こういうわけで，日常的に親密な仲間関係をもっている子どもは，仲間資源も多く，また子ども-隣人関係においても隣人資源は多く，その関係の強度も高いことが見いだされたのであるが，それでは，これら日常的に親密な仲間関係をもっているⅠ型の子どもと日常的な仲間関係が希薄なⅡ型の子どもは，果たしていかなる特徴を有しているのか，そしてまた，これらの関係

はいかなる要因に規定されているのか，あるいはいかなる要因がそこに介在しているのかが問われねばならない。

(3)

前述の，対象者の個人的属性条件を，子どもの仲間関係Ⅰ型・Ⅱ型の分類設定にしたがって区分してみると，表6-7-1および表6-7-2のようであるが，このうち分布に差が見られるのは，母親の居住歴である。

母親の居住歴が11年以上というのは，被調査者である小学校4年生の子ども（10歳）にとっては，「生まれてからずっと」と同じであるから，これを簡便にすると表6-8のようになる。検定の結果，有意傾向（10％水準）が見られた。Ⅰ型の子どもほど居住歴は長い傾向が見られるのである。Ⅰ型の大半（78％）は居住歴6年以上であるから，これらの子どもは幼稚園入園時以前から居住していることになる。これに対して，Ⅱ型の居住歴6年以上は半数に満たない（47％）。つまり，居住歴の長い子どもは，それ故に，近隣地域で同世代の子どもと接触する機会が多く，したがって仲間資源も多くなり，仲間との関係の強度も高く親密になるというわけである。そしてまた居住歴の長い子どもは，異世代の大人である隣人との接触機会もそれだけ多くなり，したがって隣人資源も多く，関係の強度も高く親密になるのである。

居住歴は，住居形態とも関連しよう。居住歴の長いⅠ型は68％，Ⅱ型は54％がそれぞれ持家形態であった。だが，有意差は見られない（表6-7-2）。

子ども－隣人関係における隣人の種類は，表6-9のようであるが，Ⅰ型・Ⅱ型ともに類似的な傾向を示しており，差異はない。仲間関係の親密なⅠ型に仲間資源が多いからといって，Ⅱ型に比較してⅠ型に隣人資源としての仲間の親（友だちの親）が多いわけではない。またⅠ型に隣人資源が多かったからといって，Ⅱ型と比較してⅠ型に隣近所の人が多いというわけでもない。つまり，子ども－隣人関係における隣人の種類によって隣人資源の多寡や関係の強度が規定されるわけではないのである。それは居住歴の差異によるところが大きい。

この，子ども－隣人関係における隣人の種類については，先に述べたよう

表 6-7-1 仲間関係の型と対象者の属性(1)　（ ）内は％

属性			I 型	II 型
子ども	性	男	22(59.5)	24(53.3)
		女	15(40.5)	21(46.7)
		計	37(100.0)	45(100.0)
母	年齢	20～29歳	1(2.7)	―
		30～39歳	32(86.5)	30(76.9)
		40～49歳	4(10.8)	9(23.1)
		計	37(100.0)	39(100.0)
母	学歴	中学校卒	2(5.4)	5(12.8)
		高等学校卒	22(59.5)	27(69.3)
		短期大学卒	11(29.7)	5(12.8)
		大学卒	2(5.4)	2(5.1)
		計	37(100.0)	39(100.0)
親	職業	無職	14(37.9)	13(33.3)
		内職	―	1(2.6)
		パート	5(13.5)	2(5.1)
		公務員・会社員	8(21.6)	10(25.6)
		教員	1(2.7)	―
		家業	5(13.5)	9(23.1)
		その他	4(10.8)	4(10.3)
		計	37(100.0)	39(100.0)

表 6-7-2 仲間関係の型と対象者の属性(2)　（ ）内は％

属性			I 型	II 型
母	住居形態	持家	25(67.6)	21(53.9)
		借家	8(21.6)	7(17.9)
		公営・公団住宅	1(2.7)	2(5.1)
		社宅	3(8.1)	9(23.1)
		計	37(100.0)	39(100.0)
母	居住歴	2年未満	2(5.4)	7(17.9)
		2～5年	6(16.2)	11(28.2)
		6～10年	10(27.0)	6(15.4)
		11～20年	12(32.5)	13(33.4)
		20年以上	5(13.5)	―
		生まれてからずっと	2(5.4)	2(5.1)
		計	37(100.0)	39(100.0)
親	夫の職業	小売業	5(13.5)	9(23.0)
		職人	―	1(2.6)
		公務員	1(2.7)	2(5.1)
		会社員	25(67.6)	18(46.1)
		経営者	2(5.4)	4(10.3)
		自由業	1(2.7)	―
		教員	2(5.4)	1(2.6)
		ない	1(2.7)	4(10.3)
		計	37(100.0)	39(100.0)

表 6-8 仲間関係の型と子どもの居住歴　　　　　　　（ ）内は％

仲間関係の型	2年未満	2～5年	6年以上	不明	計
I 型	2 (5.4)	6 (16.2)	29 (78.4)	―	37 (45.1)
II 型	7 (15.6)	11 (24.4)	21 (46.7)	6 (13.3)	45 (54.9)
計	9 (11.0)	17 (20.7)	50 (61.0)	6 (7.3)	82 (100.0)

$p < 0.10$
(但し，不明を除く)

表 6-9 仲間関係の型と子ども-隣人関係における隣人の種類　　　（ ）内は%

仲間関係の型	友だちの親	隣近所の人	子供会やPTAの人	自治会や婦人会の人	親の友人・知人	親の職場の人	近所の商店の人	その他	計	子どもの人数
Ⅰ型	61 (26.5)	146 (63.5)	3 (1.3)	2 (0.9)	7 (3.0)	—	2 (0.9)	9 (3.9)	230 (54.6)	37 (45.1)
Ⅱ型	45 (23.6)	132 (69.2)	3 (1.6)	—	2 (1.0)	1 (0.5)	2 (1.0)	6 (3.1)	191 (45.4)	45 (54.9)
計	106 (25.2)	278 (66.0)	6 (1.4)	2 (0.5)	9 (2.1)	1 (0.2)	4 (1.0)	15 (3.6)	421 (100.0)	82 (100.0)

に，仲間を介しての「友だちの父や母」が多いだろうと推測したのであるが，表6-9では「隣近所の人」が「友だちの親」を遙かに上回っている。これはこの「隣近所の人」に前後左右隣の隣人が含まれているからでもあるが，他方，この「隣近所の人」に親の近隣関係の資源が含まれており，その資源が子ども-隣人関係における資源になっているとも考えられる。このことについては後述する。

(4)

ところで，子ども-隣人関係には，その子どもの親の近隣関係の様態も何ほどか関連するものと思われる。子どもにとっては異世代である隣人も，その子どもの親にとっては近隣関係の対象としての同世代の近隣人であろうから，その親の近隣関係の交渉相手とは子どもは接触の機会も多く，その可能性も高い。

そこで，親の近隣関係の様態から，子どもを，A型・B型にタイプ化し，子ども-隣人関係の資源と強度を見たのが，表6-10および表6-11である。親の近隣関係の分類設定の基準は，次のようである。すなわち，親の近隣関係の強度の測定項目を，ここでは，

① 全然知らない。顔をあまり見ない。
② 顔は知っているが，会釈も挨拶もしない。
③ 会っても会釈か挨拶をするくらい。あまり話しをしない。
④ さしさわりのない近所話をする。
⑤ お互いに家に入ったりして世間話をする。

表 6-10 親の近隣関係のパターン別による子どもの型と
子ども‐隣人関係における隣人数

( ) 内は%

近隣関係の型 \ 人数	無	有				計	隣人総数
		1～3人	4～6人	7～9人	10人以上		
A 型	1 (2.9)	7 (20.0)	15 (42.9)	6 (17.1)	6 (17.1)	35 (42.7)	214 (50.8)
B 型	2 (4.9)	15 (36.6)	15 (36.6)	8 (19.5)	1 (2.4)	41 (50.0)	184 (43.7)
不 明	—	3 (50.0)	2 (33.3)	1 (16.7)	—	6 (7.3)	23 (5.5)
計	3 (3.7)	25 (30.5)	32 (39.0)	15 (18.3)	7 (8.5)	82 (100.0)	421 (100.0)

$p<0.10$
(但し,無＋1～3人層＝3人以下層とし,不明を除く)

表 6-11 親の近隣関係のパターン別による子どもの型と子ども‐隣人関係の強度

( ) 内は%

近隣関係の型 \ 関係の強度	面識的段階		親密な段階		無回答	計	子どもの人数
	③ 道で会えば挨拶をする	④ 時々話しをする	⑤ 身近な話をよくする	⑥ 内緒話をする			
A 型	100 (46.8)	83 (38.8)	22 (10.3)	8 (3.7)	1 (0.4)	214 (50.8)	35 (42.7)
B 型	86 (46.9)	58 (31.5)	31 (16.8)	8 (4.3)	1 (0.5)	184 (43.7)	41 (50.0)
不 明	15 (65.3)	7 (30.4)	1 (4.3)	—	—	23 (5.5)	6 (7.3)
計	201 (47.8)	148 (35.2)	54 (12.8)	16 (3.8)	2 (0.4)	421 (100.0)	82 (100.0)

⑥ 自分の家族の様子を話したり,困ったときに相談したりする。
の6段階に区分したのであるが[3],このうち,④以上の段階にある近隣関係の交渉相手の人数が6人以上を近隣関係A型とし,5人以下を近隣関係B型としたのである。だから近隣関係A型は隣人資源が多く,近隣関係B型は隣人資源が少ないというわけである。

近隣関係の存在は，実際には，③の会釈・挨拶の段階以上に求められよう。しかし，前述のように，面接調査において，被調査者に会釈・挨拶段階の近隣関係の交渉相手からノミネートさせ，その属性，種類，関係の強度を聞き出すのは，後述の，子どもを小学生に限定した隣人－子ども関係におけるノミネートとは異なり，被調査者にとっては極めて煩瑣なことであり，また実際には会釈・挨拶程度の関係では，ノミネートの対象を限定することすら困難であって，場合によっては相手の名前を知らないことすらあるだろうと思われたので，④の近所話をする段階以上の関係交渉の相手をノミネートさせることにしたのである。しかも調査の結果，日常的な「親しい」近隣関係はないとしたのは僅か5人（6.6％）であり，大方は親しい近隣関係を有するから，分類設定の基準を親密な近隣関係の有無ではなく，その交渉相手の人数，つまり近隣資源に求めたのである。

さて，親の近隣関係のA型・B型別に，その子どもを分類し，その子どもの，子ども－隣人関係における隣人数を見た表6-10によれば，A型の子どもの平均隣人数は6.1人，B型のそれは4.5人であって，A型の子どもは隣人資源が多く，B型の子どもは隣人資源が少ない傾向が見られた（但し，10％水準による有意傾向）。しかし，この，親の近隣関係のA型・B型別に，子ども－隣人関係における強度を見ると，表6-11のように，近隣関係のパターン別による差異は見られない。

そこで，先の親密な仲間関係をもつⅠ型の子どものみを取り出し，その親の近隣関係のパターン別に子どもを区分して，その子どもの隣人関係における資源と強度を見たのが，表6-12および表6-13である。しかし隣人資源についても関係の強度についても，明確な差異は見られない。ただ，隣人数の平均を算出すると，A型6.9人，B型5.4人であって，同じ日常的に親しい仲間関係を有するⅠ型の子どもであっても，その親の近隣資源の多いA型の子どもの方に隣人資源が多い傾向が見られる。つまり，親の近隣資源が子ども－隣人関係における隣人資源になっているのではないかと思われる。

表 6-12 親の近隣関係のパターン別による子どもの型と
子ども‐隣人関係における隣人数（仲間関係Ⅰ型）　　　　（　）内は％

人数 近隣関係 の型	無	有				計	隣人総数
		1～3人	4～6人	7～9人	10人以上		
A 型	—	6 (30.0)	5 (25.0)	4 (20.0)	5 (25.0)	20 (54.1)	138 (60.0)
B 型	1 (5.9)	4 (23.5)	6 (35.3)	5 (29.4)	1 (5.9)	17 (45.9)	92 (40.0)
計	1 (2.7)	10 (27.0)	11 (29.8)	9 (24.3)	6 (16.2)	37 (100.0)	230 (100.0)

表 6-13 親の近隣関係のパターン別による子どもの型と子ども‐隣人関係の強度
（仲間関係Ⅰ型）　　　　　　　　　　　　　　　　　　　　（　）内は％

関係の 強度 近隣関係 の型	面識的段階		親密な段階		計	子どもの 人数
	③ 道で会えば 挨拶をする	④ 時々話しを する	⑤ 身近な話を よくする	⑥ 内緒話をす る		
A 型	53 (38.4)	58 (42.0)	19 (13.8)	8 (5.8)	138 (60.0)	20 (54.1)
B 型	44 (47.8)	27 (29.4)	16 (17.4)	5 (5.4)	92 (40.0)	17 (45.9)
計	97 (42.3)	85 (37.0)	35 (15.2)	13 (5.7)	230 (100.0)	37 (100.0)

4. 仲間関係と隣人‐子ども関係

(1)

　次に，仲間関係とその親の隣人‐子ども関係の相互関連を分析する。
　隣人‐子ども関係の強度の測定項目は，子ども‐隣人関係のそれと対応させて，①～④は同じ項目とし，(但し，②の「どこの人か」を「どこの子どもか」に改めた)，⑤・⑥は次のように改めた。すなわち，

表6-14 子どもの仲間関係のパターン別による親の型と
隣人-子ども関係における子どもの人数　　　　　　（　）内は％

仲間関係 の型（親）	無	有				計	隣人総数
		1～3人	4～6人	7～9人	10人以上		
Ⅰ型	－	6 （16.2）	17 （46.0）	8 （21.6）	6 （16.2）	37 （48.7）	261 （51.7）
Ⅱ型	1 （2.6）	13 （33.3）	8 （20.5）	9 （23.1）	8 （20.5）	39 （51.3）	244 （48.3）
計	1 （1.3）	19 （25.0）	25 （32.9）	17 （22.4）	14 （18.4）	76 （100.0）	505 （100.0）

p＜0.10
（但し，無＋1～3人層＝3人以下層とする）

⑤　学校での出来事や子どものこと，家族の様子など子どもにとって身近な話をよく聞いたり，話したりする。
⑥　社会一般の出来事や世の中の動きについて話したり，教えたりする。
である。そして，同様に，③・④を面識的段階，⑤・⑥を親密な段階と区分した[4]。面識的段階以上の関係に，隣人-子ども関係の存在が認められることはいうまでもない。

表6-14は，隣人-子ども関係における子ども数を，子どもの仲間関係のタイプ別に区分した母親，つまり隣人について見たものである。仲間関係Ⅰ型の親（隣人）は，4～6人の近隣地域の子どもをノミネートするものが多く（46％），Ⅱ型の親は，3人以下が多い（36％）。平均すると，Ⅰ型の親7.1人，Ⅱ型の親6.3人となり，仲間関係Ⅰ型の子どもの親に隣人関係の交渉相手である子ども数が多く，Ⅱ型の子どもの親には少ない傾向が見られる（但し，10％水準による有意傾向）。

隣人-子ども関係の強度では，表6-15に見るように，隣人（親）自身の子どもの仲間関係のタイプによって明らかに分布に差異が見られる（有意差あり）。自身の子どもの仲間関係がⅠ型の親，すなわち隣人は，隣人-子ども関係の強度が高く，親密であり，仲間関係がⅡ型の親（隣人）は，隣人-子ども関係の強度が低く，希薄であることが示された。Ⅰ型の親は「身近な話」（40％）をする関係であるのに対し，Ⅱ型の親は「挨拶」（51％）程度で

表 6-15 子どもの仲間関係のパターン別による親の型と隣人-子ども関係の強度

( ) 内は%

仲間関係の型(親) \ 関係の強度	面識的段階		親密な段階		計	子どもの人数
	③ 道で会えば挨拶をする	④ 時々話しをする	⑤ 身近な話をよくする	⑥ 内緒話をする		
Ⅰ 型	72 (27.6)	74 (28.4)	103 (39.4)	12 (4.6)	261 (51.7)	37 (48.7)
Ⅱ 型	124 (50.8)	69 (28.3)	49 (20.1)	2 (0.8)	244 (48.3)	39 (51.3)
計	196 (38.8)	143 (28.3)	152 (30.1)	14 (2.8)	505 (100.0)	76 (100.0)

$p<0.01$
(但し, 面識的段階 (③+④) と親密な段階 (⑤+⑥))

ある。つまり子どもの仲間関係が親密だとその子どもの親の, 隣人としての, 隣人-子ども関係も親密だということである。

　前述のように, 子どもの仲間関係Ⅰ型の個人的属性条件では, 居住歴が長い傾向が見られた (表6-7-2)。居住歴が長ければ, 同世代の子どもであれ異世代の大人であれ, それだけ近隣地域での接触機会が多く, したがって仲間資源も隣人資源も多くなり, 仲間や隣人との関係の強度も高く親密になるわけである。同じ説明は, 隣人-子ども関係についても妥当する。隣人が近隣地域において子どもと接触する機会や頻度は, 居住歴が長いほど多いから, 隣人の子ども資源も多く, その関係の強度も高いものとなるのである。居住歴6年以上ともなれば, 近隣地域の子ども（小学生）を, 誕生時以来あるいは少なくとも小学校入学時以前から熟知していることになる（但し, 相手の子どもの居住歴を考慮しない）。要するに, 隣人-子ども関係においても, 子ども-隣人関係におけると同様に, 子ども資源とその関係の強度は居住歴に規定されているわけである。

(2)

　隣人-子ども関係における子どもの種類は, 表6-16に示している通りであるが, 子ども-隣人関係における隣人の種類に差異がなかったのと同様に,

表 6-16 子どもの仲間関係のパターン別による親の型と
隣人-子ども関係における子どもの種類　　　　　　　　（　）内は％

仲間関係の型(親) \ 子どもの種類	子どもの友だち	隣近所の子ども	子供会, PTA活動等で一緒になった子ども	友人・知人の子ども	職場の人の子ども	その他	計	子どもの人数
Ⅰ型	136 (52.1)	42 (16.1)	19 (7.3)	33 (12.6)	1 (0.4)	30 (11.5)	261 (51.7)	37 (48.7)
Ⅱ型	116 (47.5)	61 (25.0)	17 (7.0)	28 (11.5)	1 (0.4)	21 (8.6)	244 (48.3)	39 (51.3)
計	252 (49.9)	103 (20.4)	36 (7.1)	61 (12.1)	2 (0.3)	51 (10.1)	505 (100.0)	76 (100.0)

子どもの仲間関係のパターン別による親の，隣人-子ども関係における子どもの種類にも差異は見られない。しかし，子ども-隣人関係においては（表6-9），隣人の種類が「隣近所の人」(66％)，「友だちの親」(25％) という順で多いのに対して，隣人-子ども関係においては，「子どもの友だち」(50％)，「隣近所の子ども」(20％) という順に多くなっている。つまり隣人関係形成の契機が，子ども-隣人関係においては，①物理的距離の近接性，②子どもの仲間関係の順となっているのに対して，隣人-子ども関係においては，①子どもの仲間関係，②物理的距離の近接性の順になっているのである。先に，近隣地域において子どもと隣人とを結びつける契機となるのは仲間である可能性が高く，子どもの仲間関係が隣人関係の媒介になると述べたが，それは隣人-子ども関係には妥当するが，子ども-隣人関係においては妥当しない。子ども-隣人関係においては仲間関係よりも物理的距離の近接性の方が大きな要因なのである。

この物理的距離の近接性は，先に述べたように，前後左右隣の隣人を意味するとも考えられる。しかし表6-17の前後左右隣の隣人に対する母親と子どもそれぞれの関係の強度を見ると，親密な段階は，子ども-隣人関係の場合，4％弱でしかない。だから，この物理的距離の近接性は前後左右隣の隣人以外の「隣近所の人」を意味することになる。だが，先の表6-12に見たように，同じ日常的に親密な仲間関係をもっている子どもであっても，その親の近隣資源の多い子どもの方に隣人資源が多い傾向が見られた。この事実と考え合わせると，この物理的距離の近接性とは，親の近隣関係を形成す

表 6-17　前後左右隣との関係の強度　　　　　　　　　　　　　（　）内は％

	疎遠な段階	面識的段階	親密な段階	該当者なし、無回答・不明	計
母親の近隣関係	90 (14.8)	323 (53.1)	53 (8.7)	142 (23.4)	608 (100.0)
子ども-隣人関係	296 (54.6)	208 (38.4)	20 (3.7)	18 (3.3)	542 (100.0)

(注)　前後左右隣の世帯主とその配偶者それぞれに対する関係の強度。
　　　母親の人数は，76人
　　　子どもの人数は，82人

る契機であり，その親の近隣資源が子ども-隣人関係における隣人資源になっていると思われる。いかに物理的距離が近接していても，単なる物理的距離の近接性だけで，子ども-隣人関係が形成されるわけではない。物理的距離の近接した，その範囲のなかで何らかのことを契機に関係が形成されるわけである。

　しかし，子ども-隣人関係の契機が，①物理的距離の近接性，②子どもの仲間関係の順に多く，また隣人-子ども関係の契機が，①子どもの仲間関係，②物理的距離の近接性の順に多いということは，当の関係主体が直接的に取り結ぶ関係の相手を媒介として形成される隣人関係よりも，関係主体自身の親子関係を媒介として形成される隣人関係の方が資源も多く，かつ関係の強度も高いということを意味している。すなわち，親の近隣関係が物理的距離の近接性を契機に形成されるとすれば，子ども-隣人関係においては，関係主体である子どもは自分の仲間（子どもの仲間関係）を介しての，その仲間の親を対象とした隣人関係よりも，自分の親の近隣関係（物理的距離の近接性）を媒介とした隣人との隣人関係の方が資源も多く，関係の強度も高いのである。また隣人-子ども関係においては，関係主体である隣人（親）は自分（隣人＝親）の近隣関係（物理的距離の近接性）の相手である近隣人を介しての，その近隣人自身の子どもを交渉相手とした隣人関係よりも，自身（隣人）の子どもの仲間関係を媒介として，その仲間（子どもの仲間関係）を関係対象とした隣人関係の方が資源も多く，関係の強度も高いことが推測されるのである。したがって子ども-隣人関係には，その子どもの親の近隣

関係が関係形成の契機として介在し，隣人-子ども関係には，隣人自身の子どもの仲間関係が関係形成の契機として介在していると思われる。

このように，子ども-隣人関係に親の近隣関係が介在し，隣人-子ども関係に隣人自身の子どもの仲間関係が介在しているとすれば，そしてそれぞれの関係間がスムーズに進行していくためには，それぞれの関係間を結合させる親子関係，つまり親子間のコミュニケーションの頻度が高くなければならない。したがっていずれの隣人関係においても，仲間関係，近隣関係とともに親子関係が関係形成の契機として介在しているのではないかと思われる（第1章の図1-1（41頁）を参照）。

5. 隣人関係と親子関係

(1)

以上のように，隣人関係は，子ども-隣人関係においても隣人-子ども関係においても，仲間関係と近隣関係を媒介として形成されるのであるが，それとともに，その基底において親子関係が媒介となっていると思われる。したがって隣人関係の分析に際しては，親子関係の様態をも考慮に入れなければならない。

親子関係のパターンは，親と子ども双方からのコミュニケーションの頻度から，4つのパターンに類型化することができる。すなわち，

　a型：親と子ども双方からのコミュニケーションの頻度が共に高い型。
　b型：親と子ども双方からのコミュニケーションの頻度に齟齬がある型。
　　　　これはさらに，次の2つのタイプに分類される。
　　　b-イ型：親の子どもに対するコミュニケーションの頻度は低いが，子どもの親に対するそれは高いタイプ。
　　　b-ロ型：逆に，親の子どもに対するコミュニケーションの頻度は高いが，子どもの親に対するそれは低いタイプ。
　c型：親と子ども双方からのコミュニケーションの頻度が共に低い型。

である。そしてこの調査では，子どもの仲間および仲間との遊戯行動を内容

とする親子のコミュニケーションを考え，その頻度の測定項目を作成した。親の，子どもに対するコミュニケーション頻度については，親が子どもの仲間や遊びのことを，

① よく尋ねる。
② ときどき尋ねる。
③ あまり尋ねない。
④ 全然尋ねない。

の4段階に区分した。またこれと対応させて，子どもが親に対して自分の仲間や遊びのことを，①よく話す，②ときどき話す，③あまり話さない，④全然話さない，のコミュニケーション頻度を測定する項目を考えた。そして，それぞれの回答を①・②と③・④の2グループに分け，それを組み合わせることによって，上記の親子関係のパターンに分類したのである。その結果，その母親が調査不能であった子ども6人を除き，親子のペアが可能な76組についてみると，a型：52組，b-イ型：13組，b-ロ型：6組，c型：4組，不明1組となった。

　上記のように，隣人－子ども関係においては，自身の子どもの仲間関係を媒介とした，その相手の子どもとの隣人関係に資源も多く，関係の強度も高いのであるから，そこに親密な親子関係が介在していると思われる。そこで仲間関係の親密なⅠ型の子どもだけを取り出して，親子関係のパターン別に，その親の，隣人－子ども関係における子ども資源と関係の強度を見ると，表6-18および表6-19のようになる。サンプルの数量の故に大雑把にしかいえないが，子ども資源は，a型（平均6.8人）およびb-ロ型（平均15人）に多く，b-イ型（平均5.4人）およびc型（平均4人）に少ない。また関係の強度についても，同様に，a型およびb-ロ型には親密な段階が多いが（それぞれ51％，43％），b-イ型およびc型には面識的段階が多い（それぞれ74％，88％）。ちなみに，この，隣人－子ども関係の強度の項目③～⑥に，それぞれ1～4点のウェイトをつけて，その平均を見ると，a型：2.3，b-イ型：1.8，b-ロ型：2.3，c型：1.8となる。したがって，親が子どもに対して，仲間のことおよび仲間との遊戯行動のことについて，「尋ねる」とするパターン，つまり，親の子どもに対するコミュニケーションの頻度の高

第6章 都市近隣における子どもの人間関係

表6-18 親子関係のパターンと隣人-子ども関係における子ども数
（仲間関係Ⅰ型） （ ）内は％

親子関係の型		1～3人	4～6人	7～9人	10人以上	計	子どもの総数
a 型		3 (12.5)	11 (45.8)	6 (25.0)	4 (16.7)	24 (64.9)	164 (62.8)
b 型	イ	2 (28.6)	3 (42.8)	2 (28.6)	－	7 (18.9)	38 (14.6)
	ロ	－	1 (33.3)	－	2 (66.7)	3 (8.1)	46 (17.6)
c 型		1 (50.0)	1 (50.0)	－	－	2 (5.4)	8 (3.1)
不 明		－	1 (100.0)	－	－	1 (2.7)	5 (1.9)
計		6 (16.2)	17 (46.0)	8 (21.6)	6 (16.2)	37 (100.0)	261 (100.0)

表6-19 親子関係のパターンと隣人-子ども関係の強度（仲間関係Ⅰ型） （ ）内は％

親子関係の型		面識的段階		親密な段階		計	組数
		③道で会えば挨拶をする	④時々話しをする	⑤身近な話をよく聞いたり話したりする	⑥社会の出来事などを話したり教えたりする		
a 型		43 (26.2)	37 (22.6)	74 (45.1)	10 (6.1)	164 (62.8)	24 (64.9)
b 型	イ	18 (47.4)	10 (26.3)	10 (26.3)	－	38 (14.6)	7 (18.9)
	ロ	6 (13.0)	20 (43.6)	18 (39.1)	2 (4.3)	46 (17.6)	3 (8.1)
c 型		3 (37.5)	4 (50.0)	1 (12.5)	－	8 (3.1)	2 (5.4)
不 明		2 (40.0)	3 (60.0)	－	－	5 (1.9)	1 (2.7)
計		72 (27.6)	74 (28.4)	103 (39.4)	12 (4.6)	261 (100.0)	37 (100.0)

表 6-20 子どもの仲間関係のパターン別による親子関係の型と隣人-子ども関係における子ども数 （ ）内は％

仲間関係と親子関係の型		無	有		計	子ども総数
			5人以下	6人以上		
I型	α	—	11 (39.3)	17 (60.7)	28 (36.8)	215 (42.6)
	β	—	6 (66.7)	3 (33.3)	9 (11.8)	46 (9.1)
II 型		1 (2.6)	18 (46.2)	20 (51.2)	39 (51.4)	244 (48.3)
計		1 (1.3)	35 (46.1)	40 (52.6)	76 (100.0)	505 (100.0)

い親子関係のパターンに，親の，隣人-子ども関係の資源は多く，関係の強度は高い傾向があるように思われる。

このことをさらに確認するために親子関係のパターンを簡略化することとし，子どもの親に対するコミュニケーション（子ども→親）の様相を無視して，親の子どもに対するコミュニケーション（親→子ども）のみに注目し，その頻度の多寡によって2分類して，その頻度が高いタイプをα型（親の子どもに対するコミュニケーションの頻度が上記項目の①「よく尋ねる」・②「ときどき尋ねる」であるもの），低いタイプをβ型（同様に③「あまり尋ねない」・④「全然尋ねない」であるもの）として，隣人-子ども関係の子ども資源と関係の強度を見たのが，表6-20および表6-21である。I-α型（仲間関係I型で親子関係α型，以下同様）の，隣人-子ども関係における子ども数は6人以上が多く（61％），平均人数は7.7人であるのに対し，I-β型の，隣人-子ども関係における子ども数は5人以下が多く（67％），平均人数は5.1人である。仲間関係の希薄なII型の親の隣人-子ども関係は，子ども数6人以上が半数（51％）であり，平均人数が6.3人となっているから，I-β型の子ども資源はII型以下である。つまり，日常的に親密な仲間関係を有する子どもの親であっても，親の子どもに対するコミュニケーション頻度が低いタイプの親子関係のパターンにあっては，その子どもの仲間資源が，その親の，隣人-子ども関係における子ども資源とはならないわけで

表6-21 子どもの仲間関係のパターン別による親子関係の型と隣人-子ども関係の強度 （ ）内は%

仲間関係と親子関係の型		面識的段階	親密な段階	計	隣人の総数
Ⅰ型	α	111 (51.6)	104 (48.4)	215 (42.6)	28 (36.8)
	β	35 (76.1)	11 (23.9)	46 (9.1)	9 (11.8)
Ⅱ型		193 (79.1)	51 (20.9)	244 (48.3)	39 (51.4)
計		339 (67.1)	166 (32.9)	505 (100.0)	76 (100.0)

〔α・β間〕 p＜0.01

ある。日常的に親密な仲間関係を子どもがもち，かつその親の子どもに対するコミュニケーション頻度が高い親子関係の場合に，その子どもの仲間資源は，その親の，隣人-子ども関係における子ども資源となるわけである（但し，α・β型間に有意差なし）。この，親の子どもに対するコミュニケーション（親→子ども）は，言い換えれば，親の子どもに対する関心の表れであるから，子どもの仲間資源が親の，隣人-子ども関係における子ども資源となり，関係の強度も親密となるのである。

隣人-子ども関係の強度についても同様の結論を導き出すことができる（表6-21）。同じ仲間関係Ⅰ型の子どもの親であっても，親の子どもに対するコミュニケーション頻度が高いα型は，半数が親密な関係の段階にあるが（48%），その頻度が低いβ型は殆どが面識的段階にあり（76%），仲間関係の希薄なⅡ型の子どもの親と類似した様相を示している（Ⅱ型の面識的段階は79%）。したがって同様に，日常的に親密な仲間関係を子どもがもち，かつその親の子どもに対するコミュニケーション頻度が高い親子関係の場合に，その子どもの仲間を対象とする，親の，隣人-子ども関係は親密になるわけである。隣人-子ども関係の強度についてはα・β型間に，1%水準で有意差があった。

こういうわけで，子どもの仲間関係とその親の，隣人-子ども関係との間

には，親子関係の様態を介在させることによって相互関連性が見られるわけである。

(2)

　子ども-隣人関係においては，上記のように，子どもは自分の仲間の親を対象とする隣人関係よりも，自分の親の近隣関係を介した隣人関係の方に資源も多く，関係の強度も高いことが推測されたから，同様にそこに親密な親子関係が介在しているのではないかと思われる。そこで近隣関係の親密なA型の子どもだけを取り出して，親子関係のパターン別に，その子どもの，子ども-隣人関係における隣人資源とその関係の強度を見ると，表6-22および表6-23のようになる。サンプル数量の関係上，大雑把にいってしまえば，隣人資源は，a型（平均6.8人）に多く，b-イ型（平均6.2人），b-ロ型（平均5.2人），c型（平均2.5人）と親子のコミュニケーション頻度が低くなるにしたがって減少している。また関係の強度についても同様に，a型に親密な段階が多く，b型，c型と親子のコミュニケーション頻度が低くなるにしたがって面識的段階へと移行するようである。ちなみに隣人-子ども関係の場合と同様に，子ども-隣人関係の強度の項目③～⑥に，それぞれ1～4点のウェイトをつけて，その平均を見ると，a型：1.8，b-イ型：1.7，b-ロ型：1.6，c型：1.2となる。したがって，親密な近隣関係をもつ親の子どもであっても，親子のコミュニケーションがないならば，親の近隣関係の隣人資源が，その子どもの，子ども-隣人関係における隣人資源とはならないし，また子ども-隣人関係の強度も高くないのである。親が親密な近隣関係をもち，かつ親子のコミュニケーション頻度が高い場合に，その親の近隣資源は，その子どもの，子ども-隣人関係における隣人資源となり，またそうした隣人は親の親密な関係の相手であるから，子どもにとっては，いわば安心して対処することのできる隣人であるといえるだろう。

　子どもの，子ども-隣人関係における隣人資源とその関係の強度が親子関係のパターンによって異なっているといっても，この親子関係の様相は，子どもの遊びや仲間のことを内容とする親子間のコミュニケーションであるから，そのコミュニケーション内容と親の近隣関係，子ども-隣人関係とは直

第6章 都市近隣における子どもの人間関係

表6-22 親子関係のパターンと子ども-隣人関係における隣人数（近隣関係A型）

（ ）内は%

親子関係の型		無	有				計	隣人総数
			1～3人	4～6人	7～9人	10人以上		
a型		—	3 (14.3)	9 (42.9)	5 (23.8)	4 (19.0)	21 (60.0)	143 (66.9)
b型	イ	—	2 (33.3)	2 (33.3)	1 (16.7)	1 (16.7)	6 (17.1)	37 (17.3)
	ロ	—	1 (20.0)	3 (60.0)	—	1 (20.0)	5 (14.3)	26 (12.1)
c型		1 (50.0)	—	1 (50.0)	—	—	2 (5.7)	5 (2.3)
不明		—	1 (100.0)	—	—	—	1 (2.9)	3 (1.4)
計		1 (2.9)	7 (20.0)	15 (42.9)	6 (17.1)	6 (17.1)	35 (100.0)	214 (100.0)

表6-23 親子関係のパターンと子ども-隣人関係の強度（近隣関係A型）

（ ）内は%

親子関係の型		面識的段階		親密な段階		無回答	計	組数
		③ 道で会えば挨拶をする	④ 時々話しをする	⑤ 身近な話をよくする	⑥ 内緒話をする			
a型		65 (45.4)	55 (38.5)	16 (11.2)	7 (4.9)	—	143 (66.9)	21 (60.0)
b型	イ	18 (48.7)	14 (37.8)	4 (10.8)	1 (2.7)	—	37 (17.3)	6 (17.1)
	ロ	13 (50.0)	11 (42.4)	2 (7.6)	—	—	26 (12.1)	5 (14.3)
c型		2 (40.0)	2 (40.0)	—	—	1 (20.0)	5 (2.3)	2 (5.7)
不明		2 (66.7)	1 (33.3)	—	—	—	3 (1.4)	1 (2.9)
計		100 (46.7)	83 (38.8)	22 (10.3)	8 (3.7)	1 (0.5)	214 (100.0)	35 (100.0)

接的には結びつかない。したがってここでの親子間のコミュニケーションは，つまるところ親子の接触頻度を表しているのではないかと思われる。親子間の接触頻度が高ければ，子どもは親の近隣関係の隣人と接触する機会をもつことが多いだろうし，その可能性も高いだろうし，そうなれば，その隣人を親の友人・知人として，子どもは初めから親密さをもって対処することができるだろうし，また近づくこともできるだろう。つまり親の近隣関係の相手である隣人を子どもはスムーズに受けいれることができるだろうというわけである。但し，このことは今のところ推測の域を出ないから，改めて検証されなければならない。

こういうわけで，親の近隣関係とその子どもの，子ども‐隣人関係との間には，親子関係の様態を介在させることによって相互関連性が見られるのである。

6. 要約と結論

以上，都市近隣地域において子どもが取り結ぶprimaryな関係，すなわち子どもの仲間関係と隣人関係との相互関連性を子どもの仲間関係と子ども‐隣人関係，子どもの仲間関係と隣人‐子ども関係との2つの次元に分けて，人間関係の資源と強度の視点から分析してきた。結果は，以下のように要約することができる。

(1) 日常的に親密な仲間関係をもっている子どもほど，仲間資源は多い。

(2) 日常的に親密な仲間関係をもち，かつ仲間資源の多い子どもほど，子ども‐隣人関係における隣人資源は多く，かつその隣人との関係の強度も高い。

(3) 日常的に親密な仲間関係をもち，かつ仲間資源の多い子どもの親（隣人）ほど，隣人‐子ども関係における子ども資源は多く，かつ関係の強度も高い。

(4) 上記(2), (3)のように，子どもの仲間関係と隣人関係（子ども‐隣人関係，隣人‐子ども関係）とが並行関係にあるのは，居住歴による。

① 居住歴が長い子どもほど，仲間関係および隣人関係（子ども‐隣人

関係）における資源は多く，かつ関係の強度は高い。
　② 居住歴が長い隣人ほど，隣人関係（隣人-子ども関係）および自身の子どもの仲間関係における資源は多く，かつ関係の強度は高い。
(5) 隣人関係は，物理的距離の近接性および子どもの仲間関係を関係形成の契機にしている。しかし隣人関係を子ども-隣人関係と隣人-子ども関係に分けると，前者にあっては，物理的距離の近接性が多く，後者にあっては，子どもの仲間関係が多い。

　しかし，この物理的距離の近接性そのものが子ども-隣人関係の契機となるのではなく，物理的距離の近接性は，親の近隣関係の契機となり，その親の近隣関係を介して，その子どもの，子ども-隣人関係が形成される。また，隣人-子ども関係には，隣人自身の子どもの仲間関係が関係形成の契機として介在している。

(6) 日常的に親密な仲間関係を子どもがもち，かつその親の子どもに対するコミュニケーション頻度が高い場合に，つまり親の子どもに対する関心が高い場合に，その子どもの仲間資源は，その親の，隣人-子ども関係における子ども資源となり，またその関係の強度は高い。つまり子どもの仲間関係とその親の，隣人-子ども関係との間には，親子関係の様態が介在しているわけである。

(7) 親が親密な近隣関係をもち，かつ親子のコミュニケーション頻度が高い場合に，その親の近隣資源は，その子どもの，子ども-隣人関係における隣人資源となり，またその関係の強度は高い。つまり親の近隣関係とその子どもの，子ども-隣人関係との間には，親子関係の様態が介在しているのである。

　かくして，仲間関係と隣人関係との相互関連性が見いだされたわけである。結論的にいえば，以下の如くである。
(1) 子どもの仲間関係と隣人関係とは，その資源においても関係の強度においても，並行関係にあり，その関連性は居住歴による。
(2) 子どもの仲間関係とその親の，隣人-子ども関係との間には，親子関係の様態，殊に親の子どもに対する関心が介在しており，そのことによって

子どもの仲間関係と隣人‐子ども関係との間に関連性が見られる。

(3) 親の近隣関係とその子どもの，子ども‐隣人関係との間には，親子関係の様態が介在しており，そのことによって近隣関係と子ども‐隣人関係との間には関連性が見られる。

こういうわけで，子どもの仲間関係と隣人関係とは並行関係にあり，またその隣人関係は近隣関係と関連しているのである。つまり近隣地域において子どもとその親が取り結ぶprimaryな関係は相互に関連しているわけである。

この調査では，母親をもって隣人の代表としたから，調査結果の考察も，その限りでしかない。今後は，仲間も隣人も幅広く捉え，また子どもが近隣地域において日常的に取り結ぶ各種のprimaryな関係を捉えて，その相互の関連性，規定性を問わねばならない。そして地域社会における全体としての子どもの人間関係のネットワークが把握されねばならない。

[注]
1) この調査の目的は，近隣地域における子どもの仲間関係，隣人関係，近隣関係およびこれら人間関係の相互関連を分析することにあったので，近隣地域の人間関係を豊富に形成されていると思われる小学校4年生（10歳児）を選定したのである。なお，拙稿「都市における子どもの人間関係に関する実証的研究（Ⅰ）」『香川大学教育学部研究報告』（第Ⅰ部第50号，1980）および「同（Ⅱ）」『同』（第Ⅰ部第53号，1981）を参照。
2) 子ども‐隣人関係の尺度項目のうち，①・②を「疎遠な段階」，③・④を「面識的段階」，⑤・⑥を「親密な段階」と3区分した。
3) 但し，前後左右隣を除く近隣関係については，⑥をさらに2段階に分け，自分の家族の様子などを話し合う，非常に深刻な家庭の問題などを相談し合う，にして問うた。
4) 注2を参照。

第7章

母親の育児不安と夫婦関係

1. 問題の所在

(1)

　本章の目的は，母親の育児不安と夫婦関係との関連を明らかにすることにある。

　育児の問題は，これまではもっぱら母親の責任とされてきた。母親は生得的に母性を備え，育児能力を有するものと見なされてきたのである。そのために母親の母性あるいは育児能力そのものを研究対象として取り上げ，検討するような視点は，これまで欠落していた。しかし近年になって育児の困難や負担あるいは育児の不安を訴える母親が出現し，さらには育児ノイローゼに陥る母親のケースも報告されるようになって漸く母親の育児能力にも関心が向けられるようになった。母親の育児能力の支持条件を分析検討する研究がなされるようになったのである。育児不安は，こうした母親の育児能力に関わる問題の一つである。

　育児不安は，育児ないしは育児行為から喚起される漠然とした恐れの感情であるが，母親が，こうした育児不安に苛まれながら育児に携わることは決して望ましいことではない。母親の不安な感情は母親の育児行為に反映され，その結果，乳幼児に何らかの負の影響を及ぼすことになるだろう。したがって母親の育児不安に影響する諸要因を解明していくことは重要な課題である。

(2)

　母親の育児不安についての研究は牧野の研究以来[1]，相次いでなされたが，これまでの調査研究から得られた主要な事実は，以下の3点である。
① （α）父親とのコミュニケーションの頻度が高いほど母親の育児不安は低く，また，（β）父親の育児参加の程度が高いほど母親の満足度は高く，育児不安は低い。
② 母親の社会的活動への参加度が高いほど母親の育児不安は低く，また母親が広く，親密な人間関係を有しているほど育児不安は低い。
③ 子どもとの一体感（接触）が強いほど母親の育児不安は高い。
　要するに，夫婦関係，母親自身の社会的ネットワークおよび子どもとの心理的距離が母親の育児不安に影響する社会的要因だというわけである。
　だが，これまでの調査研究に問題がないわけではない。1つは，育児不安の概念と測定の問題である。牧野は，育児不安を「子の現状や将来あるいは育児のやり方や結果に対する漠然とした恐れを含む情緒の状態」[2]と規定し，その不安徴候として一般的疲労感，一般的気力の低下，イライラの状態，育児不安徴候，育児意欲の低下を考え，育児不安測定尺度を作成した[3]。しかし後三者の徴候はともかく，前二者の徴候は一般的な心理状態であるから育児を源泉とする不安だと限定することはできない[4]。日常の生活過程から喚起された不安かも知れない。また測定尺度を用いて母親の育児不安を捉えたとして，一体，育児上の何に母親は不安を感じるのか。
　2つは，育児不安についての考え方である。これまでの調査研究は育児不安を負荷事象として捉えてきた。そのことに異論はない。だが育児不安が低いほど健康的な，望ましい母親である[5]，とはいえない。育児に無関心な母親は育児に何の不安も感じないだろう。しかし育児に無関心な母親が健康的で望ましいとは誰しも思うまい。むしろ育児不安は，現に育児に携わっている養育者であれば，誰もがある程度はもっているものなのではないか。否，何らかの育児不安をある程度はもっていることの方が常だと思われる。だから育児不安の程度（量）も問題ではあるが，その不安の質も問題なのである。本村らは「育児不安は，母親ならば，だれしもある程度はもっているもので

ある。問題は不安があることではなく，その不安が病的なほどに高く，通常の判断力や感覚のバランスを失うことにある」[6]として「正常な範囲の育児不安」と「病理的な育児不安」を区別している。この育児不安の区別は妥当だろう。では，「正常な範囲の育児不安」と「病理的な育児不安」とは一体何によって区分されるのか。通常の判断力や感覚のバランスを失うほどの育児不安とは一体いかなる不安か。

ところで母親の育児不安に影響する社会的要因のうちでも，これまでは夫婦関係が重視されてきた。しかし牧野らの調査によると[7]，父親の要因は間接的であり，母親の受けとめ方，つまり認知の仕方が重要だとされている。そうとすれば，上記①の夫婦関係の仮説は，(α)(β)いずれの場合も実際には，それぞれ2つの夫婦関係のタイプが含まれていることになる。すなわち(α)の場合には，(α1)実際に夫婦間のコミュニケーション頻度が高い場合と，(α2)実際には夫婦間のコミュニケーション頻度が低い場合であり，また(β)の場合には，(β1)実際に父親の育児参加の程度が高い場合と，(β2)実際には父親の育児参加の程度は低い場合である。(α2)の場合であっても，(β2)の場合であっても，母親が好意的に受けとめ，肯定的に認知すれば，結果として(α)および(β)の仮説は成立する。だが，果たして事実はどうか。

(3)

育児不安は，育児という課題遂行の失敗に対する漠然とした恐れの感情である。だが，その内容は一様ではない。その内容はおおよそ以下のように考えることができる。

育児は，乳幼児の幼い生命を対象とし，乳幼児の身体的成長や精神的発達という人間としての最も基礎的な形成に関わる養育者の行為であるから，養育者（以下，母親としておく）は乳幼児の心身の状態に絶えず注意を払っていなければならない。だが乳幼児（以下，子どもと称することもある）は未だコミュニケーションさえできないから，母親は子どもの心身の状態を，その表情や動作，行動から推し測る以外にない。しかしその推測が確かだという保障はないから母親は常に不安にかられ，それを払拭することができない。

だが子どもは，母親の，そうした気苦労や心労に何ら頓着することなく勝手気ままに行動する。だから母親は子どもを疎ましく不快に感じるのである。育児不安には，こうした子ども自身を源泉として喚起される不快な感情がある。育児についての不快感情としておこう。

　第2に，子どもの成長・発達についての不安がある。育児は何よりも乳幼児の身体的成長や精神的発達を目的とするが，しかしその成長や発達の明確な基準はない。だから母親は子どもが順調に育っているか否かを確認することができず，ために不安に襲われるのである。そこで情報を求めて成長・発達の基準を確認したり，あるいは他の子どもと比較して自分の子どもの成長・発達の状態を知ろうとする。だが，乳幼児であっても，子どもはそれぞれに個性的であるからすべての子どもが同一程度に成長・発達するわけではない。しかしそうした基準や比較から外れているのではないかと感じれば母親の不安はにわかに膨張する。さらにまた育児は，子どもの成長・発達過程という長期にわたる継続的な行為であるから，その過程の先々での不慮の出来事に対する不安も覚えよう。

　第3に，母親自身の育児能力に対する不安がある。上の，子どもの成長・発達についての不安は，翻って母親自身の育児能力に対する不安を喚起する。子どもの成長・発達の遅れは自分の無能力の所為ではないかという恐れである。元々育児は子どもの身体的成長や精神的発達の基礎的部分を形作る行為であるから，育児の仕方によっては子どもの将来を方向づけ，決定づけてしまうことにもなる。だからそうした育児行為の重圧に気圧されれば，母親は自身の育児能力に不安を感じ，育児行為そのものに恐れを感じるようになる。

　そして第4に，母親の育児負担感・育児束縛感から生じる育児不安がある。今日においては，既婚女性（母親）であっても育児に埋没することなく，自身の積極的な生き方や自立を求めて然るべきだという社会的風潮がある。だが育児は日常的な，そして反復的な継続的行為であり，しかも幼い生命を対象とするから絶え間のない緊張と多くの労力を要し，したがって母親の負担感・疲労感は大きく，かつ束縛感は強い。そのために母親は自身の生き方や自立という理想と育児に埋没しなければならない現実の自己との間に齟齬を感じ，自己疎隔的な状況に陥っていく。だがそうなれば母親は焦燥感や脱落

感を感じるようになり、育児に対する無力感が隆起して育児意欲は低下していくことになる。かくして育児に対する悲観的な、無力な感情の育児不安が喚起されるようになるのである。

しかし、育児は未だコミュニケーションさえできず、何の抵抗力もない乳幼児を対象にする行為であるから、母親であれ父親であれ、育児に携わっている限り、誰もがある程度は育児不安をもっているのであって（但し父親の場合は第4の育児不安はない）、むしろ育児不安をもたないことの方が常でない。だが、そうした育児不安が喚起されずに育児行為が遂行されるのは、それが育児に対する肯定的感情に支えられているからである。母親の、安定的な肯定的感情が育児ないしは育児行為の基底をなしているといってよい。だから育児に対する母親の肯定的感情が確固としている限り、育児不安は喚起されることがない。

本章では、育児不安を以上のように考えて、先に述べた課題にアプローチしようとした。

2. 調査研究の枠組

(1)

母親の育児不安の実態を明らかにするために、牧野はポジティブからネガティブにいたる意識の項目から成る育児不安測定尺度を考えた[8]。そして母親の育児不安度を尺度による得点によって算出し、その項目分析を行っている。本村らも牧野の育児不安測定尺度を用いて分析を行い、その有効性を指摘している[9]。

しかしこの育児不安尺度では、育児に対するネガティブからポジティブにいたる意識の項目が連続線上に位置づけられており、そのポジティブな意識が「育児不安とは逆の、育児に関する自信や満足感、安心感を表す肯定的感情」[10]とされているから、具体的には育児不安か育児満足かの2群にしか分類されない。だからこそ育児不安が低いほど、つまり育児に満足なほど健康的な、望ましい母親であるとされてきたのである。だが、この尺度では育児

に無関心な層は，どこにも位置づけられず，つまるところ不安・低群に含まれてしまうことになる。

　育児は，母親の肯定的感情が基底をなしている。育児に携わっている限り，誰もがある程度の育児不安をもつが，通常は育児の肯定的感情が確固としているために育児不安が喚起されることはない。その限りにおいて育児不安による混乱は生じない。だが育児不安が喚起され，育児の肯定的感情を上回るようになると，育児の肯定的感情と育児不安とのバランスが崩れ，育児不安の徴候が顕著になって母親は不安状況に陥っていく。つまり育児の肯定的感情と育児不安とは実は別次元の感情なのだ。ポジティブ，ネガティブと表現するために一元的な尺度を考えがちだけれども，育児不安をネガティブな意識として捉えるのはよいとしても，育児に関する自信や満足感，安心感といった肯定的感情をポジティブな意識として尺度上の対極に位置づけることはできない。育児不安の尺度で測定できるのは，その不安の程度（量）か，その有無なのであって，不安感情とは次元を異にする肯定的感情を測定することはできない。肯定的感情を測定するためには，そのための尺度を作成しなければならない。そしてその尺度で測定できるのは，その肯定的感情の程度（量）か有無なのである。牧野の調査によれば「毎日，張りつめた緊張感がある」はポジティブな項目として有効性を示しているのに対し[11]，本村らの調査によれば，この項目は育児不安の高い群，つまりネガティブな項目として表れている[12]。このことは育児不安を一元的な尺度では捉えられないことを示している。確かに「張りつめた緊張感」は育児行為に特徴的な心理状態である。だから育児不安項目とするのは妥当だろう。しかし育児不安尺度で測定できるのは，その緊張感の有無ないし程度である。それがポジティブかネガティブかということは，育児不安の軸とは別次元の，育児の肯定的感情の軸との関連において決定される。育児の肯定的感情が確固としていれば，その緊張感は充実感に結びつくポジティブな徴候となるだろうが，育児の肯定的感情が低い場合には，その緊張感は，圧迫感や疲労感に結びつくネガティブな徴候となるだろう。

(2)

　ここでは，母親の育児不安を分析するための枠組を育児の肯定的感情の高低と育児不安の高低との2軸に設定する。そしてこれを交差させれば，育児不安を含む母親の育児態度の4つの象限が図式化されることになる。この4つの象限を仮に，育児の「安定型」，「過剰型」，「不安型」，「無関心型」と呼んでおこう。いま，それぞれのタイプのイメージを仮説的に提示すると以下のようになる。

　（Ⅰ）　安定型　　育児不安は低く，育児に対する満足感，充実感，有意義性といった肯定的感情が高いタイプ。育児に対して安定しているために育児不安は育児の肯定的感情のなかに沈降している。その限りにおいて，このタイプのもつ育児不安は「正常な範囲の育児不安」だといえる。

　（Ⅱ）　過剰型　　育児不安も高いが，育児の肯定的感情も高いタイプ。育児不安が高くても育児の肯定的感情に支えられているから育児不安による混乱はない。だが常に育児に不安を感じているために緊張感は高い。育児の肯定的感情に支えられている限り育児不安は「正常な範囲」にある。しかし肯定的感情が低くなり，不安感情が隆起すれば，次の（Ⅲ）不安型に転化していく。

　（Ⅲ）　不安型　　育児不安が高く，育児の肯定的感情が低いタイプ。育児不安が育児の肯定的感情を上回っているために常に不安にかられ，疲労感や緊張感，無力感や無意味感を感じている。あるいは育児の負担感や束縛感から育児意欲が低下している。この不安な感情がさらに喚起されれば，育児感覚のバランスが崩れて「病理的な育児不安」に陥っていく可能性がある。

　（Ⅳ）　無関心型　　育児不安も低いが，育児の肯定的感情も低いタイプ。つまり育児に対する関心が希薄か，無関心なタイプである。育児以外に関心が向けられているからである。これまでの調査研究では，このタイプは育児不安・低群に含まれていたから，その特徴は明らかにされてこなかった。

(3)

　ここでは育児不安の内容を，先に述べたように，（A）育児についての不

表7-1 育児不安項目および育児の肯定的感情項目間の相関（母親）

	(A)育児についての不快感情	(B)成長・発達についての不安	(C)育児能力に対する不安	(D)負担感・束縛感による不安	(E)育児の肯定的感情
(A) 育児についての不快感情	—	0.191**	0.310**	0.411**	−0.341**
(B) 成長・発達についての不安		—	0.334**	0.217**	0.019**
(C) 育児能力に対する不安			—	0.410**	−0.129**
(D) 負担感・束縛感による不安				—	−0.221**
(E) 育児の肯定的感情					—

($*$：$p<.05$, $**$：$p<.01$)

快感情，（B）子どもの成長・発達についての不安，（C）育児能力に対する不安，（D）育児負担感・束縛感による育児不安，に分類した。そしてこうした育児不安の内容を特徴的に捉えるために，これまでの調査研究を参考にしつつ，それぞれ4～5の下位項目を考え，その下位項目にしたがって質問文を作成した。他方，育児の肯定的感情（E）については，育児に対する満足感，充実感，育児に対する自信，育児の有意義性，育児による自己成長感の項目を考え，これにしたがって質問文を作成した。質問項目の水準および質問文は章末の【付】および表7-12・13に示してある[13]。

これら（A）～（E）の項目間の相関を算出してみると（但し，母親），表7-1に見るように，（A）～（D）の育児不安4項目間では正の相関を示した。そして（A）（C）（D）の育児不安3項目と（E）育児の肯定的感情の各項目間では負の相関を示したが，（B）と（E）の項目間では正の相関を示した。しかしこのことは，育児不安と育児の肯定的感情とが一元的尺度の対極に位置づけられないことを示しているといえるだろう。なお，それぞれの相関は有意に高かった。

3. 調査方法

ここでの課題は，母親の育児不安と夫婦関係との関連を明らかにすることであるから，調査対象は，保育園児および幼稚園児の母親と父親とした。福岡市の都市地域および近郊地域からそれぞれ保育園1，幼稚園2，の計6園を選定し，園の協力を得て質問紙を配布・回収した。質問紙は母親対象と父

親対象とに分けたが,母親と父親がペアになるように回収した。

調査時期は,1996(平成8)年2月～5月であり,有効回収組票は570組票(但し一人親も含む),回収率は93.4%であった。

4. 調査結果の分析

(1)

ここでは育児不安と育児の肯定的感情の2軸から母親の育児態度を4つのタイプに類型化したのであるが,その方法は育児不安(A～D)と育児の肯定的感情(E)の質問に対する3段階の回答(よくある,ときどきある,あまりない)を得点化し(それぞれ3～1点),それぞれの評定値のトータルスコアの平均値を基点に両軸を交差させたのである(但し父親の質問文には(D)の育児不安項目は含まれていない)。母親の育児不安(A～D)のトータルスコアの平均値および育児の肯定的感情(E)の平均値は,それぞれ1.48,2.36,であり,父親のそれは,1.43,2.28,であった。母親と父親の育児態度をタイプ化すると表7-2のようになる。大雑把に特徴づければ,母親は安定型だが,父親は安定型と無関心型とに分化しているといえる(有意差あり)。

表7-3は,母親像について見たものである。全体的には,育児に専念する母親像よりも,自分の生活も重視する母親像が多いが,無関心型は,明らかに他のタイプよりも後者の母親像が多く,育児以外にも関心が向けられていて,先の無関心型のイメージに合致している。なお母親のタイプ別に就業の有無並びに就業形態を見たが,有意な差はなかった。

母親のタイプ別に育児不安と育児の肯定的感情の様相を見ると,表7-4のようである。それぞれの評定値のトータルスコアの平均値を示した(以下では,それぞれの平均値を育児不安度,育児満足度と呼ぶ)。一見して明らかなように,不安型と過剰型,安定型と無関心型がそれぞれに類似的なパターンを示してグループをなしている。前者のグループは,いずれの不安も多いが,内容別には(C)が多く(B)が少ない。後者のグループは前者に比較する

表7-2 母親と父親の育児態度のタイプ　　　　　　　　　　　　　　　　　(%)

	(Ⅰ) 安定型	(Ⅱ) 過剰型	(Ⅲ) 不安型	(Ⅳ) 無関心型	不明	計
母親のタイプ **	34.8 (198)	19.1 (109)	19.8 (113)	18.9 (108)	7.4 (42)	100.0 (570)
父親のタイプ **	24.9 (142)	16.5 (94)	21.6 (123)	25.6 (146)	11.4 (65)	100.0 (570)

($*$：$p<.05$, $**$：$p<.01$)

表7-3 母親のタイプ別にみた母親像　　　　　　　　　　(%)

	育児に専念すべき	自身の生活ももつべき	計
(Ⅰ) 安定型	13.7 (27) ∧ †	86.3 (170) ∨ †	37.8 (197)
(Ⅱ) 過剰型	19.8 (21) ∨ †	80.2 (85) ∧ †	20.3 (106)
(Ⅲ) 不安型	13.3 (15) ∨ *	86.7 (98) ∧ *	21.6 (113)
(Ⅳ) 無関心型	5.7 (6)	94.3 (100)	20.3 (106)
全　体	13.2 (69)	86.8 (453)	100.0 (522)

$p<.05$（カイ自乗検定による。以下，p値が記入されていないときは，有意な傾向が検出されなかった場合である。）

(注1) 無回答・不明を除く。以下同様。
(注2) 表中の，∨あるいは∧は，有意差があることを示す。
　　　但し，∨†　：$p<.10$,
　　　　　　∨*　：$p<.05$,
　　　　　　∨**：$p<.01$, 以下同様。

といずれの不安も少ないが，内容的には（A）が多く（D）が少ない。前者のグループと後者のグループは，育児不安の高低を基準に分割されているから，つまるところ育児不安の程度によって，その内容が異なるのである。注目すべきは，育児不安の高い不安型，過剰型に育児能力不安度（C）が高いことである。この育児能力不安は他の内容の不安とは異なり，母親自身の主観性によるところが大きいから，一度育児能力に自信を喪失して不安状況に

表7-4 母親のタイプ別にみた母親の育児不安度と育児満足度の平均値　（　）内は実数

	(A) 育児について の不快感情	(B) 成長・発達に ついての不安	(C) 育児能力に 対する不安	(D) 負担感・束縛 感による不安	(A～D) 育児不安度	(E) 育児満足度
(Ⅰ) 安定型	1.365(198) ∧ **	1.240(198) ∧ **	1.306(198) ∧ **	1.231(198) ∧ **	1.285(198) ∧ **	2.704(198) ∨ †
(Ⅱ) 過剰型	1.695(110) ∧ **	1.546(110)	1.900(110)	1.630(110)	1.692(110)	2.601(110) ∨ **
(Ⅲ) 不安型	1.905(112) ∨ **	1.466(112) ∨ *	1.913(112) ∨ **	1.788(112) ∨ **	1.768(112) ∨ **	1.945(112)
(Ⅳ) 無関心型	1.498(108)	1.247(108)	1.306(108)	1.211(108)	1.316(108)	1.917(108)
全体	1.575(528)	1.353(528)	1.558(528)	1.428(528)	1.479(528)	2.361(528)

陥れば，不安は不安を呼ぶという増幅過程を辿るのではないか。とりわけ不安型は育児に対する肯定的感情が低いから不安感情は容易に喚起され，しかも他の内容の不安も高いから，不安は相乗的に作用して不安喚起力は一挙に増大する。そうなれば育児能力不安は深化して，母親の育児感覚のバランスが崩れ，「病理的な育児不安」に陥っていく可能性が高い。

しかし不安型と過剰型の間には，不快感情（A）について明らかに差異があり，育児不安度は不安型の方に高い。したがって全体の育児不安度も，不安型＞過剰型＞安定型・無関心型，の順に高くなっている。

育児満足度（E）は，安定型・過剰型と不安型・無関心型との間で明らかに差異があり，前者で高く後者で低い。だが，同じ育児満足度の高い安定型と過剰型であっても，更にその間に差異の傾向が見られ（但し，p＜.10），安定型の育児満足度の方が高い。だから育児満足度は，育児不安度とは逆に，安定型＞過剰型＞不安型・無関心型，の順に高いといえる。つまり母親の育児態度のタイプによって母親のもつ育児不安の内容も程度も，そして育児の肯定的感情の程度も異なっているのである。

(2)

表7-5は，母親と父親の，夫婦としての組合せの可能な，有効回答の476組について，母親のタイプ別に父親のタイプを見たものである。この表

表7-5 母親のタイプ別による父親のタイプ　　　　　　　　　　(%)

		父親のタイプ				母親のタイプ
		安定型	過剰型	不安型	無関心型	
母親のタイプ	(Ⅰ) 安定型	34.1 (61)	20.1 (36) ∧ †	14.5 (26)	31.3 (56) ∨ †	37.6 (179)
	(Ⅱ) 過剰型	28.5 (28) ∨ *	27.6 (27) ∨ †	20.4 (20) ∧ **	23.5 (23)	20.6 (98)
	(Ⅲ) 不安型	17.3 (18) ∧ †	19.2 (20) ∨ **	35.6 (37)	27.9 (29) ∧ †	21.8 (104)
	(Ⅳ) 無関心型	25.3 (24)	6.3 (6)	31.6 (30)	36.8 (35)	20.0 (95)
父親のタイプ		27.5 (131)	18.7 (89)	23.7 (113)	30.0 (143)	100.0 (476)

p<.01

から読みとれることは，母親のタイプと父親のタイプとは明確に対応しているという事実である。母親のタイプが過剰型の場合は父親のタイプも過剰型であり，母親のタイプが無関心型の場合は父親のタイプも無関心型の傾向を示す。父親のタイプが安定型であるのは母親のタイプが安定型と過剰型の場合であり，また父親のタイプが不安型であるのは母親のタイプが不安型と無関心型の場合であるが，上の事実を考慮すれば，母親のタイプが安定型の場合には父親のタイプも安定型，母親のタイプが不安型の場合には父親のタイプも不安型の傾向を示すと解してよいだろう。実際，有意差はないが，母親のタイプと父親のタイプが対応している［安定型－安定型］・［不安型－不安型］の方が組合せ率は高い。したがって母親と父親は育児不安についても育児の肯定的感情についても夫婦間で類似的な反応パターンを示していると推定される。そしてこのことは表7-6の事実に示されている。

この表7-6は，父親自身の回答による育児不安と育児の肯定的感情の，それぞれのトータルスコアの平均値を母親のタイプ別に示したものである。母親の場合と同様に，母親が不安型・過剰型の父親は，他のタイプの父親よりも，いずれの育児不安の程度も高い傾向を示している。また母親が不安型の父親は，（A）の不快感情が明らかに高い。そして母親が不安型と過剰型の父親は，母親と同様に（C）の育児能力に対する不安が高い。だから母親

表7-6 母親のタイプ別による父親の育児不安度と育児満足度の平均値

		父親の育児不安と育児満足				
		(A) 育児についての不快感情	(B) 成長・発達についての不安	(C) 育児能力に対する不安	(A〜C) 育児不安度	(E) 育児満足度
母親のタイプ	(Ⅰ) 安定型	1.396(183)	1.375(184) ∧ †	1.406(184) ∧ †	1.391(183)	2.386(182)
	(Ⅱ) 過剰型	1.379(103) ∧ **	1.483(103)	1.529(104)	1.464(102)	2.378(101) ∨ **
	(Ⅲ) 不安型	1.544(103)	1.443(105)	1.536(105) ∨ †	1.504(103)	2.107(105)
	(Ⅳ) 無関心型	1.491(101)	1.380(98)	1.397(100)	1.414(97)	2.110(98)
全体（父親）		1.443(490)	1.413(490)	1.458(493)	1.435(485)	2.268(486)

との組合せでいえば，［不安型－不安型］の関係のタイプは，夫婦ともに育児の肯定的感情が低いから，育児能力不安が喚起されやすく，そして喚起された育児能力不安は夫婦間での相乗的効果によって増幅されていくのではないか。殊に母親は，不安をもつほどに育児に責任感を感じているから相乗的な効果は大きく，育児能力不安は深化していくのではないか（病理的な育児不安）。

育児満足度についても同様に，母親のタイプが安定型・過剰型の父親に明らかに高く，母親のタイプが不安型・無関心型の父親とは明確な差異を示している。

こういうわけで母親と父親の育児態度は，それぞれに対応したタイプを示し，ために育児不安の内容も類似的なパターンを示すのである。

(3)

これまでの調査研究から得られた，母親の育児不安と夫婦関係についての事実は，先に述べたように，(α) 夫婦間のコミュニケーションの頻度が高いほど母親の育児不安は低く，また，(β) 父親の育児への参加度が高いほど母親の満足度は高く，母親の育児不安は低いというものであった。

表7-7 母親のタイプ別にみた夫婦間の育児についてのコミュニケーションの頻度　　　(%)

	(a)		(b)				計
	母　親		(イ)	(ロ)	(ハ)	(ニ)	
	多い	少ない	母親多い 父親多い	母親多い 父親少ない	母親少ない 父親多い	母親少ない 父親少ない	
(Ⅰ) 安定型	71.9(133) ∨ †	28.1(52) ∧ †	41.1(76) ∨ *	31.4(58)	3.2(6) ∧ **	24.3(45)	37.3 (185)
(Ⅱ) 過剰型	63.7(65) ∨ **	36.3(37) ∧ **	31.3(32) ∨ †	32.4(33) ∨ †	9.8(10)	26.5(27) ∧ **	20.5 (102)
(Ⅲ) 不安型	45.8(49)	54.2(58)	22.4(24)	23.4(25)	10.3(11)	43.9(47)	21.5 (107)
(Ⅳ) 無関心型	45.6(47)	54.4(56)	24.3(25)	21.4(22)	7.8(8)	46.5(48)	20.7 (103)
全　体	59.2(294)	40.8(203)	31.6(157)	27.8(138)	7.0(35)	33.6(167)	100.0 (497)

(a)欄　p<.01　　(b)欄　p<.01

　まず,前者の(α)の仮説から検討していこう。表7-7は,母親のタイプ別に夫婦間の,育児についてのコミュニケーションの頻度を見たものである。夫婦間でのコミュニケーションの頻度を,よく話しをする,ときどき話しをする,あまり話しをしない,ぜんぜん話しをしない,の4段階の回答にして質問したが,表には,後3者を統合し,コミュニケーション頻度の多寡による2段階に区分して示した。(a)欄は,母親の回答である。母親のタイプによって夫婦間のコミュニケーションの程度も異なり,安定型>過剰型>不安型・無関心型,の順にコミュニケーションの頻度は高く,全く逆の順序でコミュニケーションの頻度は低い。だから(α)の仮説は妥当するように見える。

　しかし明らかにコミュニケーションの程度に差異があるのは,安定型・過剰型と不安型・無関心型との間においてである。だが,この差異は,育児不安ではなく,育児の肯定的感情を基準にしている。もし(α)の仮説が妥当なものだとすれば,コミュニケーションの頻度は,育児不安度の程度をそれぞれに共通にする安定型・無関心型と過剰型・不安型の間で分割され,前者

のグループで高く，後者のグループで低くならなければならない。さらにいえば不安型と無関心型は育児の肯定的感情の程度が同じであるから，その同じ条件のもとで，コミュニケーション頻度の高さは，不安型＜無関心型，にならなければならない。だが実際には，グループ間においても，また不安型と無関心型とのタイプ間においても，コミュニケーション頻度に差異はない。だから夫婦間のコミュニケーション頻度と母親の育児不安との間には関連が見られないわけである。

しかしながら育児の肯定的感情が高い安定型と過剰型との間では，コミュニケーション頻度に差異の傾向が見られ，過剰型よりも安定型に頻度は高い。このことは，夫婦間のコミュニケーションの頻度と育児不安との関係には，母親の育児に対する肯定的感情が高い場合という条件が必要であることを意味する。母親の育児に対する肯定的感情が高い場合には，（α）夫婦間のコミュニケーション頻度が高ければ母親の育児不安は低いのである。

ところで，先に述べたように，この（α）説には，（$\alpha 1$）実際に夫婦間のコミュニケーション頻度が高い場合と，（$\alpha 2$）実際には夫婦間のコミュニケーション頻度が低い場合とがある。このことを検討するために，父親の側をも加味した夫婦関係のタイプを設定して母親のタイプとの関連を見ることにした。表7-7（b）欄がそれである。この夫婦関係のタイプは，夫婦間のコミュニケーション頻度に対する母親と父親の，それぞれの回答（4段階を先のように2段階に統合）を組み合わせることによって設定された。すなわち，（イ）母親も父親も夫婦間のコミュニケーション頻度は高いとするタイプ，（ロ）母親は高いとするが父親は低いとするタイプ，（ハ）母親は低いとするが父親は高いとするタイプ，（ニ）母親も父親もともに低いとするタイプ，の4タイプである。しかし（$\alpha 1$）の場合も（$\alpha 2$）の場合も，母親は好意的に受けとめるのであるから，（$\alpha 1$）は（イ）関係のタイプに，（$\alpha 2$）は（ロ）関係のタイプに，それぞれ該当することになるだろう。

結果は，安定型には（イ）関係のタイプと（ロ）関係のタイプ，とりわけ（イ）関係のタイプが多く（（ロ）と有意差 $p<.05$），他の関係は少ない（（ニ）と有意差，但し $p<.10$）。そして過剰型には，安定型ほどではないが，（イ）関係のタイプが多く，そしてそれと同程度に（ロ）関係のタイプが多

い。不安型と無関心型は，安定型と過剰型とは明らかに異なるパターンを示し，(イ)および(ロ)の関係は少なく，(ニ)の関係が多くなっている。

　安定型に，とりわけ(イ)関係のタイプが多く，また(ロ)関係のタイプも多いという事実は，(α)説には，($\alpha 1$)の場合も，また($\alpha 2$)の場合も妥当することを意味する。但し($\alpha 1$)の場合が明らかに多い。すなわち，(α)夫婦間のコミュニケーションの頻度が高いほど母親の育児不安は低いという事実には，($\alpha 1$)実際に夫婦間のコミュニケーション頻度が高い場合もあるし，そしてその場合の方が多いのであるが，しかし($\alpha 2$)実際には夫婦間のコミュニケーション頻度が低い場合もある。だから後者($\alpha 2$)の場合は，母親は父親とのコミュニケーションを父親以上に好意的に受けとめているのである。だから母親の受けとめ方が重要なのだ。但しこの場合も，先の場合と同様に，母親の育児に対する肯定的感情が高ければという条件が必要である。したがって(α)説は，正確には以下の2つの説を含む。($\alpha 1$)母親の育児に対する肯定的感情が高い場合，母親も父親も育児についての夫婦間のコミュニケーション頻度は高いと肯定的に一致しているならば，母親の育児不安は低い。($\alpha 2$)母親の育児に対する肯定的感情が高い場合，夫婦間で育児についてのコミュニケーション頻度に齟齬があっても，母親が夫婦間のコミュニケーション頻度を高いと認知していれば，結果として母親の育児不安は低い。要するに，(α)母親の育児に対する肯定的感情が高く，母親が育児についての夫婦間のコミュニケーション頻度は高いと認知すれば，実際の夫婦間のコミュニケーション頻度の如何にかかわらず，母親の育児不安は低いのである。母親の認知の仕方次第というわけである。

　不安型と無関心型に(ニ)の関係が多い事実は，(α)説の裏を思い浮かばせる。すなわち，(α')育児についての夫婦間のコミュニケーションの頻度が低ければ，母親の育児不安は高いという説である。両タイプとも母親の育児の肯定的感情が低いから，この説にも母親の肯定的感情が低い場合という条件が必要である。その限りで不安型には妥当する。だが，無関心型は，母親の肯定的感情も低く，夫婦間のコミュニケーション頻度も低い点で不安型と一致しているが，育児不安は低いから，この裏の説(α')は妥当しない。

(4)

　(β) の仮説についてはどうか。表7-8の (a) 欄は,母親のタイプ別に父親の育児参加に対する母親の満足度を見たものである。回答は4段階であったが,前後2段階ずつを統合して「満足」と「不満足」の2段階に区分した。表に見るように,安定型の母親だけが特徴的なパターンを示している。他のタイプとは異なり,母親は明らかに父親の育児参加に満足しており,不満足は少ない。だから (β) 説どおり,父親の育児参加に対する母親の満足度と育児不安とは関連がありそうである。実際,これを確認するために,育児不安度の低い安定型と無関心型をまとめ,育児不安度の高い過剰型と不安型をまとめて,父親の育児参加に対するそれぞれの母親の満足の比率を見ると,前者において満足の比率が高く (66.3%),後者において少ないから (54.4%, $p<.01$),(β) 説どおりである。

　しかし安定型の母親だけに満足が多く不満足が少ないから,そしてまた安定型と無関心型とは,育児に対する肯定的感情において異なっているから,(β) 説においても,(α) 説の場合と同様に,母親の育児に対する肯定的感情が高い場合に限ってという条件が必要である。すなわち,母親の育児に対する肯定的感情が高い場合に,(β) 父親の育児参加が高ければ母親の満足度は高く,母親の育児不安は低いのである。

　ところで,この (β) 説においても,(α) 説の場合と同様に,($\beta 1$) 実際に父親の育児参加の程度が高い場合と ($\beta 2$) 実際には父親の育児参加の程度は低い場合とが考えられる。そこで夫婦間のコミュニケーションの場合と同様な方法で夫婦関係のタイプを設定し,母親のタイプ別に父親の育児参加に対する母親の満足度を見たのであるが,それが表7-8 (b) 欄である。この夫婦関係のタイプは,父親の育児参加に対する母親の満足度と,父親が自分の育児参加に対して母親がどの程度満足していると思うか,という2つの質問の,それぞれの回答(4段階を2段階に統合)を組み合わせることによって設定されている。すなわち,(イ) 母親は父親の育児参加に満足しており,父親も自分の育児参加に対して母親は満足しているだろうと推測しているタイプ,(ロ) 母親は父親の育児参加に満足しているが,父親は自分の

表7-8 母親のタイプ別にみた父親の育児参加に対する満足度　　　　　　　　(％)

	(a)		(b)				計
	母　　親		(イ)	(ロ)	(ハ)	(ニ)	
	満足	不満足	母親満足 父親満足	母親満足 父親不満足	母親不満足 父親満足	母親不満足 父親不満足	
(Ⅰ) 安定型	71.7(134) ∨ *	28.3(53) ∧ *	53.5(100) ∨ **	18.2(34)	11.2(21)	17.1(32) ∧ *	37.9 (187)
(Ⅱ) 過剰型	58.8(60)	41.2(42)	38.2(39)	20.6(21)	12.7(13)	28.4(29)	20.6 (102)
(Ⅲ) 不安型	50.0(52)	50.0(52)	29.8(31)	20.2(21)	16.3(17)	33.7(35)	21.1 (104)
(Ⅳ) 無関心型	56.4(57)	43.6(44)	36.6(37)	19.8(20)	15.8(16)	27.7(28)	20.4 (101)
全　　体	61.5(303)	38.5(191)	41.9(207)	19.4(96)	13.6(67)	25.1(124)	100.0 (494)

(a) 欄　$p<.01$　　　(b) 欄　$p<.05$

育児参加を十分とは思わず,母親は満足していないだろうと推測しているタイプ,(ハ)母親は父親の育児参加を十分ではないとして満足していないが,父親は自分は育児に十分参加しており,母親も自分の育児参加に満足しているはずだと思っているタイプ,(ニ)母親は父親の育児参加に満足していないし,父親も自分は育児に参加していないから母親は満足していないだろうと推測しているタイプ,である。そしてここでも同様に($\beta 1$)の場合も($\beta 2$)の場合も,母親は好意的に受けとめるのであるから,($\beta 1$)は(イ)関係のタイプに,($\beta 2$)は(ロ)関係のタイプに,それぞれ該当すると解してよい。

(b)欄を一見すれば明らかなように,安定型だけが特徴的なパターンを示し,(イ)関係のタイプが多くなっている。過剰型よりも(イ)関係のタイプは明らかに多いし,また(ロ)関係のタイプよりも明らかに多い($p<.01$)。そして過剰型,不安型,無関心型の他の3タイプは,いずれも(ニ)関係のタイプが多いことで,安定型とは明らかに異なったパターンを示している。

安定型に（イ）関係のタイプだけが多いという事実から，（β）説には（イ）関係のタイプに該当する（β1）の場合は妥当するが，（ロ）関係のタイプに該当する（β2）の場合は妥当しないことが分かる。すなわち，（β1）実際に父親の育児への参加度が高い場合には，母親の満足度は高く，母親の育児不安は低いという説は妥当するが，（β2）実際には父親の育児参加の程度が低くても，母親が父親の育児への参加度を高いと認知すれば，母親の満足度は高く，母親の育児不安は低いという説は妥当しないのである。つまり母親は，父親の育児参加については好意的な受けとめ方をしないわけである。

先の，夫婦間のコミュニケーションの場合に似て，不安型と無関心型，そして過剰型に（ニ）の関係が多かったから，（β）説の裏，すなわち（β′）父親の育児への参加度が低く母親の満足度が低いほど，母親の育児不安は高いについて見ると，これには過剰型も含まれるから，母親の育児に対する肯定的感情が低い場合という条件はつけられないが，過剰型を除いて，この条件をつけると，その限りにおいて不安型には妥当する。だが，無関心型は，母親の育児に対する肯定的感情も低く，父親の育児への参加度も低いために母親の満足度は低いけれども，母親の育児不安も低いから，この裏の説（β′）は妥当しない。

ところで，それでは父親の育児参加は，実際のところ，どの程度行われているのか。表7-9は，母親と父親それぞれに自分の育児行為に対する評価（自己評価）をさせ，またそれぞれの育児行為を相互に評価させたものである。ここで取り上げた育児行為は，入浴，オムツの交換，遊び相手，着替え，生活習慣のしつけ，の5つである。それぞれ，よくしている，ときどきしている，あまりしていない，の3段階での回答を得点化して（3～1点），その評定値のトータルスコアの平均値を，いわば育児の評価度として示した。だが，母親が安定型タイプの父親も，自分の育児行為に対する評価（c）は，他の母親のタイプの父親と同程度で差異はなく，また父親の育児行為に対する母親の評価（d）も，安定型の母親だからといって特に高いわけではない。つまり父親の育児参加に対して夫婦ともに一致して満足を示す安定型の父親だからといって，殊更に育児参加が高いわけではないのである。むしろ父親

表7-9 母親のタイプ別にみた育児行為の自己評価と相互評価の平均値

	(a) 母親の育児の自己評価	(b) 母親の育児に対する父親の評価	(c) 父親の育児の自己評価	(d) 父親の育児に対する母親の評価
(Ⅰ) 安定型	1.273 (170)	1.238 (172)	2.033 (172)	2.005 (168)
(Ⅱ) 過剰型	1.222 (92) ∧ **	1.241 (97)	2.109 (97)	2.082 (93)
(Ⅲ) 不安型	1.430 (99) ∨ †	1.310 (98)	2.135 (95)	2.143 (98)
(Ⅳ) 無関心型	1.313 (86)	1.312 (84)	2.146 (85)	2.169 (85)
全体	1.305 (447)	1.268 (451)	2.092 (449)	2.083 (444)

の自己評価（c）も母親による評価（d）も他のタイプよりも低いくらいである。それにもかかわらず、安定型の母親と父親は、父親の育児への参加度について共に満足を示している。さらに先に見たように、夫婦間のコミュニケーションの頻度についても夫婦間で、いわば肯定的に一致している。一体何故なのか。

この、安定型の夫婦間の一致度は、他の要因においても見られた。例えば、表7-10は、地域生活に対する満足度を見たものである。夫婦関係のタイプは、これまでと同様な方法で設定した。安定型のみが他のタイプとは異なり、(イ) 関係のタイプが多いという特徴的なパターンを示している。また表7-11は、母親の女性としての、実際の生き方（①結婚や出産後も仕事を継続、②結婚や出産後は育児期だけ家庭に入り再び仕事を継続、③出産後は家庭、④結婚後は家庭、⑤女性は家事・育児に専念）と、父親（夫）が母親（妻）に望む女性としての生き方とが一致しているか否か、について見たものである。つまり母親の女性観と父親の女性観である。表に見るように、安定型の母親だけが自分の女性観と父親（夫）が自分（母親）に望んでいる女性観とが一致しているとしている。

このように見てくると、安定型は他の、さまざまな日常的生活領域においても夫婦間の肯定的な一致度が高いことを推測させる。殊に地域生活は居住

第7章　母親の育児不安と夫婦関係

表7-10　母親のタイプ別にみた地域生活に対する母親と父親の満足度　　(%)

	(イ) 母親満足 父親満足	(ロ) 母親満足 父親不満足	(ハ) 母親不満足 父親満足	(ニ) 母親不満足 父親不満足	計
(Ⅰ) 安定型	76.5 (143) ∨ **	13.9 (26)	6.4 (12) ∧ **	3.2 (6) ∧ **	37.6 (187)
(Ⅱ) 過剰型	61.8 (63)	10.8 (11)	17.6 (18)	9.8 (10)	20.6 (102)
(Ⅲ) 不安型	65.7 (69)	12.4 (13)	14.3 (15)	7.6 (8)	21.2 (105)
(Ⅳ) 無関心型	64.7 (66)	11.8 (12)	11.8 (12)	11.8 (12)	20.6 (102)
全　体	68.7 (341)	12.5 (62)	11.5 (57)	7.3 (36)	100.0 (496)

$p<.05$

表7-11　母親の生き方と父親の望む母親像　　(%)

	母親の実際と父親 (夫)の望む母親像が 一致している	母親の実際と父親 (夫)の望む母親像が 一致していない	計
(Ⅰ) 安定型	63.5 (99) ∨ *	36.5 (57) ∧ *	38.6 (156)
(Ⅱ) 過剰型	48.9 (43)	51.1 (45)	21.7 (88)
(Ⅲ) 不安型	45.6 (41)	54.4 (49)	22.2 (90)
(Ⅳ) 無関心型	52.1 (37)	47.9 (34)	17.5 (71)
全　体	54.3 (220)	45.7 (185)	100.0 (405)

$p<.05$

という最も日常的な，そして生活全体の基盤であり，また母親と父親の女性観は母親の生き方の基本に関わる問題であるから，そこでの一致がもつ生活上の意味は大きい。

ところで，表7-9は，全体的には母親のタイプ別による差異はなく類似的なパターンを示しているが，不安型の母親だけが自分の育児行為を高く評価（a）している。父親による評価（b）が高くないにもかかわらずである。だからイメージを膨らませば，父親は母親が満足するほどに育児に参加しないし（表7-8），夫婦間のコミュニケーションも少なく（表7-7），そして子どもに対する不快感情と自分の育児能力不安に悩みつつも（表7-4），育児行為を孤独に遂行している（だからこそ高い自己評価）不安型の母親像を見ることができる。

もう1つ，この表7-9から読みとれることは，母親の育児行為に対しては母親の自己評価（a）も父親による評価（b）も高くはないが，父親の育児行為に対しては父親の自己評価（c）も母親による評価（d）も頗る高いという事実である。母親のタイプ別による差異はない。それぞれの自己評価の間（aとc）および相互評価（bとd）の間には，いずれの母親のタイプにおいても有意差があった（$p<.01$）。このことは未だなお，母親は母性を有し，育児能力を有しているから育児は母親の責任という社会通念が流布していることを示していよう。だから母親の育児行為は当然なのであり，その当然の行為に母親自身（a）も父親（b）も高い評価を与えないのである。だが，父親の育児行為は父親の本来の役割ではなく，母親の育児に対する援助であり補助であり，だからこそ母親（d）も父親（c）も高く評価するのである。先に見たように（表7-2），父親が無関心型に特徴づけられるとすれば，その無関心な父親が育児に参加することは，たとえ低度ではあったにしても母親にとっては評価すべきことであり，父親にとっては自賛すべきことなのである。したがって，（$\beta 1$）父親の育児への参加度が高い場合とはいっても，その程度は高が知れているのである。

しかし，このことは母親は父親に対してそもそも実践的な行為レベルでの育児参加，つまり育児行為を期待していないことを意味する。（α）夫婦間のコミュニケーションについては，（$\alpha 1$）実際にコミュニケーション頻度

が高い場合も，そして（α2）実際にはコミュニケーション頻度が低い場合でも，母親は好意的に受けとめていた。それは母親が，行為レベルでの育児参加ではなく，いわば精神的レベルでの育児参加を求めているからである。母親が相談したいときに父親が常にそれに応じるならば，コミュニケーション頻度の如何にかかわらず（（α1）および（α2）），母親は満足を得て母親の育児不安は低くなるだろう。しかしもともと高が知れている程度の父親の育児参加（育児行為）は（β），母親にとっては期待するほどのことではないのである。それでも父親の育児行為の頻度が実際に高ければ（β1），母親にとってはそれなりに役立つだろうから確かに満足ではある。というよりも，そうした父親の協力的な態度に母親は満足しているのだろう。だが，父親の育児参加が低い，父親の育児行為の頻度が低いといっても（β2），もともと父親の育児行為を期待していないのであるから，それは母親にとっては当然のことであって，好意的に受けとめるようなことではない。越らは「子供の日常的な世話における父親の協力よりも，精神面での協力がより育児不安と関連するのではないか」[14]と述べているが，事実である。

5. 要約と結論

ここで問題としてきたのは，母親の育児不安の内容の問題，育児に対する無関心層の把握，そして母親の育児不安と夫婦関係との関連である。

母親の育児不安と夫婦関係との関連についての仮説は，分析の結果，次のように修正されねばならない。

（α1）母親の育児に対する肯定的感情が高いとき，夫婦間で育児についてのコミュニケーション頻度の認知が一致して高ければ，母親の育児不安は低い。

（α2）母親の育児に対する肯定的感情が高いとき，夫婦間で育児についてのコミュニケーション頻度の認知に齟齬があっても，母親が，そのコミュニケーション頻度を高いと認知していれば，母親の育児不安は低い。

（β）母親の育児に対する肯定的感情が高く，そして父親の育児行為の頻度が高ければ，母親の満足度は高く，母親の育児不安は低い。

そして（α1）と（α2）をまとめていえば，次のようになる。

（α）母親の育児に対する肯定的感情が高く，母親が育児についての夫婦間のコミュニケーション頻度を高いと認知していれば，実際の夫婦間のコミュニケーション頻度の如何にかかわらず，母親の育児不安は低い。

要するに（α）は，父親の，精神的レベルでの育児参加であり，（β）は実践的な行為レベルでの育児参加である。そして母親は，精神的レベルでの父親の育児参加を求めているのである。だから夫婦間のコミュニケーション頻度と育児不安との関連の仮説にもかかわらず，そのコミュニケーション頻度を問わない（α）説が成り立つのだ。しかし安定型の父親は，実は母親が精神的レベルでの育児参加を必要としていることを理解しているのではないか。だから育児行為の程度が実際に低くても，その低い程度の育児行為に母親は満足していると思っているのだろう。そしてそうした安定型夫婦の肯定的一致は，育児に限らず日常的な生活領域全般にわたっての夫婦関係のあり方から来ていると思われる。

ここでは，母親の育児態度を育児不安と育児の肯定的感情の2軸を用いて4つのタイプに類型化したのであるが，こうしたアプローチによって育児不安層（不安型）も無関心層（無関心型）をも捉えることができた。

このうち，安定型と対照的なのが不安型である。不安型は，いずれの内容の育児不安をももっており，またその程度も高かった。なかんずく「育児能力」に対する不安度が高かった。だが，この育児能力不安は，母親自身の主観性によるところが大きいから不安の自己増殖過程に陥る可能性がある。しかも複数の不安をもっているから不安相互の相乗的な効果によって不安喚起力は一挙に高まる。事実，不安型は，そうした条件の下にある。育児に対する肯定的感情は低く，夫婦間のコミュニケーション頻度は少なく，だから母親は満足を得ることもなく，また父親の実践面での育児参加行為もない。ために母親は，育児の疲労感や緊張感のみを蓄積させ，育児不安は深化していく。そうなれば母親の育児感覚のバランスは崩れ，「病理的な育児不安」に陥っていく可能性がある。「病理的な育児不安」とは，実は育児不安が育児の基底となるべき肯定的感情を凌駕し，それを圧迫するほどに膨張し，逆に育児の肯定的感情は収縮して育児を支えられなくなり，そのために母親が育

児感覚のバランスを失った不安感情だといえるだろう。

　無関心型は，これまでの調査研究では育児不安・低群，つまりここでいう安定型に含まれていたから，その特徴は明らかではなかったが，分析の結果，育児不安・低群（安定型）とは全く異なったパターンを示していた。むしろ上の育児不安・高群（不安型）に近いパターンを示していた。

　ここで見いだした母親の育児態度のタイプによれば，それぞれのタイプによって育児不安の内容も程度も異なっていた。育児不安の程度が同じように高くても，育児の肯定的感情の低いタイプ（不安型）の方が，肯定的感情の高いタイプ（過剰型）よりも，いずれの内容の育児不安度も高かった。また育児の肯定的感情の程度が同じように高くても，育児不安が低いタイプ（安定型）の方が，育児不安の高いタイプ（過剰型）よりも，育児の肯定的感情はさらに高かった。だから育児不安は，不安型＞過剰型＞安定型・無関心型，の順に高く，育児の肯定的感情は逆の順で高くなっていく。そしてこの母親の育児態度のタイプは夫婦関係のあり方とも関連して，安定型においては夫婦関係は肯定的一致，不安型・無関心型においては夫婦関係は否定的一致，過剰型においては夫婦関係は齟齬と特徴づけられる。そしてまた母親の育児態度のタイプと父親の育児態度のタイプとは，それぞれに対応的であり，したがって育児不安の内容も程度も，母親と父親とは類似的なパターンを示していた。かくて研究課題はほぼ明らかにされたことになる。

［注］
1）　牧野カツコ「乳幼児をもつ母親の生活と〈育児不安〉」『家庭教育研究所紀要』No. 3, 1982。しかし牧野の研究以前にも既に佐々木などの研究がある。佐々木保行・佐々木宏子・中村悦子「乳幼児をもつ専業主婦の育児疲労（第1報）」『宇都宮大学教育学部紀要』第29号（第1部），1979，佐々木保行・佐々木宏子「乳幼児をもつ専業主婦の育児疲労（第2報）」『宇都宮大学教育学部紀要』第30号（第1部），1980。
2）　牧野カツコ，前掲，34頁。
3）　牧野カツコ，前掲，35頁。また牧野は，育児不安測定尺度の有効性を主張している。牧野カツコ「〈育児不安〉の概念とその影響要因についての再検討」『家庭教育研究所紀要』No. 10, 1988, 23-31頁。

4) 越・坪田も同様の指摘をしている。越良子・坪田雄二「母親の育児不安と父親の育児協力との関連」『広島大学教育学部紀要（第一部）』第39号，1990，181-182頁。
5) 牧野，前掲「乳幼児をもつ母親の生活と〈育児不安〉」34-56頁および「〈育児不安〉の概念とその影響要因についての再検討」25-26頁。また，牧野カツコ・中西雪夫「乳幼児をもつ母親の育児不安」『家庭教育研究所紀要』No.6，1984，11-24頁。
6) 本村汎・磯田朋子・内田昌江「育児不安の社会学的考察 —— 援助システムの確立に向けて ——」『大阪市立大学生活科学部紀要』第33巻，1985，242頁。
7) 牧野・中西，前掲「乳幼児をもつ母親の育児不安」21-24頁。
8) 牧野は，この育児不安測定尺度を用いて一連の育児不安研究をしている。この育児不安測定尺度については，牧野，前掲「乳幼児をもつ母親の生活と〈育児不安〉」を参照。
9) 本村汎・磯田朋子・内田昌江，前掲，4頁。11頁。
10) 本村汎・磯田朋子・内田昌江，前掲，4頁。
11) 牧野，前掲「乳幼児をもつ母親の生活と〈育児不安〉」38頁。
12) 本村汎・磯田朋子・内田昌江，前掲，4頁。
13) 表7-12の育児不安のタイプのうち，（D）育児によって生じる欲求不満からの不安については，父親には妥当しない。
14) 越・坪田，前掲，185頁。

【付】育児不安と育児の肯定的感情についての質問文は，下記のようなそれぞれの領域における水準を考え，この水準にしたがって作成した。質問項目の後の番号は，表7-12および表7-13の質問文の番号である。

〔Ⅰ〕育児不安の質問項目（表7-12）
　（A）　育児についての不快感情
　　〔a〕　子どもの特定の態度・行動に感じる不快な感情（限定的不快感情）
　　　　①　母親と子どもとの関係からくる不快感［質問項目3］
　　　　②　子どもの行動からくる不快感［質問項目4］
　　〔b〕　子ども自身を否定的に感じるような不快な感情（全般的不快感情）
　　　　①　子どもの存在そのものに対する否定的感情［質問項目1，質問項目2］

表7-12 育児不安 (%)

育児不安のタイプ				母親 (570)	父親 (570)
(A) 育児についての不快感情	1	子どもがわずらわしくてイライラすることが	ある ない	59.6 38.2	47.2 44.9
	2	子どものことを考えるのが面倒になることが	ある ない	21.1 76.3	20.4 71.8
	3	子どもが自分の言うことをきかないのでイライラすることが	ある ない	82.6 15.4	61.1 31.4
	4	子どもが汚したり、散らかしたりするので嫌になることが	ある ない	64.6 33.7	46.3 46.1
	5	自分の子どもでも、かわいくないと感じることが	ある ない	21.4 76.5	13.4 78.6
(B) 子ども自身の成長・発達に対する不安	6	自分が思っているように子どもが成長しないので発達が遅れているのではないかと思うことが	ある ない	10.5 87.0	14.4 77.5
	7	子どもが病気にかかったり事故にあわないかと心配することが	ある ない	77.2 20.9	77.0 16.0
	8	他の子どもと比べて、自分の子どもの発達が遅れているのではないかと思うことが	ある ない	11.8 86.1	15.8 76.1
	9	育児雑誌や育児書と比べて、自分の子どもの発達が遅れているのではないかと思うことが	ある ない	7.7 90.0	9.5 81.8
(C) 自分自身の育児能力に対する不安	10	育児のことで、どうしたらよいか分からないことが	ある ない	47.7 49.6	34.8 59.3
	11	他のお母さんの育て方と比べて、自分の育て方でよいのかどうか不安になることが	ある ない	44.0 53.5	23.9 68.2
	12	テレビや雑誌・本を見て、自分の育て方でよいのかどうか、不安になることが	ある ない	26.0 71.4	16.5 75.6
	13	子どもを、よく育てなければならないという気持を感じることが	ある ない	67.4 29.6	65.1 27.7
(D) 育児の負担感・束縛感による育児不安	14	子どもに時間を取られて、自分のやりたいことができずイライラすることが	ある ない	50.0 47.9	— —
	15	友人や知人が充実した生活をしているようなので焦りを感じることが	ある ない	27.4 70.0	— —
	16	テレビや雑誌・本などで見る女性の姿と自分を比べて遅れていると感じることが	ある ない	32.8 64.7	— —
	17	毎日、育児の繰り返しばかりで、社会とのきずなが切れてしまうように感じることが	ある ない	31.9 65.6	— —

(注1) 無回答・不明の比率は省略した。
(注2) (D)育児の負担感・束縛感による育児不安は、父親には妥当しない。

② 子どもに対する違和感や不和感［質問項目5］
（B）子ども自身の成長・発達に対する育児不安
　　　① 自分の思い通りに子どもが成長・発達しないことに対する失望感・不安感［質問項目6］
　　　② 子どもの病気や事故など不慮の出来事に対する漠然とした不安［質問項目7］
　　　③ 幼稚園・保育所等で他の子どもと比べて自分の子どもの成長・発達が遅れているのではないかという不安［質問項目8］
　　　④ 育児雑誌や育児書等のマスコミの情報と比べて自分の子どもの成長・発達が遅れているのではないかという不安［質問項目9］
（C）自分自身の育児能力に対する不安
　　　① 自分自身の育児能力に対する戸惑いや自信喪失［質問項目10］
　　　② 他の母親との比較から生じる自分の育児能力に対する不安［質問項目11］
　　　③ 育児情報からくる自分の育児能力に対する不安と混乱［質問項目12］
　　　④ 育児に対する責任感とそれからもたらされる重圧感［質問項目13］
（D）育児の負担感・束縛感による育児不安
　　　① 育児の負担感・束縛感からくる自分自身の生活に対する不満［質問項目14］
　　　② 友人・知人など身近な人々の生活スタイルと比較しての不満や焦燥感［質問項目15］
　　　③ マスコミで取り上げられている女性の生き方と自分とを比べての焦燥感・脱落感［質問項目16］
　　　④ 育児の繰り返しのマンネリ感から生じる負担感，無能感や孤立感・孤独感［質問項目17］

〔II〕育児の肯定的感情の質問項目（表7-13）
　（1）育児の充実感や快感［質問項目1］

表 7-13 育児の肯定的感情 (%)

育児の肯定的感情		母親 (570)	父親 (570)
1	子どもを育てるのは，楽しいと感じることが　ある	92.8	83.7
	ない	4.7	8.9
2	子どもを育てることによって，自分も成長しているのだと感じることが　ある	89.6	74.2
	ない	7.9	18.4
3	子どもを育てるのは有意義ですばらしいことだと思うことが　ある	84.8	78.1
	ない	12.5	13.9
4	あまり病気もしないで，子どもは元気に育っていると感じることが　ある	90.9	85.9
	ない	7.4	6.7
5	自分の子どもは，思うようにうまく育っていると感じることが　ある	77.9	80.5
	ない	18.6	10.9

(注) 無回答・不明の比率は省略した。

(2) 育児に対する満足感
　① 育児による自己成長感と自己肯定感［質問項目2］
　② 育児の有意義性と自己の有能感・幸福感［質問項目3］
(3) 子どもの成長・発達に関する安心感・満足感と有能感［質問項目4］
(4) 自身の育児能力に対する自信と満足［質問項目5］

第 III 部

地域社会と教育的住民組織

第8章

近郊地域における子供会育成会

1. 研究の意図と分析枠組

　子供会育成会（以下育成会と呼ぶ）は少年校外活動組織である子供会独自の育成援助組織であり，地域住民による自主的な地域的教育活動組織である。子供会の育成援助活動は学校やＰＴＡの校外活動として，あるいは町内会・婦人会・宗教団体等の活動の一環として行われている場合もあるが，育成会は子供会の健全育成を目的として独立に組織された地域住民組織である。したがって，少年校外活動の様相の一端を把握する上で[1]，育成会組織の特質を検討することは極めて重要であると思われる。本章は育成会組織の特質を特に地域社会の変動との関連で捉えることを目的としている。今日の地域社会は不断の変動過程にあって，地域住民組織の性格ないしは地域住民の態度や諸活動形態を漸次変化させているのであり，したがって，地域社会の変動過程の段階を異にする諸地域の間では育成会の組織，活動にもそれぞれ異なった特質が認められると推測されるのである。

　ところで，今日の地域社会変動の典型的な状況は都市近郊地域，とりわけそのスプロール地域，住宅開発地域にみられる。その動因は近郊化に伴う地域構成住民の質的変化に求められる。すなわち，農家を主とする旧来の住民層（地元層）の生活構造の流動化（通勤兼業化）の拡大および流動的な生活構造をもった新来住民層（来住層）の流入である。しかし，前者を契機とする地域社会変動は後者に比して緩慢であり，後者を契機とする住民構成の質的変化が今日の典型的な地域社会変動の基礎的動因であると思われる。そこで調査対象地域を都市近郊地域に設定し，そして調査の分析枠組みとして，

都市近郊地域における地域住民組織の類型区分の基準を地元層と来住層の，それぞれの多寡という構成比重に求め[2]，この2軸を交差させることによって，以下の4つの類型に区分したのである。いま，その属性を仮説的に提示すると次の通りである。

① 地元層地域型＝農家を主とする地元層の生活構造の流動化が拡大しつつも，まだ来住層の構成比重は小さく，比較的緩慢な変動過程にある地域の型。

② 混住化地域型＝地元層の間に来住層が個別分散的に，あるいは小ブロック的に流入し，スプロール化が進展して激しい変動過程にある地域の型。

③ 来住層地域型＝地元層集落から分離した広大な山林・原野が開発されて宅地化し，来住層が一挙に流入して集団居住している地域の型。この場合，その来住形態の相違――借家形態か持家形態か――によって，（a）賃貸居住地域型と，（b）分譲住宅地域型に分かれる。

以下では，この地域住民組織の4類型に対応する単位育成会を選び，その事例研究の結果を報告する。調査の重点は育成会および関連の組織の役員，委員の聴取におかれた。

2. 調査結果 ―― 4育成会の事例 ――

調査地は高松市の西部に隣接して，近郊化の顕著な進展過程にある香川県A郡K町である。このK町において，先の4類型に対応する単位育成会を①，②については各3事例，（a）は1事例，（b）は4事例を選んで調査した。しかし，各類型の育成会は大方類似の傾向を示していたので，以下では各類型から特に典型的と思われる事例について報告する。各事例の存立基盤である地域の世帯および人口・農家数の推移は表8-1に示してある[3]。

① **地元層地域型 ―― M育成会の事例 ――**
M育成会はA，B，C，Dの4部落の全世帯を構成メンバーとして組織さ

第8章　近郊地域における子供会育成会　　277

表8-1　対象地域の世帯・人口・農家数

育成会	地域	1968年 (昭和43年)	1971年 (昭和46年)	1973年 (昭和48年)	1976年 (昭和51年)
M育成会	A	43 (167)	45 (160)	45 (168) 〔17〕	54
	B	23 (119)	24 (114)	24 (118) 〔22〕	27
	C	20 (96)	21 (87)	24 (88) 〔15〕	24
	D	17 (80)	20 (91)	23 (106) 〔14〕	23
T育成会	E	51 (199)	52 (206)	54 (203) 〔25〕	50
	F	23 (109)	23 (110)	26 (114) 〔20〕	24
	G	—	—	—	18
	H	—	—	—	20
	I	—	—	—	15
K育成会	K団地	—	244 (737)	553	539
S育成会	S団地	—	—	—	57

(注)　(　) 内は人口数
　　　〔　〕内は農家数

れている。M育成会が4部落の統合的な組織であるのは，1967（昭和42）年に町育成会協議会が子供会はその目的・性格からいってある程度の人数が必要であるとして，会員20名を「標準単位の子供会」とし[4]，会員数の少ない子供会を統合することを決め，同時に子供会を全町的に組織するため，子供会の未組織な部落に対してその組織化を要請したのであるが，それに基づいて上記4部落を統合した子供会組織が新たに結成されたためである。

　M育成会内部は部落単位に4班に分かれているが，この班はそれぞれの部落会の下部組織となっている。A部落の場合，部落会の諸活動は総務部，厚生部，農協部，老人部，婦人部，子供部の各業務部により行われるが，この子供部が育成会班となっている。図8-1はM育成会役員の選出形態を示したものである。まず，部落会長以下3名の役員が部落総会で選出されるが，部落会長は各業務部長を年齢，経験等を勘案して人選し，役員会の承認を得た後，部落総会に諮って決定する。子供部長はその性格上，原則として児童の保護者世帯から選出されることになっている。子供部長は育成会班長となり，育成会班長会を構成し，その協議によって副会長以下の役職を決定する。これとは別に，各部落会長は育成会長選出のため「選考委員会」を形成して

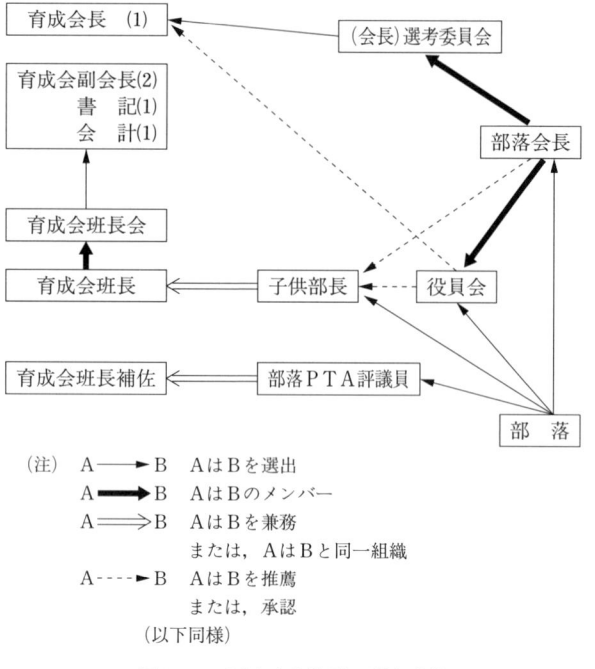

第Ⅲ部 地域社会と教育的住民組織

```
育成会長 (1) ←──────── (会長)選考委員会
                              ┃
育成会副会長(2)                  ┃
   書  記(1)                   ┃
   会  計(1)                  部落会長
    ↑                          ↑
育成会班長会                     ┃
    ↑                          ┃
育成会班長 ← 子供部長 ┈┈ 役員会
                        ↑   ↑
育成会班長補佐 ← 部落ＰＴＡ評議員
                              部 落
```

(注)　Ａ ──→ Ｂ　ＡはＢを選出
　　　Ａ ━━▶ Ｂ　ＡはＢのメンバー
　　　Ａ ══▷ Ｂ　ＡはＢを兼務
　　　　　　　　　または，ＡはＢと同一組織
　　　Ａ ┈┈▶ Ｂ　ＡはＢを推薦
　　　　　　　　　または，承認
　　　(以下同様)

図8-1　Ｍ育成会役員の選出形態

　育成会長候補者を決め，これを各部落役員会の承認を得て委嘱する。育成会が４部落の統合的組織であるため，育成会結成の当初は「部落の統合問題」として各部落の利害感情がからみ，部落間に緊張状態が生じることを危惧する住民の反対もあって，育成会長選出は各部落の合意が必要なのである。そのために育成会長は児童の有無にかかわらず，各部落の合意を取り付け，各部落を統合できる力をもったリーダーとして，地域の有力者が選出される。Ａ部落会長は「部落間にもめ事があっても，どの部落にも口がきけ，幅がきく顔役が会長であれば，みんなが従う」と述べている。育成会長は当初から当時町議員であったＹ氏である。会長の任期は２年であるが，Ｙ氏は５期連続である。Ａ部落会長は「他に代わる人がいないから本人に支障がない限り続けてもらいたい」と述べている。いわば「有力者委任型」である。他方，部落総会において，部落組織役職の一つである部落ＰＴＡ評議員が児童の保護者世帯から選出される。部落ＰＴＡ評議員は各保護者世帯から給食費等の

諸経費を徴収する他，学校ＰＴＡ評議員会のメンバーとなり，学校およびＰＴＡ役員からの連絡事項を保護者世帯に連絡する。そして部落ＰＴＡ評議員は育成会班長の補佐的役割を付与されている。

　このように，M育成会は部落が役員選出の基礎単位であり，育成会役員は部落会子供部長としての性格が強い。こうした特質は財政面にも反映される。育成会の財源は各部落からの助成金および補助金である。助成金は各部落の世帯数に応じて年度当初に決定される。昭和50年度決算書によれば，A部落28,000円，B部落18,200円，C・D部落は各14,700円であった。補助金は海水浴，潮干狩，花見大会等の「子供会行事」の一部負担金として出されるが，これらの行事には子どもや両親のみならず，一般村民も育成会員として参加する。そして各部落の補助金額は各部落の参加世帯数に応じて算出される。これを部落の側からいえば，これらの子供会行事は部落会子供部主催，厚生部協賛，部落会後援という形での「部落行事」であり，「部落の親睦活動」とみなされている。こうした親睦的子供会行事は，宗教行事である「報恩講」等をも含めて，ほぼ月1回の割で行われている。前記決算書によれば，助成金75,600円のうち57.7%の43,600円が親睦的子供会行事に支出されており，またその補助金としての4部落合計で97,320円の援助を受けている。そして，この他のM子供会の活動は年数回の町・校区単位の行事と墓地の清掃等の奉仕活動である。したがって，育成会活動の重点は部落の親睦活動としての子供会行事に置かれているといえよう。そしてそれは同時に部落間の親睦活動でもある。つまり育成会活動は部落内および部落間の表出的・統合的な活動なのである。住民組織の機能を対内的－対外的に2分類すれば，後述のT，K，S育成会活動に比べると，M育成会の機能は対内的側面に重点が置かれているといえる。

　このように，M育成会は部落組織から分離，独立しておらず，伝統的共同体の枠組みの中にその一環として位置づけられている。

　ここで，単位育成会の上部組織および子供会と学校との関係をみておこう。各単位育成会長は校区育成会長会を形成し，校区育成会役員を選出する。各校区育成会長と副会長は町育成会協議会役員会を構成する。そして，各小学校長，ＰＴＡ会長は顧問として，これら育成会長会および校区・町の役員会

に出席し,その運営に参加する。また教頭は各会の事務連絡を担当する。他方,学校は校内活動組織として子供会を単位とした班組織を編成し,集団登下校,校舎教室の清掃当番,夏期休暇中のプール使用や運動会の座席場所等各種行事や活動に活用している。また学校で,子供会長会,子供会幹部講習会(上級児童全員を対象)が年に数回開かれている。「学校は地域の自主的な組織である子供会と表裏一体となって地域の連帯感を高める教育をしたい」とE小学校長は述べている。

ところで,M育成会内部の4部落においても表8-1にみるように,来住層は漸次的に増加しているが,これら来住層の保護者世帯は育成会を媒介とすることによって,部落組織に包摂されている。子供会は校内活動組織の単位でもあるから,来住層の児童はその関心の如何を問わず,いわば社会的強制として子供会に参加せざるを得ない。また学校も子供会への参加を勧める。しかし,子供会は人的・財政的には育成会の,物的には部落会(部落集会所等の利用)の援助を受け,また育成会財政は部落会助成金であるから,来住層児童の子供会加入はその保護者世帯の育成会加入,部落会加入が絶対的条件となる。そして部落会への加入は部落住民として部落有山林や集会所,墓地等の部落有財産に対する権利を獲得することになるが,同時に部落の奉仕作業である「善事講」への参加の義務を負う。こうした来住層は4部落合わせて6世帯いる。このように育成会は来住層を部落組織に吸収同化し,統合する機能を果たしている。

② 混住化地域型 ── T育成会の事例 ──

T育成会はE,F部落在住の全世帯および小規模分譲住宅団地であるG,H,I地域の児童の保護者世帯を構成メンバーとする。

来住層の部落加入は部落有財産に対する権利を獲得するが,しかしそれは長年にわたる部落住民の労働奉仕と経費負担による産物であるから,部落会加入に際しては過去の住民のそれを分担する意味で入会金を徴収する。その金額は部落役員会において決定される。非農家来住層の場合,協同農機具や揚水施設等を除外した財産についてその減価償却分を考慮に入れて決められるが,部落によってはかなり高額に達する[5]。E,F部落は現在(1976(昭

第8章　近郊地域における子供会育成会　　　　　　　281

図 8-2　T育成会役員の選出形態

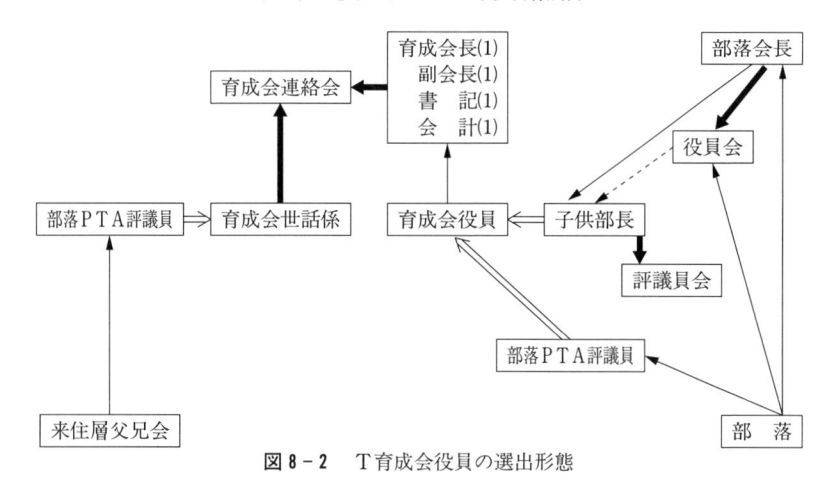

和51)年）2万円である。来住層はこれに反発して部落会加入を拒否し，団地単位に独立の自治会を組織した。しかし，子供会は人数の問題，運営の問題（来住層が未経験であること等），各団地が分離していること等のため独立に組織し得なかった。そこで団地単位に「父兄会」を組織し，各部落会長，育成会長と協議し，また小学校教頭の部落への働きかけもあって来住層児童は「準会員」としてT子供会に参加することとなった。これに伴い，保護者世帯も育成会「準会員」となった。

　E部落の場合，部落会の業務部は総務部，厚生体育部，教育文化部，産業部，老人部，婦人部，子供部から成り，子供部が育成会の組織単位となっている。図8-2はT育成会役員の選出形態を示している。部落会長は各業務部長を部落役員会の承認を得て委嘱する。その際，子供部長は児童の有無に関係なく選出される。各業務部長は部落評議員会のメンバーとなり，部落の会務，運営に参加する。また部落総会の席上，児童の保護者世帯から部落PTA評議員を選出する。そして子供部長と部落PTA評議員が育成会役員となり，F部落の育成会役員2名とともに育成会の役職を決定する。その決定の仕方は従来，育成会長，副会長は子供部長の，書記，会計は部落PTA評議員の，1年ごとの部落交替制であった。他方，来住層の保護者世帯は団地単位に，つまり自治会単位に部落PTA評議会を選出するが（部落PTA評議会は部落単位に1名選出することとされている），これが育成会世話係を

兼任する。来住層は通勤世帯であるからそれは母親である。

　しかし，来住層の増加を契機とする住民構成の変化は旧来の育成会運営を変化させた。その第1は育成会長の選出である。来住層の準会員として育成会に加入して以後の4年間育成会長の部落交替は行われておらず，元小学校長で，E部落子供部長のU氏が育成会長を継続している。「準会員」とはいえ，来住層の保護者世帯が地元層のそれと同数近くになると地元層にとって彼らの関心の方向を無視するわけにもいかず，したがって，両住民層の信頼を得ることができ，分化した関心の方向を調整しつつ会を運営できることが育成会長の要件となったからである。E部落会長は「子供会活動は校外活動だから育成会長は本来教育者が最適であるとし，また来住層の納得も得やすい」と述べている。M育成会が部落間の統合のシンボルとして有力者を育成会長としたのに対し，T育成会は教育者をもって両住民層の統合・調整にあてたのである。いわば，「教育者信頼型」である。第2は両住民層の協議・連絡機関として育成会役員および育成会世話係をメンバーとする「育成会連絡会」が設けられたことである。来住層は準会員であるから会の運営に参加できず，そのためそれに代わる機関として設置された。しかし，会の重要な決定は役員会で行い，連絡会はそれを遂行する際に開かれている。

　このように，T育成会は来住層の出現を契機とした再編的変型を示しているといえる。こうした変化は財政面にも現れている。T育成会の収入は育成会費と部落会補助金であり，従来の部落会助成金は廃止された。育成会費はそれに伴って新たに設けられたものであって地元層・来住層の保護者世帯から1戸月額100円を徴収する。補助金は町・校区単位の子供会活動に対して「参加費」として育成会に与えられるもの（昭和51年度は2部落合計で9,200円）と部落の親睦活動としての「子供会行事」に対する「補助費」（47,600円）である。参加費は各部落の子供会員の割合に応じて，また補助費は一般村民を加えた各部落の行事参加世帯数に応じてその全額が出される。つまり，助成金は廃止されたが，その分が補助金に追加されたわけであり，育成会費は来住層と均衡を保つための形式的なものに過ぎないのである。したがって来住層はそうした活動や行事参加の際は「特別会費」としてその実費を徴収される。しかし来住層の参加は少なく，児童14名のうち，例えば

町行事である「文化祭」に参加した者は6名，子供会行事である「海水浴」に参加した者は子ども7名，大人3名であり，また校区行事である「新年集会」への参加者は皆無である。

T育成会は，このように，住民構成の変化に対応した再編的変型を示しているが，それを集団の機能の面からみれば，その重点は対内的側面から対外的側面への移行過程として捉えられる。それは地元層が育成会を部落組織の一部としてその表出的な，対内的側面に重点をおいているのに対し，来住層は子どもが学校内諸活動に適応するための育成会加入として，いわばその対外的側面に重点をおいているからである。

③ 来住層地域型
（a） 賃貸居住地域型 —— K育成会の事例 ——

K育成会はK町の西南端に位置した戸数600戸の県営住宅K団地の保護者世帯137世帯を構成メンバーとする大規模組織である。成立の契機は町育成会協議会および学校の勧めによるものであった。K育成会は形式的にはK団地自治会の下部組織として存在する。K団地自治会の業務部は体育部，婦人部，老人部，子供部より成るが，子供部が即育成会となっている。育成会の運営は自治会会則に準じて行われることとされ，自治会が団地居住世帯の自治会加入をその会則によって義務づけられている（第8条）ように，育成会も全保護者世帯をメンバーとする。

図8-3はK育成会役員の選出形態を示している。まず，自治会役員選出をみると，自治会内部は地理的に4ブロックに分かれ，各ブロックから運営委員が選出される。運営委員は運営委員会を形成し，その互選により自治会本部役員を選出する。そして各業務部長は運営委員会の推薦により自治会本部会長が委嘱することになっているが，実質は各業務部が独自で役員を選出し，運営委員会はその報告を受けるだけになっている。K育成会内部も自治会ブロック単位に4ブロックに分かれている。ブロック育成会は4名の育成会委員を選出し，その協議によってブロック育成会長および書記を決める。更に各ブロック育成会委員は育成会委員会を形成し，その互選により育成会本部役員7名（副会長以下は各2名）を選出する。その際地域の均衡を保つ

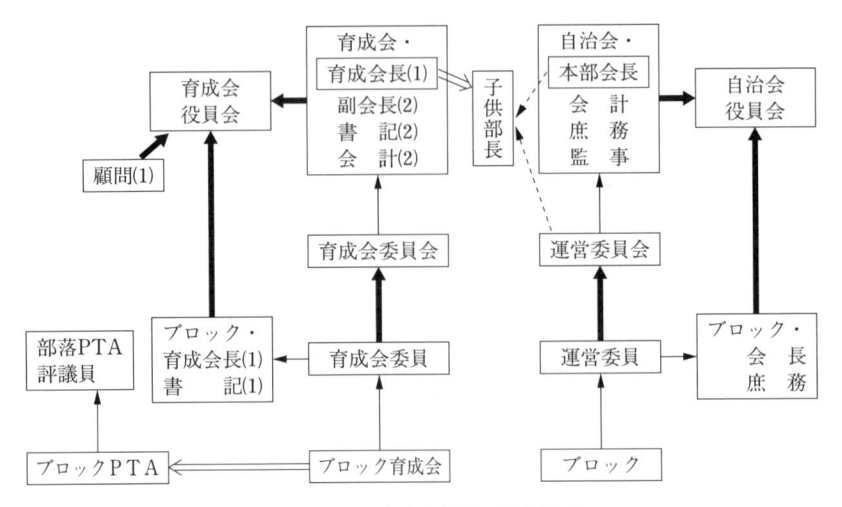

図8-3 K育成会役員の選出形態

ため，隣接の2ブロックを単位として副会長以下の役員をそれぞれ各1名選出することとし，また各ブロックから必ず1名の役員を選出することとしている。そして育成会本部役員およびブロック育成会役員と前育成会長である顧問とで「育成会役員会」を組織し，会を運営する。またブロック育成会は即ブロックPTAであるから，育成会役員選出時に部落PTA評議員を選出する。団地は学齢児が多いから10名の部落PTA評議員を割り当てられている。

ところで，賃貸居住団地の居住者は地域的移動性が高く，また居住者相互の交渉も近隣範囲に限定されているから，役員選出の判断材料となるそれぞれの個人的属性を直接に知る機会は乏しく，また役員難という事情も加わって，選出される育成会役員も「世話好きな人」として既に何らかの地域の役職についており，かつそのことによって，名前が既に居住者に知られている役職者に固定化する傾向がみられる。現育成会長であるH氏は通勤形態の自営業者であるが，自治会本部長の他，学校PTA評議員会書記，町PTA協議会委員，町スポーツ少年団委員，校区育成会副会長，町育成会協議会監査，町給与生活者協議会団地部会長であり，また町自治会連合会委員，町交通安全協会理事，町社会福祉協議会委員等々の役職を兼ねている。育成会長の任

期は2年であるが,すでに3期連続であり,また前育成会長も自治会本部会長等を兼ね,2期連続であった。M育成会長が有力者委任型,T育成会長が教育者信頼型であるのに対し,K育成会長は「世話好きな」役職者であり,いわば「役職者委任型」であるといえる。

K育成会が,その自律的運営にもかかわらず,自治会の下部組織となっているのは自治会助成金を受けるためである。団地居住世帯の自治会加入と会費納入を義務づけ(会則第8条),自治会財政が居住世帯の会費を財源としている以上,自治会組織に含まれない組織に対して助成金を出すことはできないのである。各業務部への助成金額は年度当初の運営委員会において決定される(昭和51年度の育成会への助成金は15万円)。さらに,海水浴等の「子供会行事」に両親が参加した場合は参加世帯数に応じて「行事負担金」が出される(40,800円)。これらの行事には保育園児,幼稚園児やその両親も参加するが,その際は実費を徴収する。また「自治会行事」として子供部と体育部は団地運動会や各種スポーツ大会を共催する。これらは育成会としての活動であると同時に子供部としての活動である。したがって,来住層にとって育成会が受動的に受け入れざるを得ないという,いわば他律的組織であるとすれば,K育成会の機能は対内的な側面と対外的な側面を同時に備えているといえよう。しかし,その在り方は混住化地域型とは異なっている。そして,H氏のいうように「自治会の出席率は悪いが,育成会は自分の子どものことであるから出席率がよい。だから育成会の席上で自治会の必要事項を連絡することもある」とすれば,育成会は地域的統合の機能をもった組織となっているといえよう。

(b) **分譲住宅地域型 —— S育成会の事例 ——**

S育成会はK町の南端部に位置し,新たに分譲住宅地として造成されたS団地の保護者世帯21世帯により組織されている。S育成会はS団地において最初に組織された居住者組織である。部落PTA選出の問題もさりながら,子供会組織の問題は緊急に対処しなければならない教育問題として保護者に映じたからである。そのために「母親会」が組織された。そして,母親会は構成メンバーは同じだが,形式的には別組織として育成会を組織した。それ

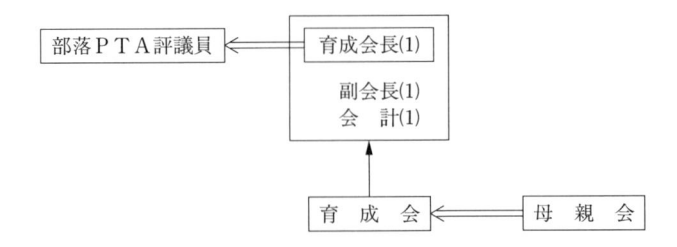

```
部落ＰＴＡ評議員 ← 育成会長(1)
                  副会長(1)
                  会  計(1)
                     ↑
                  育 成 会 ← 母 親 会
```

図8-4 S育成会役員の選出形態

は母親だけでなく、父親をも含んだ世帯をメンバーとするためである。しかし、会の運営は母親が中心であり、したがって育成会役員は全員が婦人である。

　S育成会役員の選出形態は図8-4に示してある。役員は年長学齢児をもつ母親からの「順番制」である。任期は1年であり、毎年交替している。それは役員難という事情の下での全員の納得を得るための制度であった。前育成会長は「年6回の校区育成会長の他、町・校区役員会の連絡事項が度々あり、しかも校長先生が出席し、教頭先生が連絡係なので欠席するわけにもいかず、また子供会指導者講習会、育成会員講習会、育成者研修会等があり、その間に子供会活動をするので気が休まることがなく、任期が終わるとほっとする」と述べている。育成会長は部落ＰＴＡ評議員を兼ねる。

　S育成会の収入は1世帯月額200円の育成会費である。自治会からの援助はない。自治会にその余裕はないからである。そして育成会役員が毎年交替しているために経験が浅いこと、また育成者としての経験が過去にないこと、新興住宅地のため集会所がなく活動の都度、隣接部落の集会所を借りねばならないこと、男手を要する活動はできないこと（例えば、キャンプ等は行っていない）、活動資金が十分でないことなどのため、子供会活動は年数回の行事だけである。毎年2月末に町育成会協議会主催の「子供会実績発表会」があり、育成会長が引率者となって各子供会員が1年間の活動報告をするが、S子供会は参加したことがない。現育成会長は「行事や活動が少ないので参加しにくい」と述べている。

　このように、S育成会はM，T，K育成会と異なり、独立した組織ではあるが、本来の育成会活動は乏しく、その機能の重点は児童が学校内諸活動に

適応することだけを目的とした，いわば組織の対外的側面のみにおかれているといえよう。

3. ま と め

以上，育成会組織の特質を，特に運営形態と機能に焦点をおいて，地域社会の変動との関連でみてきた。育成会は地域住民による子供会独自の育成会組織であるが，その現実的な存在形態は，以上みてきたように，4つのタイプの相違があった。それは来住層の流入による地域構成住民層の質的分化によるものである。地元層地域型は伝統的共同体の中に位置づけられ，その対内的機能に重点を置くのに対し，来住層地域型は独立の新組織であり，そのうち分譲住宅地域型は対外的機能に重点を置き，賃貸居住地域型は対内的・対外的の両側面をもつ。また混住化地域型は来住層の増加に伴う，地元層地域型を原型とした再編的変型を示している。

また，以上の事例研究から，育成会組織の特質として，次の2点を指摘することができる。第1に構造的特質として，育成会の加入単位は，実質的には世帯であること，第2に機能的特質として，育成会は子どもを媒介とした地域の統合，調整機能を果たしていることである。

[注]
1) こうした問題の重要性については，小林文人「青少年教育」日本教育社会学編『教育社会学の基本問題』(東洋館出版社，1973) 251-258頁参照。
2) 同様の類型区分の基準を用いた研究に安原の自治会の研究がある。但し，安原は地域の構成住民の性格および新来住民層の来住形態を基準に自治会（町内会）を5つの類型に区分している。安原茂「社会構造の変動と住民組織」磯村英一外編『都市形成の論理と住民』(東京大学出版会，1971) 89頁。
3) 国分寺町役場『部落関係綴』各年度より。
4) 但し，現在（1976（昭和51）年）は子供会員数はかなり流動的になっている。
5) 現在（1976（昭和51）年）前記B部落は5万円，C部落は3万円である。しかし入会金の他，「お客」として饗する慣習のある部落もあり，その場合は十数万円の経費がかかるという。

第9章

ＰＴＡの組織と活動
―― 会長調査の結果から ――

1. 問題の所在

　本章は，地域の教育的ボランティア組織であるＰＴＡに焦点をあわせ，どのような組織構造を示すＰＴＡが，どのような組織的活動を行い，どのような効果をもたらしているかを明らかにすることを目的としている。分析に先立ち，ＰＴＡの現実を概観しておく。

（１）　ＰＴＡとその現実

　地域には，育児援助活動，保育活動，青少年育成活動，生涯学習活動，文化活動，スポーツ活動などさまざまな教育的活動を目的とした住民のボランティア組織やグループが存在する。子供会，青少年育成会，スポーツ少年団，母親クラブ，ＰＴＡといった住民組織や，また育児サークル，保育サークル，文化活動サークル，スポーツ・クラブといった住民グループなどである。こうした住民組織や住民グループは，本来は地域社会のさまざまな教育的諸問題を解決し予防するために住民が自発的に形成した，奉仕的・協同的な活動の組織である。その意味でこうした住民組織や住民グループを地域の教育的ボランティア組織といってもよいだろう。

　ボランティア組織とは人々のボランタリズム（自発主義）に基づく奉仕性と協同性を原理とする組織であるが，その組織的特質として以下の諸点をあげることができる[1]。第1に組織の目的の普遍性である。組織の奉仕的・協同的活動の目的は，ある特定の個人や団体の私的利益を越えて，社会の普遍性に還元し得るものだということである。第2に参加活動の自発性である。

参加活動は成員自身の自発的な、ないしは自由意志による活動であって、他から強制されての活動ではないということである。第3に組織活動の非職業性があげられる。活動は奉仕的なのであって有給の職業的活動ではないということである。第4に組織活動の無償性ということがあげられる。活動は奉仕的であるから非職業的活動なのであるが、同時に地位、名誉、金銭などの報償を条件としない無償的な行為だということである。

　こうした普遍性、自発性、非職業性、無償性という奉仕的・協同的な活動に支えられてボランティア組織は成立するが、これに加えて組織が自律的かつ自主的であるということが第5のボランティア組織の特質である。組織が自律的であるというのは組織の秩序が外部者によって設定されるのではなく組織成員自身によって設定されるということであり、組織が自主的であるというのは組織の指導者が、その組織固有の秩序にしたがって選任され、かつ組織がその指導者によって運営されるということである。つまり他の個人や組織に従属するものではないということである。したがってボランティア組織の特質は、普遍性、自発性、非職業性、無償性、そして自律性と自主性にあるといってよいだろう。

　こうした組織的特質を有するボランティア組織のなかで、その奉仕的・協同的な活動が教育的分野に関わっている住民の組織が教育的ボランティア組織である。ここで問題として取りあげるPTAはそれぞれの成立事情や成立基盤である地域の実態によって、その組織や活動に差異はあるものの、全国的に普及している最も一般的な地域の教育的ボランティア組織である[2]。

　いうまでもなく、PTAは、Parent-Teacher Associationの略であって、文字通り「父母と教師の会」であり、各学校を単位に組織されている。だからPTAのメンバーは、学校の教師とその学校に子どもを通学させている父母から構成されており、したがってPTAは本来は地域の組織として成立したものではない。しかしメンバーである父母は、その学校の通学区という一定の地域的範域に居住している住民であり、そしてその目的は通学区域内のさまざまな教育的諸問題を父母と教師が連携して共同解決ないし共同処理することであるから、PTAは一定地域を基盤として成立し、その地域における教育的活動を目的としているのであって、したがってPTAは、結果と

して，地域組織の形態をとるのである。殊に小学校の場合，通学区域は狭小であり[3]，それだけに小学校のPTAの組織と活動の様態には地域的特性が色濃く反映されているだろうと思われる。

　ところで，1967（昭和42）年の社会教育審議会報告書においては，PTAは「児童生徒の健全な成長をはかることを目的とし，親と教師が協力して，学校および家庭における教育に関し，理解を深め，その教育の振興につとめ，さらに児童生徒の校外における生活指導，地域における教育環境の改善・充実をはかるため会員相互の学習その他必要な活動を行う団体である」[4]と規定されている。つまりPTAは，児童生徒の健全な成長をはかるために，親と教師が，①学校教育に対する理解と振興，②家庭教育に対する理解と振興，③児童生徒の校外生活指導，④地域における教育環境の改善・充実，といった教育的諸活動を展開していく組織であり，そしてそのためには会員（親と教師）相互が協力し合うことが必要であり，また学習活動を展開していくことが必要な組織だというわけである。

　だが，こうしたPTAの理念も含め，実際のPTAの組織，運営，また活動のあり方を巡って，これまでさまざまな論議がなされ，さまざまな批判がなされてきた。

　周知のように日本のPTAは，第二次世界大戦後，アメリカ占領軍の積極的な指導によって組織された。それ以前には小学校に保護者会があった。保護者会は日露戦争後に結成されたとされているが，当初は学用品の提供あるいは廉価販売等の活動をしていた。しかしそうした経済的援助活動が次第に拡大され，学校設備や教師の慰安，休養，疾病，給与等にまで及ぶようになり，さらに経済的に豊かなところでは校内給食，修学旅行，校舎の整備拡張，校外救護，林間学校，臨海学校，職業指導，進学相談等にまで及ぶようになった[5]。こうした援助活動の拡大とともに名称も父兄会，母の会，後援会といった団体も現れるようになった。しかしこうした援助活動は学校側がイニシアティブをとり，学校教育の絶対性の故に親に支援させるというものであった[6]。しかしながらその一方で，保護者会や後援会といっても何の活動もしない団体もあったから各学校間の財政の違い，そしてそれに基づく学校教育活動の違いは大きかった。

戦後, こうした弊害を除き, 教育の民主化をはかるためにアメリカ占領軍によってPTAの結成が勧奨された。「社会のあらゆる階層の人々に責任および権利として認識されるような教育」[7] を提供することが教育の民主化に向けての基本原理であった。日本の教育改革を進めるに当たり, 占領軍の要請によって来日したアメリカ教育使節団 (1946 (昭和21) 年3月来日) は, その報告書のなかで児童の福祉を増進し教育計画を改善するために「父母と教師の組織 (organization of parents and teachers, つまりPTA)」の重要性を指摘して, この組織を助成することを勧告した[8]。しかしそれは未だPTAの本質や運営について何ら具体的に示したものではなかった。

PTAが具体的に公的問題として取りあげられたのは同じ1946 (昭和21) 年5月に総司令部民間情報教育局 (Civil Information and Education Section) が文部省に対してPTAの資料を提供したときである。これを受けて文部省は, その年の12月に開催された各都道府県社会教育所管課長会議の席上でPTAの趣旨説明をし, その普及を奨励した[9]。翌1947 (昭和22) 年3月になると, 文部省は社会教育局長名で各都道府県宛に資料「父母と先生の会 —— 教育民主化のために ——」を配布し, PTAの啓蒙につとめ, その普及に着手した。

かくして各学校においてPTA結成準備委員会が組織され, 同年4月頃からはPTAが各地で急速に結成され始めた。但し名称は, 必ずしもPTAではなく, 父母と先生の会, 父母と教師の会, 育友会, 教師父兄会, 教育振興会等と称した組織もあった[10]。1948 (昭和23) 年4月に実施された文部省の全国PTA実態調査によれば, この年既に小学校の85％, 中学校の83％, 高等学校の65％にPTAが組織されている[11]。そして1952 (昭和27) 年10月には日本父母と先生の会全国協議会が結成され, また11月には全国高等学校PTA協議会が結成されて, 全国組織が発足した[12]。

しかし, 前述のように, こうした経緯を辿って結成されたPTAを巡ってさまざまな論議・批判がなされてきた。とりわけPTAが, 結果として戦前と同様の学校後援会的な活動を担ってきたことに対する批判は強い。PTAが学校後援会的な活動を担ってきたのは, 1つにはPTAが, 戦後新たに結成されたとはいえ, 実質的には戦前の後援会, 保護者会等を母胎として結成

されたからであり，だからこそいち早く全国的に普及していったのであるが，2つにはPTA結成当初の活動が，戦後の厳しい地方財政状況の故にもっぱら新制度の学校の財政的援助であったからである。そのためにPTAの学校後援会的なイメージがそのまま定着していったのである。だから「金をつくるためには（PTA）会長など幹部は地域の有力者となり，……地域の有力者と学校管理者とがPTAの主導権をにぎり，PTAと学校とが『金』を媒介にして結びつくことになった」[13]とか「貧困な教育財政のもとに六・三制が強行され，学校の施設・設備を整えたり，運営費を調達したり，PTAには『寄付TA』という異名が与えられ，論理必然的にそれは『B（ボス）TA』になった」[14]といった批判も見られたのである。また先の社会教育審議会報告書には，PTAは「その目的・性格のうえから特定の政党や宗派にかたよる活動……を行わない」[15]とか「教育を本旨とする民主的団体として，不偏不党，自主独立の性格を堅持する」[16]とあるにもかかわらず，実際には体制側に立っていた（例えば，日教組の勤務評定反対闘争（1958），全国一斉学力調査反対闘争（1961），主任制度化反対闘争（1975）など）という批判もあり，そのために「（PTAという）巨大組織が政府・与党の政策を支援・推進することに狂奔したり，その他特定の党派のために露骨に動くようになったりしたときの危険を考えれば，それ（PTA）は『眠れる獅子』でありつづけた方が安全」[17]というような辛辣な批判も出てきた。

しかしPTAの校費負担については，その後，私費負担の軽減・解消が叫ばれ，東京都は1967（昭和42）年3月に「義務教育学校運営費標準の設定と公費で負担すべき経費の私費負担の解消について」[18]の通達（通称，小尾通達）を出して，PTA会費はPTAの維持に必要なもののみに限定すべきだとした[19]。これが先駆的な役割を果たして，以後全国的に行政指導による改善がなされるようになった。だが，それまでのPTAの活動がもっぱら財政援助活動であったから，この校費負担の問題が改善されると，改めてPTAの目標や存在意義が問われることになった。

しかしながら，元々PTAの目的自体が抽象的なのであって，父母が地域での実践的活動を展開していくためには具体性に欠けている。なるほど，先に見たようにPTAは児童生徒の健全な成長をはかることを目的として親と

教師が協力しつつ教育的活動を実践していく組織である。だが，児童生徒の健全な成長とは，つまるところ児童生徒の日常生活全般に関わる包括的，かつ継続的な発達過程の問題であり，したがって児童生徒の健全な成長という，あまりにも包括的，抽象的な，そして高遠な目的と実際の個々の具体的なＰＴＡ活動とが連結せず，その間に著しい懸隔が生じ，ためにどのようなＰＴＡ活動であっても，メンバーは，その活動の意義を見いだすことができないのである。実際の個々のＰＴＡ活動は，その都度の特定の目的のための活動でしかなく，児童生徒の健全な成長に向けての計画性や系統性に沿った活動ではない。いわば理念と現実とのギャップがあまりにも大きいのである。しかも児童健全育成活動をはじめとする教育的活動は，元来が長期の過程を要する活動であるから即効性に乏しく，効果の具体性に乏しい。その上そうした活動が直接的に自分の子どもの生活や問題解決に関わってくるわけではない。したがって父母の関心も高くはならない。かくてメンバーはＰＴＡ活動に何の意味をも付与することができず，有効感を感じることができず，ためにＰＴＡ活動に対するメンバーの関心は希薄になるのである。だが，ＰＴＡが組織として存在する以上，何らかの活動をしなければならない。だからともかくも従来通りの活動を繰り返すことになり，ために活動はマンネリ化してくるわけである。

　メンバーの関心が希薄なのは，実際には会員が児童生徒の親に限定されていることも一因である。親がＰＴＡ会員である期間は，子どもの在学期間でしかないからメンバーのＰＴＡに対する関心は，その期間だけに限定された，一時的なものでしかなく，継続性がないのである。

　さらにＰＴＡが一般に大規模組織であることもメンバーの関心を希薄化する。ＰＴＡは学校単位に組織されているから，その学校に子どもが在学しているすべての父母がメンバーとなる。だが，それ故にこそ組織は大規模化する。近年の少子化現象の故に児童生徒数は減少傾向にあるとはいえ，1995（平成7）年現在，小学校1校当たりの児童数は341人，中学校1校当たりの生徒数は405人となっているから[20]，これだけの児童生徒数の父母がＰＴＡのメンバーとなるのである。それだけにメンバーの属性は異質化し，メンバーのパーソナリティは多様化する。こうした組織の大規模性と成員の

異質性・多様性の故に，メンバー全員の合議による意思決定は困難となり，そのために執行機関（役員会，専門委員会，代表委員会など）が設置され，この執行機関の合議によって計画策定・意思決定が行われるようになる。だがそうなるとメンバーの計画策定・意思決定への参加は困難となり，ために執行機関と個々のメンバーとの間に距離感が生じ，したがって個々のメンバーの意見はいかに建設的・創造的なものであろうと計画策定・意思決定に反映されることが少なく，実現の可能性は低くなる。だからPTAは一握りの執行部層によって動かされるB（ボス）TAとなり，かくてPTA活動に対するメンバーの関心は希薄化するのである。

　こうしたPTA活動のマンネリ化と後援会的活動，メンバーの無関心と一握りの支配層といったPTAの現実に対して，これまでさまざまな批判がなされてきた。寄付TA，B（ボス）TA，「眠れる獅子」といった皮肉もあるが，PTA会長職の多忙，役員・委員の人材不足，女性主導，教師の無関心・無理解，学校管理職によるPTAの支配と管理化，教師と父母の対立，予算不足といった批判であり，こうした批判は，いずれのPTAにも見られるが，さらには教師の非協力な態度の故に教師（T）抜きのPA（パー）とか，教師の影の薄いPtAとか，教室の沈黙・下駄箱付近の本音という下駄箱PTAとか，果ては（P）パット（T）タノシク（A）アソブカイなどと揶揄されてもいる[21]。そればかりではなく最近ではPTA解体論やPTA無用論まで飛び出してきた。事実，新設校のなかにはPTAが結成されない場合もある[22]。

　しかし，そうしたさまざまな批判があるにせよ，PTAは依然として殆どの学校で組織され活動しつづけているという現実がある。日本PTA全国協議会の調査によれば，この全国組織に加入している公立小学校・中学校の単位PTAは，1992年現在97.5％，未加入は2％，未組織は0.5％となっている[23]。この全国協議会への加入率がそのまま単位PTAの組織率を示すものではないが，殆どの学校でPTAが組織されていることが窺える。

　だが，こうした現実にもかかわらずPTAについての実証的研究は，これまで殆どなされてこなかった。精々活動の内容と参加についての実態調査か父母，ことに母親対象の啓蒙書・手引書があるくらいである。しかもこれま

でになされてきた種々の論議や批判も必ずしも実証的な資料に裏付けられてのものではない。一体に種々の批判があるにもかかわらず，そしてＰＴＡ役員・委員が忌避され，またメンバーである親や教師自身が無関心・無理解であるにもかかわらず，ＰＴＡが依然として組織され活動しているのは何故か，ＰＴＡはいかなる指導者によって，いかに運営され，またいかなる活動をして，いかなる機能を果たしているのか，さらにはＰＴＡはいかなる連合組織を形成し，いかなる社会的勢力を有しているのか，ＰＴＡは学校といかなる関係にあるのか，他の地域住民組織との関係はどうか等々さまざまな問題があるにもかかわらず未だ何一つ解明されてはいない。

(2) ＰＴＡの特質と問題

こうしたＰＴＡに対する批判が出てくるのは，実はその背後に，模糊とはしていてもＰＴＡは地域の教育的ボランティア組織である，あるいは教育的ボランティア組織であるべきだという認識があって，そうした視点からＰＴＡの現実を見ているからである。ボランティア組織としての組織的特質と，しかしそうではないＰＴＡの現実との乖離からさまざまなＰＴＡ批判が生まれてくるのである。先に見たように，ここではボランティア組織の特質として普遍性，自発性，非職業性，無償性，そして自律性と自主性の５点を挙げたが，それではこうしたボランティア組織の特質からＰＴＡの現実を照らしたとき，一体どのようなＰＴＡの現実が浮かび上がってくるだろうか。先に指摘した幾つかの批判点もＰＴＡの現実の鏡映であるが，それをも含めてボランティア組織の特質からＰＴＡの現実を再度照射してＰＴＡの特質を浮かび上がらせるとともにＰＴＡを巡る問題をまとめておこう。

ＰＴＡの目的は児童生徒の健全な成長をはかることである。だが，何よりもその健全ということの意味内容が明確ではないこと，そして先に述べたように児童生徒の健全な成長とは，つまるところ児童生徒の日常生活全般にわたる，しかも長期にわたる発達過程の問題であることのために会員にとっては，その目的の普遍性を日常的活動の次元において捉えることが困難であり，個々のＰＴＡ活動と連結させることができないのである。健全という言葉は日常的に使用されはするが，しかしその意味内容は一般的には逸脱の残余カ

テゴリーを指しているに過ぎない。だから会員（親）は個々のPTA活動にいかなる健全の意味があるのかを理解できず，また活動が即効的ではないために，PTAの目的の重要性を認識しつつも，PTAに対する関心は高くはないのである。

　PTAはボランティア組織であるから，その活動への参加はメンバー自身の自発性による。他からの強制による参加活動ではない。だからPTAへの加入方式は，原則としては個人（親）の自由に任された任意加入とされている。先の社会教育審議会報告（1967年）にはPTAの趣旨に賛同する親と教師が自主的に参加することが望ましいとある[24]。しかし実際には殆どのPTAが自動的加入および自動的退会という加入方式をとり，しかも世帯を加入単位としている。PTAの会員は，その学校に在学している児童生徒の親であるから資格規定は明確であり，したがって親は子どもが学校に入学したという事実から自動的にPTA会員になる。それも親として加入することから世帯が単位であると見なされるようになるのである。そして子どもが学校を卒業すれば親は自動的に退会する。資格規定は明確であるが，一定期間に限られているからである。こうした自動的加入方式をとっているPTAは，日本PTA全国協議会の調査（1995年）によれば[25]，小学校PTAの94％，中学校PTAの95.2％にも及ぶ。PTAの趣旨に賛同する者だけが会員になるという任意加入方式をとっているPTAは，小学校PTAの僅か0.9％，中学校PTAの0.5％に過ぎない。しかも小学校PTAの71.7％，中学校PTAの65.8％が会費を世帯単位で徴収している。だからPTAは有資格者全員（全世帯）が加入するという網羅主義をとっているわけである。しかしそれは個人（親）の自発性とか自由意志とは離れた，親にとっては強制的な参加活動でしかない。こうした自動加入方式が実は親の，PTAの趣旨を理解する機会と会員としての自覚を促す機会を喪失させているのである[26]。

　このようにPTAは学校単位に組織され，その学校の在学児童生徒のすべての父母が会員になるという網羅主義をとっているために組織は大規模化するが，その一方で会員である父母はそれぞれに個性と経歴を有し，社会的地位を異にしているから，組織が大規模化するにしたがって会員は多様化し異質化する。だから会員全員の合意に基づく統一的な組織的活動は困難となり，

そのために先に述べたように計画策定・意思決定のための執行機関が設置されるが，そうなれば一般の会員の計画策定・意思決定への参加は困難となるから，会員（親）のPTAに対する関心はますます希薄化していくだろう。

　活動が有給の職業的活動ではないというのもボランティア組織の特質であるが，この点についてもPTAは特徴的である。PTAの会員は親（保護者）と教師であるが，この二者は同一組織のメンバーであっても立場・性格を全く異にしている。親は，それぞれの職業活動を離れて学校単位に組織されているPTAに加入し活動する。だから親にとってPTA活動は正に非職業的な奉仕的・協同的活動である。だが一方のメンバーである教師は学校の公的職務の一環としての参加であり活動である。児童生徒の健全な成長をはかることは正に教師の仕事そのものであり，職業活動の内容そのものであるから，親の非職業的な参加形式とは逆に，教師の参加はあくまでも職業的な，職務としての形式をとり，またそうであることが親から期待される[27]。教師もPTAに「自主的に参加するのが望ましい」[28]とはいえ，その職業的な公的立場から離れることはできない[29]。PTAは，親にとっては地域のボランティア組織であるが，教師にとっては職業組織の一環なのであって[30]，したがってPTAは元来が組織原理を異にする2つの下位組織から構成されているのである。だからPTAは「父母と教師が協力しあうことが大切」[31]であるといっても，実際には親と教師が合意に達することは困難である。

　そしてこのことがPTAの自律性と自主性の問題にも関連してくる。PTAは「親と教師が同等の立場で運営されなければならない」[32]とはいっても，活動内容が児童生徒の健全な成長に関わる教育的活動であるだけに，そして教師の，その職業活動からくる優位性の故に，教師がPTA活動のイニシアティブをとり，またその職業活動からくる専門性の故に，教師がPTAの運営に対しても教導的な立場から介入することにもなる[33]。PTAの行事活動への学校（校長）の介入，PTAの委員会企画活動への学校の干渉，PTAへの学校からの後援会的活動の要請，PTA広報への学校の検閲・異議あるいは発行停止措置はPTA活動を巡るトラブルとしてよく耳にするところである[34]。さらにPTA役員人事や選出方法についても学校（校長）が推薦，指名，承認という形で介入する。たとえ会長候補者が会員から推されても学

第9章　ＰＴＡの組織と活動　　　299

校の意向に添わないと選出されないこともある[35]。こうなればＰＴＡは会員自身（親）によって秩序が設定されるのではなく，また会員自身（親）によってリーダーが選出され組織が運営されているとはいえないから自律的・自主的とはいえず，むしろ外部者によって秩序が設定されリーダーが選任されるところが大きいから他律的・他主的とさえいえるだろう。もっとも教師もＰＴＡ会員であるから外部者という表現は当たらないかも知れない。しかしこの場合，教師が常に学校の都合を優先させ，ＰＴＡの組織全体のことを考慮していないという意味であるから，ＰＴＡの側からいえば教師（学校）は外部者と同じ立場に立っているわけである。だからＰＴＡはボランティア組織の特質である自律性・自主性を備えているとはいえない。ＰＴＡが組織の自律性と自主性を欠けば，大多数の会員（親）の意見は組織に反映されず，そうなれば親は無気力になっていき，かくてＰＴＡに対する親の関心は薄れていくのである。

　さてボランティア組織の最後の特質は無償性ということである。ボランティア組織の活動は奉仕的であるから地位，名誉，金銭などの報償を条件としない。ＰＴＡの一般会員である親にとって無償性は至当のことであってＰＴＡ活動に頻繁に参加して報償を得ようなどとは思いもしないだろう。だが，ＰＴＡ会長あるいはその上位組織であるＰＴＡ連合会長・理事等を役職歴にして地域に浸透していき，あるいはＰＴＡを組織的基盤として市町村議会議員選挙に出馬して地域の権力者層にまで上り詰めていくものもいる。1960年代のＳ県Ｋ市を事例にした古城の調査によれば自民党市議会議員71人のうちＰＴＡ連合会理事経験者は30人（42.3％）となっている[36]。権力者層への進出が予定されたものか否かはともかく，結果としてＰＴＡが議員の選出に決定的であったことは事実である。つまりＰＴＡ活動の報償として議員という地位と名誉を得たわけである。だがこうしたケースが増えたり継続したりすれば一般会員の親は興醒めになり，ＰＴＡに対する関心も薄らいでいくだろう。

　こういうわけでボランティア組織の特質としての普遍性，自発性，非職業性，無償性，そして自律性と自主性の視点からＰＴＡの現実を照らし出してみると，いずれの組織的特質についてもＰＴＡは組織としての要件を欠如し

ており，したがってPTAの設立趣旨からいえばPTAは地域の教育的ボランティア組織であるべきであるにもかかわらず，現実にはそのような存在にはなっていないというところからPTAに対するさまざまな問題が指摘されているわけである。それが現実のPTAの今日的な様相でもある。

2. 分析の枠組

　さて，こうした組織的特質を有するボランティア組織が有効に活動しうるためには，メンバーシップの自発性と組織としての統一性という2要因が第一義的に重要である。この2要因が同時に極大化したときにボランティア組織は活発に，かつ有効に活動しうるが，この2要因がアンバランスな場合には活動は弱化し，双方が同時に極小化したときにはボランティア組織としての活動は困難となる。
　既に述べたようにボランティア活動はメンバーの自発性に基づく参加活動であるが，それはある特定の対象に対する奉仕という目的に対する自発性である。無目的な自発的参加活動などはそもそもあり得ない。自発性とはある特定の目的達成に対するメンバーの自発的な参加活動という意味である。そしてそうした自発性を有する複数の人々を結びつけ，協力の態勢を整えて，統一的な意志のもとにおいて自発的に活動しうるような，統率された状態へと移行させていくこと，言い換えればメンバーの自発的活動を結集させて組織としての統一性と連帯性を創出し確立させていくことがボランティア組織としては必要である。この組織としての統一性と連帯性を創出し，維持する性質を組織性といい，この過程を組織化と呼んでおこう。だからボランティア組織として組織化されれば，メンバーの自発的活動は統一性と連帯性のもとにおかれ，組織的活動として展開されることになる。ここにおいてメンバーの自発性は単なる個人レベルのそれではなく組織成員としての自発性に転換する。メンバーシップの自発性である。したがって組織化が進んでいるほど（つまり組織性が高いほど）ボランティア組織は有効に活動しうるだろうし，また組織化が進んでいるほど，先に述べたボランティア組織としての自律性と自主性が確立されているといえるだろう。組織の自律性と自主性は

第9章　ＰＴＡの組織と活動　　　301

何よりもメンバーシップの自発性を原理とするからである。そして人々を結びつけ，協力の態勢が整えられていくということは，そこにリーダーシップが機能していることを示している。つまりリーダーが存在しているわけである。だから組織化に対するリーダーの役割は大きい。リーダーシップのあり方によってメンバーの態度や行動は異なり，したがって組織運営や組織活動の様相も異なり，そうなれば活動の効果性も異なってくるだろう。

　こういうわけでボランティア組織の有効性は自発性と組織性という2つの基準によって測定することができる。

　さてここでの目的は，地域の教育的ボランティア組織であるＰＴＡを対象に，どのような組織構造を示すＰＴＡが，どのような組織活動を行い，どのような活動効果をもたらしているかを明らかにすることにある。そのためにここでは自発性と組織性という2つの軸を組み合わせることによってＰＴＡを4つのタイプに類型化することにした。その際，メンバーシップの自発性についてはＰＴＡに対するメンバーの間での関心の広がりの度合い，つまりどの程度のメンバーがＰＴＡに関心をもっているか（これをメンバーの関心度といっておこう）を指標とし，組織性については組織のリーダーであるＰＴＡ会長選出の難易を指標とした。

　メンバーの関心度は，とりわけ母親の関心度を取りあげた。どの程度の母親がＰＴＡに関心をもっているかというわけである。ＰＴＡ活動に実際に携わっているのは，父親ではなくもっぱら母親だからである。これは，子どもに関わることは母親の役割とする伝統的教育観にもよるが，ＰＴＡ活動の時間帯がもっぱら学校（教師）の都合によって日中に設定されているということによる。先に述べたようにＰＴＡは親グループと教師集団という組織原理を異にする2つの下位組織から構成されているが，同じメンバーであっても教師は職務の一環として参加し，その職業活動からくる優位性と専門性の故に主導的な立場に立ち，親は従属的な立場に立たざるを得ない。だからＰＴＡ活動は平日の日中という教師の勤務時間内に行われることになる。そのためにＰＴＡ活動に参加するのはもっぱら時間的に自由な母親となる[37]。父親は，たとえＰＴＡ活動に関心があったとしても勤務時間の関係上参加することは困難である。だからＰＴＡへの加入は世帯単位であっても実質的には母

親がメンバーであって母親が活動しているのである。

　ＰＴＡの組織性についてはリーダーであるＰＴＡ会長の選出過程を取りあげることにした。これまでの調査によればＰＴＡの組織運営において最も困難なこととしてＰＴＡ役員のなり手がなく選出に苦慮しているということがあげられている[38]。ＰＴＡ活動がボランティア活動だとはいえ、そのリーダーとしての活動を遂行していくためには個人の自発性の限度を超えている。リーダーがあまりにも多忙なのである。実際、ＰＴＡのリーダー層にでもなれば、昼夜なしの活動に専念しなければならない。われわれがインタビューした、ある地方都市の小学校のＰＴＡ会長は、次のように述べている。「初めはＰＴＡ会長だけすればいいと思っていたが、実際になってみると校区の公民館運営審議会や青少年育成連絡協議会の役員を自動的に兼務しなければならない。それと校区の体育協会役員、子どもクラブの会長も兼ねなければならないし、市のＰＴＡ連合会の役員にもなっている。だから土曜日の午後に会議があることもあるし、夜の７時くらいからの会議は普通だ。ＰＴＡ専門部の会議は午前中だが、執行部の会議は夜が多い」（Ｓ県Ｋ市の都市部の小学校ＰＴＡ会長）[39]。ＰＴＡ会長になれば他の地域組織の役員をも自動的に兼務し、その兼務した地域活動もしなければならないわけである。またある農村部のＰＴＡ会長は、会長職に携わる時間について「１日８時間としてＰＴＡ会長の仕事だけで１ヵ月に６日間くらい、他の兼務職まで入れると１ヵ月に14～15日間くらい出ているのではないか」と述べている（Ｓ県Ｋ市の農村部の小学校ＰＴＡ会長）[40]。だから誰もリーダーや役員にはなりたがらない。「ＰＴＡ会長の悩みは役員を決めることだ。特に難しいのが次期会長を決めることだ」と先の都市部の小学校のＰＴＡ会長は述べている。だからＰＴＡ会長の選出過程に、組織としての統一性と連帯性、平たくいえば組織運営のあり方が典型的に射影されていると思われる。

　ＰＴＡが組織化されて統率された状態にあるということはリーダーシップ機能が作用して組織内のコミュニケーション活動が円滑に行われ、組織がスムーズに運営されていることを示している。それはそこにリーダーが存在しているということであり、そのリーダーにメンバーが追従して活動しているということであり、そのことはそのリーダーをメンバーが支持しているとい

うことであって，リーダーに対する協力態勢が整っているということである。だからそれだけにリーダー（PTA会長）はスムーズに選出されるだろうし，また選出されたリーダーも，その協力態勢の故に篤志的にその任を承諾するだろう。殊にPTAは，前述のように大規模組織であるから，組織としての統一性と連帯性が確立し，組織運営がスムーズにいくためにはリーダーシップ機能もさることながら円滑なコミュニケーション活動が不可欠である。しかしPTAの組織性が低い場合，それはリーダーシップ機能が十分に作用せず，ために組織内のコミュニケーション過程に障害が生じ，組織運営がスムーズに行われていないことを示している。リーダーシップ機能が作用していないということは，PTAがリーダー不在の状況にあるか，リーダーがいてもメンバーの支持が得られない状況にあることを示しているから，そうした組織状況においては，メンバーの活動は自発的ではあっても，分散的・散発的となり，組織として統率的に行われることはない。こうした場合，メンバーはリーダーないしはリーダーの選出に対して関心が薄く，したがってリーダーの選出は困難となるだろう。だからPTAの組織性は，そのリーダー（PTA会長）の選出過程の様相に特徴的に射影されていると思われる。

こういうわけで自発性と組織性という2つの軸を取りあげ，これを組み合わせることによってPTAを4つのタイプに類型化した。すなわち，

① PTAの組織性が高く，メンバーの自発性も高いタイプ
② PTAの組織性は低いが，メンバーの自発性は高いタイプ
③ PTAの組織性は高いが，メンバーの自発性は低いタイプ
④ PTAの組織性もメンバーの自発性も低いタイプ

今，それぞれのPTAのタイプを便宜的にⅠ型，Ⅱa型，Ⅱb型，Ⅲ型と呼んでおくとすれば，Ⅰ型は，PTA活動に対して組織自体が，いわばアクチブであるから，活動も幅広い領域にわたって組織的であり活発であり，それだけにメンバーの参加も多く，活動の効果性も高いだろう。だがⅢ型は，これとは逆にPTA活動に対して，いわばパッシブな組織であるから，活動も多領域にわたって散発的であって頻度も少なく，またメンバーの参加も少なく，そのために活動の効果性も低いだろう。Ⅱ型は，この2つのタイプの

	組織性	自発性	活動	参加	効果
Ⅰ 型（アクチブ型）	＋	＋	＋＋	＋	＋＋
Ⅱa 型（会員活動型）	－	＋	＋	＋	＋
Ⅱb 型（役員主導型）	＋	－	＋	－	－
Ⅲ 型（パッシブ型）	－	－	－	－	－

(注) 組織性＝リーダー選出の難（－）易（＋）
　　 自発性＝メンバーの関心度の高（＋）低（－）
　　 活　動＝幅広い領域での活動頻度が高い（＋＋）
　　　　　　特定領域での活動頻度が高い（＋）
　　　　　　活動頻度が低い（－）
　　 参　加＝メンバーの参加度の高（＋）低（－）
　　 効　果＝幅広い領域での活動効果有（＋＋）
　　　　　　特定領域での活動効果有（＋）
　　　　　　活動の効果無（－）

図9-1　ＰＴＡのタイプと性格（Ⅰ）

間にある。Ⅱa型は，いわば，リーダーシップの希薄なＰＴＡではあるが，しかし一般のメンバーの関心度は高い。だが一般のメンバーの，その関心度は彼らが関心をもつ，ある特定領域の活動に限られるだろう。リーダーシップが希薄であるから幅広い領域にわたる活動を組織的に展開しているわけではない。だから彼らが関心を示す特定領域の活動については自発的であり頻度も高く，メンバーの参加も多いだろうから，その限りでの活動の効果性については高いだろう。そうした活動は，会員自身の子どもに直接関わってくるようなＰＴＡ活動ではないかと思われる。Ⅱb型は，一般会員の関心は低いが，リーダーシップが機能しているＰＴＡであるから，そのＰＴＡ組織の内部にリーダーシップを確保している一部役員層が構成され，したがってその一部役員層のリーダーシップによって活動が行われているのである。しかし一般会員の関心は低いから，活動への参加も少なく，したがって活動の効果性も乏しいだろう。しかもその活動は一部役員層のリーダーシップによるから，幅広い領域にわたっての活動とはいえず，一部役員層だけの主導によってでも可能な特定領域の活動であろう。これら4つの類型のＰＴＡを分かりやすく名付けていえば，それぞれアクチブ型（Ⅰ型），会員活動型（Ⅱa型），役員主導型（Ⅱb型），パッシブ型（Ⅲ型）とでもいえようか。以上のことを簡略に図示すると図9-1のようになる。

第9章　ＰＴＡの組織と活動

以下では，このＰＴＡのタイプにしたがって，ＰＴＡ会長を対象とした調査から，ＰＴＡの組織，活動，参加，効果の様態を解明していく。

3. 調査の概略と対象者の属性

（１）　調査の概略

以上の枠組にしたがってＰＴＡ会長を対象とした調査を実施した。調査対象は福岡県および佐賀県の公立小学校のＰＴＡ会長である。文部省『全国学校総覧（1994年版）』から学校の規模および所在地（市部・郡部）を基準にした層化無作為抽出法によって560校を抽出し[41]，福岡県については『福岡県県下教員関係職員録（平成6年度版）』掲載のＰＴＡ会長名から[42]，また佐賀県については県ＰＴＡ連絡協議会の協力を得て入手したＰＴＡ会長のリストから，それぞれＰＴＡ会長の氏名・住所を確認した。調査は1994（平成6）年11月～12月にかけて郵送調査法により実施された。同年12月末までに回収された有効回収票は410票，回収率は73.2％であった。県別による回収率の差はなく，福岡県73.4％，佐賀県72.9％であった。

調査の設問項目は，ＰＴＡの組織，ＰＴＡの活動，ＰＴＡ会長の意識，ＰＴＡ会長の地域生活，ＰＴＡ会長の基本的属性の5項目である。下位項目のおおよそを述べれば，(Ａ) ＰＴＡの組織については，組織構成，会員の関心，役員の選出，運営・決定過程，学校との関係，(Ｂ) ＰＴＡの活動については，活動の実態，活動への参加状況，活動の効果，(Ｃ) ＰＴＡ会長の意識については，ＰＴＡについての意識と教育意識，(Ｄ) ＰＴＡ会長の地域生活については，地域でのインフォーマル・ネットワークとフォーマル・ネットワーク，(Ｅ) ＰＴＡ会長の基本的属性については，郵送調査であっても，職業・収入・学歴などの設問項目にプライバシー上の問題による制限があるため，性，年齢，居住歴，勤務地（校区内・外，地域内・外），就業の有無と形態（自営，勤務），子どもの学年，ＰＴＡ役員の経験の有無の7項目に限定した。本章で主として取りあげる調査データは，このうち，(Ａ) ＰＴＡの組織と (Ｂ) ＰＴＡの活動に関するデータである。

この郵送調査に先立ち，1993（平成5）年5月から1994（平成6）年10月にかけて福岡市とその近郊の市町村および佐賀県の臨海部に位置する唐津市を調査地としたPTAの事例調査を実施した。対象はPTA会長を含む役員層であり，調査方法は，被調査者自身の都合によって個別面接調査と集団面接調査を併用した。この調査はPTAの組織と活動の事例分析を行うために都市部と農山村部の地域別にそれぞれ12事例，8事例の小学校PTAを選定して，実施したものである。この調査によって各種資料を入手したので，本郵送調査の参考とした。

（2） 対象者の基本的属性

さて，調査の結果からPTAをメンバー（母親）の関心度とPTAの組織性を軸に4つのタイプに分類すると，410のPTAのうち，I型（アクチブ型）12.0%（49PTA），IIa型（会員活動型）12.4%（51PTA），IIb型（役員主導型）26.6%（109PTA），III型（パッシブ型）45.3%（186PTA），不明3.7%（15PTA）となった。母親の関心度についての質問の回答は，その関心の広がりの度合いを4段階に区分して作成した。殆どの母親が関心をもっている，多くの母親が関心をもっている，関心のある母親はあまりいない，関心のある母親は殆どいない，である。それぞれ25.1%（103人），62.9%（258人），11.2%（46人），0.7%（3人）であった。これを「殆どの母親」と「多くの母親」以下の2グループに分けて母親の関心度を区分する基準とした。これは先に述べたように，子どもに関わることはもっぱら母親の役割とする伝統的教育観の故に母親がPTAに関心をもつのは当然だとする社会的風潮があるから，単純に母親の関心の有無のみを基準にタイプ化すると母親の関心ありのカテゴリーにPTAが集中してしまい，PTAのそれぞれのタイプの性格を特徴的に浮かび上がらせることが困難と判断したからである（以下，メンバーである母親のみを意味する場合を「会員」と称し，父親・母親を含めての成員を意味する場合を「メンバー」と称す）。

組織性を示すPTA会長の選出の難易についての質問の回答は，2段階に分けた。容易38.8%（158人），困難58.2%（237人），不明2.9%（12人）であった。以下では，不明を除いた395PTAの会長を対象にした調査結果

表 9-1-1　調査対象者の属性(1)　　　　　　　　　　　　　　(%)

		Ⅰ型	Ⅱa型	Ⅱb型	Ⅲ型	全体
性	男	100.0	100.0	96.3	98.9	98.3
	女	—	—	3.7	1.1	1.7
年齢	40歳未満	8.2	—	11.1	15.7	11.3
	40～44歳	53.1	63.3	54.6	47.6	52.0
	45～49歳	36.7	30.6	28.7	32.4	32.3
	50歳以上	2.0	6.1	5.6	4.3	4.4
就業形態	無職（専業主婦など）	—	—	1.9	—	0.5
	フルタイムの仕事	42.8	46.9	35.2	44.9	42.6
	パートタイムの仕事	—	—	0.9	0.5	0.5
	自営業	49.0	53.1	52.8	51.9	51.2
	その他	8.2	—	9.3	2.7	5.2
勤務地	自宅	22.4	12.2	28.0	18.9	21.5
	同じ校区内	22.4	26.5	18.7	19.5	19.8
	同じ市町村内	26.6	28.6	36.5	42.7	37.0
	他の市町村	24.5	30.7	13.1	15.7	18.5
	その他	4.1	2.0	3.7	3.2	3.2
居住歴*	（今の校区に）20年未満	20.4	25.5	24.8	37.1	29.8
	20年以上	18.4	9.8	22.9	12.9	15.6
	今の校区内で生まれた	61.2	64.7	52.3	50.0	54.6
	計	100.0 (49) 12.4	100.0 (51) 12.9	100.0 (109) 27.6	100.0 (186) 47.1	100.0 (395) 100.0

(注1)　無回答・不明を除く。以下同様。
(注2)　－の表示は度数が0であることを示す。以下同様。
(注3)　計欄の（　）内は実数。
(注4)　カイ自乗による連関性の有意性検定。以下同様。
　　　　＊＊：p＜0.01　　＊：p＜0.05
(注5)　有意性の表示：例えば，居住歴の場合，20年未満，20年以上，生まれたとき
　　　　から，の3カテゴリーについて，Ⅰ型～Ⅲ型の4タイプの間に有意な連関があ
　　　　ることを示す。以下同様。

からPTAの組織，活動，参加，効果の様態を分析する。

　まず調査対象となったPTA会長の基本的属性を簡単に見ておこう。結果は表9-1-1・2に示してある。

　PTA会長の性別は男性98％，女性2％であり，圧倒的に男性が多い。

表9-1-2　調査対象者の属性(2)　　　　　　　　　　　(%)

		I型	IIa型	IIb型	III型	全体
子どもの学年	小学校1～2年生	12.5	26.5	25.7	28.7	25.4
	3～4年生	45.9	53.0	54.3	45.4	48.7
	5～6年生(注)	79.2	73.5	73.3	73.0	74.4
会長経験年数	現在1年目	42.9	54.9	41.3	51.1	47.8
	2年目	30.6	27.5	38.5	30.6	32.7
	3年目以上	26.5	17.6	20.2	18.3	19.5
役員経験年数＊	PTA役員の経験なし	18.4	11.8	11.0	23.7	18.3
	1～2年	36.7	52.9	36.7	41.9	42.2
	3年間以上	44.9	35.3	52.3	34.4	39.5
地域＊	都市部	30.6	25.5	42.2	45.9	40.6
	農村部，漁村部	69.4	74.5	57.8	54.1	59.4
学校規模＊	100人未満	22.4	17.6	13.8	8.6	12.7
	100～500人	38.8	62.8	50.4	49.5	49.7
	500人以上	38.8	19.6	35.8	41.9	37.6
PTA設立時期	昭和30年代以前	66.0	61.2	59.8	55.0	58.2
	昭和40年代以降	19.1	18.4	22.4	24.7	23.0
	知らない	14.9	20.4	17.8	20.3	18.8
	(N)	(49)	(51)	(109)	(186)	(395)

(注1)　子どもの学年は，きょうだいがいるために複数回答になっている。
(注2)　＊：$p<0.05$

　父母のPTAに対する関心の広がりの度合いを見ると，関心のある父親は41.8%，関心のない父親は58.2%と関心なしが過半数であるのに対し，母親ではそれぞれ88%，12%と圧倒的に母親の方に関心が高いのにもかかわらずである。年齢では40歳代前半が過半数（52%）であるが，パッシブなIII型には40歳未満が幾分多い傾向が見られる。就業形態では自営業が過半数（51.2%）であるが，しかし全国の地位別就業構成比では，自営業はおおよそ13%前後（1994年では12.3%）であるから[43]，PTA会長は自営業が相当に多いことが窺える。先に述べたように農村部小学校のPTA会長によれば[44]，「PTA会長の仕事とPTA会長が自動的に兼務する役職の仕事まで含めると1ヵ月の半分はPTAの仕事」（唐津市の農村部小学校PTA会長）というのであるから，時間的にかなり自由でないと務まらない。その点，自

営業は比較的自由に時間を使うことができるからである。勤務地は同じ市町村内が多いが，自営業の故に自宅も多く，この自宅を含めて校区内に限って見ると41.3％を占めるし，また居住歴では過半数（54.6％）が現在の校区内で生まれ育っているから，ＰＴＡ会長は根っからの地元民から選出されていることが分かる。この居住歴についてはＰＴＡのタイプによる有意な連関が見られ，20年以上の居住歴を含めるとアクチブなⅠ型のＰＴＡ会長ほど居住歴が長い（カイ自乗検定による。以下の分析もすべて同様）。

　子どもの学年は，上級生の5・6年生が70〜80％と最も多く，ＰＴＡ会長が上級生の親から選出されていることを示している。会長の経験年数および役員の経験年数ではいずれも全体的傾向としてはアクチブなⅠ型ほど経験年数が長いようである。殊に役員の経験年数では有意な連関があり，Ⅰ型ほど役員経験が長い。長い役員経験の間に協力態勢が次第に整い，またそうした協力態勢の故に会長に選出され，それを承諾するのであろう。役員経験がないパッシブなⅢ型とは対照的である。地域別ではＰＴＡのタイプによる有意な連関が見られ，Ⅰ型，Ⅱａ型は農村部・漁村部に多く，Ⅱｂ型，Ⅲ型は都市部に多い。大雑把にいえば，農村部・漁村部のＰＴＡは会員の自発性が高く，都市部のＰＴＡは会員の自発性が低いということになる。農村部・漁村部には未だなお共同体的な生活意識が残存しているために，一般に地域活動に対する住民の関心が高いのであろうと思われる。この地域別によるＰＴＡのタイプは学校規模，さらには設立時期とも関連しよう。農村部・漁村部ほど学校の児童数は少なく，ＰＴＡの設立時期は古い。実際，学校規模についてはＰＴＡのタイプによる有意な連関が見られ，農村部・漁村部ほど規模が小さいことを示している。とはいえ組織として見れば，前述のように生徒全員の父母がＰＴＡ会員となるのであるからＰＴＡは極めて大規模な組織なのである。

4. 調査結果の分析

(1) PTA組織の実態

さて調査の結果から、まずPTAの組織の実態について見ておこう。

先に見たようにPTAは資格規定の明確な組織であり、父母と教師がその資格範囲に入るから、表9-2の有資格者の欄に見るように、PTAには父母と教師のほぼ全員が加入している。この父母と教師以外に、殆どのPTAの規約には、PTAの趣旨に賛同するものも会員になることができるとある。だが実際には賛同者を会員にしているPTAは全体では2割程度であって多くはない。ただアクチブなⅠ型、会員が積極的なⅡa型のPTAには賛同者が3割を占めている。つまり賛同者はメンバーの関心度の高いPTAに多いというわけである。しかし会員（母親）の関心度の高いPTAでは、実は父親の関心度も高いのである。父親の関心度は、表9-3に見るように、関心度の高いⅠ型とⅡa型、関心度の低いⅢ型、そして関心度の高低がほぼ半半で、その中間に位置するⅡb型というように3段階に区分されよう。母親の関心の高さを受けて父親の関心度も高くなる、あるいは母親の関心の高さの背後に父親の関心の高さがあるというわけである。こうしたPTA活動に対する父母の関心の高さの一要因としてPTA活動をも含めて一般に地域活動に関心をもつ住民層の存在を指摘できるだろう。先に述べたようにⅠ型とⅡa型の多い農村部・漁村部には未だなお共同体的な生活意識が残存し、それ故に一般の地域住民であっても地域のPTA活動に関心をもち、そして賛同者になるのではあるまいか。ちなみに地域別にPTAの会員資格者を見ると（表9-4）、賛同者は農村部のPTAに多いことが示されている（但し有意差なし）。

PTAへの加入方法は、表9-5-1に見るように、殆どのPTAで父母全員が自動的に会員になるとしている。自由加入のPTAはわずか3％弱に過ぎない。またPTA会費も過半数が世帯ごと、つまり世帯を単位に徴収している（表9-6-1）。だからPTA規約にはどのように規定されていようと

第9章 PTAの組織と活動

表9-2 会員の資格をもつ人（複数回答）　　　　　　（％）

	父母	教師	趣旨に賛同する人	その他	(N)
Ⅰ型	91.8	89.8	30.6	12.2	(49)
Ⅱa型	94.1	92.2	31.4	9.8	(51)
Ⅱb型	97.2	94.5	23.9	6.4	(109)
Ⅲ型	97.8	91.4	14.5	7.0	(186)
全体	96.6	92.0	20.7	7.6	(395)

表9-3 PTA活動に対する父親の関心度

（％）

	関心が高い	関心が低い	(N)
Ⅰ型	83.7	16.3	(49)
Ⅱa型	74.5	25.5	(51)
Ⅱb型	44.0	56.0	(109)
Ⅲ型	21.6	78.4	(186)
全体	41.8	58.2	(395)

$p<0.01$

表9-4 会員の有資格者（複数回答）　　　　　　（％）

	父母	教師	趣旨に賛同する人	その他	(N)
都市部	97.6	97.0	12.0	7.8	(160)
農村部	95.9	88.5	26.7	7.0	(235)
全体	96.6	92.0	20.7	7.6	(395)

表9-5-1 会員の加入方法　　　　　　　　　　　　（％）

	全員が自動的に会員となる	加入手続きのうえ全員が会員となる	加入は自由である	その他	(N)
Ⅰ型	100.0	—	—	—	(49)
Ⅱa型	96.0	—	2.0	2.0	(51)
Ⅱb型	92.7	0.9	4.6	1.8	(109)
Ⅲ型	96.8	0.5	2.2	0.5	(186)
全体	95.8	0.5	2.7	1.0	(395)

表9-5-2　会員の加入方法　(%)

	全員が自動的に会員となる	加入手続きのうえ全員が会員となる	加入は自由である	その他	(N)
都市部	95.2	1.2	3.0	0.6	(160)
農村部	96.3	−	2.5	1.2	(235)
全体	95.8	0.5	2.7	1.0	(395)

表9-6-1　父母からの会費の徴収方法　(%)

	世帯ごとに集める	会員個人を単位に集める	子ども1人を単位に集める	その他	(N)
Ⅰ型	53.1	4.1	36.7	6.1	(49)
Ⅱa型	68.7	3.9	23.5	3.9	(51)
Ⅱb型	56.1	4.7	33.6	5.6	(109)
Ⅲ型	57.8	4.9	35.7	1.6	(186)
全体	58.5	4.9	32.7	3.9	(395)

表9-6-2　父母からの会費の徴収方法　(%)

	世帯ごとに集める	会員個人を単位に集める	子ども1人を単位に集める	その他	(N)
都市部	66.1	1.8	27.9	4.2	(160)
農村部	53.1	7.1	36.1	3.7	(235)
全体	58.5	4.9	32.7	3.9	(395)

も，実際にはPTAの加入単位は世帯であり，会員は自動的加入なのである。こうした世帯単位の自動的加入は，自治会を初めとする他の地域住民組織においても見られ，とりわけ農村部に強く見られる傾向とされてきたが[45]，表9-5-2および表9-6-2に見るように，加入方法にしても徴収方法にしても，地域別による差違は見られなかった。むしろ世帯単位とする自動的加入方式は都市部の方に多いくらいである（表9-6-2）。

　会費は，かなり多くのPTAが教師からも徴収している（表9-7）。PTAのタイプ別による差異も地域別による差異も見られない。会費に関しては教師も父母と同等のメンバーとして扱われているというわけである。しかしPTA活動には，既に述べたように教師はあくまでも職務の一環として参加

第9章　ＰＴＡの組織と活動　　313

表9-7　教師からの会費の徴収　　　　　　　　　　　　　　　　　　　　（％）

		徴収している	徴収していない	その他	(N)
タイプ別	Ⅰ型	83.7	16.3	—	(49)
	Ⅱa型	90.0	10.0	—	(51)
	Ⅱb型	87.0	11.1	1.9	(109)
	Ⅲ型	87.0	13.0	—	(186)
地域別	都市部	87.7	11.7	0.6	(160)
	農村部	86.8	12.8	0.4	(235)
全体		87.2	12.3	0.5	(395)

表9-8　一般教師の役割分担　　　　　　　　　　　　　　　　　　　　（％）

	全員が何らかの役割を分担している	一部の教師が何らかの役割を分担している	役割を分担していない	その他	(N)
Ⅰ型	40.4	55.3	4.3	—	(49)
Ⅱa型	64.7	21.6	13.7	—	(51)
Ⅱb型	49.5	42.2	8.3	—	(109)
Ⅲ型	39.8	48.4	11.3	0.5	(186)
全体	45.6	43.8	9.9	0.7	(395)

$p<0.05$（その他を除く）

している。表9-8は，ＰＴＡ組織のなかでの一般教師の役割分担のあり方を見たものであるが，教師全員がそれぞれに何らかの役割を分担しているとするＰＴＡは半数近くあり（46％），また一部の教師が役割を分担しているとするＰＴＡは4割以上であって（44％），いずれにしても教師が何らかの役割を分担しているとするＰＴＡは9割を占める。そして一般教師の役割の多くは，表9-9のように，執行部の下にある各種専門委員会の委員である。だからＰＴＡ活動では，教師は専門的な立場から会員である父母に対して指導的な，あるいは助言的な活動をしているのである。これに対して校長は役員・理事・運営委員あるいは顧問・相談役などになってＰＴＡの運営面に直接間接に携わっており（表9-10），教頭は事務局長，書記・会計などもっぱら事務的側面の役割を担っている（表9-11）。一般の教師はＰＴＡの活動面を，校長はＰＴＡの運営面を，教頭はＰＴＡの事務面をそれぞれ分担しているわけである。そうしたなかにあってⅡa型は他のタイプのＰＴＡとは異

表9-9　一般教師の役割（複数回答）　(%)

	副会長	事務局長	書記	会計	会計監査	専門委員会委員	役員理事運営委員	その他	(N)
Ⅰ型	2.2	30.4	26.1	34.8	2.2	60.9	13.0	10.9	(49)
Ⅱa型	2.3	18.2	15.9	36.4	6.8	88.6	22.7	—	(51)
Ⅱb型	—	7.0	26.0	31.0	3.0	73.0	24.0	3.0	(109)
Ⅲ型	0.6	11.0	26.2	32.9	3.75	72.0	24.4	4.3	(186)
全体	0.8	13.1	25.1	33.2	3.8	73.3	22.3	4.1	(395)

（専門委員会のⅠ型とⅡa型との有意差　p＜0.01）

表9-10　校長の役割　(%)

	副会長	事務局長	顧問相談役	書記会計	役員理事運営委員	決まっていない	その他	(N)
Ⅰ型	16.3	10.2	26.5	—	26.5	20.5	—	(49)
Ⅱa型	7.8	3.9	39.3	—	23.5	21.6	3.9	(51)
Ⅱb型	4.7	0.9	20.6	—	35.5	32.7	5.6	(109)
Ⅲ型	6.5	1.6	27.0	0.5	33.5	29.3	1.6	(186)
全体	7.4	2.7	27.3	0.2	31.4	28.3	2.7	(395)

表9-11　教頭の役割　(%)

	副会長	事務局長	顧問相談役	書記会計	役員理事運営委員	決まっていない	その他	(N)
Ⅰ型	4.1	36.8	2.0	22.4	12.2	18.4	4.1	(49)
Ⅱa型	3.9	47.1	3.9	31.3	9.8	2.0	2.0	(51)
Ⅱb型	4.6	32.4	1.9	38.8	13.0	7.4	1.9	(109)
Ⅲ型	1.1	34.6	3.1	40.0	15.4	5.8	—	(186)
全体	2.9	35.6	2.7	36.4	13.0	7.9	1.5	(395)

なり，特異なパターンを示している。Ⅱa型は，教師全員が役割を分担している割合も高いし（表9-8），専門委員会委員としての役割を分担している割合も高い（表9-9，Ⅰ型との間に有意差）。そして教頭が事務局長になっている割合も高いし（表9-11），校長が相談役になっている割合も高い（表

9-10)。これを会員である母親,そして父親の関心が高いというⅡa型の性格とつき合わせて解釈すれば,Ⅱa型は関心度の高い会員が多いからPTA活動は自発的だろうし,PTAの組織運営も自主的だろう。だから教師集団はPTA活動を側面的に援助すればよいのであって前面に出ていく必要はない。そのために一般教師は専門委員会に参加して必要な指導・助言を行い,校長は組織運営の相談を受け,教頭はPTA活動を円滑に推進していくための事務を担っているのである。Ⅰ型のPTAも,これに近い解釈が可能である。Ⅰ型は,全員ではないが一部の教師がPTA組織の役割を分担している割合は高いし(表9-8),(その一部の)教師が事務局長,書記になっている割合も高い(表9-9)。そして校長は副会長になっている(表9-10)。つまりⅠ型は会員の関心も高く,またリーダーシップ機能もあって組織運営はスムーズであるから教師集団はPTA活動の事務的側面のみを担い,校長はリーダー(会長)を後見する立場にあるわけである。対比的にいえば,Ⅰ型は,教師集団が後見的な立場からPTAを補佐しているのに対し,Ⅱa型は,教師集団がPTAのリーダーシップの補完的機能を担っているといえるだろう。

これに対してⅡb型,Ⅲ型のPTAでは,全員にせよ一部にせよ一般教師がPTAの役割を担ってはいるが(表9-8),その役割は役員・理事・運営委員が多く(表9-9),また教頭は書記・会計(表9-11),校長は役員・理事・運営委員あるいは「決まっていない」が多くなっている(表9-10)。つまり校長,教頭,一般教師の教師集団がPTA組織の中核的な役割を担い,組織運営や活動に直接的に携わっているわけである。Ⅱb型,Ⅲ型は会員の関心が低いPTAであるから教師集団が主導的な立場に立ってメンバーをリードしていかなければPTAの組織運営も活動も進まないのである。それでもⅡb型は,多少とも一部役員層がリーダーシップを確保しているからまだしも,Ⅲ型は会員の自発性も乏しく,リーダーシップも見られないタイプであるから,教師集団はPTAの活動についても組織運営についても全面的にリードしていかなければならない。だから校長の役割が決まっていないというのも,実は役割を固定せずに,全般的にPTAの組織運営や活動に校長が直接携わっていることを示しているのではないかと思われる。したがって,

先に述べたPTAの組織的特質からいえば，Ⅰ型とⅡa型のPTAは自律的・自主的な組織だといえようが，Ⅱb型，Ⅲ型のPTAは他律的・他主的な組織だということになるだろう。

こうしたPTAの自律性・自主性の問題は，学校との協力関係のあり方についても見られる。表9-12は，PTA活動について学校の協力が得られるか否かについて見たものである。回答項目は学校の協力を得られないことが「よくある」，「ときどきある」，「あまりない」，「ぜんぜんない」の4段階としたが，表には前二者を「得られない」，後二者を「得られる」として表示した。Ⅰ型は8割以上が学校の協力が得られるとしているが，Ⅲ型では学校の協力が得られるのは半数でしかなく（53%），後の半数近く（47%）は学校の協力が得られないとしている。Ⅱ型（Ⅱa型，Ⅱb型）は学校の協力が得られないとするのは4分の1であるが，大方の傾向としてはⅠ型に近い。だから学校との協力関係は，［Ⅰ型，Ⅱa型，Ⅱb型］と［Ⅲ型］という2つのグループに分かれているのである。Ⅰ型，Ⅱa型はPTA活動に関心の高い会員と会長のリーダーシップによって運営されているから，教師集団（学校）はPTAの運営も活動もメンバーの自主性に任せ，側面から援助をすればよい。そしてⅡb型も多少とも一部役員層のリーダーシップによって組織運営や活動が行われているのであるから教師集団（学校）もその一部役員層に任せておけばよい。しかしⅢ型は，上記のように，教師集団（学校）が主導的な立場に立ってPTAに関心の薄いメンバーをリードしていかなければ組織運営も活動も進まないタイプである。だが実際にはそうであっても，現に就任している役員層にとってみれば，そうした教師集団の主導的活動を学校側の介入と見なして学校側の協力を得られないと感じさせているのではないかと思われる。

しかしPTAに対する教師の関心度を見ると表9-13に見るように，Ⅰ型のPTAの教師ほど関心が高く，Ⅲ型のPTAの教師ほど関心が低い。Ⅲ型のPTAでは過半数が教師の関心が低いとしている（54%）。［Ⅰ型，Ⅱa型］と［Ⅲ型］との間には相当の差異が見られる。つまり会員の関心が高いⅠ型・Ⅱa型のPTAでは教師の関心度も高いが，しかし会員の関心も低くリーダーシップも見られないⅢ型のPTAでは教師の関心も低いというわけ

表9-12　PTA活動に学校の協力が得られるか

(％)

	得られる	得られない	(N)
Ⅰ型	83.7	16.3	(49)
Ⅱa型	72.5	27.5	(51)
Ⅱb型	74.3	25.7	(109)
Ⅲ型	52.7	47.3	(186)
全体	65.4	34.6	(395)

$p<0.01$

表9-13　PTA活動に対する教師の関心度

(％)

	関心が高い	関心が低い	(N)
Ⅰ型	67.3	32.7	(49)
Ⅱa型	68.6	31.4	(51)
Ⅱb型	57.8	42.2	(109)
Ⅲ型	46.2	53.8	(186)
全体	55.6	44.4	(395)

$p<0.01$

である。先の父親の関心度も含めていえば，PTAに対する母親の関心，父親の関心，教師の関心は相互に対応的な関係にあって，母親の関心が高ければ父親の関心も高く，教師の関心も高い。母親の関心が高いのに父親の関心は低い，あるいは教師の関心度は低いということはない。母親の関心が高ければ父親も呼応して協力的になり，父母の関心が高ければ教師も協力的にならざるを得ないだろう。したがって会員の関心も低く，リーダーシップも乏しいⅢ型のPTAをリードしているのは，教師集団のなかでも校長，教頭と一部の教師だけだということになるだろう。

(2) PTA活動と活動への参加

1) PTA活動の分類と頻度

先に述べたように，本調査に先立って，われわれはPTAの組織と活動の事例分析を行うために20のPTAを事例にして，会長を含む役員層を対象に面接調査を実施したのであるが，その際に実施頻度の高いPTA活動を問

うたところおおよそ 12 種類の活動があげられた。
　① 子どものためのスポーツ・レクリエーション活動
　② 読書活動・伝統芸能などの文化学習活動やキャンプなどの生活体験学習
　③ 交通安全指導や挨拶運動
　④ 校庭開放やプール開放
　⑤ パトロールなどの校外補導活動
　⑥ 遊び場の整備などの学校外の教育環境の整備活動
　⑦ 清掃作業などの学校内の環境整備活動
　⑧ バザーやベルマークなどの資金や備品の調達活動
　⑨ 学級や地区ごとの懇談会
　⑩ 講演会や施設見学などの成人の学習教育活動
　⑪ 成人のスポーツ・レクリエーション活動
　⑫ ＰＴＡ新聞などの広報活動
である。
　こうしたＰＴＡ活動を内容面からカテゴリー化すると、（A）「子どもの健全育成そのものに関わる活動」、（B）「学校教育に対する協力的あるいは奉仕的活動」、（C）「メンバー自身を対象とした啓蒙的な成人教育的活動」とに分けることができる。いま簡略にそれぞれを「子どもの育成活動」、「学校教育に対する協力的・奉仕的活動」、「成人教育的活動」と呼んでおこう。そうすると、①子どものためのスポーツ・レクリエーション活動，②読書活動・伝統芸能などの文化学習活動やキャンプなどの生活体験学習，③交通安全指導や挨拶運動，④校庭開放やプール開放，⑤パトロールなどの校外補導活動，⑥遊び場の整備などの学校外の教育環境の整備活動など，①〜⑥の諸活動は（A）「子どもの育成活動」のカテゴリーに入るだろうし，⑦清掃作業などの学校内の環境整備活動，⑧バザーやベルマークなどの資金や備品の調達活動，⑨学級や地区ごとの懇談会など，⑦〜⑨の諸活動は（B）「学校教育に対する協力的・奉仕的活動」のカテゴリーに，そして⑩講演会や施設見学などの成人の学習教育活動，⑪成人のスポーツ・レクリエーション活動，⑫ＰＴＡ新聞などの広報活動など，⑩〜⑫の諸活動は（C）「成人教育的活

動」のカテゴリーに入る。以下，この活動分類にしたがって，ＰＴＡの活動頻度と参加の実態を見てみよう。

　表9-14の「子どもの育成活動」のうち，まず，①子どものためのスポーツ・レクリエーション活動の実施状況を見ると，年間実施回数1・2回が6割以上を占める（64％）。ＰＴＡのタイプ別による差異は見られない。年間実施回数1・2回というのは，頻繁ではないが，ともかく実施しているという活動，あるいはＰＴＡとして実施しなければならない類の標準的な活動だということである。つまりどのＰＴＡでも実施している一般的な活動だということである。活動の頻度にＰＴＡのタイプ別による差異が見られないということは，そのことを示している。しかし，②読書活動・伝統芸能などの文化学習活動やキャンプなどの生活体験学習では，ＰＴＡのタイプ別による差異が見られ，Ⅰ型，Ⅱａ型では年間実施回数3回以上が多く，Ⅱｂ型，Ⅲ型では実施していないが多い傾向が見られる（有意な連関）。つまり会員の関心の高いＰＴＡでは，子どものための文化学習活動や生活体験学習活動の頻度が高く，会員の関心の低いＰＴＡでは活動の頻度も低いというわけである。③交通安全指導や挨拶運動は，3分の2のＰＴＡが年間3回以上実施しており（66％），しかもＰＴＡのタイプ別による差異は見られないから，この活動もＰＴＡの一般的な活動だといえる。但し活動は頻繁であるから，ＰＴＡにとっては一般的ではあっても中心的な活動である。これと同様の傾向を示しているのが，④校庭開放やプール開放の活動である。7割以上のＰＴＡが年間3回以上の活動をしているし（71％），ＰＴＡのタイプ別による差異もない。だから③交通安全指導や挨拶運動と④校庭開放やプール開放の活動は，どのＰＴＡでも頻繁に実施している一般的な，しかしＰＴＡにとっては中心的な活動なのである。

　⑤パトロールなどの校外補導活動は，実施していないＰＴＡも2割以上あるから一般に考えられているほどに標準的な活動だとはいえない。しかしＰＴＡのタイプ別によって活動の頻度に差異が見られ，Ⅰ型とⅢ型のＰＴＡは活動の頻度が高いが（年間実施回数3回以上は，それぞれ45％，42％），Ⅱａ型のＰＴＡは頻度が少ないか（実施回数1・2回が54％），実施していない（28％）という特異なパターンを示している（有意な連関）。これはⅠ型，

表 9-14 子どもの育成活動の年間実施状況 (%)

		Ⅰ型	Ⅱa型	Ⅱb型	Ⅲ型	全体
① 子どものスポーツ・レクリエーション活動	3回以上	33.3	29.4	17.1	21.3	22.9
	1・2回	60.4	56.9	70.5	64.7	64.3
	実施していない	6.3	13.7	12.4	14.0	12.8
② ** 子どもの文化学習活動や生活体験学習	3回以上	23.4	27.1	11.6	10.6	14.8
	1・2回	59.6	43.7	44.2	50.9	48.8
	実施していない	17.0	29.2	44.2	38.5	36.4
③ 交通安全指導や挨拶運動	3回以上	73.9	65.3	63.9	65.8	66.2
	1・2回	19.6	24.5	25.9	27.5	25.5
	実施していない	6.5	10.2	10.2	6.7	8.3
④ 校庭開放・プール開放	3回以上	65.2	70.6	74.1	69.7	70.6
	1・2回	17.4	13.7	10.2	20.2	16.1
	実施していない	17.4	15.7	15.7	10.1	13.3
⑤ ** パトロールなどの校外補導活動	3回以上	44.7	18.0	31.1	41.9	36.5
	1・2回	29.8	54.0	45.3	41.2	42.0
	実施していない	25.5	28.0	23.6	16.9	21.5
⑥ 遊び場など学校外の教育環境整備活動	3回以上	11.1	8.2	7.9	8.6	9.1
	1・2回	48.9	34.7	29.7	46.3	39.6
	実施していない	40.0	57.1	62.4	45.1	51.3
(N)		(49)	(51)	(109)	(186)	(395)

(注) **：p<0.01

Ⅲ型のPTAが校外補導活動を活発に行っているというよりも，前述のように（表9-1-2），Ⅱa型のPTAが農村部に多いタイプであることを考えれば，校外補導活動の必要性を他地域のPTAほどには感じないのではないかと思われる。だから逆にパッシブなⅢ型のPTAであっても，この校外補導活動を活発に行っているのは（年間実施回数3回以上42%），Ⅲ型が都市地域に多いタイプのPTAであるために，その都市的環境から来る必要性に迫られての活動だろうと思われる。ちなみに，この校外補導活動を地域別に見ると表9-15のように都市部では頻繁に実施されているが，農村部では少ない（有意な連関）。⑥遊び場の整備などの学校外の教育環境の整備活動は，PTAのタイプ別による差異は見られないが，全体として見れば過半数のPTAが実施しておらず（51%），実施しても頻度が少ないから（実施回数

表9-15 パトロールなどの校外補導活動 (%)

	3回以上実施	1・2回実施	実施していない	(N)
都市部	46.7	41.2	12.1	(160)
農村部	29.3	42.4	28.4	(235)
全体	36.5	42.0	21.5	(395)

p<0.01

1・2回が40％)、ＰＴＡにとっては周辺的な活動なのであろう。

「学校教育に対する協力的・奉仕的活動」については表9-16に示してある。このうち、⑦清掃作業などの学校内の環境整備活動は、いずれのタイプでもほぼ7割のＰＴＡが年に1・2回実施しているから（69％)、ＰＴＡにとっては一般的な活動なのであろう。しかしＰＴＡのタイプ別によって活動頻度に差異が見られ（有意な連関)、Ｉ型、Ⅱａ型は活動頻度が高いが、Ⅱｂ型、Ⅲ型は実施していないという割合が高い。つまり会員の関心の高いＰＴＡでは活動頻度が高く、会員の関心の低いＰＴＡでは活動していないというわけである。だからこの活動は会員の自発性によるところが大きい活動だといえるだろう。しかし同じ学校教育に対する協力的・奉仕的活動であっても、⑧バザーやベルマークなどの資金や備品の調達活動は、この⑦学校内の環境整備活動とは逆の傾向を示している。活動頻度が高いのはⅢ型であり、活動頻度が低い、あるいは実施していないのはⅠ型である（有意な連関)。こうした傾向が見られるのは学校規模と関連しているように思われる。先の表9-1-2のように、学校規模ではⅠ型ほど生徒数は少なく、Ⅲ型ほど生徒数は多いから（有意な連関)、Ⅲ型の学校が生徒数に対応できるだけの備品を完備することは困難であり、ためにＰＴＡの資金調達活動に依っているからであろう。そしてⅢ型が教師側（学校）の主導による、他律的・他主的なタイプであることを考えれば、この⑧資金・備品の調達活動は、学校側の要望とも相俟った、教師側のリーダーシップによる活動であろうと思われる。⑨学級懇談会・地区懇談会の活動は、ＰＴＡのタイプ別による差異はないが、過半数のＰＴＡが頻繁に活動しているから（3回以上56％)、ＰＴＡにとっては一般的な、しかし中心的な活動なのである。

「成人教育的活動」の、⑩講演会や施設見学などの成人の学習教育活動お

表 9-16 学校教育活動に対する協力的・奉仕的活動の年間実施状況　　　　(%)

		Ⅰ型	Ⅱa型	Ⅱb型	Ⅲ型	全体
⑦　　　　　　　＊ 清掃作業などの学校内 の環境整備活動	3回以上 1・2回 実施していない	25.5 68.1 6.4	27.5 66.6 5.9	10.4 70.7 18.9	16.9 70.5 12.6	18.2 68.6 13.2
⑧　　　　　　　＊ バザーやベルマークな どの資金調達活動	3回以上 1・2回 実施していない	17.0 57.4 25.6	30.0 50.0 20.0	36.2 43.8 20.0	36.7 53.1 10.2	33.8 50.2 16.0
⑨ 学級懇談会・地区懇談 会	3回以上 1・2回 実施していない	58.3 35.4 6.3	67.3 28.6 4.1	58.0 36.4 5.6	51.1 41.2 7.7	56.1 37.7 6.2
(N)		(49)	(51)	(109)	(186)	(395)

(注) ＊：$p < 0.05$

よび,⑪成人のスポーツ・レクリエーション活動は,表9-17に見るように,過半数のPTAが活動頻度は低いとしている(1・2回がそれぞれ57%,66%)。しかしPTAのタイプ別による差異はなく,どのPTAでも実施されている活動であるから,PTAにとっては一般的な活動なのである。ただ,⑩講演会や施設見学などの成人の学習教育活動は,4割のPTAが頻繁に活動し(3回以上41%),実施していないのは極めて少数であるから(2%),一般的ではあるが,しかし中心的な活動だといえるだろう。逆に,⑪成人のスポーツ・レクリエーション活動は2割のPTAが実施していないのであるから(20%),多くのPTAで実施されている一般的な活動ではあっても,いわば周辺的なPTA活動だといえようか。これに対して,⑫PTA新聞などの広報活動は8割以上のPTAが活発に行っており(3回以上82%),またPTAのタイプ別による差異は見られないから,広報活動はPTAにとっては最も一般的,かつ中心的な活動だといえるだろう。

このように見てくると,PTAの活動は,以下の4タイプに分類することができる。(a) どのPTAでも実施している一般的なPTA活動,(b) メンバーの自発性に依存する活動,(c) (教師側の)リーダーシップによる活動,である。このうち(a) 一般的なPTA活動は,(a1) 活動頻度の高い中心的活動,(a2) 活動頻度の低い周辺的活動とに分けることができる。こ

表9-17 成人教育的活動の年間実施状況　　　　　　　　　　　　　（％）

		Ⅰ型	Ⅱa型	Ⅱb型	Ⅲ型	全体
⑩講演会・施設見学などの成人の学習教育活動	3回以上	32.7	35.3	46.7	41.4	41.2
	1・2回	63.3	62.7	51.4	58.0	57.3
	実施していない	4.1	2.0	1.9	0.6	1.5
⑪成人のスポーツ・レクリエーション活動	3回以上	14.9	14.3	13.3	13.6	14.0
	1・2回	63.8	57.1	66.7	69.9	65.8
	実施していない	21.3	28.6	20.0	16.5	20.2
⑫PTA新聞などの広報活動	3回以上	76.1	80.0	87.7	80.8	81.7
	1・2回	17.4	14.0	9.4	17.0	14.8
	実施していない	6.5	6.0	2.8	2.2	3.5
(N)		(49)	(51)	(109)	(186)	(395)

の（a）一般的活動は，活動の頻度に違いはあれ，これまで伝統的に実施されてきた，PTAとしての標準的活動である。だがそれ故にこそ慣例的となり，マンネリ化という批判がされてきたのである。③交通安全指導や挨拶運動，④校庭開放やプール開放，⑨学級懇談会・地区懇談会，⑫PTA新聞などの広報活動は，一般的活動であり，かつ活動頻度の高い中心的活動（a1）であるが，①子どものためのスポーツ・レクリエーション活動，⑤パトロールなどの校外補導活動，⑥遊び場の整備などの学校外の教育環境の整備活動，⑩講演会や施設見学などの成人の学習教育活動，⑪成人のスポーツ・レクリエーション活動は活動頻度の低い周辺的活動（a2）である。但し，⑤パトロールなどの校外補導活動は地域的要因によって活動頻度が異なる。また，②読書活動・伝統芸能などの文化学習活動やキャンプなどの生活体験学習，⑦清掃作業などの学校内の環境整備活動は（b）メンバーの自発性に依存する活動であり，⑧バザーやベルマークなどの資金や備品の調達活動は（c）教師側のリーダーシップによる活動である。

ところでPTAは，既に述べたように，子どもの健全育成を目的とし，そしてそのためにメンバーが必要な学習活動を展開していくべき組織であるから，PTA活動は，その活動の志向するところから，（イ）子どもの健全育成というPTA本来の目的に直接的に志向する，いわば第一次的活動と，（ロ）その目的達成のための手段的な意味合いをもつ，いわば第二次的活動

表9-18　PTA活動の区分と参加とその効果

			(イ)第一次的活動			(ロ)第二次的活動	
(a)一般的活動	(a1)中心的活動		A③交通安全指導や挨拶運動 A④校庭開放・プール開放	● ○	□ □	◆ ◆	B⑨学級懇談会・地区懇談会 C⑫PTA新聞などの広報活動	■ ー	◆ ◆
	(a2)周辺的活動		A①子どものスポーツ・レクリエーション活動 A⑤パトロールなどの校外補導活動 A⑥遊び場の整備などの学校外の教育環境の整備活動	● ◇ ○	■ □ □	◆ ◇ ◇	C⑩講演会・施設見学などの成人の学習教育活動 C⑪成人のスポーツ・レクリエーション活動	○ ○	□ □
(b)会員の自発性による活動			A②子どもの文化活動や生活体験学習 B⑦清掃作業などの学校内の環境整備活動	○ ●	□ ■	◇ ◆			
(c)(教師側の)リーダーシップによる活動							B⑧バザーやベルマークなどの資金調達活動	●	□	◆

(注) A：子どもの育成活動
　　 B：学校教育活動に対する協力的・奉仕的活動
　　 C：成人教育的活動

●：メンバー（父母）の参加度・高
○：　〃　　　　　　　　　　　・低
■：教師の参加度・高
□：　〃　　　　　・低
◆：活動の効果・高
◇：　〃　　　・低

とに大別することができるだろう。大まかにいえば、「子どもの健全育成活動」と「学校教育に対する協力的・奉仕的活動」は子どもの育成に直接的に関わる活動であるから第一次的活動であるが、「成人教育的活動」は子どもの健全育成を目的にしたメンバーの学習活動であり、情報交換活動であり、交流活動であるから第二次的活動である。だが活動領域ごとに第一次的活動と第二次的活動とに分類されるわけではなく、個々の活動によって異なる。「学校教育に対する協力的・奉仕的活動」のうち、⑨学級懇談会・地区懇談会は、教師と父母あるいは父母同士というメンバー間の情報提供、交流の活動であるから第二次的活動であろうし、⑧バザーやベルマークなどの資金調達活動は子どもの育成に直接的に関わる活動ではないから第二次的活動となる。

　このようにPTA活動を、活動の頻度と志向性から区分すると、表9-18のようにまとめることができるだろう。③交通安全指導・挨拶運動および④校庭開放・プール開放が第一次的活動（イ）の中心的活動（a1）となり、⑨学級懇談会・地区懇談会および⑫PTA新聞などの広報活動が第二次的活動（ロ）の中心的活動（a1）となっている。これにその他の子どもの育成活動（A）が第一次的な周辺的活動（イ, a2）を構成し、その他の成人教育的活動（C）が第二次的な周辺的活動（ロ, a2）を成している。

2）PTA活動への父母の参加

　次にこうしたPTA活動へのメンバーの参加の程度を見てみよう。表9-19は、子どもの育成活動へのメンバー（父母）の参加度を見たものである。但しここではPTAのタイプとの関連において参加度を見るのであるから活動を「実施していない」の項目は除外した。活動を「実施していない」状況については先に見た通りである（表9-14～17）。回答項目で参加が「半数以下」というのはメンバーの参加が「半数程度」とするPTAと「少ない」とするPTAを合わせた比率である。表に見るように子どもの育成活動に関する6種類の活動のすべてにおいてPTAのタイプ別による差異が見られた（有意な連関）。いずれの育成活動においてもおおよそ、Ⅰ型、Ⅱa型、Ⅱb型、Ⅲ型のタイプの順と父母の参加度が段階的に対応している。Ⅰ型のPTAほど多くのメンバーが参加しているとしており、Ⅲ型のPTAほどメン

表9-19 子どもの育成活動への父母の参加度　　　　　　　　　　　(％)

		Ⅰ型	Ⅱa型	Ⅱb型	Ⅲ型	全体
① ** 子どものスポーツ・レクリエーション活動	多い	82.6	66.7	69.6	51.3	62.7
	半数以下(注1)	17.4	33.3	30.4	48.7	37.3
② ** 子どもの文化学習活動や生活体験学習	多い	52.6	44.1	36.8	17.4	31.1
	半数以下	47.4	55.9	63.2	82.6	68.9
③ ** 交通安全指導や挨拶運動	多い	75.0	65.9	56.4	43.2	53.4
	半数以下	25.0	34.1	43.6	56.8	46.4
④ ** 校庭開放・プール開放	多い	64.7	53.7	55.6	28.4	42.8
	半数以下	35.3	46.3	44.4	71.6	57.2
⑤ ** パトロールなどの校外補導活動	多い	47.2	48.6	38.6	21.4	32.6
	半数以下	52.8	51.4	61.4	78.6	67.4
⑥ ** 遊び場など学校外の教育環境整備活動	多い	62.5	56.5	40.5	21.9	35.8
	半数以下	37.5	43.5	59.5	78.1	64.2
(N)		(49)	(51)	(109)	(186)	(395)

(注1) 「半数以下」とは「半数程度」と「少ない」を合わせた比率。以下同様。
(注2) ＊＊：$p<0.01$

バーの参加は少ない（半数以下）としている。既に述べたように，ここでのPTAの類型化の基準の一つは会員（母親）の関心度，つまりどの程度の会員がPTAに関心をもっているかということであったから，そして先に見たように（表9-3），この，Ⅰ型，Ⅱa型，Ⅱb型，Ⅲ型というPTAのタイプの順に父親の関心も高かったから，関心度の高い会員（母親）が多いタイプほどメンバー（父母）の参加度は高いというわけである。しかし同じ関心度の高い会員が多いⅠ型，Ⅱa型のPTAであっても，リーダーシップ機能が作用して組織がスムーズに運営されているⅠ型のPTAの方が，組織運営が必ずしもスムーズでないⅡa型のPTAよりもメンバーの参加度は高い。このことは，メンバーの参加度はメンバー自身の関心度によって規制さ

れるだけではなく，ＰＴＡの組織運営のあり方によっても，つまりリーダーシップ機能のあり方によっても規制されるということを示している。そしてⅡa型の方がⅡb型よりも参加度が高いということは，ＰＴＡ活動への参加度はリーダーシップ機能よりも会員の関心度の方に強く規制されることを示している。つまりメンバーの参加度は，メンバー自身の関心度とリーダーシップ機能によって規制されるが，メンバー自身の関心度の方が規制力が強いというわけである。

　この育成活動のうち，全体的に見て，参加度の高い活動は，①子どものためのスポーツ・レクリエーション活動と，③交通安全指導や挨拶運動である。これら２つの育成活動はメンバーの参加が「多い」とするＰＴＡが過半数であって，「半数以下」とするＰＴＡを上回っている。殊に①子どものためのスポーツ・レクリエーション活動は全体的に参加度が高く，パッシブなⅢ型でさえ過半数のＰＴＡがメンバーの参加は「多い」としている（51％）。但し前述の活動頻度と関連させて見れば，③交通安全指導や挨拶運動は活動頻度も高く，参加度も高いが，①子どものためのスポーツ・レクリエーション活動は活動頻度は低いが参加度は高い，となる。これは，③交通安全指導や挨拶運動が子どもの日常的な態度や行動の問題であるから日常的な次元での継続的な活動が必要であり，したがって活動の頻度は高くなるからである。そして挨拶運動といってもそのための時間・労力を要するといった活動ではなく，また交通安全指導はメンバーの輪番制としているＰＴＡが多いから，メンバーの参加度は高くなってくるのである。だが，①子どものスポーツ・レクリエーション活動は，逆に日常的次元を離れ，いわば季節的要素による場合が多いから年に何回かの行事主義的な活動になり，そのために活動頻度は低くなる。だが，スポーツやレクリエーションは子どものための娯楽的活動であるから多くは親子をペアにした参加形式をとっており，そのためにメンバーの参加度は高くなるのである。しかしメンバーの参加が「多い」のは，この２つの活動だけであって，他の４つの育成活動への参加は「半数以下」が過半数であるから，子どもの育成活動へのメンバーの参加度は総じて高いとはいえない。

　表９-20および表９-21は，それぞれ学校教育に対する協力的・奉仕的活動

表9-20 学校教育活動に対する協力的・奉仕的活動への父母の参加度　　　　　　(%)

		Ⅰ型	Ⅱa型	Ⅱb型	Ⅲ型	全体
⑦　　　　　　　　＊＊ 清掃作業などの学校内の環境整備活動	多い 半数以下	72.1 27.9	84.8 15.2	61.6 38.4	54.4 45.6	62.8 37.2
⑧　　　　　　　　＊＊ バザーやベルマークなどの資金調達活動	多い 半数以下	72.2 27.8	79.5 20.5	65.1 34.9	52.8 47.2	61.9 38.1
⑨　　　　　　　　＊＊ 学級懇談会・地区懇談会	多い 半数以下	71.1 28.9	59.6 40.4	41.8 58.2	29.9 70.1	42.4 57.6
(N)		(49)	(51)	(109)	(186)	(395)

(注)　＊＊：p＜0.01

表9-21　成人教育的活動への父母の参加度　　　　　　　　　　　　　　　　　(%)

		Ⅰ型	Ⅱa型	Ⅱb型	Ⅲ型	全体
⑩　　　　　　　　＊＊ 講演会・施設見学などの成人の学習教育活動	多い 半数以下	62.5 37.5	41.2 58.8	37.7 62.3	18.9 81.8	32.3 67.7
⑪　　　　　　　　＊＊ 成人のスポーツ・レクリエーション活動	多い 半数以下	65.9 34.1	67.6 32.4	41.9 58.1	24.5 75.5	39.4 60.6
(N)		(49)	(51)	(109)	(186)	(395)

(注)　＊＊：p＜0.01

へのメンバーの参加度と成人教育的活動へのメンバーの参加度を見たものである。これら2つの領域の活動においてもすべての活動でPTAのタイプ別による差異が見られた（有意な連関）。学校教育に対する協力的・奉仕的活動の3種類の活動はともにⅠ型，Ⅱa型のPTAほど多くのメンバーが参加するとしており，Ⅱb型，Ⅲ型のPTAほどメンバーの参加は少ない（半数以下）としている。しかし子どもの育成活動へのメンバーの参加度の高低がⅠ型からⅢ型までのタイプ順に段階的に対応していたのに対し，学校教育に対する協力的・奉仕的活動へのメンバーの参加度はⅠ型とⅡa型との間には大きな差異はない。むしろ⑦清掃作業などの学校内の環境整備活動と，⑧バザーやベルマークなどの資金や備品の調達活動においてはⅠ型よりもⅡa

型の方にメンバーの参加度が高くなっているくらいである。だが僅少な差でしかないから，これらの活動においてはⅠ型とⅡa型を同一のグループと見なしてもよいだろう。同様のことはメンバーの参加が「半数以下」とする項目次元においても見られる。Ⅱa型よりもⅠ型の方に「半数以下」とする比率が高く，ＰＴＡのタイプ順が逆転している。だが，その差は僅少であるから，同様にⅡa型とⅠ型とを同一のグループに包含することができるだろう。他方，メンバーの参加が多いにしろ少ないにしろⅡb型とⅢ型の差は，Ⅱa型とⅡb型との差ほど大きくはない。つまりⅠ型からⅢ型までのＰＴＡのタイプの連続性はⅡa型とⅡb型との間の段差によって切れているのである。そうすると，これら2つの種類の協力的・奉仕的活動へのメンバーの参加度は，大別して［Ⅰ型，Ⅱa型］と［Ⅱb型，Ⅲ型］というように2つのグループに分けることができるだろう。Ⅰ型とⅡa型は会員の関心度が高いことが共通であるから，この種の学校教育に対する協力的・奉仕的活動への参加は，リーダーシップ機能よりも会員自身の関心度の方に規制されているといえる。

⑨学級懇談会や地区懇談会の参加度では，メンバーの参加が「多い」とするＰＴＡはⅠ型ほど多く，Ⅲ型ほど少なく，メンバーの参加が「半数以下」とするＰＴＡは逆の傾向を示して，メンバーの参加度はＰＴＡのタイプの順と対応している。だからメンバーの参加度は，会員自身の関心度とリーダーシップ機能によって規制されるが，会員自身の関心度の方が規制力が強いという傾向は，ここでも示されているわけである。

そして子どもの育成活動へのメンバーの参加度が総じて高くはないのに対して，学校教育に対する協力的・奉仕的活動へのメンバーの参加度は，全体として見れば，3種類の活動のうち2種類の活動においてメンバーの参加は「多い」とするＰＴＡが過半数であるから（62～63％），メンバーの参加度は高いといえるだろう。

成人教育的活動においてもＰＴＡのタイプ別によって差異が見られた（有意な連関）。ここでは，⑩講演会や施設見学などの成人の学習教育活動と，⑪成人のスポーツ・レクリエーション活動を取りあげたが，いずれもⅠ型からⅢ型までのＰＴＡのタイプの順とメンバーの参加度の高低が段階的に対応

しており，Ⅰ型のPTAほど参加度が高く，Ⅲ型のPTAほど参加度は低い。したがって成人教育的活動においても，会員自身の関心度が高く，かつリーダーシップ機能が作用して組織がスムーズに運営されているPTAほどメンバーの参加度は高いといえる。但し，⑪成人のスポーツ・レクリエーション活動ではⅠ型とⅡa型は殆ど同じ比率であるから，この活動については［Ⅰ型，Ⅱa型］，［Ⅱb型］，［Ⅲ型］の3グループに分かれているといってもよい。しかしいずれにしろ，Ⅱa型の方がⅡb型よりも参加度が高いのであるから，成人教育的活動へのメンバーの参加度についてもリーダーシップ機能のあり方以上に会員自身の関心度によって規制される側面が強いといえる。だが総じて見れば2領域の活動ともに「半数以下」とするPTAが6～7割であるから成人教育的活動へのメンバーの参加度も高いとはいえない。

　こういうわけでPTA活動へのメンバーの参加度を全体として見れば，学校教育に対する協力的・奉仕的活動への参加度は高いが，子どもの育成活動と成人教育的活動への参加度は高くはない。こうした参加状況を，先のPTA活動の頻度・内容の区分と関連させて見れば，表9-18の右欄の〇印のようになる。メンバーの参加が「多い」とするPTAが過半数を占める場合を参加度が高い，それ以外（半数以下）を参加度が低いとしている。表に見る通り，(a) 一般的活動は中心的活動であっても周辺的活動であっても，総じてメンバーの参加度は高いとはいえない。ただ (a1) 一般的な中心的活動の，③交通安全指導や挨拶運動と，(a2) 一般的な周辺的活動の，①子どものためのスポーツ・レクリエーション活動の2つの活動ではメンバーの参加度が高くなっている。そしてこの2つの活動に加えて，(b) メンバーの自発性による活動の，⑦学校内の環境整備活動と (c)（教師側の）リーダーシップによる活動の，⑧資金や備品の調達活動はメンバーの参加度が高くなっている。この4種類の活動の参加度が高いのは，一般のメンバーにとっては目標が具体的であり，活動が即効的であって，それ故に達成感を経験することができるような活動だからである。この4種類の活動と比べると他の諸活動は，一般のメンバーにとって，その意味は理解できても理念的であり，抽象的であり，それ故に即効性に乏しい。だからメンバーの参加度は低くなるのである。具体的，即効的なPTA活動だからこそ，そして達成感を経験

できるような活動だからこそメンバーの参加度は高いのだと思われる。

3）　ＰＴＡ活動への教師の参加

次に教師のＰＴＡ活動への参加度を見ておこう。表9-22は、子どもの育成活動への教師の参加度を見たものである。③交通安全指導や挨拶運動と、⑤パトロールなどの校外補導活動については、ＰＴＡのタイプ別による差異は見られなかったが、他の4つの活動については、ＰＴＡのタイプ別による差異が見られた（有意な連関）。子どもの育成活動へのメンバーの参加度はⅠ型からⅢ型までのタイプ順に段階的に対応していたが、教師の参加度はⅠ型とⅡa型が近似的か、もしくはⅡa型の方がⅠ型よりも高い場合があるので、Ⅰ型とⅡa型を同一のグループにまとめてもよいだろう。だから教師の参加度は［Ⅰ型，Ⅱa型］，［Ⅱb型］，［Ⅲ型］という3つのグループに分けることができる。とすれば、子どもの育成活動への教師の参加は会員（母親）自身の関心度に規制されているといえるだろう。そして既に述べたように、父親の関心度も教師の関心度もⅠ型からⅢ型までのＰＴＡのタイプの順に対応していたから（表9-3，表9-13）、会員（母親）の関心度が高く、かつリーダーシップ機能があって組織運営がスムーズなＰＴＡほど父親の関心度も教師の関心度も高くなる。だからメンバー（父母）の関心度が高ければ、教師の関心度も高くなり、またメンバー（父母）の参加度が高ければ、教師の参加度も高くなるのである。メンバー（父母）の関心度・参加度が高ければ、教師も関心を示して協力的にならざるを得ないだろう。

しかし全体から見れば、①子どものためのスポーツ・レクリエーション活動で教師の参加が「多い」とする以外、いずれの育成活動においても参加する教師は「半数以下」とするＰＴＡが過半数であるから、育成活動への教師の参加度は高いとはいえない。殊に、④校庭開放・プール開放と、⑤校外補導活動については、7割以上が教師の参加が少ないとしている（72～74％）。これらの活動は、学校外活動として位置づけられ、またそれ故に教師の勤務時間外に行われることが多いために、これまではＰＴＡのメンバーや地区の子供会育成会のメンバーが輪番制等によって対応してきた活動だからである。

同様に表9-23は学校教育に対する協力的・奉仕的活動への教師の参加度

表9-22 子どもの育成活動への教師の参加度　(%)

		I型	IIa型	IIb型	III型	全体
① 子どものスポーツ・レクリエーション活動 **	多い 半数以下	78.3 21.7	71.1 28.9	62.9 37.1	43.4 56.6	56.9 43.1
② 子どもの文化学習活動や生活体験学習 *	多い 半数以下	52.9 47.1	56.7 43.3	47.4 52.6	31.3 68.7	41.6 58.4
③ 交通安全指導や挨拶運動	多い 半数以下	52.4 47.6	51.2 48.8	47.8 52.2	39.0 61.0	44.7 55.3
④ 校庭開放・プール開放 **	多い 半数以下	41.9 58.1	50.0 50.0	29.2 70.8	15.7 84.3	26.5 73.5
⑤ パトロールなどの校外補導活動	多い 半数以下	32.4 67.6	30.0 70.0	33.3 66.7	23.7 76.3	28.3 71.7
⑥ 遊び場など学校外の教育環境整備活動 **	多い 半数以下	54.2 45.8	61.9 38.1	38.1 61.9	25.8 74.2	36.9 63.1
(N)		(49)	(51)	(109)	(186)	(395)

(注) ＊＊：p＜0.01　＊：p＜0.05

表9-23 学校教育活動に対する協力的・奉仕的活動への教師の参加度　(%)

		I型	IIa型	IIb型	III型	全体
⑦ 清掃作業などの学校内の環境整備活動 *	多い 半数以下	71.4 28.6	82.6 17.4	74.7 25.3	63.1 36.9	69.9 30.1
⑧ バザーやベルマークなどの資金調達活動 *	多い 半数以下	52.9 47.1	45.9 54.1	38.7 61.3	26.2 73.8	34.6 65.4
⑨ 学級懇談会・地区懇談会 *	多い 半数以下	79.5 20.5	73.9 26.1	67.0 33.0	58.3 41.7	65.4 34.6
(N)		(49)	(51)	(109)	(186)	(395)

(注) ＊：p＜0.05

を，表9-24は成人教育的活動への教師の参加度を見たものであるが，それぞれの領域の，いずれの活動においてもＰＴＡのタイプ別による差異が見られ（有意な連関），Ⅰ型のＰＴＡほど教師の参加度が高く，Ⅲ型のＰＴＡほど教師の参加度は低いとする傾向が見られる。とりわけⅢ型のＰＴＡにおいては，いずれの活動の場合も，教師の参加が「半数以下」とする割合が他のタイプの傾向を超えて相当に高くなっており，特異なタイプであることを示している。

学校教育に対する協力的・奉仕的活動のうち，⑦学校内の環境整備活動と，⑨学級懇談会・地区懇談会については7割近くのＰＴＡが教師の参加が「多い」としているが（65〜70％），⑧資金調達活動においては，教師の参加は「半数以下」とするＰＴＡが6割以上あるから（65％），この資金調達活動への教師の参加度は高いとはいえない。この，⑧資金調達活動は，学校の施設・設備を充実させるという目的でＰＴＡのメンバー，特に母親会員が実施してきた学校後援会的な奉仕的活動だからである。成人教育的活動についても，その対象はＰＴＡのメンバーである父母自身であるから，⑩講演会や施設見学などの成人の学習教育活動についても，⑪成人のスポーツ・レクリエーション活動についても，教師の参加は「半数以下」とするＰＴＡが過半数であって（57〜64％），教師の参加度は高いとはいえない。

以上のことから，会員の関心度が高く，かつリーダーシップ機能によって組織運営がスムーズなＰＴＡほど，ＰＴＡ活動へのメンバーの参加度は高く，また教師の参加度も高いといえる。だが，子どもの育成活動の，②子どもの文化学習活動や生活体験学習，④校庭開放やプール開放，⑥学校外の教育環境整備活動についても見られたことであるが，学校教育に対する協力的・奉仕的活動の，⑦清掃作業などの学校内の環境整備活動においても成人教育的活動の，⑩講演会や施設見学などの成人の学習教育活動においても見られるように，Ⅰ型とⅡa型は近似的であり，またⅠ型よりもⅡa型の方に教師の参加が「多い」とする割合が高い場合さえあるから，先と同様に，Ⅰ型とⅡa型を同一のグループにまとめ，Ⅱb型，Ⅲ型と3段階に区分することができる。とすれば，教師の参加度はリーダーシップによる組織運営のスムーズさよりも会員の関心度によって規制される度合いが高いということに

表9-24　成人教育的活動への教師の参加度　　　　　　　　　　　(%)

		Ⅰ型	Ⅱa型	Ⅱb型	Ⅲ型	全体
⑩　　　　　　　　　＊＊ 講演会・施設見学などの成人の学習教育活動	多い 半数以下	45.8 54.2	54.2 45.8	44.1 55.9	23.3 76.7	35.8 64.2
⑪　　　　　　　　　＊＊ 成人のスポーツ・レクリエーション活動	多い 半数以下	60.5 39.5	57.1 42.9	50.6 49.4	30.6 69.4	42.9 57.1
(N)		(49)	(51)	(109)	(186)	(395)

(注)　＊＊：$p<0.01$

なる。母親の，さらに父親の，つまりPTAのメンバーの関心度が高ければ，PTA活動へのメンバーの参加度も高くなり，そしてメンバーの関心度も参加度も高ければ，教師の関心度も高まり，参加度も高まっていくというわけである。

しかしPTA活動に対する教師の参加状況を全体的に見れば，学校教育に対する協力的・奉仕的活動への参加度は高いが，子どもの育成活動と成人教育的活動への参加度は低いといえるだろう。表9-18に教師の参加状況も記しておいた（表中の□印）。

(3)　PTA活動の効果

さて，それではこうしたPTA活動の効果はどうだろうか。表9-25は，子どもの育成活動の効果の有無を見たものである。回答項目は「かなり効果がある」，「ある程度は効果がある」，「あまり効果はない」，「どちらともいえない」，「活動はしていない」の5段階評価としたが，このうち「かなり効果がある」と「ある程度は効果がある」を「効果あり」，「あまり効果はない」と「どちらともいえない」を「効果なし」として2段階にカテゴリー化した。効果があるかないか「どちらともいえない」というのは，はっきりとした効果が認められないということであるから「効果なし」のカテゴリーに入れた。またPTAのタイプとの関連において効果の有無を見るのであるから活動を「実施していない」の項目は除いた。この状況については先の実施状況で見た（表9-14～17）。

第9章　PTAの組織と活動　　335

表9-25　子どもの育成活動の効果　　　　　　　　　　　(%)

		Ⅰ型	Ⅱa型	Ⅱb型	Ⅲ型	全体
① 子どものスポーツ・レクリエーション活動	効果あり 効果なし	84.8 15.2	82.5 17.5	80.0 20.0	73.0 27.0	77.7 22.3
② ** 子どもの文化学習活動や生活体験学習	効果あり 効果なし	94.3 5.7	88.2 11.8	64.9 35.1	71.7 28.3	75.6 24.4
③ 交通安全指導や挨拶運動	効果あり 効果なし	90.7 9.3	86.1 13.9	81.3 18.7	76.2 23.8	80.6 19.4
④ ** 校庭開放・プール開放	効果あり 効果なし	80.0 20.0	72.5 27.5	77.8 22.2	59.7 40.3	68.5 31.5
⑤ ** パトロールなどの校外補導活動	効果あり 効果なし	81.8 18.2	75.8 24.2	41.2 58.8	51.7 48.3	54.9 45.1
⑥ ** 遊び場など学校外の教育環境整備活動	効果あり 効果なし	84.6 15.4	68.2 31.8	57.8 42.2	47.0 53.0	57.0 43.0
(N)		(49)	(51)	(109)	(186)	(395)

(注)　**：p＜0.01

　子どもの育成活動のうち，①子どものためのスポーツ・レクリエーション活動と，③交通安全指導や挨拶運動については，効果の有無にPTAのタイプ別による差異は見られなかったが，他の4つの活動の効果にはタイプ別による差異が見られた（有意な連関）。すなわちⅠ型，そしてⅡa型のPTAほど活動の「効果あり」とし，Ⅱb型，Ⅲ型のPTAほど活動の「効果なし」としている。とりわけ，②子どもの文化学習活動や生活体験学習と，⑤パトロールなどの校外補導活動では，Ⅰ型，Ⅱa型に「効果あり」が多く，Ⅱb型，Ⅲ型とは懸隔しており，逆にⅡb型，Ⅲ型には「効果なし」が多く，Ⅰ型，Ⅱb型とは懸隔している。但しⅡb型とⅢ型は全体の傾向とは順序が逆になって，「効果あり」はⅡb型よりもⅢ型に多く（②子どもの文化学習活動・生活体験学習のⅡb型65％，Ⅲ型72％，⑤校外補導活動のⅡb

型41％，Ⅲ型52％），「効果なし」はⅢ型よりもⅡb型に多くなっている（②子どもの文化学習活動・生活体験学習のⅡb型35％，Ⅲ型28％，⑤校外補導活動Ⅱb型59％，Ⅲ型48％）。しかしいずれも大きな差ではない。だからこの2つの活動の効果について見ると，PTAは［Ⅰ型，Ⅱa型］と［Ⅱb型，Ⅲ型］という2つのグループに大別することができるだろう。このように活動効果に視点を当てPTAを［Ⅰ型，Ⅱa型］と［Ⅱb型，Ⅲ型］との2つのグループに分けると，この分化の基準はメンバーの関心度になるから，②子どもの文化学習活動・生活体験学習と，⑤校外補導活動は，リーダーシップによって統率的に行われるよりも，会員自身の関心に基づいて自発的に行われる方が活動の効果は高くなるということを示している。言い換えれば，この2つの活動の効果はリーダーシップ機能よりも会員の関心度によって規制されるというわけである。

　しかし，④校庭開放・プール開放については，Ⅲ型だけが他のタイプとは異なったパターンを示している。Ⅰ型，Ⅱa型，Ⅱb型の3タイプは，いずれも「効果あり」が高いレベルで近似的であり，また「効果なし」も低いレベルで近似的であって，同一のグループにまとめることができるのに対し，Ⅲ型は，そうしたタイプと比較すると，「効果あり」は少なく「効果なし」が多くなって全く別のグループであることを示している。このパターンと類似的なのが，⑥学校外の教育環境の整備活動である。この活動はⅠ型のPTAほど活動の効果が高く，Ⅲ型のPTAほど活動の効果が低いという典型的なパターンを示しているが，その一方でⅢ型の「効果なし」が過半数（53％）という特異なパターンを示している。他の育成活動では，そして後述の，学校教育に対する協力的・奉仕的活動や成人教育的活動においても同様なのだが，パッシブなⅢ型のPTAであっても「効果あり」が「効果なし」を上回って，どのようなPTA活動であってもそれぞれに効果があることを認められている。しかし，⑥学校外の教育環境の整備活動のⅢ型だけは，「効果なし」の方が「効果あり」を上回って，他のタイプとは異なっている。いずれにせよ，④校庭開放・プール開放と，⑥学校外の教育環境の整備活動の効果については，PTAは［Ⅰ型，Ⅱa型，Ⅱb型］と［Ⅲ型］という2つのグループに分化しているわけである。このことは，メンバーの関心が

低く，かつリーダーシップ機能も作用せずにＰＴＡがスムーズに運営されていないならば，活動をしても，その活動の効果は少ない，あるいは効果は見られないということを示している。

　表9-26は学校教育に対する協力的・奉仕的活動の効果，表9-27は成人教育的活動の効果を見たものである。学校教育に対する協力的・奉仕的活動のうちの，⑨学級懇談会・地区懇談会と，成人教育的活動のうちの，⑩講演会や施設見学などの成人の学習教育活動および，⑪成人のスポーツ・レクリエーション活動については，ＰＴＡのタイプ別によって効果に差異があり（有意な連関），Ⅰ型のＰＴＡほど活動の「効果あり」とし，Ⅲ型のＰＴＡほど活動の「効果なし」として，ＰＴＡのタイプ順と効果の有無とが段階的に対応している。とりわけ，⑨学級懇談会・地区懇談会の効果はそうした傾向の典型である。メンバーの関心が高く，かつリーダーシップ機能も作用して組織がスムーズに運営されているＰＴＡの活動ほど，その効果は高いというわけである。しかし同じような傾向を示しつつも，⑩講演会や施設見学などの成人の学習教育活動の効果については，［Ⅰ型，Ⅱａ型，Ⅱｂ型］のＰＴＡは多数が効果が高いとし，効果が低いとするのは少数であるのに対して，［Ⅲ型］では効果が高いとするＰＴＡは減少し，効果が低いとするＰＴＡが増大して，Ⅲ型のみが他のタイプとは異なっていることを示している。つまりこの活動は［Ⅰ型，Ⅱａ型，Ⅱｂ型］と［Ⅲ型］との2グループに分化されているわけである。そして，⑪成人のスポーツ・レクリエーション活動の効果については，「効果あり」はⅠ型，Ⅱａ型に多く，「効果なし」はⅡｂ型，Ⅲ型に多くなっているから，ＰＴＡは［Ⅰ型，Ⅱａ型］と［Ⅱｂ型，Ⅲ型］との2グループに分けることができる。

　学校教育に対する協力的・奉仕的活動のうちの，⑦学校内の環境整備活動と，⑧資金や備品の調達活動，および成人的教育活動のうちの，⑫ＰＴＡ新聞などの広報活動も，全体的に見れば，Ⅰ型のＰＴＡほど活動の「効果あり」とし，Ⅲ型のＰＴＡほど活動の「効果なし」とする傾向が見られるが，有意ではない。しかしこの3つの活動は，いずれのタイプのＰＴＡであっても，8～9割以上のＰＴＡが「効果あり」とし，「効果なし」とするＰＴＡは1～2割であるから，こうした活動の効果は一般的に高いのである。

表9-26　学校教育活動に対する協力的・奉仕的活動の効果　　　　　　　　(％)

		Ⅰ型	Ⅱa型	Ⅱb型	Ⅲ型	全体
⑦ 学校内の環境整備のための清掃活動	効果あり	93.0	95.6	88.2	84.8	88.2
	効果なし	7.0	4.4	11.8	15.2	11.8
⑧ バザーやベルマークなどの資金調達活動	効果あり	87.9	87.5	76.6	81.1	84.1
	効果なし	12.1	12.5	13.4	18.9	15.9
⑨ ＊＊ 学級懇談会・地区懇談会	効果あり	83.3	74.5	68.4	55.3	64.7
	効果なし	16.7	25.5	31.6	44.7	35.3
(N)		(49)	(51)	(109)	(186)	(395)

(注)　＊＊：p＜0.01

表9-27　成人教育的活動の効果　　　　　　　　(％)

		Ⅰ型	Ⅱa型	Ⅱb型	Ⅲ型	全体
⑩ ＊＊ 講演会・施設見学などの成人の学習教育活動	効果あり	82.3	80.0	82.7	58.4	70.6
	効果なし	17.7	20.0	17.3	41.6	29.4
⑪ ＊＊ 成人のスポーツ・レクリエーション活動	効果あり	86.8	82.9	67.9	60.4	68.3
	効果なし	13.2	17.1	32.1	39.6	31.7
⑫ ＰＴＡ新聞などの広報活動	効果あり	92.9	86.7	86.1	77.8	82.9
	効果なし	7.1	13.3	13.9	22.2	17.1
(N)		(49)	(51)	(109)	(186)	(395)

(注)　＊＊：p＜0.01

　この活動の効果を先のＰＴＡ活動の頻度・内容および参加度とともに示せば，表9-18右欄の◇の印のようになる。活動の「効果あり」とするＰＴＡが過半数の場合を「効果・高」とし，それ以外を「効果・低」としている。この，表9-18からメンバーの参加度と活動の効果とを組み合わせることによってＰＴＡの活動を以下の4つのタイプに分類することができる。

　(a)　メンバーの参加度が高く，効果の高い活動
　(b)　メンバーの参加度が低く，効果の高い活動

(c)　メンバーの参加度が高く，効果の低い活動
(d)　メンバーの参加度が低く，効果の低い活動

いま，それぞれのタイプにＰＴＡ活動を分類すると，以下のようになる。
(a)　メンバーの参加度が高く，効果の高い活動
　　①子どものためのスポーツ・レクリエーション活動
　　③交通安全指導や挨拶運動
　　⑦清掃作業などの学校内の環境整備活動
　　⑧バザーやベルマークなどの資金や備品の調達活動
(b)　メンバーの参加度が低く，効果の高い活動
　　④校庭開放やプール開放
　　⑨学級や地区ごとの懇談会
　　⑩講演会や施設見学などの成人の学習教育活動
　　⑪成人のスポーツ・レクリエーション活動
(c)　メンバーの参加度が高く，効果の低い活動
(d)　メンバーの参加度が低く，効果の低い活動
　　②子どもの文化活動や生活体験学習
　　⑤パトロールなどの校外補導活動
　　⑥遊び場の整備などの学校外の教育環境の整備活動

⑫ＰＴＡ新聞などの広報活動は，大方は広報委員会の委員が行うから一般のメンバーの参加度は問えないが，活動の効果は高い。

表9-18からメンバーの参加度と活動の効果との関連を以下のようにまとめることができる。

メンバー（父母）の参加度が高いと教師の参加度も高くなり，そしてメンバー（父母）の参加度が高いと活動の効果も高くなる（a）。逆にメンバー（父母）の参加度が低いと教師の参加度も低く，メンバー（父母）の参加度が低いと活動の効果も低い（d）。これらは，メンバーの参加度が活動の結果としての効果を左右するような活動である。例えば，⑦学校内の環境整備活動や，⑧資金調達活動は，参加者数が多ければ，それだけ学校内の整備は

行き届き，調達資金は増加するし，⑤校外補導活動は参加者数が多ければ，それだけ徹底した校外での補導活動が可能である。

　メンバー（父母）の参加度が高いのに効果が低い活動は１つもないが（c），メンバー（父母）の参加度が低いにもかかわらず効果の高い活動（b）は４つある（④⑨⑩⑪）。この４つの活動のうち，④校庭開放・プール開放の活動を除けば，いずれも成人教育的活動であり，第二次的活動である。一般に効果の高い活動は，目標が具体的であり，活動が即効的である。この限りで（a）メンバーの参加度が高く効果の高い活動も（b）メンバーの参加度が低く効果の高い活動も同じである。しかし前者（a）はメンバーの参加度が活動効果を左右するような，つまりメンバーの参加度と効果とが直結しているような活動であるのに対し，後者（b）はメンバーの参加度と効果とは結びつかない活動である。後者（b）の活動の効果は個人的なレベルに現れるのである。前者（a）は，例えば，⑧資金調達活動のように参加者数が多いほど調達資金は増加するという，いわばＰＴＡの組織全体の活動の結果が活動効果とされるのに対して，後者（b）の活動効果は，例えば，⑨学級懇談会・地区懇談会のように参加したメンバー個々人の評価に帰せられるべきものである。簡略にいえば，前者（a）はＰＴＡの組織的活動の結果が効果であるのに対して，後者（b）はＰＴＡ活動に対するメンバー個々人の評価の総和が効果として現れるのである。したがって後者（b）の活動においては，参加したメンバーが少数であっても，メンバー自身が活動の有意義性を感じ，充実感あるいは満足感を経験すれば効果は高いといえるのである。だからこの第二次的活動である成人教育的活動は元々メンバー自身が対象の，直接的には子どもの問題と関わらない活動であって，メンバー自身の評価が活動効果として現れるような活動であるから，活動効果は参加者数の多寡とは関連しないのである。このように活動効果がメンバーの参加度によらないことは，④校庭開放・プール開放の活動についてもいえる。④校庭開放・プール開放は大抵はメンバーの輪番制によって行われているが，その活動の対象は子どもたちであり，したがって子どもたちの遊びに対する満足感を経験すれば，メンバーの活動に対する有意義感は高まるというものである。だから参加したメンバーが少数であっても活動の効果は高いのである。

こうしたＰＴＡ活動の参加度と活動効果との関連状況が，これまで見てきたように，Ⅰ型，Ⅱa型，Ⅱb型，Ⅲ型というＰＴＡのタイプの順に段階的に異なっているわけである。いずれの領域のいずれの活動であっても，Ⅰ型のＰＴＡほどメンバー（父母）の参加度は高く，教師の参加度も高く，活動の効果も高い。そしてⅢ型のＰＴＡほどメンバー（父母）の参加度は低く，教師の参加度も低く，活動の効果も低いという傾向が見られたのである。

5. 要約と結論

以上，ＰＴＡ会長を対象にした調査からＰＴＡの組織，活動，参加，効果の様態を解明するために，ＰＴＡの組織性とメンバー（母親）の自発性を軸にＰＴＡを4つのタイプに類型化して分析してきた。ＰＴＡの4つのタイプとは，組織性・自発性ともに高いⅠ型（アクチブ型），組織性は低いが自発性は高いⅡa型（会員活動型），組織性は高いが自発性は低いⅡb型（役員主導型），組織性・自発性ともに低いⅢ型（パッシブ型）である。分析の結果から得られた主要な諸事実を箇条書きふうに要約すると以下のようになる。

(1) ＰＴＡ会長の属性をひとまとめにしていえば，地元出身の男性，小学校上級生の子どものいる 40 歳代前半，自営業でＰＴＡの役員経験がある。自営業が多いのは勤務時間に縛られず時間が自由になるからである。

(2) ＰＴＡは，都市・農村にかかわらず世帯単位の自動的加入方式をとっている。だから殆どの父母が加入していることになっている。このことは既に述べたように度々指摘されてきた通りである（1. (2)「ＰＴＡの特質と問題」の項）。

(3) ＰＴＡに対する父親の関心度はＰＴＡのタイプによって異なり，Ⅰ型（アクチブ型）およびⅡa型（会員活動型）のＰＴＡでは高く，Ⅲ型（パッシブ型）のＰＴＡでは低い。Ⅱb型（役員主導型）の父親の関心度はその間にある。

(4) ＰＴＡに対する教師の関心度もＰＴＡのタイプによって異なり，［Ⅰ型，Ⅱa型］＞［Ⅱb型］＞［Ⅲ型］の順に低くなっている。父親の関心度と同一の傾向を示している。

(5) 教師はPTA活動に職務の一環として参加しており，一般教師はPTAの活動面を，校長はPTAの運営面を，教頭はPTAの事務面を担っている。この点，先に述べたように教師は学校の公的職務の一環としての参加であり活動であるというのは妥当であった（1.(2)「PTAの特質と問題」の項）。

(6) ただし教師集団の関与の仕方はPTAのタイプによって異なり，［Ⅰ型，Ⅱa型］のPTAでは教師集団は，いわば補佐的立場にあってPTAの補完的機能を担っているが，［Ⅱb型，Ⅲ型］のPTAでは教師集団はPTAの中核的な役割を担い，組織運営や活動に直接的に携わっている。このことは，［Ⅰ型，Ⅱa型］のPTAが自律的・自主的であるのに対して［Ⅱb型，Ⅲ型］のPTAは他律的・他主的であることを示している。

(7) 学校との協力関係では，PTAのタイプによって異なり，［Ⅰ型，Ⅱa型，Ⅱb型］の3タイプのPTAでは学校側の協力が得られるとしているが，［Ⅲ型］のPTAでは学校側の協力が得られないとしている。つまり会員の関心が低く，かつリーダーシップ機能も作用せずにPTAがスムーズに運営されていないならば，学校側の協力が得られないというわけである。［Ⅲ型］のPTAは教師集団が中核的な役割を担うという他律的・他主的な組織だからである。［Ⅱb型］も他律的・他主的ではあるが，ともかくもリーダーシップ機能があって組織運営はスムーズであるから［Ⅲ型］ほど他律的・他主的ではない。

(8) PTA活動は，その頻度から見て，(a) どのPTAでも実施している一般的活動，そしてそのなかでも (a1) 頻度の高い中心的活動と (a2) 頻度の低い周辺的活動，および (b) 会員の自発性に依存する活動，(c)（教師側の）リーダーシップによる活動，の4タイプに分類することができる。そうすると (a1) 頻度の高い一般的中心的活動は4活動（③④⑨⑫），(a2) 頻度の低い一般的周辺的活動は5活動（①⑤⑥⑩⑪）となり，PTA活動は (a) どのPTAでも実施している標準的な，一般的活動が多いことが分かる。他の3活動のうち2活動（②⑦）はPTAのタイプによって異なり，［Ⅰ型，Ⅱa型］では頻度が高く［Ⅱb型，Ⅲ型］では頻度が低い。これは［Ⅱa型］と［Ⅱb型］との間で，つまり会員の関心度の高低を基準に分化しているのであるから，この2活動は (b) 会員の自発性に依存する

活動だといえる。残りの1活動（⑧）は［Ⅱb型，Ⅲ型］で頻度が高く［Ⅰ型，Ⅱa型］で頻度が低いという，一般的傾向とは逆のパターンを示しているが，これは学校規模（生徒数）が関連しているからである。このことはこの活動が学校側の立場にウェートをおいた（c）（教師側）のリーダーシップによる活動だということを示していよう（なお表9-18参照）。

(9) PTA活動の頻度は，会員の自発性によっても規制されるが，⑧資金調達活動のように学校規模や，⑤校外補導活動のように地域性によっても規制される。

(10) PTA活動は，その内容の側面から，（A）子どもの健全育成そのものに関わる活動（①〜⑥），（B）学校教育に対する協力的・奉仕的活動（⑦〜⑨），（C）メンバー（父母）自身を対象とした啓蒙的な成人教育的活動（⑩〜⑫）という3領域にカテゴリー化することができるが，こうしたPTA活動へのメンバー（父母）の参加度は，総じて（B）学校教育に対する協力的・奉仕的活動の領域については高いが，（A）子どもの育成活動領域や（C）成人教育的活動領域については低い。

(11) しかしPTA活動へのメンバー（父母）の参加度をPTAのタイプとの関連において見ると，Ⅰ型，Ⅱa型，Ⅱb型，Ⅲ型というPTAのタイプと段階的に対応しており，Ⅰ型（アクチブ型）のPTAほど高く，Ⅲ型（パッシブ型）のPTAほど低い。殊に（A）子どもの育成活動領域では，この傾向が強い。

(12) しかしその一方でPTA活動へのメンバー（父母）の参加度は，（B）学校教育に対する協力的・奉仕的活動の領域に見るように2段階に分かれている場合もあり，［Ⅰ型，Ⅱa型］のタイプでは高く［Ⅱb型，Ⅲ型］のタイプでは低い。

(13) PTA活動への教師の参加度は，PTAのタイプとの関連から見れば，［Ⅰ型とⅡa型］，［Ⅱb型］，［Ⅲ型］という3つの段階に分けることができる。いずれの領域のいずれの活動においても［Ⅰ型とⅡa型］ほど高く，Ⅲ型（パッシブ型）ほど低い。［Ⅱb型］はその間にある。しかし大胆にまとめれば，［Ⅱb型］は［Ⅰ型とⅡa型］よりも［Ⅲ型］に近く，したがって教師の参加度は，［Ⅰ型とⅡa型］と［Ⅱb型，Ⅲ型］との2段階に分け

ることができる。このことは，(8)でも見たように［Ⅱa型］と［Ⅱb型］という会員の関心度を基準に分化しているから，教師の参加度は会員（母親）自身の関心度に規制されるところが大きいことを示している。

(14) しかし教師の参加度は，⑨学級懇談会・地区懇談会や，⑦学校内の環境整備活動のように教師の職務と直接関連する（B）学校教育に対する協力的・奉仕的活動の領域を除いては，総じて高くはない。

(15) PTA活動の効果については，2つの傾向が見られる。1つは，PTAのタイプによって異なり，［Ⅰ型，Ⅱa型］のタイプでは効果が高く［Ⅱb型，Ⅲ型］のタイプでは効果が低い，もしくは［Ⅰ型，Ⅱa型，Ⅱb型］のタイプでは効果が高く［Ⅲ型］のタイプでは効果が低いという傾向であり，他は，PTAのタイプとは関係なく，一般的にどのPTAにおいても活動効果は高いとする傾向である。

(16) PTA活動は，その志向する側面から，(イ) PTA本来の目的である子どもの健全育成を直接的に志向する第一次的活動（①～⑦）と，(ロ) その目的達成のための手段的な意味合いをもつ第二次的活動（⑧～⑫）とに大別することができるが，第二次的活動の効果は高い。それは目標が具体的であり，活動が即効的だからである。したがって先に述べたようにメンバーの関心を希薄化するような，具体性に欠け即効性に乏しい活動は第一次的活動に限られる（1. (1)「PTAとその現実」の項）。

(17) PTA活動は，活動効果という局面から見れば，同じ効果が高い活動であっても，(a) メンバーの参加度が効果を規制するような，メンバーの参加度と効果とが直結している活動と，(b) メンバーの参加度と効果とは直接結びつかない活動とに分類することができる。前者 (a) はPTAの組織的活動の結果が効果と見なされるのに対し，後者 (b) はPTA活動に対する個々のメンバーの評価の総和が効果として現れるからである。したがって後者 (b) の活動効果は参加したメンバーの多寡とは関係ない。第二次的活動は後者 (b) の活動に当たる。成人教育的活動は第二次的活動である。

(18) PTA活動の参加度と活動効果との関連状況は，PTAのタイプによって異なり，大胆にまとめれば，Ⅰ型＞Ⅱa型＞Ⅱb型＞Ⅲ型というPTAのタイプの順に一定方向に段階的に変化している。いずれの領域のいず

れの活動であってもⅠ型のＰＴＡほどメンバー（父母）の参加度は高く，教師の参加度も高く，活動の効果も高いが，Ⅲ型のＰＴＡほどメンバー（父母）の参加度は低く，教師の参加度も低く，活動の効果も低い。

　さて以上の結果を，先に提示したＰＴＡの類型に照らせば以下のようにまとめることができる。
　アクチブなⅠ型のＰＴＡは，ＰＴＡ活動に対して組織自体がアクチブであるから活動も幅広い領域にわたって活発に展開され，メンバーの参加も多く，活動の効果性も高いと仮説的に述べた。実際，このことは調査データによって示された。
　会員活動型のⅡａ型は，会員（母親）の関心度は高いがリーダーシップ機能が希薄なために組織運営がスムーズでないタイプである。しかし会員の関心は高いから，その関心は会員自身の子どもに直接関わってくるような特定領域の活動であり，その限りにおいて活動の頻度や参加度は高く，効果性も高いだろうと思われた。しかしⅡａ型の，こうした限定的性質の仮説は妥当ではなかった。調査データが示すように，たとえリーダーシップ機能が希薄であっても，このⅡａ型のタイプは活動の頻度，メンバーの参加度，教師の参加度，活動の効果性ともに高く，アクチブなⅠ型と類似的な傾向を示していた。このことは，ＰＴＡがリーダーシップによる統率的な組織であるよりも，メンバー自身の関心に基づいた自発的組織であることを端的に示しているといえるだろう。
　これは逆にいえば，リーダーシップ機能が作用して組織がスムーズに運営されていても会員の関心が低く自発性が欠如しているタイプのＰＴＡならば，活動の頻度，メンバーの参加度，教師の参加度，活動の効果性ともに低いことを推定させる。つまり役員主導型のⅡｂ型は，組織性・自発性ともに低いパッシブ型のⅢ型と類似的な傾向であることを推定させるわけである。実際，調査結果はⅡｂ型とⅢ型が類似的な傾向であることを示していた。この点，Ⅱｂ型は一部役員層のリーダーシップ機能によるが，特定領域に限られた活動を展開するだろうという仮説は妥当ではなかった。しかしその一方で，Ⅱｂ型はＰＴＡ活動の内容によっては逆に［Ⅰ型，Ⅱａ型］と類似的なパ

	組織性	自発性	活動	参加	効果
Ⅰ 型（アクチブ型）	＋	＋	＋	＋	＋
Ⅱa 型（会員活動型）	－	＋	＋	＋	＋
Ⅱb 型（役員主導型）	＋	－	－	－	±
Ⅲ 型（パッシブ型）	－	－	－	－	－

（注）組織性＝リーダー選出の難（－）易（＋）
　　　自発性＝メンバーの関心の有（＋）無（－）
　　　活　動＝活動頻度の高（＋）低（－）
　　　参　加＝メンバーの参加度の高（＋）低（－）
　　　効　果＝活動効果の有（＋）
　　　　　　　活動効果の一部有（±）
　　　　　　　活動効果の無（－）

図 9－2　ＰＴＡのタイプと性格（Ⅱ）

ターンを示し，リーダーシップ機能が有効に作用していることを示していた。一部役員層のリーダーシップによって活動が展開されても効果が高まることを示していたのである。

　Ⅲ型は，リーダーシップ機能が希薄なために組織運営もスムーズでなく，メンバーの自発性も乏しいタイプであるから仮説通りに活動の頻度，メンバーの参加度，教師の参加度，活動効果ともに低いことが示された。

　以上の要約を大胆にまとめ，結論的にしぼって述べると，ＰＴＡの活動の頻度，参加度，効果の程度は，ＰＴＡのタイプによって異なり，Ⅰ型＞Ⅱa型＞Ⅱb型＞Ⅲ型というＰＴＡのタイプの順に一定方向に段階的に変化し，組織性・自発性ともに高いアクチブなⅠ型のＰＴＡほど高く，組織性・自発性ともに低いパッシブなⅢ型のＰＴＡほど低い傾向が見られた。

　しかしＰＴＡ活動の内容によっては，活動の頻度，参加度，効果の程度は，アクチブ型のⅠ型と会員活動型のⅡa型が類似的傾向を示し，役員主導型のⅡb型とパッシブ型のⅢ型とが類似的傾向を示して，結局［Ⅰ型，Ⅱa型］と［Ⅱb型，Ⅲ型］との2グループに分化していることを示していた。このことは既に述べたように，その分化の基準が会員（母親）の関心の程度にあるから，ＰＴＡはメンバー自身の関心に基づいた自発的組織であること示しているといえる。

　以上の結果，先に示した図9－1（304頁）は図9－2のように修正される

ことになる。

 だが，アクチブ型のⅠ型と会員活動型のⅡa型がＰＴＡ活動の頻度，参加度，効果の程度について類似的なパターンを示しているが，その程度は役員主導型のⅡb型よりも高くなっている。これはⅡb型にはないが，Ⅰ型とⅡa型の両タイプに共通の，メンバーの関心の高さ，つまりメンバーの自発性のためである。さらにⅠ型とⅡa型を比較すると，Ⅰ型の方がⅡa型よりも活動の頻度，参加度，効果の程度が高い。これはⅠ型にリーダーシップ機能が作用しているからである。

 このことは，メンバーの自発性がリーダーシップ機能の前提であることを示している。ＰＴＡ活動に対するメンバーの関心が高く，自発的であれば，そうしたメンバーの自発性に基づいてリーダーシップ機能が有効に発揮されることを示している。

 逆に役員主導型のⅡb型は，リーダーシップ機能が発揮されているにもかかわらず，パッシブなⅢ型，つまりリーダーシップ機能が希薄なために組織運営もスムーズでなくメンバーの自発性も乏しいタイプと類似的であった。このことは，たとえリーダーシップ機能が発揮されているとしても，メンバーの関心が低く自発性が乏しいＰＴＡであるならば，リーダーシップ機能は十分に発揮し得ないということを示している。図9-2のように，組織性よりも自発性の方が活動の頻度，参加度，効果性を規制しているのである。

 このように考えてくると，ＰＴＡは正にメンバーのボランタリズム（自発主義）を原理とする教育的なボランティア組織であるといえるだろう。

[注]
1) 佐藤慶幸は，資本主義的管理社会化に対抗する活動としてボランタリー・アソシエーションを捉え，それをボランタリー・アクションから説明しようとする。そしてボランタリー・アクションの特徴として，自律的，非職業的，非交換的，非権力的，自己超越的，対話的の6つをあげている。佐藤慶幸編著『女性たちの生活ネットワーク』（文眞堂，1988）11-12頁。また佐藤慶幸「都市化とボランタリー・アソシエーション」（横浜市立大学市民文化センター『都市化とボランタリー・アソシエーション』1986年）499頁。
2) ＰＴＡは，その本来の趣旨からいえば，どのＰＴＡの規約にも示されている通り，

当然に地域の教育的ボランタリー組織と規定してよい。
3）『義務教育諸学校施設費国庫負担法施行令』第3条2には「通学距離が，小学校にあってはおおむね4キロメートル以内，中学校にあってはおおむね6キロメートル以内であること」とあり，また『公立小・中学校の統合方策について』（文部省，昭和31年）の2②においても同様に「児童生徒の通学距離は，通常の場合，小学校児童にあっては，4キロメートル，中学校生徒にあっては6キロメートルを最高限度とすることが適当」とある。したがって通学区域は，殊に小学校の場合は，狭小な範囲に限定されているといえるだろう。
4）社会教育審議会「父母と先生の会のあり方について」（1967（昭和42）年6月）。但し，土橋美歩・佐々木貢『ＰＴＡの創造』（学芸図書，1990）204頁より引用。
5）相澤熙『ＰＴＡの知識と運営』（講談社，1948）101頁。
6）角替弘志「ＰＴＡとその周辺」（西尾勝編『コミュニティと住民活動』ぎょうせい，1993）112頁。
7）『アメリカ教育使節団報告書』（村井実訳，講談社学術文庫，1946）21頁。
8）但し，『アメリカ教育使節団報告書』では，ＰＴＡを特に項目として取りあげているわけではない。ＰＴＡについての記述は，次の2ヵ所に見られる。「六，子供たちの福祉を増進し，教育計画を改善するために，親と教師の団体を助成すること」（「三，初等学校および中等学校における教育行政」の章のうち「市町村レベルでの権限」のなか）および「諸学校における夜間部の設置，ＰＴＡの強化，討議や公開討論会のための校舎の開放，これらは学校が提供できる成人教育への援助のほんの数例である」（「五，成人教育」の章のなか。前掲『アメリカ教育使節団報告書』71頁および101頁）。しかしＰＴＡという名称は使っていないが，ＰＴＡなどの地域の教育的住民組織の役割の重要性を述べているところもある。「教育は，もちろん学校だけに限られるものではない。家庭，近隣，その他の社会機構もそれぞれ教育において果たすべき役割を持っている」（「一，日本の教育の目的および内容」の章のうち「教育の諸目的」のなか。前掲『アメリカ教育使節団報告書』33頁）。
9）重松敬一・品川孝子・平井信義編『ＰＴＡ事典』（第一法規，1964）425頁。
10）金子孫市『ＰＴＡ研究』（金子書房，1948）103-105頁。
11）坂本秀夫『ＰＴＡの研究』（三一書房，1988）86頁。なお，日本のＰＴＡの成立過程については，金子孫市『ＰＴＡ研究』（前掲）に詳しい。
12）重松敬一・品川孝子・平井信義編，前掲，425頁。また戦後のＰＴＡの歩みについては，三井が詳細に記述している。三井為友「日本ＰＴＡの出発」（三井為友編『日本ＰＴＡの理論』（日本の社会教育　第12集）東洋館出版社，1969）2-49頁。
13）平潟一仁「ＰＴＡ」（細谷俊夫・奥田真丈・河野重男・今野喜清編『教育学大事典』第5巻，第一法規，1978）19-23頁。
14）宮坂廣作「ＰＴＡ」（細谷俊夫・奥田真丈・河野重男・今野喜清編『新教育学大事典』第6巻，第一法規，1990）27頁。
15）社会教育審議会，前掲，報告書。
16）日本ＰＴＡ定款第4条。

17) 宮坂廣作，前掲，27頁。
18) 但し，通達の内容については，土橋美歩・佐々木貢『ＰＴＡの創造』(学芸図書，1990) 205-208頁による。
19) この問題については，次の文献に詳しい。西村文夫「東京都ＰＴＡ通達とＰＴＡの実態」(『月刊社会教育』1967年10月号)。
20) 文部省『わが国の文教施策 (平成7年度)』(大蔵省印刷局, 1996) 478頁より算出。
21) 馬居政幸「学校とＰＴＡ」(角替弘志・山本恒夫『学校をとりまく勢力』第一法規，1988) 96頁。
22) 馬居政幸，前掲，109頁。
23) 日本ＰＴＡ全国協議会『全国協議会要覧 (平成4年度)』。但し，角替弘志，前掲より引用，117頁。
24) 社会教育審議会報告「父母と先生の会のあり方について」には，「この会 (ＰＴＡ) の目的達成のためには，会の趣旨に賛同する親と教師が自主的にできるだけ多く参加することが望ましい」とある。社会教育審議会，前掲報告書。但し，土橋美歩・佐々木貢，前掲，205頁より引用。
25) 日本ＰＴＡ全国協議会『ＰＴＡの実態と教育に対する親の意識 (平成7年度調査結果報告)』19頁。
26) 日本ＰＴＡ全国協議会『ＰＴＡの実態と教育に対する親の意識 (平成7年度調査結果報告)』(1995年) 18頁。住田正樹・藤井美保「学校と地域社会組織」(岡崎友典編著『地域社会と教育』放送大学教育振興会，1991) 59頁。また永畑道子『ＰＴＡ歳時記』(文春文庫，1991) 29頁。
27) 永畑道子，前掲，52-56頁。ここには教師のＰＴＡ参加を期待する親の気持ちが描かれている。
28) 社会教育審議会，前掲報告書。
29) ある教師は「ＰＴＡ総会に出ることは校長命令だ」と述べている。永畑道子，前掲，69頁。
30) ちなみに日本ＰＴＡ全国協議会の調査 (1995年) によれば，「教師が必ずＰＴＡのいずれかの常置委員会に所属している」のは小学校ＰＴＡの30％，中学校ＰＴＡの48.2％，「一部の教師がいずれかの常置委員会に所属している」のは小学校ＰＴＡの22.4％，中学校ＰＴＡの38.6％となっており，教師にとってはＰＴＡが職業組織の一環であることを示している。
31) 社会教育審議会，前掲報告書。
32) 社会教育審議会，前掲報告書。
33) ちなみに日本ＰＴＡ全国協議会の調査によれば，小学校ＰＴＡの74.4％，中学校ＰＴＡの75.0％が教頭を副会長，事務局長，書記会計にしているし，また小学校ＰＴＡの40.6％，中学校ＰＴＡの49.7％がＰＴＡの事務処理を「殆ど教職員にまかせている」としている。
34) 永畑道子，前掲。ＰＴＡの実践経験からのトラブルの事例が随所に描かれている。
35) 永畑道子，前掲。208-224頁。

36) 古城利明『地方政治の社会学』（東京大学出版会，1977）212-215頁。古城は1960年代の埼玉県川口市を事例に地域の政治的権力者層（市議会議員）と地域組織との関連を分析している。

37) 東京都生活文化局『地域団体における男女の共同参加状況調査』（1992年）72-73頁。この調査によれば，定例総会を平日の昼間に実施しているＰＴＡは95.5%，重要な役員会議の場合は86.4%，通常の役員会議の場合は83.9%，行事や祭りの準備は69.3%となっている。そのために出席するのはもっぱら母親である。出席が「殆どが母親」とするＰＴＡは，定例総会の場合では89.9%，重要な役員会議の場合では66.3%，通常の役員会議の場合では68.3%，行事や祭りの準備では70.4%となっている。

38) 日本ＰＴＡ全国協議会，前掲『ＰＴＡの実態と教育に対する親の意識（平成7年度調査結果報告）』38-39頁。

39) 唐津市の都市部であるＮ地区のＮ小学校ＰＴＡ会長Ｋ氏に対するインタビューから（1993年10月）。

40) 唐津市の農村部Ｄ地区にあるＤ小中学校（小学校・中学校合同）の小学校ＰＴＡ会長Ｈ氏に対するインタビューから（1994年6月）。

41) 文部省大臣官房調査統計企画課監修『全国学校総覧（1994年版）』（原書房，1993）。

42) 『福岡県県下教員関係職員録（平成6年度版）』（教育春秋社，1994）。

43) 総務庁統計局「労働力調査」。但し労働省編『労働白書（平成7年版）』（第一法規，1995）344頁より算出。全就業者数のうち自営業主の比率は，1994年では12.3%である。但し性別によって異なり，男子では14.5%，女子では9.2%となっている。なお自営業主の比率は減少傾向にあり，1990年14.1%，1991年13.5%，1992年13.1%，1993年12.6%，1994年12.3%となっている。

44) 注40。唐津市の農村部Ｄ地区のＤ小中学校（小学校・中学校合同）の小学校ＰＴＡ会長へのインタビューから（1994年6月）。

45) 例えば，新生活運動協会編『自治会・町内会等の現状と展望』には，都市部では加入自由，農村部では自動加入の自治会が多い調査結果が示されている。

第10章

学区と地域社会
―― 通学区再編成の決定過程 ――

1. 問　題

　周知のように，学区は，一般に，2つの意味で使用されている。学校の設置単位（区域）を意味する場合と特定の公立学校への就学者の居住する区域を意味する場合である。前者の，学校の設置単位としての学区は，教育行政の基礎単位であり，具体的には市町村および都道府県をさす。これに対して後者の学区は，児童生徒の就学・通学の便宜のために，さらにそれらを幾つかに分割して設定された区域をさす。いわゆる「通学区」である。現行法規において通学区域を明確に定めているのは高等学校の場合であって（地方教育行政の組織及び運営に関する法律第五〇条），公立の小・中学校の場合には通学区域という言葉は使用されてはいない。しかし市町村が学区であり，そこに小学校または中学校が2校以上ある場合には市町村教育委員会が就学すべき学校を指定しなければならないとあって（学校教育法施行令第五条），これが実質的には各学校ごとの通学区域を設定していることになっている。

　こうした通学区の設定は，一定の教育水準の確保，教育の機会均等の実質的保障，高校教育の普及のために設けられた措置である。だが，通学区のもつ意味は，それだけに留まらない。殊に公立小学校の通学区は，一方では，子ども（小学生）の日常生活行動の地域的範囲を規定するという点で子どもにとっては大きな意味をもつが，他方では，地域社会に存在する各種の地域諸団体の構成単位をなすという点で地域住民にとって大きな意味をもつ。通学区は地域住民生活を地域的に規定するのである。

　だが，都市地域における郊外化と市街地開発による人口集中，そして他方

の都心部の人口減少（都市のドーナツ化現象）と農山村の人口減少という地域社会の構造変動によって，都市郊外地域や市街地開発地域では就学人口増による過大規模校のために学校分離＝新設問題が生じ，他方の農山村や都心部では就学人口減による学校統合＝廃止問題が生じている。それに伴って通学区は再編成される。しかし，都市地域，殊に市街地開発地域の公立小学校の場合，就学人口増によって必要とされる学校数は多くなるが，小学校用地には一定基準の面積が必要なため，一定基準の土地を確保することは土地事情や地価高騰の故に困難である。だから学校の位置は教育上適切な環境に定めなければならないが（学校教育法施行規則第一条），実際には位置に条件をつける余裕はない。だが通学区域は学校の位置を基準に設定されるから分離母体校の位置との関係から，通学区再編のためにいびつな線引きが生じることにもなる。しかし通学区の問題は，子どもの日常生活行動を規定するばかりでなく，地域諸団体の成立基盤ともなって地域住民生活を地域的に規定するから地域社会の争点となりやすい。

　本章は，都市の公立小学校の通学区を取り上げ，学校分離＝新設に伴う通学区再編成の地域社会における決定過程を明らかにすることを目的としている。いうまでもなく学校分離＝新設に伴う通学区再編成は地域の公教育に関わる問題であり，したがってその決定主体は市町村教育委員会であるが，しかし通学区再編成は地域社会の争点として，その決定過程には地域社会のさまざまな勢力や組織が交錯してくる。このような通学区問題は各地でみられるが，ここでは，地域社会の構造変動の激しい市街地開発地域における小学校の通学区再編成に焦点を当て，その決定過程においてどのような地域社会の諸勢力や諸組織がどのように関わり，どのように動いているのかという地域公教育政策の実質的な決定過程を福岡市K地区の事例を通して明らかにする。その意味で本章は一種のイシュー・アプローチによる地域社会の権力構造分析である[1]。神田のいうように「通学区は子どもの教育に関わる権利保障の基本条件・制度であるから……通学区（校）決定への親・住民の参加が求められてしかるべき」[2]だとするならば，現実に地域社会における通学区の決定過程が明らかにされねばならない。

2. 分析の枠組

　地域における公教育政策の決定過程は，2つの局面に分けて考察することができる。地域公教育政策形成過程と地域の合意形成過程の局面である。地域公教育政策がいかに合理的な方策であろうと，地域が合意し，その政策に同意しない限り，地域公教育政策として決定・実施されることはない。実質的な地域公教育政策の決定過程は，この政策形成過程と合意形成過程という2つの局面間の同意（同意獲得と同意付与）をめぐる相互作用過程であるといってよい。通学区の設定・変更という再編成の問題も，この2つの局面の相互作用過程を経て決定される。

　地域公教育政策形成過程とは，市町村等自治体の教育政策の計画・策定に関わる局面の過程であり，ここで問題とする通学区の場合，各通学区域の就学人口の動向と推計による学校分離＝新設の計画策定，予算獲得，用地取得，通学区設定・変更，条例制定等の役割を果たす変数群の行為過程である。具体的には，自治体教育委員会，自治体行財政機構（市長部局），自治体議会がこれに当たるが，その地域公教育政策は教育法規に依拠して計画・策定され，またそれに制約される。さらに文部省の指導・方策にも依拠しつつ計画・策定される。

　合意形成過程とは，地域公教育政策が施行される対象地域の住民の政策についての合意を形成する過程であり，地域社会における関係諸団体の勢力と組織に関わる局面である。地域諸団体には地域の教育に直接関わる地域教育団体とそれ以外の地域住民団体に大別される。ＰＴＡ（父母教師会）や子供会育成会等は前者の例であり，町内会や交通安全協会等は後者の例である。地域には，構造と機能を異にする各種の諸組織や諸団体があって，それぞれに見解を有しているから，対象とする問題や政策によっては，それぞれに意見を異にして紛争が生ずることがある。また時には，そうした紛争を巡って新たな住民組織・団体が組織されて，紛争を激化することもあるから，そうした紛争が相互に調整されなければ地域としての合意には至らない。だが，地域政策の決定・実施には地域の合意に基づく同意が前提条件である。そし

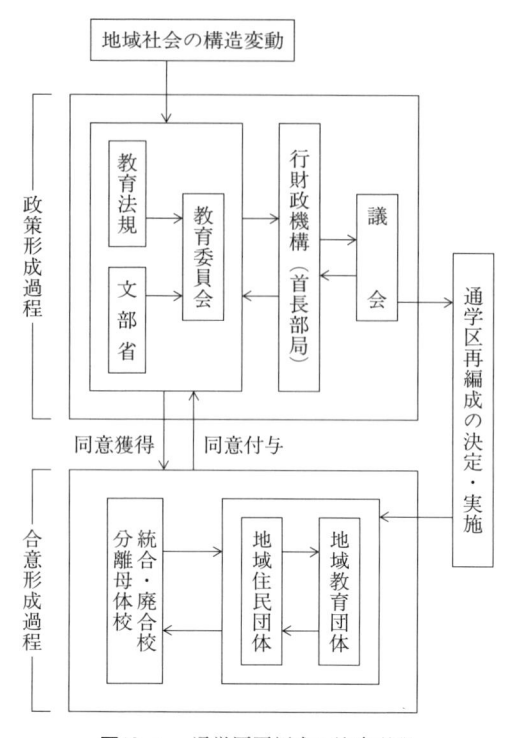

図10-1 通学区再編成の決定過程

てこうした地域諸団体の他に，通学区再編成の問題には，当然のことながら，当の対象となる学校が直接関係してくる。

通学区再編成の決定過程は，政策主体側による政策形成過程の局面と政策客体側である地域の合意形成過程の局面との間での同意を巡る相互作用過程なのである。かくして決定・実施された通学区は，子どもの日常生活行動を規制し地域住民生活を地域的に規定する。以上を分析枠組として図示すると図10-1のようになる。

3. 地域社会の構造変動と学校分離＝学校新設

学校分離の背景となる地域社会の構造変動をまず見ておく。福岡市は，1972（昭和47）年に政令都市に指定されたが，九州地方の交通の要所に位置

表10-1 福岡市の人口と世帯の推移

	人口	人口増加率	世帯数	世帯増加率
1955（昭和30）年	591,868	—	117,583	—
1960（昭和35）年	682,365	15.3%	158,399	34.7%
1965（昭和40）年	769,176	12.7%	205,673	29.8%
1970（昭和45）年	871,717	13.3%	260,376	26.6%
1975（昭和50）年	1,002,201	15.0%	333,928	28.2%
1980（昭和55）年	1,088,588	8.6%	397,013	18.9%
1985（昭和60）年	1,160,440	6.6%	433,348	9.1%
1990（平成2）年	1,237,107	6.6%	490,785	13.3%

（注）　福岡市『都市政策資料』（平成3年9月）より作成。

していることから政府各省庁の出先機関および企業の支店が集中して中枢管理機能を高める一方で、商業施設が集中して商業エリアが拡大し、また博多湾沿いに埋め立てによる物資の流通団地等が建設されて、地域構造は大きく変動した。それに伴い福岡市郊外地域では大規模な宅地造成による団地群が次々と建設され、また市街化地域では再開発による中・高層住宅団地群が建設されて急激な人口増加を示した。表10-1は福岡市の人口と世帯数をみたものであるが、1975（昭和50）年までは人口も世帯も急激な増加を示している。それ以降も増加率は低下しているものの、依然として大幅な増加傾向を示している。そのために福岡市の就学人口は急激に増加して過大規模小学校が出現した。表10-2に見るように、児童数は1982（昭和57）年をピークに減少傾向にあるものの、小学校数は増加傾向にあることを示している。これは人口が市内に分散する形で増加しているのではなく、ある特定地域（市街地開発地域と郊外地域）に集中化していることを示している。そのために毎年小学校が新設されているのである。しかし表10-3に見るように、人口集中化の波に追いつかず過大規模校は解消されてはいない（福岡市では31学級以上を過大規模校としている）。

　ここでの対象事例地域であるK地区は福岡市東部の副都心である香椎地区と隣接して香椎副都心開発構想の一環に組み込まれている地域である。この副都心開発構想は香椎操車場跡地開発、香椎浜ニュータウン開発、東部埋立事業から成っている。香椎浜ニュータウンは面積約50ヘクタールで、福岡

表10-2 小学校の学校数・学級数・児童数・新設校数の推移

	学校数	学級数	児童数	新設校数	その他
1977（昭和52）年	109 (2)	2,479	92,206	4	分校1廃止
1978（昭和53）年	115 (2)	2,560	95,525	6	分校1廃止
1979（昭和54）年	119 (1)	2,673	100,015	4	
1980（昭和55）年	121 (1)	2,751	102,765	2	
1981（昭和56）年	124 (1)	2,815	105,076	3	
1982（昭和57）年	128 (1)	2,855	105,979	4	
1983（昭和58）年	129 (1)	2,852	105,788	1	都心部の中学校統合
1984（昭和59）年	131 (1)	2,811	104,550	2	幼稚園分離1
1985（昭和60）年	133 (1)	2,773	102,960	2	
1986（昭和61）年	135 (1)	2,774	100,953	2	
1987（昭和62）年	137 (1)	2,765	98,483	2	
1988（昭和63）年	137 (1)	2,763	96,672	—	
1989（平成元）年	140 (1)	2,794	95,701	3	
1990（平成2）年	141 (1)	2,794	94,445	1	
1991（平成3）年	141 (1)	2,793	92,840	—	

（注1）　（　）内は分校で外数。各年5月1日現在。
（注2）　福岡市教育委員会『教育統計年報』（平成3年度版）より作成。

表10-3 規模別小学校数の推移

	11学級以下	12～18学級	19～24学級	25～30学級	31学級以上
1984（昭和59）年	14 (1)	31	37	38	12
1985（昭和60）年	14 (1)	34	37	39	9
1986（昭和61）年	13 (1)	36	42	36	8
1987（昭和62）年	14 (1)	40	43	35	5
1988（昭和63）年	16 (1)	37	40	38	6
1989（平成元）年	17 (1)	40	43	35	5
1990（平成2）年	16 (1)	40	44	34	7
1991（平成3）年	16 (1)	42	45	32	6

（注1）　（　）内は分校で外数。各年5月1日現在。
（注2）　福岡市『議会要覧』各年度版および『議会月報』第25巻第10号（昭和59年）より作成。

市住宅供給公社を中心にした公的事業主体として開発されてきたが，一部民間資金の導入によって整備され高層住宅群が林立するに至った。K地区はその一部である。このためK地区の人口は急増し，それに伴う就学人口の増加は学級編成の過密と学校施設の不足を生み出したため，市教育委員会は小学

校分離＝新設計画を策定した。この地区には既に1983（昭和58）年にK小学校，1987（昭和62）年にC小学校が新設されたのであるが，就学人口増には追いつかず，1992（平成4）年4月にR小学校が開校された。その都度に通学区は再編成されている。本章では，このR小学校がC小学校から分離し，新設されることによる通学区再編成の決定過程を対象事例として分析する。

4．学校分離＝新設計画の策定過程

学校分離＝新設の計画案の策定の過程は2つの時期に分けることができる。学校分離＝新設の計画案の策定の時期とその計画案を行政内部で決定する時期である。

（1） 学校分離＝学校新設計画案の策定

学校教育法施行規則第一七条には，小学校の学級数は12学級以上18学級以下を標準とするとあるが，文部省は当面は31学級以上を過大規模校として，その解消をはかる方針を打ち出した。福岡市もこの基準に則り1985（昭和60）年度から5ヵ年計画で31学級以上の過大規模校（小学校11校，中学校10校，将来推計により31学級以上となるものを含む）の解消を図る計画を立て教育行政施策の重点施策に位置づけた[3]。

学校新設計画案は市教育委員会事務局で策定する。市教育委員会事務局の構成は総務部，施設部，同和教育部，学校教育部，社会教育部，文化財部の6部門から構成されている（付属機関を除く）。学校分離＝新設計画の策定に携わるのは総務部，施設部，学校教育部であり，総務部総務課企画調査係が児童生徒数の将来推計および学校新設計画を担当し，施設部用地計画課用地計画係が学校用地の取得，同部施設課施設係が学校施設の建設計画を担当し，学校教育部学事課学事係が通学区域の設定・変更を担当するというように学校分離＝新設の問題は教育委員会事務局の各部課にわたっている。しかし1992（平成4年）4月に機構改革が行われ，総務部に新たに企画課が設置されて学校新設計画の策定に関わる一切の事項は，この総務部企画課が担当することとなった。だが，ここで対象としているR小学校の通学区再編成

表10-4 C小学校の児童数・学級数および将来推計

	C小学校				新設校	
	現在		分離後		分離後	
	学級数	児童数	学級数	児童数	学級数	児童数
1987（昭和62）年	22	791	―	―	―	―
1988（昭和63）年	25	929	―	―	―	―
1989（平成元）年	27	1,007	―	―	―	―
1990（平成2）年	31	1,113	―	―	―	―
1991（平成3）年	34	1,247	―	―	―	―
1992（平成4）年	36	1,320	24	838	15	482
1993（平成5）年	38	1,453	26	891	17	562
1994（平成6）年	40	1,502	26	919	18	583
1995（平成7）年	41	1,519	26	917	18	602

（注）福岡市教育委員会の第1回地元説明会（平成2年9月20日）資料より作成。

の決定過程は機構改革以前である。

　教育委員会事務局総務部総務課企画調査係がK地区の学校分離＝新設計画立案の策定を始めたのは1990（平成2）年6月である。その年の5月1日時点での学校基本調査の結果が出るのが6月であり、この学校基本調査結果に基づいて各通学区域の児童数の将来推計を行うからである。福岡市は文部省の方針にしたがって31学級以上を過大規模校としているが、各通学区域の児童数の自然増・社会増の将来推計によって31学級以上が3～4年にわたって継続あるいは増加するような場合に学校分離＝新設の計画を立てている。児童数の将来推計は5歳以下の就学前人口の推計と市内の建設企業150社からの次年度の住宅建設予定調査をもとに作成する。その推計結果が出るのは7月～8月上旬である。それをもとに学校分離＝新設計画を総務課で内部協議し計画案を策定する。当時のC小学校の通学区域の児童数および将来推計は表10-4のようであった。学校分離＝新設しなければ、1994（平成6）年には40学級を超えることが予想されたため、企画調査係では学校分離をして1992（平成4）年4月から新設校開校の計画案を策定した。

（2） 学校分離＝学校新設計画案の決定

　学校分離＝新設計画案が策定されると，教育委員会施設部用地計画課用地計画係に学校新設計画書が提出され，用地計画係は，福岡市の外郭団体である福岡市土地開発公社用地課用地係に学校用地の取得を依頼する。福岡市土地開発公社は，公共施設または公用施設等の用地に供する土地の取得，造成，管理，処分等の業務を目的に 1973（昭和 48）年 3 月に設立されたものである。学校新設計画書が総務部総務課企画調査係→施設部用地計画課用地計画係→福岡市土地開発公社用地課用地係という過程を経るのは，学校用地の取得が先行する形で学校新設計画が進むからであり，学校用地を 70 パーセント程度を取得できていることが学校分離＝新設計画案の決定の前提となっているからである。こうした公社施行をとるのは市施行という直営の形では地方自治法等の制約があって迅速な対応が困難なことがあるためである。学校用地取得の目処が立つと，教育委員会の総務部総務課，施設部用地計画課，管理課，施設課の課長クラスおよび市行財政機構＝市長部局の財務局財務部財政課の主査が会議をもち，学校分離＝新設計画案について協議し決定する。この過程で最も困難なのは学校用地の取得である。学校用地は小学校では 5,000 坪という基準があるため土地空間が少ない上に地価高騰の市街地において学校用地を取得することは極めて困難である。しかし学校の位置は教育上適切な環境に定めなければならないから，用地計画係は学校用地として適切な場所数箇所を候補地として探索してくれるよう土地開発公社に依頼し，そのなかから総務課と用地計画課が協議して選定することになっている。だが条件をつけるほどに候補地があるわけではない。「何よりも土地がないから条件などといっておられない。土地があるところに学校を建設せざるを得ない」と総務部企画課（現在）の担当者は述べている。土地開発公社が学校用地を取得するのに通常は 1～2 年かかる。だが R 小学校の場合，K 地区が住宅供給公社を中心にした公的事業として開発されてきたこともあって公共施設用の用地として一定の土地を開発計画に盛り込んでいたから用地の選定をする必要はなかった。だから「地権者との協議もなく大変スムーズにいった」（K 地区町内会長）。

学校用地取得の目処が立ち，学校分離＝新設計画案が策定されると，学校教育部学事課は，新設校の通学区設定と分離母体校の通学区変更の再編成計画を立案する。「新設校が新しい通学区の中心に位置すれば理想的だが，市街地では土地事情や地価高騰のために用地の位置や形状も計画通りにはいかないから線引きが難しい」と学事課担当者は述べている。通学区の分割基準は，①分割した2通学区域の児童生徒数が6～9年後にでも均等になること，②通学区域の境界が一目瞭然になるような河川や道路であること，③どちらの通学区も児童生徒の通学距離が同等になるようにすることである。だが最も重視される分割基準は児童生徒数の均等分割である。そのために通学区域内の現在の就学人口並びに就学前人口を推計して分離母体校と新設校の児童数が均等に近くなるように線引きをして通学区域を分割する。だが，そのために「多少不自然な通学区にならざるを得ないこともある」（企画課担当者）。対象事例の場合，教育委員会の通学区再編成の計画案によれば，現在校区の中心に位置していた分離母体校のC小学校は通学区域の片端に位置することになり，通学区の境界はK地区一丁目を一区・三区のC小学校区と二区・四区・五区の新設校区とに分断することになっている。そして新設校区に入った二区・四区・五区の通学路はバス道路を横断することになった。

　こうして通学区再編成の計画案が内部決定される。しかし地域の同意を得なければ決定・実施されないから地域の実情を無視するわけにはいかない。そのために分離母体校の校長や地域の事情通に地域の同意を得るための相談をする。

5．学校分離＝新設計画に対する同意獲得過程と合意形成過程

　通学区再編成の計画案が策定・決定されると教育委員会は地域の合意による同意を獲得するために地域に働きかけるが，その働きかけには2つのルートがある。教育委員会が直接住民に対して働きかける場合と住民代表から構成される開校準備委員会を通して働きかける場合とである。

（1） 開校準備委員会の設置と同意獲得

　教育委員会の通学区再編成の計画案が内部決定された 1990（平成 2 ）年 8 月，学校教育部学事課長と学事係長は分離母体校のＣ小学校長を「突然に」（小学校長）訪問し，学校分離＝新設の説明をして地域の同意を得るための相談をするとともに地元説明会の開催を要請した。小学校長は地域の事情通として校区自治連合会会長を推薦したが，教育委員会は自治連合会会長（教育委員会は自治連合会会長を「町世話人の代表」といっている──後述）にも同趣旨の説明をするとともに地元説明会の開催を要請した。しかし地元説明会とはいっても一般の住民や親を対象としているのではなく，地域諸団体の代表者を対象とした説明会である。そして 9 月 7 日に小学校長と連合会会長は地元説明会の期日，運営方法について相談し，また出席者名簿を作成して地域諸団体の代表者 41 名を決めて説明会案内を送付した。地域諸団体の代表は，自治連合会，町内会，公民館，小学校ＰＴＡ，中学校ＰＴＡ，交通安全推進委員会，子供会育成会，体育振興会，青少年育成連合会，留守家庭子供会，老人クラブの各役員層であり，「地域の主な各種団体の殆どの代表」（Ｃ小学校長）であった。このうちＰＴＡは教育に直接関係ある団体として役員全員と小学校のＰＴＡ担当教師に出席を要請している。

　第 1 回地元説明会は 1990（平成 2 ）年 9 月 20 日に開催された。教育委員会からは学校教育部長，学事課長，学事係長，学事係員が出席し，地域からは 32 名が出席した。説明会は連合会副会長を司会者に選出して進行したが，これは事前に小学校長と連合会会長が相談をして副会長の了承を得ておいたものである。説明会では小学校長が現在の過密状況の説明をし，次いで教育委員会が学校分離＝新設の必要性とそれに伴う通学区の設定・変更について説明をしたが，加えて開校準備委員会の設置を要請した。開校準備委員会とは現在のＣ小学校区の住民代表から構成される開校促進のための組織であり，福岡市では地域の意見を反映させるために学校新設の際に設置することになっている。だから開校準備委員会の設置は学校分離＝新設について地域が同意したことを意味する。説明会では，学校分離＝新設については「前回の分離（1987（昭和 62）年Ｃ小学校がＫ小学校から分離＝新設されたこと）からま

だ日も浅く校区での自治会活動がまとまりかけた時期に，また分離とはおかしい」（町内会長）との意見も出されたが，「教育委員会や小学校長の話を聞いたら分離しなくてはどうにもならない」（町内会長）として結局は「全員了解」（地元説明会議事録）で合意された。「現在の小学校の児童数よりもこれから就学する予定の幼児数の方が多くなるという説明に納得したようだ」と小学校長は述べている。しかし学校分離に伴う通学区域分割の線引きについては，殊に線引きにかかる地区の町内会長からは地区での話し合いが必要であり，また開校準備委員会設置についても時期尚早として承認されなかった。

　第２回地元説明会は10月5日に開催され，教育委員会の通学区分割案について審議されたが，子供会育成会代表からは通学区分割後の子供会組織化の困難性を理由に学校分離についての再考の意見が出されている。だが結局は学校分離は止むを得ないこととして了承している。問題は通学区域分割の線引きであり，この線引きについて各地区の意見交換を行っているが，「学校分離については承認しているので通学区域については開校準備委員会を設置して考えたらどうか」との連合会会長の意見に従い，全員一致で開校準備委員会設置を承認した。そして「委員には公平な考えと立場の人」（連合会長）として連合会長案が提示され，連合会の会長，副会長（2名のうち1名は新設校区の副会長），小学校ＰＴＡ会長と副会長，中学校ＰＴＡ会長，公民館長，婦人部長，交通安全推進委員長，子供会育成会会長，老人クラブ代表，各町内会長16名（新設校区に関わる問題であるから新設校区に入る地区の町内会長全員と現在校区に残る地区については半数の町内会長）という計27名の委員が選出された。このうち新設校区の委員は14名，現在校区に残る地区の委員は13名である。事務局長は開校準備委員会会則第八条により小学校長が担当することになっている。この開校準備委員会委員の構成は第１回地元説明会後に連合会会長と小学校長とが「学校分離が承認されたのだから開校準備委員会は必要」（連合会会長）との立場から第２回地元説明会前の10月3日に相談をして決めておいたものである。この時には校名選定の専門部会の設置と委員候補者についても案を作成していたのであるが，「校名は委員全員で検討した方がよい」との意見が出されたため専門部会は

設置されなかった。開校準備委員会は，新設校の開校促進につとめるための組織であり（開校準備委員会会則第一条），そのために通学区域，校名，通学路についての地域の意見を集約することを目的としており（会則第三条），委員会は当該地域における諸団体の代表から構成されることになっているが（会則第四条），委員の選出は地域に任されている。だが「教育委員会には『開校準備委員会の設置について』というサンプルがあるので，これを基準に委員を決めた」と連合会会長は述べている。

第1回開校準備委員会は10月16日に開催され，校区自治連合会会長が委員長に，副委員長に連合会副会長2名（うち1名は新設校区の副会長）と小学校PTA会長が選出されている。しかしこうした開校準備委員会の構成は，結局のところ校区自治連合会と同じ構成になっている。そしてこの校区自治連合会は町世話人校区連絡協議会でもある。

町世話人制度は福岡市が1953（昭和28）年6月から設けた市政の連絡事務組織であり，その事務内容は（福岡市町世話人規則第三条），具体的には，市政だより・くらしの便利帳等の配布，衛生関係書類の配布，受持世帯数調査，調査書類の配布，投票所入場券・選挙公報の配布等である。身分は任期2年の非常勤特別職の公務員であって町世話人報酬を支給されている[4]。この町世話人の選定について，市は担当区域内居住者の総意に基づいて選出された人であること，担当区域内に居住する人，区域内の事情に精通し居住者の福祉増進のために世話をしてくれる人など7つの基準を示しているが[5]，実際には地区の総意を得ることは困難であるから，改選期に各区役所庶務課が現町世話人に次期世話人候補を町内会と相談のうえ推薦するよう依頼する。その被推薦者を次期世話人として市長が委嘱するという選出方法をとっている。だから結局は町内会の推薦が必要となるので町世話人は町内会長が兼務することが多い。実際，ある町内会長は「本来は町世話人と町内会とは別だが，町世話人を町内会長が兼務すると市の連絡が便利なので市から兼務するように指導されている」と述べている。1989（平成元）年現在，町世話人と町内会長の兼務率は約80パーセントである。町世話人制度と町内会組織とは別組織とはいえ，町世話人＝町内会長であるから市（市民局市民部区政課）からの連絡事務は町世話人が町内会長として町内会組織を通じて各組長

に配布し，各組長が地区内各戸に配布している。だから町世話人＝町内会長，その連合組織や役員も，町世話人校区連絡協議会＝校区自治連合会，町世話人校区連絡協議会会長＝校区自治連合会会長となっているのである。したがって教育委員会学事課長が地域の同意を得るためにC小学校長に相談したとき小学校長は地域の事情通として校区自治連合会会長を推薦したが，それは市側からみれば町世話人の代表である町世話人校区連絡協議会会長なのである。

　この開校準備委員会委員長（連合会会長），副委員長（連合会副会長2名と小学校PTA会長）に事務局長の小学校長が加わって開校準備委員会役員会が構成されている。この役員会は開校準備委員会の開催期日や運営方法について協議している。開校準備委員会には教育委員会からも学事課長，学事係長，学事係員も出席し，説明をしている。

　第1回開校準備委員会は「K地区小学校（仮称）開校準備委員会会則」の審議・決定，各地区の意見交換，教育委員会との質疑応答という形で進められた。開校準備委員会会則といっても教育委員会のモデルにしたがったものであるから問題はない。各地区の意見交換および教育委員会との質疑応答は通学区域分割の問題に集中している。殊に通学区域分割の線引きにかかる地区からは教育委員会に対して線引きの再考の要望が出されたが，教育委員会は就学人口のバランスを考慮した上での線引きと答えている。結局この第1回開校準備委員会の結論は，通学区域の分割については教育委員会案に沿って各地区で話を進めていくというものであったから教育委員会にとっては地域の同意を獲得したといえるだろう。

（2）　地区説明会と合意形成過程

　しかし開校準備委員会が教育委員会の方針に沿って進んでいく一方で，線引きにかかる地区は教育委員会の通学区域分割案に反対した。だが，開校準備委員会は新設校の開校促進を目的とする組織であり，したがって開校準備委員会の設置は地域が学校分離＝新設に同意したという意味であるから，開校準備委員会委員でもある反対地区の町内会長は地区を説得し合意するように働きかけなければならない立場になった。言い換えれば，開校準備委員会

の組織は，教育委員会側から見れば，教育委員会の方針に沿って新設校の開校を促進するために地域の意見を集約することを目的とした地域代表からなる地域組織であり，地区住民側から見れば，町内会組織として地区住民の意見を集約し表明する地区代表者の組織である。だから，この開校準備委員会の位置は町世話人と同じような立場に位置づけられる。町世話人は市側から見れば，市政の事務連絡組織の末端に位置するが，住民側から見れば，町内会組織を代表する町内会長である。しかも町世話人校区連絡協議会会長＝校区自治連合会会長＝開校準備委員会委員長であるから，つまるところ開校準備委員会は校区の地域諸団体連合の役員会的な性格を有していることになる。

　地区を説得して合意を形成しなければならなくなった反対地区の町内会長は，そのために「教育委員会に来てもらって説明してくれないと地区の代表だけでは納得させられない」（準備委員会二区委員）として地区説明会を要請した。地区説明会は，各地区の町内会長と小学校長が日時を設定し教育委員会学事課と地区住民に連絡して開催されている。しかし開校準備委員会は地区の問題であるとして出席していない。

　地区説明会は分割案の線引きにかかるK地区一丁目二区，四区，五区で開かれている。殊にC小学校通学区に食い込む形に位置する二区の親にとっては通学区分割は子どもの通学距離や交通安全の面で争点であったから，第2回地元説明会（10月5日）直後の10月12日に既に地区説明会を開催して教育委員会から説明を受けている。五区説明会は10月29日，四区説明会は11月13日にそれぞれ開催されている。

　地区説明会は，開校準備委員会の審議結果についての町内会長の経過報告の後，教育委員会と地区住民の質疑応答という形で進められている。例えば最も反対の強かった二区の地区説明会では，新設校計画の事前に教育委員会から説明のなかったことへの不満，前回のC小学校新設（1987（昭和62）年）から早くも再度分離しなければならないという教育委員会の計画性のなさ，過大規模校が不利益とする理由，児童数の将来推計の根拠，住民の意見表明の機会が少ないことへの不満，審議時間がなく見切り発車的であること，単なる児童数合わせに過ぎないとの不満，分離母体校であるC小学校の増築計画の可能性，校区および通学路の安全保障，新設校の留守家庭子供会の早

期設置，新設小学校区と現在の中学校区との関連，さらに開校準備委員会の性格についての疑問，あるいは他地区を新設校区に入れればよい等の意見が出されている。他の地区説明会においてもほぼ同様の意見が出されている。しかし教育委員会は「今の学校が31学級を超えて教育環境が劣悪になっているから放っておけない，子どものために学校を分離して新設校を建設しなければならないと只ひたすらにお願い」（企画課担当者）する一方で，町内会長に「住民を同意する方向にまとめて欲しいと電話で依頼」（町内会長）している。

　一般に学校分離＝新設に伴う通学区の設定・変更については，殊に線引きにかかる地区では紛争になりやすい。とりわけ市街地では土地事情や地価高騰のために用地取得が困難であり，たとえ取得しても用地は新設通学区の中心に位置するとは限らず，形状も変形的な場合もあるうえ就学人口を均等に近い配分にしなければならないから通学区の線引きはいびつになり，ために線引きにかかる地区の住民は大抵は子どもの通学距離と交通事故の危険性を理由に反対する。「どこでも初めは必ず子どもの通学距離と交通事故の危険性を理由に反対するから通学路の整備と安全確保は必ずすると回答する」と企画課担当者は述べている。だが「団地を抱えている地域は永住する住民ばかりではないからあまり将来のことを考えないため困難になりがち」（企画課担当者）であって，通学区変更の反対が強い場合には住民運動が起こり，市長，市議会，教育委員会，また通学区域審議会（福岡市立学校通学区域審議会，以下審議会と称す）に陳情することもある。

　しかし二区の親は地区説明会での教育委員会の説明にも，Ｃ小学校が目前に位置するのに新設校へ通学する理由はない，通学路は不備であり交通事故の危険性が高いとして反対し，子供会育成会が中心になって通学区変更反対の署名運動を展開して「子どものいない世帯も含めて町内の殆どの世帯の署名を集めた」（町内会長）。二区は公営賃貸住宅団地であり若い層が多い。だが二区子供会育成会の通学区変更反対の署名運動も他地区の開校準備委員会委員からの「一つの地区で勝手な行動をとられるとまとまるものもまとまらない」，「今の通学区でも道路を横断して通学している」，「地域エゴ」等の批判や教育委員会からの「二区が現在校区に残れば２・３年後にはＣ小学校は

またすぐに過大規模校になる」との説明に結局は諦めたような形になり，署名を集めただけに終わった。

　こうした地区説明会での住民の意見は，つまるところ不満と要求である。「子どもの教育のためにといわれれば反対できないから不満はいうが，それならば有利な要求を出そう」（町内会長）というわけである。最も強い住民の要求は，通学路の安全保障と現在の中学校区との関連であった。中学校区は「通学区が変更になって今の中学校ではなく隣のU中学校区に入るのを不安がった」（五区住民）ための意見である。実際「新設校区に入る住民の中にはU中学校区に入らないために引越しをするというものもいた」（五区住民）。U中学校は荒れているとの噂があったからである。そこで教育委員会は「通学路と交通安全は必ず確保する。通学区が変更になっても現在の中学校区に変更はない」ことを各地区説明会で約束している。しかし一部の住民からは中学校区に変更がないことを文書で確約するよう要求している。このように「反対意見も必ずしも筋が通っているとはいえず結局は地域エゴ」（町内会長）的なところもあった。五区の住民からは「住民は精神的苦痛を受けたので教育委員会が一札入れれば諦める」との意見が出されている。これに対して学事課長は「地域に迷惑をかけた点についてのお詫びという形でなら上司の判断もあるが入れてもよい」と答えている。また「交通事故がおこったら教育委員会が責任をとるか」（五区住民）という意見も出されている。

　しかし，教育委員会が通学路の安全保障と現在の中学校区維持の確約をしたこともあって，結局は，過大規模校の解消と教育環境改善のために通学区変更案を受け入れざるを得ないとして，反対していた二区，五区は「涙をのんで協力」（二区の住民）するとして妥協した。この二区の妥協的同意は11月2日の第2回開校準備委員会に町内会長から報告されている。そして最後まで反対していた四区も，C小学校に最も近い二区が同意したことによって反対の根拠が薄れ，「大規模校の分割は国の方針であり，子どものために従わざるを得ない」とする町内会長の意見を受け入れて，通学区変更案に妥協的に同意した。

　こうして11月20日の第3回開校準備委員会において新設校の通学区域に

ついて全員一致で通学区案に合意した。学事課は翌11月21日付で教育長名で反対地区の二区，四区，五区の町内会長宛に住民代表の開校準備委員会において教育委員会案通りに意見の集約がなされたことの報告文を送付している。開校準備委員会で通学区が決定したことの議事内容は委員長と小学校長が文書にして各町内会長に送付し，町内会長は回覧板で地区住民に知らせている。

　こうして地域では妥協的な合意を形成して教育委員会案に同意したわけである。「通学区の問題がスムーズに解決したのは偏に連合会会長の人徳です」と小学校長は述べている。

　開校準備委員会の結論は教育委員会学事課から12月開催の審議会に諮問され，審議会はその審議の結果を翌1991（平成3）年1月に教育委員会に答申している。この答申は1月下旬の教育委員会会議で決定され，2月19日の市議会に「福岡市立小学校設置条例の一部を改正する条例案」として上程されて（議案第八七号），新設学校名，所在地が本則表に加えられ，改正規定は1992（平成4）年4月1日から施行されることとなった。こうして学校分離＝新設および通学区は決定される。そして1991（平成3）年6月の市議会に新設学校建設予算が諮られ7月から校舎建設に着工している。校舎建設は財団法人福岡市学校建設公社（1977（昭和52）年3月設立）に依頼する[6]。公社施行は迅速な対応が可能ということの他に国の補助枠を確保しやすく先行的に学校建設が可能というメリットがある。校舎は1992（平成4）年3月に完成し，R小学校は4月にC小学校から分離して開校された。R小学校開校と同時に前年9月から設立準備をしていたR小学校父母教師会（PTA）も成立した。また町内会等の地域諸団体もそれぞれにR小学校区を単位に再組織された。だが校区自治連合会は1992（平成4）年5月現在まだ成立していない。

6. 結　び

　学校分離＝新設に伴う通学区再編成の決定過程を福岡市K地区の小学校分離を事例に分析してきたが，福岡市のこの事例から以下の諸点を結論として

指摘できる。

(1) 通学区再編成の決定は，地域社会の構造変動→就学人口の増大→政策主体側の学校分離・通学区再編成案の作成→政策主体側による地域の同意獲得活動→政策客体側の地域の合意形成活動と同意付与→学校分離・通学区再編成の決定・実施という過程を辿る。

(2) 政策主体側は，地域の意見を反映させて地域の合意と同意を得るために地域住民の代表から構成される開校準備委員会を設置するが，開校準備委員会は住民の代表者組織とはいえ，当該問題についての住民の意見を反映した代表者というわけではなく，教育委員会の一般的なモデルにしたがって構成された組織であり，また教育委員会のサンプルにしたがった運営や活動であるために必ずしも住民の多様な意見を集約し表明するルートとはなり得ていない。

(3) 開校準備委員会は，教育委員会の方針に沿って新設校の開校促進に向けて地域の合意形成と同意を獲得するための地域代表組織という側面と同時に地域住民の意見を集約し表明して公教育政策過程に影響を及ぼそうとする地域代表者組織という側面を合わせもっている。したがって教育委員会による地域の同意獲得活動は開校準備委員会を通して間接的に住民の合意と同意を獲得しようとするルートと，地区住民に直接説明して合意と同意を獲得しようとするルートの2つに分かれる。一般行政事務部門に見られる町世話人が市側から見れば，市政の事務連絡組織の末端に位置するが，住民側から見れば，町内会組織の代表者である町内会長であるのと同様である。

(4) しかしながら，公教育政策の決定過程に地域の意見が反映される機会はなく，結局は政策主体側が策定した計画案がそのまま決定・確定される。

(5) 当該教育問題について地域内で見解を異にしていても，子どものためという点では地域は相互に妥協し合意しやすい。教育の原点は子どもであるといえようか。

(6) 教育問題であっても地域で主導権をとるのは町内会（自治会）組織であり，町内会組織が地域の問題解決の決定力を有している。それは地区レベルの町内会から校区レベルの連合組織へと組織化されているために地域を網羅しているからである。ＰＴＡは直接教育に関係する地域教育団体ではあっ

ても校区単位の組織であって地区単位のレベルから組織化されてはいないから，地域の教育問題ではあっても地域を網羅できず，したがって主導権をとることができない。地区を単位とする教育問題であれば，むしろ地区単位で構成されている子供会育成会が活動の中心になる。

(7) したがって町内会組織のリーダーの個人的属性や価値観が決定過程に大きな影響力をもっている。開校準備委員会委員長として審議内容の住民に対する報告・回覧等はリーダーである委員長のパーソナリティをよくあらわしているといえる。

(8) 小学校区を単位に組織されている地域団体・組織は校区が分割されると新設校区を単位に再組織化されねばならないから団体や組織が従来通りの活動ができるまでには相当の時間を要する。

[注]
1) Rossi, Perter T., Community Decision-making. 中村八郎訳「地域社会の政策決定」(鈴木廣編『都市化の社会学』誠信書房，1965) 222-250 頁。
2) 神田修「通学区制改革論とその教育法的評価」(九州大学教育学部教育行政学研究室『教育行政研究第 3 号』1988) 9 頁。
3) 福岡市教育委員会『昭和 60 年度福岡市教育行政の施策要綱』1985, 3 頁。
4) 政令指定都市のうち，福岡市と同じように町世話人制度をとっているのは，名古屋市，京都市であり，川崎市，横浜市，北九州市は町内会委託となっている。
5) 福岡市『町世話人事務の手びき』(平成 4 年 4 月) 1-2 頁。
6) 指定都市で学校建設公社を設立しているのは，川崎市，横浜市，大阪市，神戸市，広島市である (1990 年現在)。

補　論

子どもの発達と地域社会
―― 結びにかえて ――

はじめに

　既に，序章および第1章でおおよそ述べたことではあるが，最後に，子どもの発達にとって地域社会がいかなる意味を有しているかについて要約的に述べておきたい。
　一口に子どもといっても発達段階からいえば，乳児期，幼児期，児童期，また思春期の段階やさらには青年期前期の段階にも相当するから一様ではないが，ここでは児童期に焦点を当てて考察する。児童期は家庭外へと足を踏み出し，対人関係を拡大・深化して地域社会と関わりをもち始める時期だからである。
　人格発達（personality development）の段階のなかで児童期の重要性を強調したのは，アメリカの精神医学者，H. S. サリヴァン（Sullivan, H. S.）である。サリヴァンは一個の人格をその人がそのなかで生きそこに存在の根をもっているところの対人関係複合体から切り離すことは絶対にできないとして（『概念』20頁――後掲の引用文献の略記を参照。以下同様。），人格発達における対人関係（interpersonal relations）の役割を重視した。人格は対人関係において個人が他者に対応する，その特徴的な関係のあり方から構成されているとする[1]。人格の発達過程を対人関係的な文脈のなかで捉えることによって個体性に社会的・文化的次元を導入したのである。だからサリヴァンの考え方は極めて社会心理学的であって，クーリー（Cooley, C. H.）やミード（Mead, G. H.）の見解の延長線上にあるといってよい。実際，サリヴァンは，クーリーやミード，そしてマリノフスキ（Malinowski, B.）の理論を検

討して社会心理学や文化人類学が（精神医学の）対人関係論的アプローチに貢献してきたと評価するとともに（『対人関係論』20-23頁）[2]，トマスとズナニエッキ（Thomas, W. I. and Znaniecki, F. W.），ルース・ベネディクト（Benedict, R.）の著作を通して社会学，社会心理学，文化人類学の理論を取り入れている[3]。とくにクーリーとミードの自己概念を拡充してサリヴァンは「自分」の擬人存在を3側面に分化している（「よい自分（good me）」，「わるい自分（bad me）」，「自分でないもの（not me）」）（『対人関係論』184-188頁，『人間的過程』27頁）。

以下では，サリヴァンの発達理論を中心に児童期の発達の可能性を検討し，児童期の発達過程における地域社会の意味について考察する。

1. 児童期の位置と発達——H. S. サリヴァンの発達理論——

（1） 児童期の位置と重要性

サリヴァンは，人格発達の段階を対人関係論の視点から7つに区分している（『対人関係論』40-41頁）。幼児期（infancy），小児期（childhood），児童期（the juvenile era），前青春期（preadolescence），青春期初期（early adolescence），青春期後期（late adolescence），成人期（adulthood）である。

幼児期は人格発達論の第1期であって，誕生から音声言語（但し意味がなく伝達性がない言語）が出現するまでの時期をいい，音声言語を発する能力が出現する時点から小児期に入る。小児期は言語という習慣を身につける時点から始まって同年齢層の遊び友だち（playmates），すなわち自分と同じ地位にある協業相手（cooperative beings）としての仲間（companions）を求める欲求が現れるまでの時期である。児童期は，この遊び仲間を求める欲求が現れる時期から自分とほぼ同等の位置にある特定の仲間と特別に親密な関係に入りたいという欲求が湧き出てくるところまでをいう。前青春期は，この特別に親密な関係に対する強い欲求から実際に同性の特定の仲間（chum）と親密な関係を取り結ぶようになる時期であるが，性器的性欲が現れる段階で終わる。青春期初期は性器的性欲が頭をもたげる時点から，その欲求を充

たすため性行動のパターンが定まるまでをいい，青春期後期は，この性行動のパターンが定まった時点に始まり安定的な対人関係が確立する時点で終わる。そして成人期には相手が自分と同様に重要となるような愛の関係を樹立できるようになる。

　人格の発達段階といっても，個々の子どもによって発達の時期は異なるとしてサリヴァンは発達段階の年齢を明記していないが，小児期は満1歳の時点からはじまる身振りと言語の獲得の時期であり（『対人関係論』202頁），仲間を求める欲求が熟してくる段階で児童期に入るとしているから，小児期はおおよそ1歳から4歳くらいまでの間であろうし，児童期は「おおむね小学校時代の大部分に相当」（『対人関係論』40頁）する時期であるとしているから，5歳から11歳くらいであろう。しかし次の前青春期は「8歳半ないし9歳から11歳半までの年齢の頃」（『概念』55頁）から始まる時期で「以前から社会学者たちが『ギャング』と言い慣わしてきたものが発達しはじめる時期である」（『対人関係論』281頁）としているから，この前青春期の段階は，われわれの立場から見れば，小学校中・高学年（10〜11歳）から中学生期（13〜14歳）にかけての，いわゆるギャング・エイジ（gang age）と呼ばれる時期に当たる。したがって前青春期を1つの発達段階として児童期と区分するよりも児童期に含め，児童期の後期段階と位置づけた方が理解しやすい[4]。だから人格発達の主要な時期は，幼児期，小児期，児童期，青春期の4つの段階に区分できる。

　この4つの発達段階のうち，サリヴァンは児童期を非常に重視している。これは，フロイト派が，さらにいえばパーソンズ（Parsons, T.）も含めて[5]，児童期を潜在期（潜伏期 latency）として位置づけ，あまり焦点を当ててこなかったこととは対照的である。フロイトは潜在期をエディプス・コンプレックス（oedipus complex）が衰退して小児性欲が抑圧され，それが思春期の開始期にいたるまで継続する，いわば性欲の発達停止期にあたるとする。そのためにこの時期は性的活動は鎮静し，性的衝動とその防衛との間に平衡が成立して比較的調和のとれた状態におかれるが，そうした調和的状態のなかで子どもは注意を周囲に向け，身体的・認知的能力を発達させて，仲間とも関係を取り結ぶことができるのだという。フロイトは潜在期を比較的穏や

かな時期として捉えているのである。しかしサリヴァンは「児童期こそ現実に社会人となる時期」(『対人関係論』256頁)であるとして児童期の重要性を強調している。それは児童期が家庭外へ出て，家族以外の人々と多様な，複雑な，時には多重的な，そして異質な対人関係を取り結ばなければならない時期だからである。だが，そうした対人関係が子どもの人格発達を促進させたり遅滞させたりするのである。だから児童期に多様な対人関係を経験しなければ，「以後の発達のコースを不純にし，歪曲する可能性が大きい」(『対人関係論』256頁)のであって，その意味で児童期は将来の発達の決定期ともいえるのである。

(2) 児童期の発達

サリヴァンは人格発達の過程を自己組織 (self system) の発達として捉えている。そしてこの自己組織の発達過程を説明するためにサリヴァンは不安 (anxiety) を鍵概念としている。不安は対人関係から生じるあらゆる形態の情緒的苦痛のことであるが，人間は何をおいても，この不安から逃れようとする。人間は，この不安を回避し最小化して満足 (satisfaction) と安全 (security) を追求するために対人的に行動するのである[6]。満足と安全の達成が人間の対人的行動の最終目標なのだ。この不安を回避し，満足と安全を獲得・維持するための対人操作，対人的予防措置，対人的アンテナ感覚などから構成されているシステムをサリヴァンは自己組織と呼んでいる(『面接』140-141頁)。自己組織は不安を避けるための体験組織体なのである(『対人関係論』190頁)[7]。だから自己組織は周囲の人々，特に重要人物 (important persons) との対人関係のなかで形成され，対人関係の性質によって決定されていくのである。この点，ミードの「自己」と同じである。実際，サリヴァンは自己組織は「ミードの『自己 (self)』とさほど距たらない」(『対人関係論』21頁) と述べている[8]。

サリヴァンは存在の心地よさ，機嫌のよさを「ユーフォリア (euphoria)」と呼んでいるが，このユーフォリアの低下は不安体験と同じであり，したがって幼児はユーフォリアの低下感を防ぐために対人関係的に振る舞うのである(泣く，和らぐなどの行為)。つまり対人関係が存在することを知

る前に，対人関係的に振る舞い，ユーフォリアのレベルを維持しようと模索するのである（対人作戦）。だから幼児期の子どもにとって母親役の庇護的行動が重要な意味をもつのである。母親あるいは母親役は満足感の源泉であると同時に不安と安全喪失の源泉でもあるのだ（『概念』48頁）。

　小児期は「文化への同化過程」（『概念』28頁）の時期である。子どもは言語を習得するとともに親のしつけや教育によってその社会の枠組にしたがった「当為（required behavior）」を学習していく。対人関係も母親，父親，きょうだい，あるいは家族と頻繁に接触する人々にまで広がってくる。だが，こうした周囲の人物が文化の同化過程における子どもの態度や言動を評価し，不承認や不満足の意思表示をする。こうした周囲の人物の，とくに重要人物の不承認や不満足の評価は子どもの満足を奪い，自己評価の低下を招くが，自己評価の低下は何であれ不安体験であるから，自己評価を守り不安を回避するために自己組織が発達していくのである。「かのような言動（as if performances）」や「選択的非注意（selective inattention）」はその典型である（『対人関係論』234-238頁，358-359頁）。子どもは「かのような言動」によって不安なものは存在しないかのように振る舞い，また「選択的非注意」によって自分では気づかないようなやり方で，対人関係のなかで受容されるものだけを認め，不安や苦痛の事柄を意識の枠外へと排除し，知覚のなかから抹消してしまおうとする。こうした対人的活動を通して自己組織が発達していくのであるが，この時期の子どもの対人関係の範囲は大方が家族であり，未だ家庭より大きな世界にまでは及んでいない。

　ところが児童期になると，子どもは家庭外へと足を踏み出し始める。行動範囲は拡大して1日の多くの時間を家庭外で費やすようになり，対人関係は拡大し深化する。これまでは家族が重要人物であったが，これに仲間と家族外の権威が加わり，児童期の世界は家族，家族外の権威，仲間（自分以外の児童）という3つの重要人物によって構成されるようになる（『対人関係論』264-265頁）。児童期は正に「世界に自分以外の人間がほんとうに棲みはじめる時期」（『対人関係論』262頁）なのだ。

　このうち仲間（compeers）は自分と同じレベルにあって，権威的人物に対する態度や諸々の人間活動に対する態度が自分と同類の人間のことをさす

(『概念』51頁)。こうした仲間に対する欲求の目覚めが児童期が開始した標識だとサリヴァンは述べている。そして仲間との対人関係を通して子どもは，それ以前の，家庭のなかという狭い環境のなかで形成してきた人格を家庭外の，より広い環境に適応するように修正し矯正していくのである。家庭のなかで発達してきた対人関係能力がそのままの形で家庭外の，より広い環境に通用するわけではない。新たな対人関係能力が発達していかなければならない。小児期に家庭のなかで容認されていた観念と行動の多くは放棄されねばならないのだ。

　こうした仲間との対人関係から子どもは競争（competition）と妥協（compromise）という能力を発達させていく。子ども社会は競争を奨励し妥協を強制するが，それは子どもたちが，仲間の自己評価を損なうことなく，また自らの自己評価と個人的価値所有感（personal worth）を保持するためになされるものであって（『対人関係論』264頁），同レベルの仲間とともに生きていくための装備なのであり，家庭外の広範囲な状況に適応していくために必要な能力なのである。そしてまた広範囲な対人関係を通して子どもの体験は拡散化し多様化するが，そうした体験の，不快な部分は意識から排除されていく。選択的非注意が児童期になると一段と活発化するようになるのである。だから，社会経済的あるいは文化的な理由によって一部の子どもが多数の子どもたちから閉め出されるような，つまり「陶片追放（ostracism）」（『対人関係論』265頁）されるような事態が生じると，仲間との対人関係を通して発達すべき競争と妥協といった，子どもの対人的能力は長く障害を受けることになる。そしてまた，この「陶片追放恐怖（fear of ostracism）」の故に仲間への欲求をもつ。

　他方，児童期において子どもは学校の教師や警官など両親以外の多種多様な権威をもった重要人物とも接触するようになる。こうした権威的人物は子どもに対する見方も関心のもち方も親とは違うし，また権威の行使の仕方も違う。子どもは彼らと両親を比較する機会をもち，同じ権威的人物であってもそれぞれに差異のあることを知るようになる。平たくいえば親を客観的に見ることができるようになるわけである。児童期に両親を他の権威的人物と比較する機会をもたないならば，児童期の社会化への寄与の最も重要なもの

が流産してしまうとサリヴァンは述べている（『対人関係論』260頁）。そして子どもは，そうした権威的人物（両親も含めて）の，他の，それぞれの子どもに対する接触態度の違い，またそうした子どもたちの個々の対応の違い（服従，不服従，反抗など），さらに彼らの対応に対する権威的人物の反応の違い（報償や罰など）を目の当たりにすることができる。そのことによって子どもは社会的に許容される行動の程度や範囲，つまり社会的適合（social accomodation）の範囲を把握する能力を向上させていくのである。子どもは自身の権威的人物との関係からのみではなく，他の子どもと権威的人物との相互関係や相互評価，相互の対応を眼前にすることによっても社会的適合の範囲を把握する能力を向上させていく。このことは「教育過程の重要な部分」だとサリヴァンはいう（『対人関係論』259頁）。

　こうして児童期では，家族，家族外の権威，仲間という3つの重要人物が子どもの世界を構成するのであるが，子どもは家族外の権威的人物や仲間とのそれぞれの関係から社会的服従（social subordination）の体験と社会的適合（social accomodation）という自己調整の体験をする。この2つの因子が児童期の成長を促すのだとサリヴァンは述べている（『対人関係論』257-259頁）。

　さらにサリヴァンは前青春期という児童後期の発達段階を重視する。この段階は数ヵ月から2～3年という短い期間ではあるが，いわば「静かな奇蹟（the quite miracle of preadolescence）」（『概念』55頁）ともいうべき事態が起こる時期である。外見上は劇的なことは何もないが（すなわち「静かな」），「自己中心性」から離れて「完全に社会的である状態」へと向かう運動が起こる。自己中心性とは，自分の満足と安全に集中することであり，この2つを思い通りに手に入れる術である（『面接』189頁）。

　サリヴァンは児童期が終わり前青春期（児童後期）に入ったという標識を愛の能力の初期形態に求めている。前青春期は，ある特定の仲間に親密感をもつようになり，その仲間と特に親密な関係を結びたいという「対人的親密欲求が顕在化する」（『対人関係論』277頁）時期である。だからある特定の仲間が「特別に大切な子」（『面接』189頁）となり，その仲間の満足と安全とが自分の満足感や安全と同じほどに重要となる。それが愛である。サリヴァ

ンは，この大切な仲間を「親友（chum）」と呼んでいる。親友は大体が同性の同年齢者である。そしてこの親友との関係が「親友関係（chumship）」であり，この親友関係から「親密性（intimacy）」と呼ぶ一連の感情が体験される。サリヴァンのいう親密性とは「他者との大いなる調和の内に生きること」（『面接』190頁）を意味する。親友が何を考え，どのように感じ，そしてまた何がしたくて何がしたくないかに非常に気がいくようになるのである（同一視（identification））。この，相手の人間の心を感受する感覚をサリヴァンは協力（collaboration）と呼んでいる（『対人関係論』277頁および編者注296頁）。相手の欲求に自分の行動を合わせるように順応していくことである。しかしこの協力によって，対人関係は互恵的になり，同一のものになっていく。そしてこうした関係を通して子どもは，相手の目で自分を眺めるという新たな能力（すなわち役割取得（role-taking）――筆者）を発達させていく。他者の見地を取得し，非自己中心的になっていくわけである。この自己中心性からの脱却こそが前思春期の特徴なのだ。確かに，前述のように子どもは既に児童期において社会的適合という自己調整を体験している。だが児童期の自己調整はあくまでも自己本位的なものであり，その限りでの調整でしかない。児童期の段階は未だ自分のことが何よりも大事なのだ。しかし前青春期（児童後期）になると，自分自身のことよりも，親友という重要人物との関係の方が重要な関心事になるのである。こうして自己中心性は衰退していく。

　そしてこの親友関係をもとに子どもは互いに結びつき，さらにその子どもたちの別の親友関係がそこに組み込まれていくという形をとって，子どものグループが形成されていく。そして子どもたちの間に「ある関心の絆（a certain linkage of interest）」（『対人関係論』281頁）が生まれ，集団としての態勢が整ってくると，そのなかで指導者性を備えた子どもがリーダーになって，いわゆる「ギャング（gang）」が組織される。先の，協力（collaboration）は，このギャングのなかで開花する。協力は，それ以前の児童期における仲間関係を通して発達してきた共同作業，すなわち協業（cooperation）とは異なる。仲間との共同作業は「私が私の威信や優越感や利益を維持するためにゲームの規則にしたがってプレイする」（『概念』69頁）というだけの

ことなのだが，協力となれば，それは「われわれ」がやることなのだ。協力は互いに満足を与え合い，互いに確認し合う関係であって単なる共同作業ではなく，それから一歩踏み出したものなのだ。グループの行動はもはや「私」ではなく「われわれ」なのであり，協力の成果はもはや個人の成功ではなく，集団の成果なのである（『概念』69頁）。

2. 児童期の発達と地域社会

　以上のように児童期は家庭外へと足を踏み出し，家族以外の人々と対人関係を取り結ぶ時期である。そしてこの，家族以外の人々こそが地域社会の人々なのである。
　ところで，われわれの日常生活は地域を離れて考えることはできない。われわれの日常生活は一定の地域を場所として営まれている。だから地域には，そこに居住している人々がそれぞれに営む個々の日常生活があり，そうした個々の日常生活が集積して構成する全体としての社会生活がある。この，一定の地域における社会生活全体が地域社会である。したがって子どもが家庭を出て地域社会へと足を踏み出すというのは，その地域において営まれている社会生活のなかに入っていくことなのである。それは，つまるところ地域に居住している人々が織りなす多様な社会的相互作用（対人関係）のなかに入り，社会的相互作用のネットワークのなかに位置づくことを意味する。われわれの日常生活とは，具体的には多様な社会的相互作用の反復に他ならないからである。
　そして地域には多種多様な人々が居住している。性と世代を異にし，また個性と経歴と社会的地位をそれぞれ異にした人々である。しかも子どもにとっては，家族という身内以外の「他人」である。だから人々の営む社会的相互作用も多様であり，相互に異質的であって，種類も形態も内容も頻度もそれぞれに異なる。サリヴァンは児童期の子どもは大量の社会的体験を通過する機会に恵まれている（『対人関係論』274頁）と述べているが，大量の社会的体験とは，実はこの地域社会において営まれている多様な，異質的な社会的相互作用に遭遇することであり，そしてまたその社会的相互作用を通し

て背後のさまざまな社会現象（社会生活全体）の存在を意識することなのである。しかし他人とはいっても，人々は同一地域に居住しているから[9]，多少ともその地域に共通の生活様式に関与している。そのためにその共通の生活様式を通して人々の間に「同類だという感じ」が生まれ，それが相互に親近性を生み出していく。だから地域の人々は他人同士だといっても全くの縁もゆかりもない赤の他人というわけではない。同一地域への居住という地縁を契機にした他人同士の関係なのだ。その意味で地域の人々を，先に（序章および第1章において）「見慣れた他人」と呼んだのである。だが，その「見慣れた」という範囲のなかで地域の人々はそれぞれに生活様式の差異を示し，多様性と異質性を示している。

　この地域の人々，すなわち同一地域に居住している性と世代を異にし，個性と経歴と社会的地位を異にした見慣れた他人である人々は，子どもの視点から見れば，2つのタイプに分かれる。自分と身体が同じような大きさの同世代の子どもと身体が自分よりも大きな異世代の大人である。つまり同一地域に居住している同世代の，見慣れた他人である仲間と異世代の，見慣れた他人である隣人である。隣人とは子どもと同一地域に居住している家族以外の大人世代をさす（第1章）。子どもにとって仲間は，年齢，知識，能力および権威に関して自分と同等か近似的なレベルにあるが，隣人はこれらに関して子どもを遙かに凌駕している。隣人は，サリヴァンの言葉でいえば，家族外の権威的人物に当たる。だから児童期の子どもの世界は，家族，仲間，隣人（家族外の権威的人物）という3つの重要人物によって構成されているのである。したがって地域社会へと踏み出した児童期の子どもは，同一地域に居住している同世代の仲間と異世代の，すなわち大人世代の隣人という見慣れた他人との，多様な社会的相互作用のなかに入っていき（第1章図1-1．41頁），そしてその多様な，また相互に異質的な社会的相互作用を通して社会化されていくのであって，この多様性と異質性こそが児童期の子どもの発達にとっての地域社会の独自性であり意義なのである。

（1）　仲間との対人関係と子どもの発達

　児童期は，遊び仲間を求める欲求が現れる時期から始まるとサリヴァンは

述べている。実際，仲間との関係形成の契機は，仲間を求める子どもの欲求である。だが，仲間は既にそれぞれが小児期までの重要人物によって，つまり家族（親）によって文化的に同化されている。つまり社会化されている。だからそれぞれの家族によって子どもの社会化の方向も程度も内容も異なり（すなわち個性と経歴が異なり），したがって同世代の仲間であっても，価値や思考・行動様式には個々に差異がある。しかし児童期初期の子どもは未だ自分本位であるから，あらゆるものを自分のパースペクティブからしか見ない。自分と同じ年齢層の子どもがそれぞれに個性と経歴を有していることに考えが及ばないのである。自分以外の仲間がどのような価値観をもっているか，どのような思考・行動パターンをもっているかに対して極めて鈍感なのである。しかも仲間は相互に他人であり，対等な立場にある。だから仲間は相互にそれぞれの行動を容赦なく思ったままにストレートに評価する。そのために仲間関係においては葛藤が生じやすいのである。つまり子どもの仲間集団は本質的に葛藤を内包している集団なのである。その意味で子どもの仲間集団は元来が葛藤集団（conflict group）なのだ[10]。しかし子どもは仲間との対人関係における，そうした葛藤を通して，小児期までは承認されていた自己のパースペクティブと行動が仲間との関係のなかでは，否定され，拒否されて，通用しないことを知るのである。だから子どもは自己のパースペクティブと行動を即刻に修正して仲間との対人関係に適合していかなければならない。自分の意見や主張に固執すると仲間との間に葛藤が生じたままの対立状態が続いて，時には仲間外れ（陶片追放——サリヴァン）にされることもある。だから仲間との関係のなかに自己を調整して適合していかなければならないのだ。仲間との関係のなかではどのような行動なら是とされ，どの程度の差異なら是とされないのか。こうして子どもは自分の行動が仲間のパースペクティブからどのように見えるかを考え始めるのであって（役割取得），こうした過程を経て子どもの思考は漸次的に相対化されていくのである。しかし仲間との対人関係における，こうした拒否，妥協，受容あるいは否定と肯定といった関係の反復が子どもの対人関係能力を発達させていくのである。と同時に仲間による肯定，受容こそが子どもに満足感と安定感を与え，また仲間の肯定的評価こそが子どもに自信と安心感を与えるのだ。それは庇護的

な関係にはない，全く対等な関係の，仲間という他人の，客観的な評価であるが故に，子どもはその評価を事実として受け取るからである。だが，家族はどのような場合であっても庇護的な立場にあるから子どもを肯定的に評価するのは当然なのであり，そのために既に家族外の地域の人々との対人関係を形成し，既に評価されることを経験している児童期の子どもは，家族の評価のままを自己の姿の事実とは見なさないのである。

　自己のパースペクティブが修正される契機は，仲間との直接的な対人関係においてだけではない。他の仲間同士が相互にどう見ているか，相互にどう評価しているかを実際に目の当たりにすることによっても仲間関係における適合的な範囲を把握していく能力を発達させていくのである。サリヴァンのいうように，子どもは他の子どもがしていることを見る力があるのだ（『対人関係論』259頁）。

　仲間との関係が子どもの社会化にとって重要な意味をもつようになるのは仲間との間に協力の関係が形成されるようになる児童期中期・後期になってからである。もちろんそれ以前の協業の関係においても仲間との関係に自己を調整していくことは必要である。だが協力の関係が形成されるようになると，より一層の自己調整が要求される。それは集団活動，つまり集団的な遊戯活動を展開するようになるからである。子どもたちが集団（仲間集団，サリヴァンのいうギャング）を形成するのは，仲間の間に「一種の関心の絆」（『対人関係論』281頁）が生じるからであるが，その関心の絆とは，この集団的遊戯活動なのである。子どもたちは集団的遊戯活動をしたいがために仲間を求めるのだ。児童期の子どもの世界は元来が集団的遊びの世界なのであり，集団的遊びが子ども同士を結びつけ，仲間集団を成立させるのである。仲間との遊戯活動から生じる一体感と集団的興奮，その集団的興奮に伴う満足感と快感。これが集団的遊びの面白さなのだ。だから集団的遊びの面白さを味わいたければ仲間集団に自己を調整し適合させていかなければならない。そうでなければ仲間はずれ（陶片追放）にされる。仲間はずれにされて孤独感（loneliness）に陥るほど恐ろしい体験はない（『対人関係論』295頁）。だから陶片追放恐怖の故に仲間に適合していくのである。だが，そうした自己の調整・適合こそがそれまでの発達の歪を矯正し修正することなのである。

こういうわけで仲間との対人関係の過程を経て子どもは競争（competition），協業（cooperation），妥協（compromide）そして協力（collaboration）という対人関係能力を発達させ，社会的調整力を身につけていくのであり，かつ他の子どものパースペクティブをとることによって自己中心性から脱却し，他人への配慮能力を形成していくのである。サリヴァンは「人間が好ましい方向へと大幅に変わる機会が多いのは発達段階と発達段階の境界線においてである」（『対人関係論』278頁）と述べているが，児童期の仲間関係は，それ以前の家族のなかで形成された小児期の歪みを矯正していくための幅広い機会となるのである。小児期に家族にのみ容認されていた観念と行動は放棄されねばならない。児童期の発達は端的に仲間と仲間集団による社会化に集約される。

（2） 隣人との対人関係と子どもの発達

ここでいう隣人とは，先に述べたように，子どもと同一地域に居住している家族以外の大人世代をさす。サリヴァンは家族外の権威的人物の例として学校教師，課外活動指導者，警官などをあげているが（『対人関係論』288頁），こうした人々も子どもと同一地域に居住している限りにおいて隣人の範疇に入る。だから隣人には2つのタイプがあることになる。1つは，同一地域に居住している子どもに対して何らかの職業的役割あるいは教育的役割を直接担っているタイプであり，他は，居住関係のみを契機とした隣人のタイプである。例えば，子どもと同一地域に居住し，かつその地域の学校に勤務している教師は前者のタイプである。この場合，教師は学校外においても同一地域の子どもと関わる限りにおいて教師という職業人としての立場を優先させる。教師が休日に隣近所の子どもと自由に接触していても，子どもはその教師を隣人としてではなく，あくまでも教師として接触しているのである。同一地域に居住している限り教師はいかなる時・場所においても子どもにとっては教師であることに変わりはない。だが，子どもと同一地域に居住している教師であっても，他地域の学校に勤務している場合は，その地域の子どもに対して直接教師という職業人の立場に立って接触するわけではない。たとえ職業意識を優先させて接触したとしても子どもにとっては教師ではなく隣

人である。つまり子どもと同一地域に居住していても子どもと直接関わりのある職業活動あるいは教育活動に従事している人々は，隣人としてよりも，その職業活動・教育活動を優先させて職業人としてあるいは社会人として子どもに接触するのである（以下，便宜的に職業人・社会人タイプと呼んでおこう）。教師は教師として地域の子どもに接触するし，ＰＴＡ役員の母親は隣人としてよりもＰＴＡ役員として，またスポーツ少年団の指導者である父親は青少年指導者として地域の子どもに接触する。隣人が子どもと接触する，その接触の仕方は子どもと直接関わりのある側面を優先させるのである。だから，さらにいえば同一地域に居住している母親の友人は単なる隣人としてではなく母親の友人として，その母親の子どもに接触する。母親の友人という立場の方が隣人という立場よりも子どもと直接関わる側面だからである。したがって隣人と子どもとの対人関係といっても隣人の関わり方は，その地域の子どもと直接関わる職業活動・教育活動を担っている職業人・社会人としての関わり方から単に同一地域に居住しているという隣人としての関わり方（以下，狭義の隣人と呼んでおく）まで多様である。隣人は職業人・社会人タイプの側面を優先させつつも，この多様な幅の間で子どもとの関わり方のウェイトを変えているのである。そして隣人自身の関わり方も変化する。子どもにとって（狭義の）隣人であっても，例えば地域の教育的住民組織の一員となって新たに教育活動を担うようになれば，その教育活動の側面を優先するようになる。

　こういうわけで地域に居住している大人世代である隣人は職業人・社会人タイプから狭義の隣人タイプまで多様であるが，いずれの場合であっても隣人はそれぞれに性と年齢，個性と経歴と社会的地位を異にしているから価値も思考・行動様式も，そして生活様式もそれぞれに全く異なっている。だから子どもに対する隣人のパースペクティブも行動もそれぞれに異なり，したがって隣人と子どもとの対人関係も，その種類，性質，内容，頻度はそれぞれに異なり，多様性と異質性を示している。その過程で隣人は子どもの多様な側面を多様な視点から多様な方法で，ときには多重的に，多様に評価している。同じ子どもの行動であっても隣人によって評価は異なり，関係のあり方も異なる。しかも隣人は子どもよりも知識，能力，権威に関して遙かに優

位であるから，隣人の，子どもに対する評価も一方向的である。だが，この多様性と異質性こそが子どもの発達にとっての地域社会の独自性なのである。

　しかしこうした隣人の多様な評価によって子どもは，それまでの社会化の方向と内容を矯正し修正する機会を与えられる。隣人の評価の仕方は，同じ大人世代の権威的人物であっても親とは異なっていることを知るのである。子どもに対する見方も関心のもち方も，権威の使い方も違う。親は子どもをいかなる場合でも庇護し保護すべき立場にあるから子どもを肯定的に高く評価しがちであるが，隣人は同一地域に居住していても子どもの庇護・保護・指導から自由な立場にあるから第三者的な立場から客観的に子どもを評価する。そうした隣人の評価は，隣人の方に権威があるだけに子どもの社会化の方向と内容に筋道をつけることになる。隣人に否定的に評価されれば，子どもは自己の行動がそのままの形では地域社会に，また大人世代に通用しないことを知る。だから先の仲間関係における葛藤による修正と同様に，子どもは自己のパースペクティブと行動を隣人の評価の方向に修正していかなければならない。他方，隣人に肯定的に評価されれば，子どもは安定感と自信と安心感を得て，社会化の方向はそのままに促進され，内容と程度は強化される。だが，実際はそうした隣人の，子どもに対する評価のうちに当の子どもの家族（親）に対する評価も何ほどか含まれている。

　さらに親とは異なる隣人の評価を経験することによって子どもは，サリヴァンのいうように親自身を客観的に見ることができるようになる。だから既に述べたように，児童期になると子どもは常に肯定的に評価しがちな親の評価をそのままに信じることができず，仲間の評価を気に懸けるようになるのである。仲間の評価は客観的であり，現実の自己の姿をそのままに反映していると思っているのだ。そのために仲間の評価に一喜一憂するのである。そのことはとりも直さず児童期の子どもの世界が「仲間の世界」であることを示している。

　そしてまた子どもは地域社会のなかで，こうした多様な隣人と他の子どもとの相互の関係や評価，対応のあり方を目の当たりにすることによって，サリヴァンのいうように，社会的適合の範囲を把握する能力を向上させていくのである。

児童期は対人関係の比重が家庭内から地域社会へと移行する転換期であり，地域社会のなかで「見慣れた他人」である仲間や隣人と多様な，そして相互に異質的な対人関係を取り結ぶ時期である。とりわけ同世代である仲間との対人関係や仲間集団は対人関係の基礎的能力を発達させていく上で重要である。この時期に地域社会において仲間と対人関係を取り結び，仲間集団に加入できなければ，子どもは対人関係的能力を身につけないままに青春期および成人期に入ることになる。そうなれば，例えば対人関係の結合的起動力 (conjunctive motivations)（『対人関係論』394頁，The Interpersonal Theory of Psychiatry, pp. 350-351) を発現することができず[11]，社会的孤立 (social isolation) に陥ってしまうことになる。幼児期，小児期に家庭内で対人関係能力が形成されなくとも，次の発達段階である児童期の間は表面的には問題とならない。だから親の方も子どもの対人関係能力の障害に気がつかない。子どもは仲間との対人関係や仲間集団での集団活動に困難を感じれば，仲間を忌避して家庭内に退却してしまえばよい。だが，児童期に対人関係能力が発達しなければ，その障害は次の発達段階である青春期および成人期において人格の重大な歪みとなって結果する。例えば精神障害は対人関係における不適切不十分な行動のパターンなのだ（『対人関係論』352頁）。

　児童期とは，サリヴァンのいうように，仲間への適応，仲間集団への適応を遂げることを強力なモティヴェーションとして真の社会化への傾向性が現れるときに始まるパーソナリティ発達段階なのである（『人間的過程』264頁）。

　こういうわけで児童期の発達は地域社会のなかでの仲間と隣人という他人との相互作用を通しての，とりわけ同世代の仲間との相互作用を通しての社会化なのだといってよい。

[注]
1) サリヴァンは，人格を「反復生起し，ある人の人生を特徴づける対人的な場の比較的恒常的なパターン」と定義している。『概念』4頁。
2) サリヴァンは個々のヒトという生物を研究するのでもなく，文化遺産を研究するのでもなくて「個々人がそれを通して精神の健康なり障害なりを具体化するところの対人の場」を研究することを目的とした1つの専門学科が必要だと述べてい

る。『対人関係論』22-23 頁。
3) Thomas, W. I. and Znaniecki, F. W., The Polish Peasant in Europe and America, 5 vols., Univ. of Chicago Press, 1919-20, 2nd ed., 2 vols., 1927. 桜井厚訳『生活史の社会学——ヨーロッパとアメリカにおけるポーランド農民』御茶の水書房, 1983. Benedict, R., Patterns of Culture, Boston : Houghton Mifflin, 1934 ; London : Routledge & Kegan Paul, 1935. 米山俊直訳『文化の型』社会思想社, 1973.
4) 実際, チャップマン夫妻は, サリヴァンの前青春期を児童期の終末時期として論じている。Chapman, A. H. C. & Chapman, M. C. M. S., Harry Stack Sullivan's Concepts of Personality Development and Psychiatric Illness, Brunner／Mazel, INC., New York, 1980. 山中康裕監修／武野俊弥・皆藤章訳『サリヴァン入門』（岩崎学術出版社, 1994）11 頁。
5) Parsons, T. and Bales, R. F., Family : Socialization and Interaction Process. Routledge & Kegan Paul Ltd., 1956. 橋爪貞雄・溝口謙三・高木正太郎・武藤孝典・山村賢明訳『核家族と子どもの社会化（上）（下）』（黎明書房, 1970-1971）。
6) 「満足」は身体的機制に結びついている生物学的欲求であり, 「安全」は人間の文化的な装備に関連するものだとサリヴァンは述べている。『概念』22-23 頁。
7) サリヴァンは自己態勢（self dynamism——自己という力動的機制）という用語も使用しているが, 自己組織と自己態勢は同じ意味である（『対人関係論』216 頁）。
8) サリヴァンは自己の用語も頻繁に使用しているが, 「自己は他の人たちからの評価の反映によってつくられているもの」（『概念』32 頁), あるいは「自己は重要な他者たちから是認されたものであること, そして人格のもつ心理的傾向のうちそのような是認にあずからない傾向, 現にきびしく斥けられている傾向などはその人の意識から解離される」（『概念』60 頁）としている。したがってサリヴァンのいう自己, 自己組織, そして自己態勢の概念は類似的である。実際, ムラハイ（P. Mullahy）は, サリヴァンのいう自己態勢, 自己組織, 自己という3つの語は同一の意味を表現するものだとしている。Mullahy, P., A Theory of Interpersonal Relations and The Evoluton of Personality, in Sullivan, H. S., Conceptions of Modern Psychiatry, 中井久夫・山口隆（訳）『現代精神医学の概念』290 頁。
9) 同一地域とは, 子どもにとって日常的接触の可能な日常生活圏内の範囲をさす。
10) 仲間集団は子どもたちがある共通の関心を契機として同世代の他人のなかから相互に仲間を選択して形成する自然発生的な小集団である。したがって仲間集団は, 家族（親）や学校（教師）の監視下から離れた, 地域社会において形成される。仲間集団は学級集団のなかで形成される児童・生徒のインフォーマルな下位集団にも使われる場合もあるが, これは仲間集団とはいえない。学級集団のなかで形成される児童・生徒の集団は本質的に葛藤を内に含むことはない。詳しくは, 拙著『子どもの仲間集団の研究』（九州大学出版会, 1995）27-28 頁を参照。
11) 対人関係の結合的起動力とは, 欲求が満足され安全が強化されるような対人の場

を統合しようとする衝動をさす(『対人関係論』394頁)。

[**引用文献**(サリヴァンの著作)]

Sullivan, H. S., Conceptions of Modern Psychiatry, W. W. Norton & Company Inc., in New York, 1953. 中井久夫・山口隆(訳)『現代精神医学の概念』(みすず書房, 1976)。文中では『概念』と略記。

Sullivan, H. S., The Interpersonal Theory of Psychiatry, W. W. Norton & Company Inc., in New York, 1953. 中井久夫・宮崎隆吉・高木敬三・鑢幹八郎(訳)『精神医学は対人関係論である』(みすず書房, 1990)。文中では『対人関係論』と略記。

Sullivan, H. S., The Psychiatric Interview, W. W. Norton & Company Inc., in New York, 1954. 中井久夫・秋山剛・野口昌也・松川周悟・宮崎隆吉・山口直彦(訳)『精神医学的面接』(みすず書房, 1986) 189頁。文中では『面接』と略記。

Sullivan, H. S., Clinical Studies in Psychiatry, W. W. Norton & Company Inc., in New York, 1956. 中井久夫・山口直彦・松川周悟(訳)『精神医学の臨床研究』(みすず書房, 1983) 16頁。文中では『臨床研究』と略記。

Sullivan, H. S., Schizophrenia as a Human Process, W. W. Norton & Company Inc., in New York, 1962. 中井久夫・安克昌・岩井圭司・片岡昌哉・加藤しおり・田中究・松川周悟(訳)『分裂病は人間的過程である』(みすず書房, 1995) 16頁。文中では『人間的過程』と略記。

あとがき

　本書は，これまで私が発表してきた論稿のうち，「地域社会と教育」に関わるものを中心に10編を選んでまとめたものである。なかにはかなりの年月がたったものもあるし，また不備な点や重複する点もあるが，一書にまとめることにしたのは，奉職後の研究生活も既に25年を超えたので，此処らで研究に一区切りつけておきたいと思ったからである。今は未だ懇意にしている眼鏡屋の，親切な老眼鏡の勧めも丁重にお断りしているが，いつの間にか「五十の坂」も半ばを越えたから，しかし「手は六十まで上がる」といわれているので，それまでの時間を考えると今が潮時だと思うから，この際，不備であろうと未熟であろうと不全であろうと，これまでの自分の考えを述べて自分の思考過程を振り返り，自省の契機にしたいと思ったのである。
　「地域社会と教育」研究は，かつてはかなりの研究が集中していた領域だけれども，近年はあまり見られなくなった。日本教育社会学会大会においても，ときには「地域社会と教育」部会が設けられていないことさえある。それをもって「地域社会と教育」研究への関心が後退してきたとは思わないし，否，それどころか，一般的には，これまでの学校中心主義的な考え方を見直し，子どもの発達にとっての地域社会の重要性を再認識するよう提言している答申や報告にも見られるように，地域社会に対する関心は高まってきているようにさえ思われる。だが，教育にとっての，つまり子どもの発達にとっての，地域社会の重要性を肌で感じつつも，それを科学的に捉えることは容易なことではない。「地域社会」と「教育」との関連を論理的に説明することが容易ではないのである。教育は人間の発達に関わる精神的・文化的な，そして創造的な営為であるから，その過程においても結果においても一定の形として捉えることができない。可視的でないのである。しかも教育は他のあらゆる社会現象と相互規定的な関係をもつ包括的な現象でもある。そして他方の地域社会は，いわば全体社会のなかの全体社会であって，一定の地域

的な限定を受けながらも，さまざまな社会現象をすべて包括している。だから「地域社会」と「教育」を全体関連的に捉え，論理的に説明することは容易ではないのだ。「地域社会と教育」研究は，教育を主題としながらも，つまるところ地域という場面での，教育に視点をおいた，諸現象間の全体関連的な把握を必要とする領域なのである。だが，地域場面ではあっても諸現象間の関連を総体的に把握するのは，今なお困難であるから，当面は教育の問題をそれぞれに限定して考察する必要があるように思われる。「地域社会と教育」研究が近年あまり見られなくなってきた背景には，こうした問題があるからではないか。

しかし「地域社会と教育」研究の主題は，人間の発達過程における地域社会の意味を解明することであろうから，人間の発達，すなわち社会化の視点からアプローチしていけば，地域社会独自の社会化機能を論理的に考察することができるのではないか。そう考えて書いたのが第1章の「子どもの社会化と地域社会」である。これは，前任校に赴任して暫くしてからの論文であり，今から見れば，枠組も論拠も単純なものだけれども，しかしその後，この枠組を用いていくつかの調査をしたり（例えば，第6章「都市近隣における子どもの人間関係」など），また論文を書いたりしたこともあって（例えば，第2章「現代社会の変容と子どもの仲間集団」など），私にとっては，いわばスタートラインに位置するといってもよい論文なので，学術論文の形をとってはいないけれども，収録することにした。

各章の初出は以下の通りである。但し，論文によっては若干の修正を施してある。

序章「子どもの発達への社会学的アプローチ」の1および2は，「子どもの発達と地域生活」『九州大学教育学部紀要（教育学部門）』第43集（1998）の前半の一部と「発達・社会化・教育」（住田正樹・高島秀樹・藤井美保編『人間の発達と社会』福村出版，1999）の前半を組み合わせて若干の修正を行ったものである。3の「社会化」は，細谷俊夫・奥田真丈・河野重男・今野喜清編『新教育学大事典』（第一法規，1990）に大項目で入っている。

第1章「子どもの社会化と地域社会」は,「地域社会に生きる子供」と題して,松原治郎編『地域の復権』(学陽書房, 1980) に入っている。私は初め暫くの間は「子供」と表記していた。子供は大人との対概念であり,関係概念であるから「大人」に対する「子供」であると考えていた。「子ども」と表記したところで子供に対する理解が深まるわけではないと思っていた。しかしその後,いろいろな文献を読み調査研究を続けているうちに,子どもには「子ども自身の世界」があるべきだと考え直すようになって「子ども」と表記するようになった。但し,大人が関与するような場合には今でも「子供」と表記している。例えば,子供会,子供会育成会,子供団体など。

第2章「現代社会の変容と子どもの仲間集団」は,〔講座・生涯発達心理学3巻〕内田伸子・南博文編『子ども時代を生きる』(金子書房, 1995) に同名で入っている。

第3章「子どもの仲間集団と個性の形成」は,萩原元昭編『個性の社会学』(学文社, 1997) に同名で入っている。この書は萩原元昭・群馬大学名誉教授(現・江戸川大学教授)の退官記念論文集である。

付論「子どもの遊び調査について」は,教育と医学の会編『教育と医学』第46巻1号(慶應書房, 1997)に発表した。

第4章「母親の就業と幼児の近隣生活」は,『九州大学教育学部附属比較教育文化研究施設紀要』39号 (1988) に載せた。1982 (昭和57) 年には有配偶女子の就業率も50%となり,翌1983 (昭和58) 年には51.3%と過半数となって,この1980年代は母親の就業と家庭生活をめぐる諸問題が広く論議された時期である。

第5章「幼児の近所遊びと母親の生活」は,萩原元昭編『幼児の近所遊びに関する基礎調査』(多賀出版, 1990) に同名で入っているが,これに調査の概略および調査対象である母親と幼児の属性のデータを付け加えた。

第6章「都市近隣における子どもの人間関係」は「都市近隣における子どもの人間関係に関する一考察」『九州大学教育学部紀要(教育学部門)』第28集 (1983) を若干修正したものである。この調査では,面接員(演習参加学生)が10人と少なく,しかも調査に不慣れだったこと,また調査内

容が被調査者である母親と子どもに対して近隣関係，隣人関係，仲間関係のそれぞれについて関係交渉している相手を一人ひとりノミネートしてもらい，そのノミネートされた一人ひとりについて，さらに属性および関係の契機，種類，程度を尋ねるという極めて煩わしい質問であったから予め被調査者の了解と協力を得ておくことが必要なためにサンプル数を多くとることはできなかった。そのために分析の際の統計上の問題も考えたが，他に類似の調査がないこと，被調査者にとっては煩わしい調査であるから，再度調査を実施するにしても，面接員の問題はともかく，被調査者の了解や協力など，かなりの困難を伴うだろうと思われたので収録することにした。

第7章「母親の育児不安と夫婦関係」は，日本子ども社会学会編『子ども社会研究』第5号（1999）に掲載されたものであるが，これに付録として育児不安に関する質問文の項目水準を加えた。

第8章「近郊地域における子供会育成会」は，日本教育社会学会編『教育社会学研究』第32集（1977）に掲載されたものである。前任校にいた8年間，私は，この章の調査対象地となっているK町をフィールドにして調査をしていた。

第9章「PTAの組織と活動」は，今回のために書き下ろした。但し資料は，藤井美保・香蘭女子短期大学助教授との共同調査「PTA活動に関する調査」（1995）に拠る。だが，書き下ろしたのは，本書を計画した1997年である。しかし私は元来が暢気，優柔，小胆なので，原稿を抱えたまま遅疑逡巡し，また出版することが決まって原稿を九州大学出版会に提出してからも校正のたびに遅滞順延し，ために結局，「世紀末」に一区切りして振り返る予定が「新世紀」になってしまったのである。

第10章「学区と地域社会」は，神田修編『教育法と教育行政の理論』（三省堂，1993）に同名で入っている論文をそのまま収録した。この書は神田修・九州大学名誉教授（現・山梨学院大学教授）の退官記念論文集である。なお，この論文をもとに，その後の補充調査によって得た新たな資料を加えて日本教育社会学会第48大会（1996年，於・九州大学）において「学区再編成の決定過程」と題して，田中理絵・日本学術振興会特別研究員（当

時, 九州大学大学院生）と共同発表をした。
補論「子どもの発達と地域社会」は, 差し当たっての「まとめ」という意味で今回新たに書き下ろした。

　私は, 社会学の研究はあくまでも具体的であり, 実証的であるべきだと思っている。理論も方法も事実を分析するための道具であり技法に他ならない。とりわけ教育の社会学的研究の場合には, 研究者としては徹底してといってよいほどに, 現実的・具体的な教育事実を実証的に研究するべきだ, あるいはそのように心掛けるべきだと思っている。私は, 率直にいって, 各種の答申や報告でよく使われている教育言語, 例えば「豊かな人間性を育成する『心の教育』」だとか「豊かな心をもった青少年の『生きる力』」だとかといった言葉の意味が分からない。あるいは「地域社会が一体となって」とか「青少年一人ひとりが生き生きと活動できるような地域社会」とかいわれても具体的なイメージが浮かばない。最近もある県で「『心の教育』を重視した大綱を策定」という新聞記事を読んだ。それには「『心の教育』の充実のために……学校と家庭, 地域社会が連携して役割分担を明確にし……」とあったが, 一体「心の教育」とは何だろう。どういうことを目的に, 例えば子どもや青少年に対して, 何をどのように教えることが「心の教育」なのだろう。その「心」を教育するのに一体に学校と家庭, 地域社会が意識的に役割分担できるものなのだろうか。もし役割分担が可能だとして学校, 家庭, 地域社会はそれぞれ「心」のどのような側面をどのように分担してどのように育んでいくのだろう。「生きる力」とは, 例えば子どもや青少年が具体的に何をどうする力なのだろう。はたまた「地域社会が一体となる」というのは地域社会の何がどうすることなのだろう。あるいは「青少年一人ひとりが生き生きと活動できるような地域社会」というとき, それは具体的には一体どのような条件のそろった地域社会なのだろう, と思うわけである。

　教育は, 人間の発達に関わる精神的・文化的・創造的な営為であるから元来が無定型である。そのために言語の表現にしろ使用法にしろ多義的で曖昧なものになりやすい。しかし一般的な教育論議ならまだしも, 私たちは, 研究者としては, そうした用語を使う場合であっても, それらを科学的に, 厳

密に定義し，教育事実を実証的に分析していかなければならないと思う。

　青少年問題をはじめ今日の教育問題は複雑化し多様化している。解決しなければならない問題は多い。しかもこれまでの枠組のなかでは理解できないような問題である。そのために研究者にも社会的発言を期待されているし，問題解決への現実的取り組みも期待されている。こうした社会からの期待に応えて研究者として社会的に発言をし，あるいは現実的に取り組んでいく道もあるだろう。しかし私は，研究者としては，微弱ではあるけれども，地道に実証的研究の蓄積に専念したいと思っている。社会学の責務は，つまるところ現状分析を社会に提示することだと考えている。

　ともあれ本書がこのような形で出版できたのも，偏に多くの方々のご指導とご援助によるものである。特に，大学院入学以来，常に温かくご指導くださった清水義弘先生（東京大学名誉教授）と多くの研究の機会を与えていただいた故・松原治郎先生（元東京大学教授）には心から感謝したい。矢崎武夫先生（慶應義塾大学名誉教授）には学部時代から常に温かい励ましをいただいた。

　そしてこうした形での出版の機会を与えていただいた九州大学出版会にお礼申し上げたい。編集長の藤木雅幸氏には実にいろいろと配慮していただき，一方ならぬお世話になった。

　　2001年1月3日

　　　　　　　　　　　　　　　　　　　　　　　　　　住　田　正　樹

著者略歴

住田　正樹（すみだ・まさき）

1944 年	兵庫県に生まれる。
1968 年	慶應義塾大学文学部卒業（社会学専攻）
1974 年	東京大学大学院教育学研究科博士課程退学（教育社会学専攻）
	香川大学助手，講師，助教授を経て
1982 年	九州大学助教授（教育学部）
1991 年	九州大学教授（教育学部）
1998 年	九州大学教授（大学院人間環境学研究科）
現　在	九州大学教授（大学院人間環境学研究院），博士（教育学）

主要著書・訳書

著　書　『子どもの仲間集団と地域社会』（九州大学出版会，1985 年）
　　　　『子どもの仲間集団の研究』（九州大学出版会，1995）
共編著　『現代教育学の課題』（北樹出版，1990 年）
　　　　『現代教育学を学ぶ』（北樹出版，1996 年）
　　　　『人間の発達と社会』（福村出版，1999 年）
共　訳　『都市社会の人間生態学』（時潮社，1980 年）

地域社会と教育
——子どもの発達と地域社会——

2001年 4 月 5 日　初版発行

著　者　住　田　正　樹
発行者　海老井　英　次
発行所　（財）九州大学出版会
　　　　〒812-0053 福岡市東区箱崎7-1-146
　　　　　　　　　　九州大学構内
　　　　電話　092-641-0515（直通）
　　　　振替　01710-6-3677

印刷・九州電算㈱／製本・篠原製本㈱

© 2001 Printed in Japan　　ISBN 4-87378-667-3

子どもの仲間集団の研究〔第2版〕
住田正樹　　　　　　　　　　　　　　A 5 判 552 頁 8,400 円

ギャング・エイジと呼ばれる児童期の子どもの仲間集団を活動集団と交友集団とに類型化して、それぞれの集団の構造、過程および機能と活動を各種の調査手法を駆使して解明していった研究成果。第2版では、新たに観察データにカテゴリーシステムの分類を付け加えた。

子どもの仲間集団と地域社会
住田正樹　　　　　　　　　　　　　　A 5 判 260 頁 2,800 円

子どもは仲間集団のなかで社会的に発達していく。しかし近年、地域社会は変貌し、仲間集団は消滅してきた。本書は、実証的な調査研究の成果を踏まえた、子どもの仲間集団と地域生活に関する社会学的研究である。

発達と障害の心理臨床
九州大学教育学部附属障害児臨床センター　編

A 5 判 316 頁 2,800 円

"障害の有無というよりは、人や子供が共有する問題にいかに取り組み、解決するか、という視点を大事にしたい"という理念のもと、障害児の発達や援助の問題とともに、登校拒否や学校不適応など発達過程で生じる問題について、資料や実践例を検討し、教育、心理臨床、福祉の分野における今日的課題をとりあげる。

子どものこころの病理とその治療
村田豊久　　　　　　　　　　　　　　A 5 判 260 頁 2,700 円

本書は、著者の臨床体験に基づいて児童期、思春期の精神病理像の今日的特徴を述べ、その治療、療育の基本的理念と具体的方法について解説する。学習障害、自閉症、若年発症の精神分裂病、子どものうつ病、不登校、いじめなど、児童・思春期にみられるほとんどの病態が取り上げられる。

少年団運動の成立と展開
——英国ボーイスカウトから学校少年団まで——
田中治彦　　　　　　　　　　　　　　A 5 判 402 頁 7,600 円

日本の少年団運動は英国のボーイスカウト運動の影響を受けて大正年間に成立する。その後軍部の影響力のもとに学校少年団として別途発展し、戦時下でボーイスカウト系少年団とともに統合される。戦前の少年団運動とは何であったかを新資料をもとに追究する。

（表示価格は税別）　　　　　　　　　　　　　　九州大学出版会刊